Domando águas

Salubridade e ocupação do espaço na
cidade de São Paulo, 1875-1930

Domando águas

Salubridade e ocupação do espaço na
cidade de São Paulo, 1875-1930

Fábio Alexandre dos Santos

Copyright © 2011 by Fábio Alexandre dos Santos

Publishers: Joana Monteleone/ Haroldo Ceravolo Cereza/ Roberto Cosso
Edição: Joana Monteleone
Editor Assistente: Vitor Rodrigo Donofrio Arruda
Projeto gráfico, capa e diagramação: Sami Reininger
Revisão: Ana Paula Marchi Martini
Assistente de produção: João Paulo Putini

Imagens da capa: Ângelo Agostini. *Cabrião*, 1867.
Militão Augusto de Azevedo. *Ponte sobre o Rio Tietê*, 1865

CIP-BRASIL. CATALOGAÇÃO-NA-FONTE
SINDICATO NACIONAL DOS EDITORES DE LIVROS, RJ

S235d

Santos, Fábio Alexandre dos
DOMANDO ÁGUAS: SALUBRIDADE E OCUPAÇÃO DO ESPAÇO NA CIDADE DE SÃO PAULO, 1875-1930
Fábio Alexandre dos Santos.
São Paulo: Alameda, 2011.
328p.

Inclui bibliografia
ISBN 978-85-7939-079-1

1. Urbanização – São Paulo (SP) – História. 2. Hidrologia urbana – São Paulo (SP). 3. Drenagem –
São Paulo (SP) – História. 4. Saneamento – São Paulo (SP) – História. 5. Saúde urbana – São Paulo
(SP) – História. 6. Política urbana – São Paulo (SP) – História. I. Título. II. Título: Salubridade e
ocupação do espaço na cidade de São Paulo, 1875-1930.

11-1105.	CDD: 307.760981611	
	CDU: 316.334.5(815.61)	
		024811

ALAMEDA CASA EDITORIAL
Rua Conselheiro Ramalho, 694, Bela Vista
CEP: 01325-000 – São Paulo – SP
Tel. (11) 3012-2400
www.alamedaeditorial.com.br

ÍNDICE

AEL – Arquivo Edgard Leuenroth – Unicamp – Campinas

AESP – Arquivo do Estado de São Paulo – São Paulo

AHMSP – Arquivo Histórico do Município de São Paulo – São Paulo

Alesp – Arquivo Histórico da Assembleia Legislativa
do Estado de São Paulo – São Paulo

BMA – Biblioteca Mário de Andrade – São Paulo

BNF – Bibliothèque Nationale de France – Paris – Acervo On-line

FPHESP – Fundação Patrimônio Histórico
do Estado de São Paulo – São Paulo

FSP – Faculdade de Saúde Pública – USP – São Paulo

IEB – Instituto de Estudos Brasileiros – USP – São Paulo

Jucesp – Junta Comercial do Estado de São Paulo – São Paulo

MP – Museu Paulista – São Paulo

* A moeda brasileira no período em que este estudo se aplica era o real, originariamente português, e sua representação era a seguinte: $500 correspondia a 500 réis; 500$000 significava 500 mil réis; 500:000$000, 500 contos de réis; e 1.500:000$000 equivalia a 1 mil e quinhentos contos de réis.

PRÓLOGO

Se o senhor não tá lembrado, dá licença de contar
Ali onde agora está este adifício arto
Era uma casa veia, um palacete assobradado
Foi aqui seu moço, que eu, Mato Grosso e o Joca
Construimo nossa maloca
Mais um dia, nóis nem pode se alembrá
Veio os home com as ferramenta e o dono mandô derrubá
Peguemos todas nossas coisas e fumos pro meio da rua
Apreciá a demolição
Que tristeza que nóis sentia, cada táuba que caía
Doía no coração
Mato Grosso quis gritar, mas por cima eu falei

Os home tá co'a razão, nóis arranja outro lugar
Só se conformemo quando o Joca falou
Deus dá o frio conforme o cobertor
E hoje nóis pega as paia nas grama do jardim
E pra esquecer nóis cantemos assim:
Saudosa maloca, maloca querida
Dim dim donde nóis passemo os dias feliz da nossa vida

Saudosa Maloca
Adoniran Barbosa

PREFÁCIO

Quando, em sua peregrinação pelas "cidades invisíveis" Italo Calvino nos conduz até a cidade de Tamara, somos surpreendidos pela natureza ambígua desse lugar, que mais se esconde quanto mais se oferece ao olhar do viajante. De fato, diz Calvino, penetra-se em Tamara "por ruas cheias de placas que pendem das paredes. Os olhos não veem coisas mas figuras de coisas que significam outras coisas: o torquês indica a casa do tira-dentes; o jarro, a taberna; as alabardas, o corpo de guarda; a balança, a quitanda. Estátuas e escudos reproduzem imagens de leões delfins torres estrelas: símbolo de que alguma coisa – sabe-se lá o quê – tem como símbolo um leão ou delfim ou torre ou estrela. Outros símbolos advertem aquilo que é proibido em algum lugar – entrar na viela com carroças, urinar atrás do quiosque, pescar com vara na ponte – e aquilo que é permitido – dar de beber às zebras, jogar bocha, incinerar o cadáver dos parentes. Na porta dos templos, veem-se as estátuas dos deuses, cada qual representado com seus atributos: a cornucópia, a ampulheta, a medusa, pelos quais os fiéis podem reconhecê-los e dirigir-lhes a oração adequada." Uma tal cidade, ensina o viajante, apresenta-se ao olhar como uma forma de escritura. Nela, "o olhar percorre as ruas como se fossem páginas escritas: a cidade diz tudo o que você deve pensar, faz você repetir o discurso, e, enquanto você acredita estar visitando Tamara, não faz nada além de registrar os nomes com os quais ela define a si própria e todas as suas partes. Como é realmente a cidade sob esse carregado invólucro de símbolos, o que contém e o que esconde, ao se sair de Tamara é impossível saber".

Se Tamara fosse a cidade de São Paulo, na década de 1870, ela apresentaria não poucas armadilhas para aqueles que pretendessem apreendê-la pela suas exterioridades e representações de si. O viajante alemão Karl Von Roseritz se viu diante desse enigma, ao observar como a cidade que começava seu grande processo de expansão, idealiza-va sua toponímia apresentando ao olhar estrangeiro curiosos enigmas e paradoxos.

Dizia ele que os paulistas de então, pareciam ser "idealistas" ao nomear os logradouros de sua cidade, de modo que "o lugar mais solitário da zona nova se chama Campos Elíseos e uma pequena ilha no ribeirão Anhangabaú, onde está o quartel-general das lavadeiras, se chama Ilha dos Amores! O cemitério está na Consolação e a cadeia na Liberdade (...)".

O enigma da urbanização de São Paulo continua a desafiar os historiadores, pois esta cidade, talvez como nenhuma outra no Brasil, se explicou pelo seu próprio avesso, como tão bem percebeu o cancioneiro popular.

O trabalho que o leitor tem em mãos procura iluminar aspectos fundamentais da história da capital paulista, entre 1870 e 1930, buscando ultrapassar as luzes feéricas e as tabuletas brilhantes que a cidade apresentava em seu processo de intenso cresci-mento populacional e concentração de riqueza – sua complexa e contraditória relação com as águas, que a conectavam com os interiores do continente, que serviam sua crescente população, que inundavam suas casas e negócios, que brotavam de seus ani-mados chafarizes, encontros de amores furtivos e de classes perigosas. Domar as águas, disciplinar e canalizar os rios, construir sistemas de coleta de esgotos e saneamento, combater as enchentes foram modos privilegiados de configurar e civilizar a cidade, mas também de segregar seus habitantes a partir dos novos espaços roubados aos rios, de constituir hierarquias sociais a partir do acesso desigual aos serviços, de estabelecer novas categorias para a limpeza, a civilização, a ordem e a transgressão. Desse modo, o trabalho opera nessa fecunda interface entre a história econômica e a história social, que permite articular os grandes contextos com as configurações específicas tão caras ao trabalho do historiador.

Tendo tido o privilégio de orientar a feitura desse trabalho, originalmente apresenta-do como Tese de Doutoramento na área de História Econômica do Instituto de Economia da Unicamp, sou suspeita em enfatizar suas qualidades. Entrego-o ao leitor desejando ape-nas que ele ofereça o prazer das descobertas inquietantes, que é o mesmo que experimen-tamos, Fábio e eu, nessa viagem às águas ocultas dessa cidade, tão indisciplinadas quanto seus indômitos habitantes.

Wilma Peres Costa
Setembro de 2010.

INTRODUÇÃO

Inúmeros são os estudos que se dedicaram a refletir sobre o processo de urbanização da cidade de São Paulo, enfocando suas mais diferentes especificidades econômicas, socioculturais ou urbanísiticas. Atualmente, sob a condição de metrópole, ela possui atrativos de toda ordem, mas também tem em suas ruas e vielas, bueiros e córregos, torneiras e poços, fossas e banheiros, favelas e casas, as marcas dos problemas que atingem milhares de moradores que vivem à margem das condições mínimas de vida e higiene. É sobre esta linha de problemas que este estudo pretende refletir.

Assim, o objetivo é conhecer o processo de ocupação do espaço urbano através da apreensão dos serviços e das obras destinadas a oferecer salubridade à cidade, tomando como elemento central desta busca as diferentes maneiras como a cidade lidou com a questão das *águas*, vista por uma pluralidade de aspectos: as que recortavam a cidade, por meio de seus rios e córregos, as que eram servidas ao consumo humano, as descartadas pelos moradores, as que tinham o uso compartilhado tanto para o abastecimento humano quanto para a geração de energia elétrica. Dominar e disciplinar as águas parece ter sido um desafio recorrente na história da urbanização de São Paulo, em íntima relação com as concepções científicas então vigentes, provocando complexos efeitos sobre a ocupação e a valorização do solo urbano.

O marco temporal se inicia em 1875, quando os efeitos da Segunda Revolução Industrial e a formação do complexo econômico cafeeiro proporcionaram profundas modificações e inversões na capital paulista, com a instalação dos primeiros serviços públicos urbanos que fundamentaram a fase urbano-industrial que se abria. A partir de então, a cidade de São Paulo passou a vivenciar inúmeras tentativas de colocá-la entre as cidades que deveriam ser "modernas" e "civilizadas" à luz do capitalismo que se consolidava; pessoas e capitais para ela afluíram com maior intensidade; seus espaços cada vez mais passaram por interferências em nome dos melhoramentos urbanos, como a construção da Ilha dos Amores, no rio Tamanduateí; a demanda pela água aumentou e os chafarizes começaram a ser desmontados; e, gradativamente, se alteravam as formas de se ver a água, conferindo-lhe um caráter civilizador.

O recorte temporal se encerra em 1930, com a convergência sobre o tecido citadino dos efeitos contraditórios de um processo de urbanização desigual e hetorogêneo, de caráter privado, resultante das intervenções saneadoras na qual as águas foram um dos principais focos, e um momento chave para a compreensão da importância das águas no contexto da cidade, quando os projetos e as primeiras ações, públicas e privadas, que levariam às retificações nos rios Pinheiros e Tietê deixaram marcas indeléveis sobre o tecido urbano – por mais que estas obras tenham sido adiadas em função da crise de 1929 e dos acontecimentos políticos que se seguiram. Neste momento, também eram consolidadas as áreas de moradia para cada faixa socioeconômica da população, dada a situação de valorização da terra urbana segundo a oferta de serviços públicos, principalmente aqueles voltados à salubridade da cidade.

A apreensão dos modos como as noções de impureza, opostas a de limpeza e salubridade que recortavam os discursos e as práticas do período, expressavam uma determinada visão da cidade no período em questão. Por esta razão, esta concepção de impureza remete às normas e conhecimentos da patologia, contudo, "ela é um sub-produto de uma organização e de uma classificação da matéria, na medida em que ordenar pressupõe repelir os elementos não apropriados. Esta interpretação da impureza conduz-nos diretamente ao domínio do simbólico".[1]

Em outras palavras, significa afirmar que a impureza também pode ser o elemento que se encontra fora do seu lugar ou em desacordo com a regra imposta, ou que se pretende impor. Assim, a sujeira encontra sua conceituação na assertiva natural enquanto resíduos humanos – materialmente palpáveis –, mas também na órbita do perceptível – do não-palpável –, como nos hábitos, nas práticas e nas concepções, por exemplo, das quais possam emergir subversão, oposição, vadiagem, promiscuidade etc.

A abrangência da noção de impureza estava ligada às pretensões e interesses das elites no poder, cujas concepções científicas e urbanísticas estavam associadas aos conhecimentos técnicos de engenheiros, arquitetos e médicos da cidade, que por sua vez fundamentavam a adoção de medidas de caráter saneadoras, no sentido de extirpar os males considerados impuros, porque perigosos, fossem eles físicos ou morais.

---

1   Mary Douglas. *Pureza e perigo. Ensaio sobre as noções de poluição e tabu.* Trad., Lisboa: Edições 70, s/d, especialmente o Capítulo II – A impureza secular. Ao tratar a noção da pureza e do perigo, a autora mostra como estas concepções foram construídas historicamente em diferentes realidades culturais e em momentos históricos diversos, em completa relação aos interesses dos grupos dominantes.

Desta forma, a capital paulista estava imersa sob um contexto em que parecia necessário inseri-la sob os marcos da cidade que deveria ser limpa, tanto em função da necessidade de higiene inerente ao processo de adensamento populacional quanto ao fato de as elites instaladas no poder almejarem colocá-la entre àquelas que estavam sob os fundamentos modernizadores e civilizatórios inerentes ao sistema capitalista, exemplificadas principalmente por Paris e Londres.

É neste sentido que a pesquisa tenta demonstrar como as águas se tornaram foco de intervenções que visavam essencialmente dispor a área urbana dos elementos constituintes destes aspectos e valores, que por sua vez contemplavam os elementos representativos de uma cidade que se pretendia moderna.

Para tanto, intervenções de ordem física, sobre o meio, e as regulamentações foram os meios utilizados pelos setores públicos para empreender uma gama de melhoramentos urbanos e formas de utilização do solo que alteravam espaços, desativavam chafarizes, mudavam os cursos d'água, canalizavam e retificavam rios, saneavam grandes áreas consideradas insalubres. Por outro lado, em direta relação com estas intervenções, estavam os interesses privados, representados principalmente pelo setor imobiliário que se especializava e consolidava sua posição na cidade, diante do crescente adensamento urbano e industrial que aumentava a demanda por moradia, mas que também gerava problemas urbanos de toda ordem, inclusive reproduzindo os problemas com as águas e a salubridade.

Como um grande vetor da urbanização, a pesquisa tenta demonstrar a relevância das águas na configuração inicial da ocupação do espaço e, a partir de suas diferentes funções e formas de utilização, como foram se tornando gradativamente um elemento que obstaculizava o crescimento urbano, transformando-se num problema, inclusive de salubridade e higiene pública. Em decorrência destas particularidades, procura-se demonstrar que se criaram e se reproduziram sobre o solo urbano espaços hierárquicos que passaram a definir uma geografia peculiar à cidade de São Paulo, principalmente quando a ação privada sobre o solo urbano foi abarcada pela profissionalização do setor.

Pela análise das diversas fontes, entre elas a documentação política oficial, os pareceres científicos e técnicos sobre a cidade, os jornais do período, os memorialistas, a visão de moradores sobre a área urbana e seus problemas, desafios e mudanças, foi possível perceber como os rios, suas várzeas, seus charcos, seus campos de futebol etc. tiveram importante papel na ocupação do solo e na urbanização, diretamente ligados aos interesses e ações do capital privado.

Desta documentação, portanto, busca-se demonstrar como os órgãos públicos e a iniciativa privada atuaram frente a estes desafios que se abriam sobre o solo citadino em meio às oportunidades que se descortinavam em decorrência da riqueza gerada pelo café, pelas inovações técnicas e econômicas proporcionadas pela Segunda Revolução Industrial, pelas mudanças políticas advindas da instauração da República e do Federalismo, e do furor de crescimento urbano e industrial que tomou conta de São Paulo.

Entre os documentos utilizados para este percurso sobre as águas que perpassam a cidade de São Paulo estão os documentos oficiais da Câmara, como Anais da Câmara, Relatórios dos diversos prefeitos à Câmara, Relatórios e Pareceres de Comissões Municipais, Leis e Atos do Município, plantas e mapas da cidade demonstrando tanto a expansão urbana quanto o oferecimento de serviços públicos. Documentos de cunho provincial e estadual também fizeram parte da pesquisa, incluindo Relatórios de Presidentes de Província, Relatórios da Secretaria de Agricultura e Pareceres Técnicos, da mesma forma que ilustrações técnicas que retratam a problemática.

Também se procurou dar relevância às fontes que contemplassem o ponto de vista do capital privado, como os Registros de Sociedade Anônima da Junta Comercial de São Paulo que pudessem revelar as empresas imobiliárias que atuaram na cidade e os Relatórios da Diretoria da Light and Power. Da mesma forma, os diferentes jornais publicados no período foram de crucial importância para o entendimento das mudanças econômicas e sociais vividas na cidade. Os memorialistas, os viajantes e a literatura foram outro rol de fontes que permitiram visualizar as transformações pela qual a cidade atravessava; assim como os vários relatos de vida.

O estudo encontra-se dividido em três partes, totalizando oito capítulos. Na primeira parte encontram-se os elementos que fundamentaram a formação do núcleo urbano até proclamação da República, em 1889. Assim, no primeiro capítulo da primeira parte estão contemplados os elementos que levaram a ocupação do território que mais tarde ficou conhecido como Triângulo, centro irradiador da ocupação da atual cidade, em uma colina estratégica para a defesa, entre dois cursos d'água de extrema importância, o Tamanduateí e o Anhangabaú. Também se encontra em questão a importância do sistema hidrográfico da região, devido ao rio Tietê, que permitiu a interiorização, além da relação do núcleo humano, enquanto vila e depois como cidade, com suas águas, e o início das intervenções sobre elas. No segundo capítulo da primeira parte encontra-se fundamentado a passagem da cidade de estudantes à cidade que começava a se transformar em decorrência da riqueza que o café começava a auferir, como as ferrovias e o inicio do adensamento demográfico e como estas novas realidades marcaram a nova face que a capital tomava.

A segunda parte encontra-se sub-dividida em três capítulos, e tem como base a instauração da República como marco divisor entre dois momentos políticos que deram novas premissas às transformações urbanas pela qual a capital paulista atravessaria, e segue até 1914, momento chave em que as bases da *belle époque* são colocadas em xeque em função da eclosão da 1ª Grande Guerra e argumentos nacionalistas são colocados em discussão. O capítulo três aborda como a instauração da República instalou as condições para que o então Estado de São Paulo criasse as condições necessárias para a reprodução do complexo cafeeiro, instituindo uma série de políticas públicas que visavam atender aos interesses da cafeicultura, mas que resultaram em profundos e diretos efeitos sobre a cidade de São Paulo, como foi o caso da criação do Serviço Sanitário, a imigração em massa e a encampação dos serviços de água e esgoto na capital, em direta relação com a necessidade de se instituir a salubridade.

O quarto capítulo, na segunda parte, discute como a modernização republicana proporcionou os elementos necessários para a implementação de obras de melhoramentos numa cidade que se tornava extremamente atrativa a novas inversões, como da empresa canadense Light and Power. Também apresenta como a riqueza gerada pelo café foi representada sobre o solo citadino, por meio da criação de uma série de instituições que procuravam demonstrar e monumentalizar as várias facetas da modernização desejada. Já o capítulo cinco, que encerra a segunda parte, apresenta como se deu o auge da *belle époque* paulistana e a formação do mercado imobiliário, enquanto um atrativo setor a ser explorado e francamente aberto à capitalização.

A terceira e última parte se encontra sub-dividida em outros três capítulos, cujo marco temporal inicia-se em 1914 com a eclosão da 1ª Grande Guerra e o início da administração de Washington Luís, prosseguindo até 1930, quando se encerra o período conhecido como Primeira República e as intervenções e os investimentos, principalmente os voltados às retificações dos rios Tietê e Pinheiros, são sacudidos por abalos econômicos externos e crises políticas internas. No sexto capítulo encontra-se focado o tema do controle das águas e as várias tentativas de instauração da salubridade sobre o tecido urbano, tanto por meio das diferentes alterações e readaptações nos serviços sanitários quanto nas obras públicas que fizeram parte das várias administrações municipais, com especial atenção para as de Washington Luís, que empreendeu a construção do Parque D. Pedro II e o saneamento da várzea do Carmo. Sobre a cidade em ebulição os problemas com limpeza pública, com abastecimento de água e coleta de esgotos também ganharam novas dimensões, da mesma forma que o problema da moradia.

No sétimo capítulo estão discutidos os temas das águas em relação à ocupação do espaço, as retificações dos rios Pinheiros e Tietê, suas relações com os interesses privados e públicos em direta conexão com o processo de valorização, ocupação e especulação imobiliária. E, finalizando, no oitavo capítulo procura-se mostrar a consolidação do setor imobiliário na cidade de São Paulo através das dezenas de loteamentos lançados no período e seus respectivos empreendedores, na tentativa de demonstrar como o oferecimento destas áreas ao mercado se encontrava conectada às questões de salubridade como forma de valorização de determinadas áreas, os quais utilizavam largamente dos serviços públicos, como os de água e esgoto, por exemplo, como meio de valorização destes imóveis.

Parte I Pra dentro das pontes

Mas... Os índios não tinham nascido para o eito, morreram ou fugiram. As riquezas passaram de pais a filhos e se desvaneceram, como feitas de fumo. Ouro, pedrarias, moedas, índios, tudo. Só ficou por aí uma palavra: garua. Uma pobre palavra castelhana que o bandeirante trouxera do Peru, sem querer, como o barro das botas, ou o carrapicho do farragoulo. É o nome de garoa que hoje damos a este frio molhado, a este chuvisqueiro manhoso que torna escorregadias como sabão as ladeiras e os viadutos de São Paulo...

Afonso Schmidt. *São Paulo de meus amores*. São Paulo: Paz e Terra, 2003, p. 22.

Capítulo 1   As nascentes

As CONDIÇÕES FÍSICAS da região litorânea de São Vicente eram, nas primeiras décadas do século XVI, naturalmente diferentes das áreas situadas ao norte da colônia portuguesa na América. Enquanto da Bahia ao Rio de Janeiro o litoral possui como característica física uma planície larga, a partir de então, rumo ao sul e na altura de São Vicente, o litoral se afunila, deixando pouco espaço à ocupação litorânea. Nesta altura são aproximadamente 15 quilômetros a separar o mar da base que dá início a Serra do Mar.

Sob estas condições associava-se o fato de as terras localizadas no litoral, no entorno de Santos e São Vicente, serem caracterizadas por terrenos baixos com vastas áreas de charques, várzeas e mangues, com poucas variações de clima durante o ano. Enquanto isso, bem próximo dali, logo acima do obstáculo natural interposto pela Serra do Mar, se descortinava uma atrativa região do ponto de vista topográfico, marcado por terras altas e saudáveis, com clima temperado que agradavam os colonizadores europeus, ao contrário das áreas situadas nas áreas litorâneas.[1]

A região que abrigou o núcleo formador da futura cidade de São Paulo teve uma ocupação bastante precoce se comparado a outras regiões interioranas situadas imediatamente acima dos pontos de ocupação litorânea na então colônia portuguesa da América, no século XVI. Inicialmente proibida sua interiorização pelo donatário da capitania, Martin Afonso de Souza, somente a partir de 1544 ser-lhe-ia permitida a entrada, sob as ordens de sua mulher, Ana Pimentel.

O primeiro núcleo formado no interior do planalto paulista que se tem notícia foi Santo André da Borda do Campo, cuja origem remonta a João Ramalho e, segundo consta,

---

1   Caio Prado Jr. *A cidade de São Paulo: geografia e história*. 2. ed., São Paulo: Brasiliense, 1998, p. 8 e segs.

se localizava na entrada do planalto, logo após a transposição da serra.[2] Este núcleo foi elevado à condição de vila em 1553, pelo primeiro governador-geral, Tomé de Souza.

No ano seguinte, em 25 de janeiro de 1554, por intermédio de D. Duarte da Costa, que chegara da Bahia no ano anterior trazendo consigo vários missionários da Companhia de Jesus (S.J.), entre eles José de Anchieta, fundou-se no planalto o Colégio de São Paulo de Piratininga, com objetivo de catequizar o gentio e por ser ali uma possível porta de entrada ao interior da colônia.

O local onde se instalaram os jesuítas ficava a dez léguas do mar e duas da povoação de João Ramalho. Entre as vantagens estava a localização elevada na confluência entre dois rios com clima agradável e possibilidade de defesa, por se localizar no alto da colina. De um lado ficava o rio Anhangabaú, a noroeste; e, de outro, o Tamanduateí, a nordeste; por um terceiro lado, havia uma várzea que contribuía como barreira aquática contra ataques à colina. É a área conhecida atualmente como Centro Velho de São Paulo, no entorno do Pátio do Colégio, a colina histórica. O rio Anhangabaú passava pelo atual vale do Anhangabaú. Já o Tamanduateí corria por um caminho sinuoso que inclusive englobava a área onde hoje se encontra a rua 25 de Março.

Eram dois núcleos existentes no planalto e ambos se localizavam logo após a subida da serra. Por esta razão, há menção a duas fundações pela qual a atual cidade de São Paulo teria passado. Uma delas remete a Santo André da Borda do Campo, empreendida por João Ramalho; e, a segunda, pela missão jesuíta, em 25 de janeiro de 1554, "na confluência do Anhangabaú e do Tamanduateí". De cada uma delas emergiram diferentes personificações, mas o suficiente para diferenciá-las: a Santo André da Borda do Campo eram identificados àqueles propensos à fácil adaptação e miscigenação, comprometidos com as perspectivas locais e avessos a ideologias e doutrinas externas, ao passo que aos jesuítas cabia a identificação com o cristianismo.[3]

Diante das diferenças, para os jesuítas, mesmo condenando hábitos considerados "pagãos" e "licenciosos" dos habitantes de Santo André da Borda do Campo, reconheciam o espírito de cooperação e respeito ali existente, além de seu reservatório de mão-de-obra e experiências práticas. Pelo lado de Ramalho e seu sogro, Tibiriçá, havia a devida consideração para com a disciplina empregada pelos jesuítas e da visão

---

2   Santo André da Borda do Campo também foi o primeiro núcleo a ser fundado no interior de toda a colônia portuguesa. Aziz Ab'Saber. "O solo de Piratininga." In: Eduardo Bueno (org.). *Os nascimentos de São Paulo*. Rio de Janeiro: Ediouro, 2004, p. 33.

3   Richard Morse. *Formação histórica de São Paulo. Da comunidade à metrópole*. Trad., São Paulo: Difel, 1970, p. 27-28. Para um aprofundamento no tema consultar o artigo da Revista do Arquivo Histórico de São Paulo no AHMSP – Serafim Leite (S.J.). "Revelações sobre a fundação de São Paulo." In: *Revista do Arquivo Municipal de São Paulo*. São Paulo: Publicação da Directoria do Protocolo e Arquivo da Prefeitura. Ano I, Vol. II, 1934, p. 39-47.

estratégica utilizada na escolha do ponto de ocupação inicial. "Assim, foi Santo André que requereu ao Governador a sua transferência para o sítio mais seguro de São Paulo, o que foi permitido em 1560; a fusão se completou em 1562, nas vésperas de um tremendo ataque dos Tamoios."[4] Caio Prado Jr. afirma que a decisão sobre qual núcleo deveria prevalecer foi tomado pelo terceiro governador-geral da capitania, Mem de Sá, em 1560, o qual se decidiu sobre a prevalência do núcleo jesuítico, ordenando que os habitantes do outro núcleo se mudassem para o planalto.[5]

Vale destacar o caráter *desbravador* que transparece nas observações de Morse quando confere qualidades aos membros de cada um dos núcleos que – quando unificados – resultariam em características e interesses comuns, transformando-os em elementos personificados pela destreza e pela disciplina.

De outro ponto de vista, há que se destacar os caracteres da região por sua posição estratégica na colina que abrigou o núcleo dos jesuítas, proporcionada pela topografia e por estar circundada por águas, que lhe conferia o privilégio de obstáculos naturais em momentos de defesa contra possíveis ataques e, ainda, fornecia o recurso natural indispensável à vida diária, destinada tanto à subsistência quanto à higiene. A escolha deste local privilegiado determinou-se pela sua localização no centro de um sistema hidrográfico.[6] A planta a seguir demonstra a localização da colina histórica, centro de irradiação da ocupação urbana que se daria na região, ladeada pelos rios Tamanduateí e Anhangabaú.[7]

---

4   Richard Morse. *Op. cit.*, p. 29; Roberto Pompeu de Toledo. *A capital da solidão. Uma história de São Paulo das origens a 1900.* Rio de Janeiro: Objetiva, 2003, p. 85 e segs., nas quais o autor aborda o tema da fundação.

5   Caio Prado Jr., em "O fator geográfico na formação e no desenvolvimento da cidade de São Paulo." In: *Revista do Arquivo Municipal.* São Paulo: Departamento do Patrimônio Histórico, vol. 202, 2004, p. 19, originalmente publicado em janeiro de 1936, também faz menção ao fato, mesmo sem aprofundá-las, porém afirma que as relações entre os habitantes de cada povoado eram permeadas de rivalidades, diferentemente do que indica Morse.

6   Antonio Augusto da Costa Faria. "Abastecimento de água na cidade de São Paulo (1554-1960)". In: *Revista do Arquivo Municipal.* São Paulo: Departamento do Patrimônio Histórico, vol. 203, 2004, p. 37. Sobre as características topográficas da cidade de São Paulo ver também Aziz Nacib Ab'Sáber. "O sítio urbano de São Paulo." In: Aroldo de Azevedo. *A cidade de São Paulo. Estudos de geografia urbana.* São Paulo: Companhia Editora Nacional, 1958.

7   BMA – A planta da Cidade de São Paulo, levantada pelo Cap. de Engenheiros Rufino J. Felizardo e Costa.

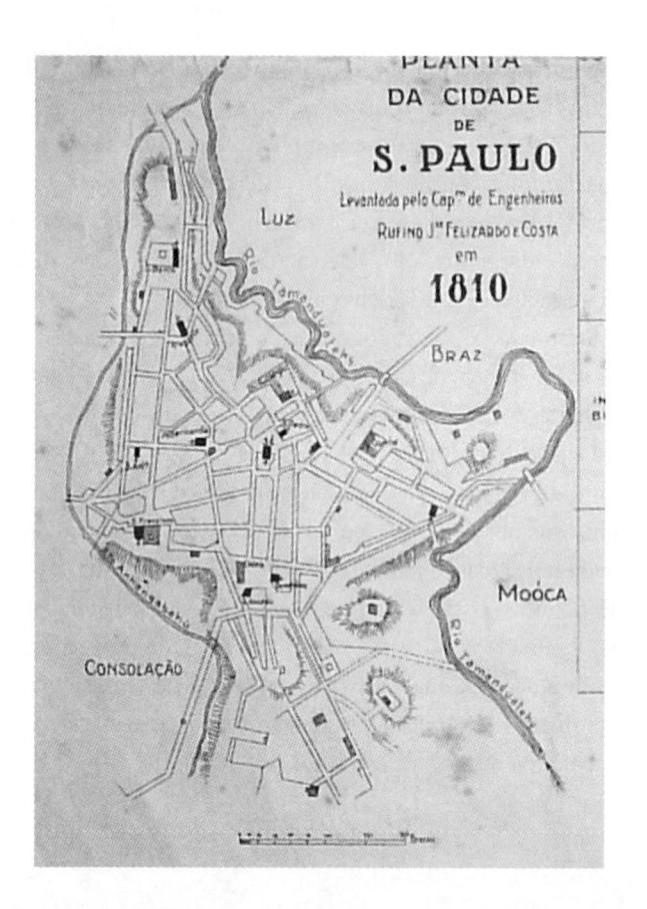

Caio Prado Jr. chama atenção para o fato de, curiosamente, Santo André da Borda do Campo, erigido em 1553, ter se estabelecido distante de correntes d'águas, ficando predominantemente situado na orla de uma floresta e sem poder se socorrer de peixes ou água para lavoura ou rebanho, enquanto procedimentos contrários tomaram os jesuítas na escolha do local de seu estabelecimento.[8] A relevância das águas na formação de núcleo humano representado pelo Colégio foi inegavelmente um fator crucial, assim como para a formação de outros aglomerados humanos ao longo de toda história.[9]

8   Caio Prado Jr. *Op. cit.*, 2004, p. 20. Anicleide Zequini, em "A fundação de São Paulo e os primeiros paulistas: indígenas, europeus e mamelucos." In: Maria Alice Setúbal (coord.). *A formação do Estado de São Paulo, seus habitantes e os usos da terra.* São Paulo: Cenpec, Imprensa Oficial do Estado de São Paulo, 2004, p. 42, chama a atenção para o fato de ainda ser debatido se a atual Santo André se refere ou não a Santo André da Borda do Campo, apesar de afirmar que não.

9   O domínio da água sempre foi perseguido, desde a gênese da civilização, por meio da irrigação, canalizações, construções de diques etc. Face ao desenvolvimento de técnicas ao longo da história cada civilização, em seu respectivo momento histórico e cultural e de acordo com os fenômenos

Atributos de ordem natural e humana são os adjetivos que parecem marcar a consolidação do aglomerado que foi elevada à vila em 1561; passou à condição de cidade, em 1711; e nas primeiras décadas do século XX se transformaria em uma grande cidade, segundo a visão de Morse. Mas o fator preponderante foram os fatores físicos, dentre eles as águas, que tiveram um papel central neste processo.

As águas e a capitania

A importância central conferida às águas resultou de sua utilização como barreira natural contra possíveis ataques indígenas, como fonte de subsídios para a vida da população, como alimentos e água para consumo; além de o Tamanduateí servir como importante meio de comunicação que ligava o núcleo central ao rio Tietê. Inicialmente muito sinuoso, o Tamanduateí nasce no território do atual município de Mauá e atravessa as atuais cidades de Santo André e São Caetano, até desaguar no rio Tietê. Destes caracteres, nos primeiros tempos da vila, foi instalado no sopé da colina o chamado Porto Geral, que servia ao embarque e ao desembarque de mercadorias e como local de pequeno comércio.

A posição dos rios e as demais características geográficas da área, contudo, iam além do simples fornecimento de bens necessários à subsistência ou à defesa. Sem saberem, os jesuítas se instalaram no centro de um sistema hidrográfico, de onde era possível seguir para todas as direções com relativa facilidade, utilizando-se dos rios. O principal era o Tietê que nasce na região da atual cidade de Salesópolis, região montanhosa da Serra do Mar, a uma altitude de mil metros, cuja situação natural à montante do núcleo histórico quase se confunde ao rio Paraíba, ao norte. O Tietê contraria o curso da maioria dos rios, pois segue para o interior do território, atravessando vastas áreas, o que leva suas águas a desembocar no mar após percorrer 3.500 quilômetros, depois de atingir o Rio Paraná, divisa do autal Estado do Mato Grosso do Sul até chegar ao Rio da Prata. Com tal percurso, o Rio Tietê se tornou um dos mais importantes meios para a expansão territorial do país. Já seus principais afluentes, pela margem esquerda, são compostos pelo rio Pinheiros, na altura da capital, o Cotia e seus tributários; e pelo lado direito, o atual rio Piracicaba.

A relevância deste sistema hidrográfico permitiu aos homens utilizarem-na como porta de entrada e caminho natural à interiorização do planalto, dado o posicionamento privilegiado da localidade diante de uma vasta região inexplorada. Mesmo os

---

naturais que vivenciaram, criaram formas de geri-la em correspondência com o conhecimento que disponibilizavam: na Antiguidade, a água era sacralizada; na Idade Média, a água representava um desafio ante as grandes epidemias; no Renascimento, a água fora dominada pela tecnociência. Elmo Rodrigues da Silva. *O curso da água na história: simbologia, moralidade e a gestão de recursos hídricos*. Rio de Janeiro: Tese de Doutoramento, Escola Nacional de Saúde Pública, Fundação Oswaldo Cruz, 1998, Capítulo 1 – Um percurso na história através da água.

rios apresentando algumas dificuldades de navegação, por eles foi possível as primeiras explorações e reconhecimentos, permitindo tanto as primeiras entradas e bandeiras, quanto o fluxo de populações que se estabeleceram ao longo do planalto. Com isso, as margens ao longo dos rios foram se tornando pontos naturais de parada, descanso e assentamento humano.[10]

Na origem, portanto, do pequeno núcleo simbolizado pelo Colégio irradiou-se o processo de ocupação, cuja direção, num primeiro momento, se deu rumo ao interior. Os rios tiveram papel preponderante nesta interiorização, pois com seus cursos d'água direcionados ao interior da capitania, principalmente através do Tietê e seus afluentes, eram estabelecidos os caminhos naturais e mais utilizados enquanto vias de comunicação. Por outro lado, estar localizado próximo às águas era estar próximo a um bem vital ao consumo humano e à produção de alimentos. Por esta razão, esta disposição natural conferiu a vila e, ulteriormente à cidade de São Paulo, o caráter de ponto de convergência daqueles que transpunham a Serra do Mar rumo ao interior, originários de São Vicente e Santos.

Como ponto de partida para as entradas, o rio Tietê contribuiu para a origem de vários outros núcleos populacionais. À jusante de São Paulo se formaram as povoações que deram origem a Nossa Senhora do Ó (atual Freguesia do Ó) e Parnaíba, que se tornou vila em 1625; enquanto na vertente do rio Pinheiros e seus afluentes surgiram Jeribatiba (Rio Grande), Cotia e afluente Mbói-Mirim (Embú); foram fundadas povoações e aldeias pelos jesuítas com caráter catequizador como Pinheiros, Itapecerica, Ibirapuera (atual Santo Amaro). Enquanto à montante foram criadas as povoações de Guarulhos, Itaquaquecetuba, São Miguel, Mogi das Cruzes, São José dos Campos, no Vale do Paraíba.

No século XVII esta última região passou por um período de maior ocupação, advinda da penetração originária no século anterior, com a criação de Jacareí, Taubaté, Lorena, pois ali estava um dos caminhos das bandeiras que levavam à região da futura Minas Gerais e ao sertão de São Francisco, ou seja, ao norte e nordeste da colônia. Por outro lado, também se abriram caminhos e se criaram povoamentos levando em conta as facilidades topográficas que surgiam em meio a depressões e à topografia acidentada em geral, fugindo ao contexto das águas, mas sempre tendo como foco de irradiação o rio Tietê. Um destes corredores se abriu em direção ao Vale do Paraíba, a nordeste; a segunda rumo ao norte, em direção à atual Campinas e Mogi Mirim; e a terceira, em direção a oeste e sul, em direção à atual região de Sorocaba e Itapetininga.

Aos poucos se configuravam, portanto, os vários sistemas de comunicações que fundamentariam o fluxo econômico e social da capitania, cujo centro irradiador era a São Paulo colonial. De um lado, o caminho ao Vale do Paraíba; de outro, o de Sorocaba, que se interligava ao sul da colônia e permitiu a intermediação visando o abastecimento de gado para

---

10   Caio Prado Jr. *Op. cit.*, 1998, p. 20-21.

consumo e venda, originário do sul. Por outro, ao norte, estavam os caminhos que demandavam às minas de Goiás, passando pelo Triângulo Mineiro, em fins do século XVIII; e, ainda, a oeste, o caminho rumo Mato Grosso, também em função da mineração aurífera, feita pelo Tietê, que deu origem a Porto Feliz, e permitiu o povoamento do que viria a ser Piracicaba, na região que anunciava os campos de Araraquara.

Economicamente, durante os séculos XVI e XVII, a colônia portuguesa na América direcionou sua produção aos principais artigos destinados ao mercado metropolitano, se concentrando essencialmente no norte e no nordeste da colônia, com a extração do pau-brasil e o cultivo de tabaco e cana-de-açúcar, principalmente. Enquanto isso, no século XVI as atividades econômicas de São Paulo se baseavam primordialmente no apresamento e escravização do gentio, e no século seguinte pelas bandeiras do ouro.[11]

Os primeiros a se instalarem na capitania de São Vicente[12] praticavam uma agricultura predatória, como assim foi desde os primeiros anos de ocupação do território pelos portugueses. As principais culturas desenvolvidas se resumiam ao milho, mandioca, abóbora, batata-doce e inhame. E a ocupação do interior também se deu da mesma maneira, como séculos antes: ocupação, violência, uso rudimentar e predatório da terra.

A ocupação dos solos do *hinterland* paulista se caracterizou durante os primeiros tempos pela pequena propriedade. São Paulo era o ambiente propício ao tipo de fixação, tanto de europeus quanto daqueles que buscavam refúgio contra a opressão colonial portuguesa. Alguns conseguiram terras, outros simplesmente fugiram do recrutamento destinado às guerras com a Espanha no Rio da Prata, havia ainda, os criminosos que fugiam à lei, além de escravos em fuga que se dirigiam à região inexplorada.[13]

Neste contexto, a São Paulo colonial adquiria uma relevância que se circunscrevia ao papel de ponto de partida rumo ao interior da capitania, assumindo, ainda, o caráter de ponto de emanação dos caminhos que demandam o interior da colônia. Desta consolidação de caminhos, São Paulo direcionava primordialmente sua face econômica e social para o interior da capitania e da colônia, enquanto a face litorânea ainda se encontrava parcialmente separada pela dificuldade imposta pelas condições geográficas, acentuadamente

---

11   Sérgio Milliet. *Roteiro do café e outros ensaios: contribuição para o estudo da história econômica e social do Brasil*. 4. ed., São Paulo/ Brasília: Hucitec/ INL, 1982, p. 32; Caio Prado Jr. *História Econômica do Brasil*. 22. ed., São Paulo: Brasiliense, 1979, Parte - Ocupação efetiva, particularmente o Capitulo 4 – Início da ocupação. Sobre a escravidão indígena consultar a obra de John M. Monteiro. *Negros da terra: índios e bandeirantes nas origens de São Paulo*. São Paulo : Cia das Letras, 1994.

12   A Capitania de São Vicente teve sua denominação alterada para Capitania de São Paulo em fins do século XVII.

13   Warren Dean. *Rio Claro: um sistema brasileiro de grande lavoura, 1820-1920*. Trad., Rio de Janeiro: Paz e Terra, 1977, p. 20-21.

marcada pela Serra do Mar. É relevante frisar que a área de abrangência da Capitania de São Paulo englobava a costa, de Cabo Frio até o Prata; enquanto em direção ao interior, abarcava os atuais territórios de Minas Gerais, Tocantins, Goiás, Mato Grosso e Mato Grosso do Sul. Além disso, em função das fragilidades da Linha de Tordesilhas, seu território se estendia até os limites do Paraguai e do Alto Peru.[14] Por esta razão, a vila de São Paulo, até no início do século XVIII, configurou-se como a fronteira de um grande território a ser conhecido, ocupado e explorado.

Este caráter conferiu à futura cidade de São Paulo uma excepcionalidade no contexto da ocupação do território, pois lhe permitiu assumir o papel de irradiação da interiorização humana, com a formação de vilas e povoados, contrariando os marcos do modelo urbano português, calcado na ocupação litorânea.[15] Em decorrência deste aspecto, sua função econômica e social também quebrou os padrões litorâneos de administração política, econômica e comercial, conferindo a São Paulo a responsabilidade de centro distribuidor e decisório, enquanto a Santos, coube o papel de porto. Formou-se, assim, um perfil de administração no qual "o relevo do solo paulista estava, (...) a impor este sistema de duas cidades conjugadas, dividindo entre si funções de porto, ponto de articulação das comunicações com o exterior; e centro de povoamento, ponto fácil de convergência da vida deste planalto densamente habitado em oposição ao litoral despovoado."[16] Por outro lado, esta configuração peculiar possibilitou aos homens estabelecidos no planalto focarem seus olhares e seus interesses em direção às terras castelhanas localizadas na região do Prata e das áreas atuais do Paraguai.

Ao longo do século XVIII a população brasileira era basicamente rural e autossuficiente e as poucas vilas proporcionavam o acesso a uma fraca demanda por produtos agrícolas. A mineração representava a principal fonte de riqueza da metrópole, se localizando em Minas Gerais. Enquanto em São Paulo, somente a partir de fins de século XVIII, com a retomada da cana-de-açúcar, foi possível inaugurar uma nova fase permitindo se inserir paulatina-

---

14   Maria Isabel Basilisco Célia. *O comércio de abastecimento em Campinas: o processo de formação da economia interna e a atuação de proprietários de terras/ tropeiros na construção da cidade (1767-1830)*. Campinas: Dissertação de Mestrado, I.E., Unicamp, 2000, p. 19.

15   Sobre a ocupação e formação das cidades, Sérgio Buarque de Holanda. *Raízes do Brasil*. 26. ed., São Paulo: Companhia das Letras, 1995, especialmente o Capítulo 4 – O semeador e o ladrilhador, aponta que na colonização portuguesa houve um predomínio das características do aventureiro. O que significa dizer que o português cuidou muito menos de construir, planejar ou plantar alicerces, do que em feitorizar uma riqueza fácil e quase ao alcance da mão.

16   Caio Prado Jr. *Op. cit.*, 1998, p. 49-50. O autor chama a atenção para os exemplos de Recife e Bahia, que devido às condições geográficas naturais conseguiu reunir sob seus desígnios estas duas funções.

mente nas linhas da economia internacional enquanto produtora de bens exportáveis que respondessem de alguma forma aos interesses da metrópole.

A situação da cidade de São Paulo em meados do século XVIII era de crise em decorrência dos conflitos com a Metrópole e com forasteiros pelos interesses de exploração do ouro nas minas por eles descobertos, que resultaram na Guerra dos Emboabas (1708-1709), e em seguida na criação da capitania de Minas Gerais, em 1720, separando-a de São Paulo. Em 1748, a Capitania de São Paulo ainda teve sua autonomia cassada, com a submissão ao papel de comarca do Rio de Janeiro, representada pela Praça de Santos, além disso, também teve as atuais áreas de Goiás e Mato Grosso desmembradas de seu território. Somente em 1765, por meio de um ato do rei José I é que foi restaurada a Capitania de São Paulo, quando foi nomeado governador-geral Luís Antonio de Souza Botelho e Mourão, ou Morgado de Mateus, que a governou de 1765 a 1775. Com o restabelecimento da Capitania, seu território, abalado por sucessivos desmembramentos, se limitou a sua região atual e às regiões que compreendem hoje Paraná e Santa Catarina.

Durante a administração de Morgado de Mateus, de acordo com sua *Relação de Vilas e Freguesias da Capitania de São Paulo*, levantada em 1765, existiam 36 povoações, a capital e mais nove aldeias de índios. Divididas em grupos, no primeiro estavam as vilas de Mogi das Cruzes, Jacareí, Taubaté, Pindamonhangaba, Guaratinguetá e as freguesias de Facão e Piedade. No segundo as vilas de Atibaia, Jundiaí, Mogi-Mirim, Mogi-Guaçu, Parnaíba e as freguesias de Juqueri e Jaguari. No terceiro as vilas de Itu, Sorocaba, Faxina, Apiaí, Itapetininga, Curitiba, Lajes e a freguesia de Paranapanema. Ao terceiro grupo Morgado de Mateus também assinalava as freguesias de Guarulhos, Santo Amaro, Cotia, Araritaguaba, Nazaré e as vilas "porto de mar": Santos, São Sebastião, São Vicente, Ubatuba, Iguape, Cananeia, Itanhaém, enquanto na serra havia São Luís de Paraitinga.[17]

Mesmo assim, o *hinterland* de São Paulo ainda era um vasto território inexplorado, enquanto a cidade de São Paulo se limitava a entreposto comercial ligando os diferentes caminhos que levavam ao interior e que para ali se convergiam. Aos poucos, no entanto, as funções econômicas e sociais da capital iriam se transformar com a introdução da cana-de-açúcar nas terras do interior, em meio ao desenvolvimento do capitalismo comercial, que permitiu a São Paulo se inserir no quadro da expansão do capitalismo, enquanto também eram criadas as condições básicas para a acumulação de capital.[18]

---

17 Carlos Guilherme Mota. "São Paulo: exercício de memória." In: *Estudos Avançados*. São Paulo: nº 48, vol. 17, Maio/ Agosto de 2003, p. 8.

18 Maria Thereza Schorer Petrone. *A lavoura canavieira em São Paulo. Expansão e declínio (1765-1851)*. São Paulo: Difel, 1968. Segundo a autora, a cana-de-açúcar já havia sido introduzida na então Capitania de São Vicente, na atual Baixada Santista, por Martin Afonso de Souza, no século XVI, mas não vingou devido às más condições geográficas e aos limites físicos, ao contrário do que ocorreu no nordeste, não conseguindo, desta forma, concorrer com a cana

Entre os fatores que explicam a alavancagem da acumulação de capital em São Paulo e que daria importância à cidade no contexto do capitalismo comercial estão as medidas adotadas pelo governo de Bernardo José de Lorena (1788-1797). Entre elas duas impactaram diretamente sobre a economia paulista, a primeira aconteceu em 1789, quando Lorena determinou a obrigatoriedade do embarque da produção açucareira através do porto de Santos, em detrimento do Rio de Janeiro. A medida gerou protestos, sob a alegação de que feria a liberdade de exportação; por outro lado, gerou uma nova dinâmica à cidade portuária e, por extensão, à cidade de São Paulo, pois esta se localizava no meio do caminho entre o interior e o porto. Em seguida, Lorena mandou construir um caminho que, partindo de São Paulo chegasse a Santos pela Serra do Mar, que foi concluída em 1792, e ficou conhecida como a Estrada de Lorena. Era um caminho calçado que permitia o acesso de tropas de mulas e tinha como objetivo facilitar o escoamento da produção canavieira das fazendas localizadas no interior até o porto de Santos, contribuindo, também, para a agilização do trânsito.[19]

A Estrada de Lorena seguia a mesma rota das antigas trilhas indígenas e foi pavimentado com pedras entre São Paulo e o Porto de Cubatão. O transporte das mercadorias era todo realizado pelas tropas de mulas, num traçado em zigue-zague que fora planejado para impedir o acúmulo de águas pluviais e a erosão do pavimento. Em Cubatão, Lorena construiu um entreposto com pasto para descanso dos animais, o que incentivou o desenvolvimento do porto de Santos.

Neste momento não só em São Paulo houve uma retomada da agricultura, a virada ao século XIX também marcou o "renascimento da agricultura" com a expansão da cana-de-açúcar nas regiões canavieiras da Bahia e de Pernambuco.[20] Ao mesmo tempo, a crise do sistema colonial, o esgotamento das reservas auríferas em Minas Gerais associados aos acontecimentos políticos (resultado da transferência da Corte portuguesa à capital da colônia, Rio de Janeiro, em 1808), dariam novas configurações à economia da então colônia. Dentre eles estavam o fim do "exclusivo metropolitano", a abertura dos portos e

---

produzida nessa segunda região, p. 9. Paul Singer. *Desenvolvimento econômico e evolução urbana: análise da evolução econômica de São Paulo, Blumenau, Porto alegre, Belo Horizonte e Recife.* 2. ed., São Paulo: Ed. Nacional, 1977, p. 19 e segs.

19   Maria Thereza Schorer Petrone. *Op. cit.*, 1968, p. 24 e segs. e 9-10.

20   Segundo Caio Prado Jr. em *Formação do Brasil contemporâneo.* São Paulo: Brasiliense, 1953, p. 131-132, a cana vai atingir ainda em finais do século XVIII a cidade de Campinas, enquanto no litoral paulista São Sebastião e Ubatuba produzem cada vez mais. Como exportador da especiaria, São Paulo produzia e exportava 1.000 caixas anuais, enquanto a Bahia exportava 20.000, Pernambuco 14.000 e Rio de Janeiro 9.000 caixas.

a Independência,[21] com a qual se inaugurou o período de economia mercantil escravista nacional – quando as decisões sobre as inversões passavam a ser dar internamente, pois a acumulação, neste momento, também era internalizada.[22]

Do núcleo de jesuítas à cidade

Foi a posição natural de São Paulo delimitada pela topografia que permitiu o estabelecimento dos acessos e dos caminhos que consolidaram o ponto central da cidade, cujos rios e afluentes marcaram esta conformação e alguns destes caminhos e estradas levavam ao centro. Deste ponto irradiava-se da colina central os bairros rurais ou semi-rurais e em seu entorno existiam chácaras e sítios, cujas casas eram construídas de taipa.

Sobre a colina situada na confluência dos rios Tamanduateí e Anhangabaú os elementos da vida religiosa foram as primeiras manifestações da ocupação efetiva, isto é, foi da esfera religiosa a partir do Colégio, construída pelos jesuítas, que se deu o processo centrífugo e dinâmico da ocupação territorial da região. A primeira ordem religiosa a se instalar foi a ordem do Carmo, sob a responsabilidade do frei Antônio de São Paulo Pinheiro, e em 1594 já estava com a igreja e o convento finalizados. Logo em seguida, em 1598, instalou-se o mosteiro de São Bento, sob a diretriz do frei Mauro Teixeira, oriundo da Bahia. Algumas décadas mais tarde, em 1640, chegaram os franciscanos.

Inicialmente edificaram suas igrejas rudemente, de taipa, como a dos jesuítas e sem ornamentações, diferente daquelas igrejas edificadas nas principais capitais e cidades do nordeste, como Bahia ou Olinda. As respectivas importâncias de suas edificações não estavam nas construções em si, mas nas localizações espaciais, as quais delimitaram e fundamentariam a ocupação territorial da cidade, dando origem ao que se convencionou chamar de Triângulo central de São Paulo.[23] O Triângulo foi formado pelas ruas que ligavam os mosteiros do Carmo, de São Francisco e de São Bento, situada em uma pequena colina

21 Segundo Sergio Silva. *Expansão cafeeira e origens da indústria no Brasil*. São Paulo: Alfa-Omega, 1976, p. 39; Fernando A. Novais. *Portugal e Brasil na crise do antigo sistema colonial (1777-1808)*. 6. ed., São Paulo: Hucitec, 1995, especialmente Capítulo 2 – a crise do antigo sistema colonial. A independência política também se liga diretamente com o que se passava internacionalmente, com a Revolução Industrial, com a decadência do capital mercantil, ascensão industrial da Inglaterra, crise do antigo sistema colonial, além das numerosas revoltas que aconteceram em Minas Gerais, Rio de Janeiro, Bahia e Pernambuco.

22 João Manuel Cardoso de Mello. *Capitalismo Tardio. Contribuição à revisão crítica da formação e do desenvolvimento da economia brasileira*. 10.ed, Campinas: IE/ Unicamp, 1998, especialmente o capítulo – As raízes do capitalismo retardatário.

23 Pasquale Petrone. "São Paulo no século XX". In: Aroldo de Azevedo (dir.). *A cidade de São Paulo. Estudos de geografia urbana*. São Paulo: Companhia Editora Nacional, Brasiliana, 1958, vol. II,

triangular quase plana, limitada por um forte desnível de 30 metros em relação aos cursos que a delimitavam.[24]

A igreja de são Bento se instalou na colina sobre a qual se vislumbrava os rios Tamanduateí e Anhangabaú; a igreja de são Francisco inicialmente se instalou onde seria a praça Patriarca, mas depois foi transferida para o largo que se tornaria largo São Francisco; e a do Carmo foi instalada no lado sudeste da mesma colina, local onde se situaria a praça Clóvis Bevilacqua com o começo da avenida Rangel Pestana. No centro da colina estava a igreja dos Jesuítas e a igreja Matriz, antecessora da igreja da Sé.[25]

As primeiras construções na área foram realizadas seguindo as orientações da ocupação de acordo com o modelo *tabuleiro de xadrez*, cuja simetria e regularidade eram as características principais, porém, logo foi abandonado em função de sua inadequação à topografia natural da área, sendo, assim, readaptado às condições físicas naturais.

Em fins do século XVI, São Paulo possuía em torno de 120 casas amontoadas na colina, e os estilos de vida da população se resumiam ao mínimo necessário à vida cotidiana, sem luxos e superfluidades, e marcado por pequenas importações. Segundo Morse, "uma saia europeia ou quatro colchões usados equivaliam a uma casa na cidade..."[26] Os primeiros sobrados datam de 1611, quando os edifícios começaram a apresentar mais de um andar.

Os valores dos terrenos eram um reflexo da pobreza da localidade. No século XVII, uma área na rua do Carmo ou em outras partes da região central não passava de mil réis; tendência esta que se inverteu com o passar dos anos e dos acontecimentos. Em 1651, por exemplo, seis braças de terra, localizada na rua Direita, estava avaliada em quarenta mil réis.

As primeiras residências de São Paulo foram caracterizadas como choupanas, cobertas com palhas ou sapé, que aos poucos foram sendo substituídas pelas de taipa, cujas coberturas também foram dando lugar aos telhados. No início do século XIX, porém, existiam inúmeras casas humildes, térreas, que se localizavam à margem das ladeiras que davam acesso ao centro. Eram majoritariamente construídas de taipa com paredes de taquara, pranchas ou estacas juntas, fincadas no chão e seguras por outras em sentido transversal, tinham entre elas o barro socado; quando se completava um trecho os suportes eram passados para espaços contíguos, deixando lugar para vigas e caixilhos. Em seguida, eram

---

p. 115; José Geraldo Simões Jr. *Anhangabaú: história e urbanismo.* São Paulo: Senac/ Imprensa Oficial do Estado de São Paulo, 2004, p. 19-21.

24   Affonso A. de Freitas. *Tradições e reminiscências paulistanas.* 2. ed., São Paulo: Livraria Martins Editora S.A., s/d., p. 26; Benedito Lima de Toledo. *São Paulo: três cidades em um século.* 2. ed., São Paulo: Duas Cidades, 1983, p. 13. O Triângulo era formado pelas ruas Direita de Santo Antonio (hoje Direita), a do Rosário (alterada para Imperatriz e com a República para 15 de Novembro) e a Direita de São Bento (atual São Bento).

25   Roberto Pompeu de Toledo. *Op. cit.*, p. 130-132; Richard Morse. *Op. cit.*, p. 44.

26   Richard Morse. *Op. cit.*, p. 32.

alisadas e pintadas. Enquanto isso, no mesmo período, o centro da cidade já abrigava algumas casas e alguns sobrados de dois andares ao longo das zonas centrais,[27] os quais foram objeto de interesse de Saint-Hilaire, que as denominou como as casas dos "habitantes mais graduados", as quais, segundo o viajante, eram tão bonitas por fora quanto por dentro.[28]

Em 1820, o centro era composto por uma pequena série de ruas sem ordenação ou regularidade; além dos mosteiros havia o colégio dos jesuítas então ocupado pelo governo; o Palácio da Câmara e Cadeia; o Quartel das tropas; uma humilde Catedral; as igrejas da Boa Morte e de São Gonçalo; além de um pequeno número de casas construídas irregularmente. Os viajantes oriundos do Rio de Janeiro entravam na capital paulista pela parte mais movimentada da cidade – a rua do Mercado, também conhecida como rua das Casinhas, que começava após a travessia da ponte do Fonseca ou do Carmo, sobre o rio Tamanduateí.[29]

A ponte do Fonseca era apenas uma das ligações entre a colina central com as regiões circunvizinhas, por isso a cidade foi conhecida como "para dentro das pontes". No início do século XIX para se chegar à colina, além da ponte do Fonseca e do Carmo sobre o Tamanduateí, também existiam a do Lorena e a do Marechal, sobre o Anhangabaú, completando-se em volta dos rios.[30] Em meados da década de 1850, a área urbana da cidade ia da estrada de Santo Amaro até a chácara do Capitão Benjamim José Gonçalves, pela estrada de Campinas até a do Brigadeiro Antônio Pereira Leite da Gama Lobo.[31]

Quanto ao rio Tamanduateí, ao longo dos anos sua função foi se transformando na mesma medida em que as mudanças atingiam a localidade. Suas funções econômicas e socioculturais foram marcantes, cuja funcionalidade abarcou desde o Porto Geral até o ponto de parada para o abastecimento, do comércio de produtos a escravos, descanso de animais, local de trabalho das lavadeiras, local de diversão e refresco nos momentos de calor, mas também como local de despejo das águas residuais domésticas, geralmente realiza-

---

27   Richard Morse. *Op. cit.*, p. 59; Maria Cecília N. Homem. *O palecete paulistano e outras formas de urbanas de morar da elite cafeeira*. São Paulo: Martins Fontes, 1996, p. 71 e segs.

28   Auguste de Saint-Hilaire. *Viagem à Província de São Paulo*. Trad., Belo Horizonte/ São Paulo: Itatiaia/ Edusp, 1976, p. 128. O viajante também registrou o modo como se decoravam as residências, relatando a limpeza, a mobília e a presença do estilo europeu nelas presentes. Porém, destaca o viajante que a noção de arte do povo deixava a desejar. "Comumente (...) as salas são ornadas de gravuras, as quais, entretanto, são constituídas pelo refugo das lojas europeias."

29   Luiz Felipe D'Avila. *Dona Veridiana. A trajetória de uma dinastia paulista*. São Paulo: A Girafa, 2004, p. 114.

30   Benedito Lima de Toledo. *São Paulo: três cidades em um século*. 2. ed., São Paulo: Duas Cidades, 1983, p. 30.

31   José Candido de Azevedo Marques. Regulamentos expedidos pelo Exmo. Governo Provincial para execução de diversas leis provinciais. São Paulo: 1874, p. 313, *apud* Richard Morse. *Op. cit.*, p. 45.

da pelos escravos. Era um dos *locus* onde se travavam diferentes relações de sociabilidade, da subsistência ao lazer.

Do Triângulo podia se avistar o rio Tamanduateí que, naturalmente, era mais próximo do topo onde estava localizada a ordem de são Bento. Até então, economicamente, pelo Tamanduateí se exercia essencialmente a descentralização dos produtos que chegavam e partiam da localidade. Descendo o beco do Colégio era só acompanhar o leito do rio, na trilha das Sete Voltas até o Porto Geral. As mercadorias provinham da atual região de São Bernardo, à montante. Sua margem era marcada por uma "sucessão de brejos e atoleiros, por onde se caminhava dificilmente, quando se caminhava. Mal se contendo com seu leito, o rio transbordava em várzeas que dominavam várias áreas, e inspiraram nomes que se incorporaram à toponímia da cidade – várzea do Carmo, várzea do Glicério...", em seu entorno, as ruas eram estreitas e sujas e, "frequentemente atravancadas pelo abuso de moradores que nelas despejavam entulho ou abriam buracos, quando não as bloqueavam com o intuito arbitrário de ganhar exclusividade sobre seu uso." Os becos secundários recebiam denominações que remetiam às suas condições e refletiam a situação cotidiana: beco Sujo, do Inferno, do Mosquito, do Sapo, da Cachaça, do Mata-fome.[32]

Associadas às várzeas estavam as constantes cheias e enchentes que assolavam a cidade e que são mencionadas em inúmeros relatos de viajantes e observadores da cidade.[33] Com as enchentes a situação se tornava aflitiva, que se a uns divertia, a outros era "menos venturosa".[34] Em meio aos períodos de chuvas, frequentemente a população atribuía às suas águas alagadiças e estagnadas a responsabilidade pelas infecções que assolavam a localidade, e tudo baseado na crença que os miasmas eram responsáveis pela disseminação dos males.

Nos anos iniciais do século XIX a cidade ainda contava com poucos atrativos culturais, afora aqueles ligados à vida religiosa, como as festas, procissões e demais comemorações dedicadas ao culto divino.[35]

---

32   Roberto Pompeu de Toledo. *Op. cit.*, p. 231 e segs.; Affonso A. de Freitas. *Op. cit.*, p. 135

33   Cabe esclarecer que as *cheias* são fenômenos geofísicos, naturais, enquanto as *inundações, enchentes* são advindas da interferência do homem sobre o meio e, por isso, socialmente produzidos, esclarece Odette Carvalho de Lima Seabra. *Os meandros dos rios nos meandros do poder. Tietê e Pinheiros: valorização das várzeas na cidade de São Paulo.* São Paulo: Tese de Doutoramento, FFLCH, USP, 1987, p. 21.

34   Maria Paes de Barros. *No tempo de Dantes.* 2. ed., São Paulo: Paz e Terra, 1998, p. 29.

35   Auguste de Saint-Hilaire. *Op. cit.*, p. 136, discorre que a vida social em São Paulo era muito regrada, especialmente para as mulheres que não eram vistas em público. Gilberto Freyre também destaca o recato da mulher no interior do recinto do lar. Segundo ele, a senhora de engenho, no período colonial, nunca era vista por estranhos, e mesmo com a urbanização, o recato foi reproduzido por longo tempo nos sobrados urbanos. Em São Paulo, por exemplo,

As festas religiosas, entre elas as procissões que marcavam os dias santos e a saída das mulheres às ruas eram os maiores acontecimentos sociais e culturais da velha São Paulo, tanto pela pompa quanto pelas demonstrações de fé. Segundo Afonso Schmidt era a São Paulo "das saias de roda, dos leques de plumas, das mantilhas e dos vagalumes no cabelo..." O tom irônico do cronista da cidade se refere principalmente ao fato de as mulheres estarem à vista nos espaços públicos nestes dias, principalmente no caso da procissão do Senhor dos Passos que, até 1877, se encontrava com a de Nossa Senhora das Dores. O destaque da procissão em louvor ao Senhor dos Passos – tanto social quanto culturalmente – eram as sete cerimônias realizadas nas sete paradas (que representavam os sete passos), todas nas residências de importantes personalidades da cidade, para terminar, com o sétimo passo, na Igreja do Convento do Carmo, onde até 1905 se conservou a imagem de Nosso Senhor dos Passos.[36] As casas particulares que recebiam os Passos eram caprichosamente adornadas, conta Antonio Egydio Martins, com muitas flores, manjericão, murta e arbustos, e a iluminação era feita com velas de cera.[37] Maria Paes de Barros também relata que a vida feminina era quase que restrita ao lar, exceto pelas saídas acompanhadas pelo marido e, no caso das meninas, pelos pais ou parentes idosos, quase sempre para visitas, já que "uma senhora nunca entrava numa loja."[38]

Apenas com a instalação da Academia de Direito no Largo São Francisco, em 1828, que a vida citadina começou a notar algumas transformações que refletiram no cotidiano da vida urbana. Sua instalação remonta às mudanças políticas advindas com a Independência, em 1822, quando se pensou necessário a criação de instâncias capazes de responder pela demanda política das províncias, entre elas a formação de uma estrutura política capaz de formar com uma base educacional seus dirigentes e reproduzir seus homens de negócios.[39] Entre as medidas que a Assembleia Geral adotou estava a criação de duas Faculdades de

---

mesmo com sucursal de banco, teatro, cafés, lojas sortidas, as senhoras continuavam escondidas dos olhares públicos, inclusive das visitas, fato que também ocorria com as mulheres em Minas Gerais, Gilberto Freyre. *Sobrados e Mucambos. Decadência do patriarcado rural e desenvolvimento urbano.* 9.ed., Rio de Janeiro: Record, 1996, p. 38. Sobre a vida religiosa e o recato inerente à vida feminina durante o período colonial consultar Luiz Mott. "Cotidiano e vivência religiosa: entre a capela e o calundu." In: Fernando A. Novais (dir.). *História da vida privada do Brasil.* São Paulo: Companhia das Letras, 1997, vol. 1.

36 Afonso Schmidt. *São Paulo de meus amores.* São Paulo: Paz e Terra, 2003, p. 44-45.

37 Antonio Egydio Martins. *São Paulo antigo, 1554-1900.* São Paulo: Paz e Terra, 2003, capítulo VI – As procissões. Neste capítulo, o autor também relata a importância das festas religiosas na cidade enquanto única manifestação cultural.

38 Maria Paes de Barros. *Op. cit.*, p. 5.

39 Maurício Érnica. "Uma metrópole multicultural na terra paulista." In: Maria Alice Setúbal (coord.). *Op. cit.*, p. 162.

Direito que, após debates sobre o local ideal para sua instalação, foram designadas para funcionar em Olinda e São Paulo.

Dentre as razões para a instalação do curso de Direito na cidade de São Paulo estava justamente o aspecto de cidade tranquila, sossegada e barata, a qual seria ideal para abrigar uma população que deveria se dedicar estritamente aos estudos, diziam alguns contemporâneos da época. Em 1831 formou-se a primeira turma, num total de seis bacharéis. De 1832 a 1856 a Academia formou 467 bacharéis, enquanto de 1856 a 1875 o número de bacharéis formados pela Academia de São Paulo chegou a 1.129. Em torno da instituição gravitou uma forma de viver que possibilitou transformações qualitativas que repercutiram na órbita cultural urbana.

Com sua instalação novos espaços de sociabilidade foram criados, nos quais temas antes nunca discutidos entravam em pauta e expandiam debates e discussões. Fugindo dos círculos da faculdade, gradativamente a vida cotidiana da cidade também passou a notar as modificações advindas da atuação dos estudantes, conferindo, ainda, uma relevância diferente àquele "pequeno burgo provinciano", fosse por meio das novas iniciativas em curso, das troças ou ainda pela formação das repúblicas, revistas, divertimentos e a instauração de novos ruídos na cidade.[40] Ruídos que significavam muito mais do que barulhos em si, como os que "toda a academia" fez por mais de 35 anos de vida, no Teatro São José, quando ali foi palco da campanha pela Abolição.[41]

A Academia de Direito teve um papel crucial, no século XIX, especialmente no processo de secularização que se irrompeu em São Paulo. Suas posições laicas gradativamente iam se tornando públicas, extrapolando as dimensões da Academia, num primeiro momento através da imprensa acadêmica, em seguida publicada nos periódicos da cidade, com os bacharéis assinando os textos. Do debate de ideias à dessacralização de vários temas foi um dos efeitos que impactaram sobre a cidade.[42] Ela foi o marco fundador da cultura letrada na cidade. A partir de então, a vida intelectual e letrada da cidade não ficou mais circunscrita unicamente aos limites da Academia (ou das igrejas), elas extrapolaram seus muros, além disso e mais importante, dela começaram a sair os bacharéis que se tornariam

---

40   Ernani da Silva Bruno. *História e tradições da cidade de São Paulo*. São Paulo: Hucitec, 1991, vol. II, p. 807; Affonso de Escragnolle Taunay. *História da cidade de São Paulo*. Brasília: Senado Federal/ Conselho Editorial, 2004, p. 331 e segs.

41   Afonso Schmidt. *Op. cit.*, p. 108.

42   Ana Luiza Martins. *Gabinetes de Leitura da Província de São Paulo: a pluralidade de um espaço esquecido (1847-1890)*. São Paulo: Dissertação de Mestrado, FFLCH, USP, 1990, especialmente o capítulo: O questionamento do sagrado – Do púlpito ao livro. Richard Morse. *Op. cit.*, p. 95 e segs., também indica este processo.

os futuros deputados, literatos, jornalistas e críticos que fariam parte dos quadros políticos das esferas de poder.[43]

Por volta de 1860, ao visitar a Academia de Direito, em São Paulo, Tschudi notou que a biblioteca possuía em torno de 8 a 9 mil livros entre os jurídicos, históricos, filosóficos etc., porém entre as obras de literatura contemporânea havia a predominância de autores franceses, enquanto os alemães eram inexistentes. Segundo o viajante, entre os estudantes havia um predomínio pela escrita e publicação de artigos políticos, e as publicações por eles editadas foram várias, mesmo que efêmeras.[44]

Diante da contribuição dada ao processo de laicização da sociedade, novos espaços de sociabilidade tomaram forma, em oposição à vida regrada pela igreja: jornais eram lançados; cafés, livrarias, teatros foram criados; festas, bailes tiveram início; hotéis, pensões foram criados para dar conta da demanda dos estudantes; enfim, toda uma cadeia de serviços gradativamente ia tomando forma diante dos novos contornos que estes novos hábitos tipicamente citadinos demandavam, ao contrário da vida pacata e cercada de recato que caracterizava a vida da população até então, como relatou Saint-Hilaire, quando visitou a cidade por volta de 1820.

Foi uma nova São Paulo que surgiu com a criação da Faculdade de Direito, juntamente com a abertura de uma "boa livraria", relata a memorialista Maria Paes de Barros, "de toda parte afluíram cá inúmeros estrangeiros, entre os professores de línguas, ciências, música etc. Então já estudavas, pensavas, conversavas. E, ao mesmo tempo, ias abandonando teus hábitos campesinos pelos mais apurados, de uma cidade progressista."[45]

A percepção dos estudantes na cidade foi marcante na visão dos viajantes e memorialistas que passaram por São Paulo. Segundo o relato de vários deles, os estudantes e as "estudantadas" ligados às elites ganharam a rua, conquistaram espaços abertos e atuaram neles como personagens principais. Além disso, os relatos trazem essa "nova" população, no dia-a-dia, interagindo tanto nos pontos de encontro, como nas ruas, nas repúblicas, por meio de arruaças, roubando galinhas e porcos, realizando serenatas, nadando nas águas

43   Heloisa de Faria Cruz. *São Paulo em papel e tinta: periodismo e vida urbana – 1890-1915*. São Paulo: Educ/ Fapesp/ Arquivo do Estado de São Paulo/ Imprensa Oficial de São Paulo, 2000, p. 51. Sobre a cidade letrada, diz Angel Rama, em *A cidade das letras*. Trad., São Paulo: Brasiliense, 1985, capítulo – A cidade letrada, "só ela é capaz de conceber, como pura especulação, a cidade ideal, projetá-la antes de sua existência, conservá-la além de sua execução material, fazê-la sobreviver inclusive em luta com as modificações sensíveis que introduz incessantemente o homem comum." Por meio dela é possível a articulação do poder através das leis, regulamentos, proclamações, cédulas, propaganda e sua respectiva ideologização que a sustenta e a justifica.

44   J. J. Von Tschudi. *Viagem às províncias do Rio de Janeiro e São Paulo*. Trad., Belo Horizonte/ São Paulo: Itatiaia/ Edusp, 1980, p. 209.

45   Maria Paes de Barros. *Op. cit.*, p. 7.

do Tamanduateí, quanto se misturando aos tropeiros e lavadeiras que trabalhavam nas margens dos rios e também entrando em conflitos com as autoridades locais. Com os estudantes e as estudantadas, a sociedade do *vós* e das *sinhás* escondidas assistiu e namorou, ainda que encabulada, ao início da transgressão aos padrões e aos costumes.[46]

A agitação da "estudantada" não se restringiu somente à vida cultural da pacata cidade, sua presença também alargou os limites econômicos que cercavam a sobrevivência da maioria de sua população pobre. Um dos exemplos foi o caso das lavadeiras que, por volta de 1860, com os estudantes e suas demandas, deram nova vida a essa "indústria doméstica", na qual as famílias nela engajadas "empenhavam-se (...) em obter a freguesia acadêmica, muitas vezes recompensando a constância de alguns fregueses com doces ou com flores."[47]

Ao conjugar aspectos culturais com econômicos, vale resgatar as observações de Afonso Schmidt sobre a história de um estabelecimento comercial que, por volta de 1850 e 1860, se tornou um dos primeiros cafés da cidade. Sua importância, entretanto, foi muito além disso, pois ali se congregaram aspectos que refletiam as mudanças sociais, culturais e econômicas de uma cidade que parecia caminhar rumo a profundas transformações. A atuação nas discussões sobre a escravidão foi uma delas, transformando-a num ponto de encontro abolicionista da capital paulista, principalmente por ter entre seus alunos figuras como Álvares de Azevedo, Fagundes Varela e Castro Aves.[48]

Estabelecida na rua da Imperatriz, com o Beco do Colégio, era uma casa velha com uma porta para a rua e outra para o beco. O estabelecimento era chamado de café Maria Punga, cuja proprietária, Maria Emília Vieira, era uma senhora "preta e gorda", que usava na cabeça uma toalha, nas orelhas argolas de ouro, no colo um ramo de arruda e uma figa de guiné, contra mau olhado. No seu café só entravam estudantes, meirinhos, boiadeiros ou pessoas de fora da cidade.

Ela mesma torrava e socava o café no pilão, mas só fazia três canecas de cada vez. Aquele que chegasse primeiro deveria esperar os seguintes até que se completassem três cafés; enquanto isso se conversava, o que expandia as relações de sociabilidade no café de Maria Punga. O cronista também faz referências a outros cafés na cidade, conferindo-lhes importante papel cultural e social da vida citadina, tornando-se "escritório, endereço, ponto de palestra, ponto de reunião de amigos e de gente da mesma profissão. (...) Uma 'média' com pão e manteiga custava quatro tostões. (...) Um pormenor: a manteiga do pão aplicada ao pão mediante pincel. Os fregueses sabiam disso.

---

46   Heloisa de Faria Cruz. *Op. cit.*, p. 51-52. Sobre a presença dos estudantes na cidade consultar ainda Ernani da Silva Bruno. *Op. cit.*, vol. II, capítulos IX e X – A presença dos acadêmicos e Entre comédias e serenatas, respectivamente.

47   Ernani da Silva Bruno. *Op. cit.*, vol. II, p. 820.

48   Affonso de Escragnolle Taunay. *Op. cit.*, p. 305.

E os frequentadores antigos se julgavam com direitos. Não raro, um garção gritava para a cozinha:

— É para o moço do chapéu grande; carregue na brocha."[49]

Se para os estudantes, as águas do Tamanduateí se resumiam a roupas lavadas ou às farras, para grande parte da população elas sempre tiveram a função de fornecer bens destinados à vida diária, fosse como alimento, bebida ou outro meio de se garantir a sobrevivência, através do trabalho.

No tocante ao consumo humano, a abundância das águas na região facilitou sua captação no início do povoamento da região, quando os moradores utilizavam-na para as mais diferentes finalidades, principalmente os recursos originários do Tamanduateí, próximo à colina histórica, mas também em outras fontes naturais existentes em declives e morros, dos poços que foram sendo escavados nos quintais, além das águas do Anhangabaú etc.

As águas e a cidade

Com o adensamento populacional ao longo dos anos o problema do abastecimento de água foi ganhando novo escopo, dado o aumento da demanda. Em meados do século XVIII foi construído o primeiro chafariz público em São Paulo, pelos padres franciscanos, que o empreenderam e destinavam o excedente à população por meio da construção de uma fonte para uso privado e outra para uso público na baixada do Anhangabaú, nas proximidades da atual Praça da Bandeira. No início do século XIX, esse chafariz foi desmontado, com isso aqueles que se utilizavam deste chafariz passaram a utilizar-se do chafariz privado dos franciscanos, o que acabou se transformando em utilidade pública em 1828.

Desde o século XVIII, inúmeros chafarizes foram construídos com o objetivo de abastecer a população. Inicialmente, estes chafarizes não possuíam encanamento, as águas que recebiam e forneciam à população eram conduzidas até eles por meio de valetas que eram abertas seguindo os declives naturais impostos pela topografia. Somente anos mais tarde que estas valetas seriam canalizadas, a partir das obras de Tebas, o escravo liberto que se tornou pedreiro, e foi libertado em função da construção das torres da antiga Catedral (1746-1755) e do Recolhimento de Santa Teresa, e que também empreendeu a solução para o abastecimento regular do Largo da Misericórdia, entre 1792-1793, utilizando-se de pedra de cantaria na construção da canalização.[50]

---

49   Afonso Schmidt. *Op. cit.*, p. 113-114 e capítulo 56 – Os velhos cafés.

50   Nuto Sant'Anna. *São Paulo histórico. Aspectos, lendas e costumes*. São Paulo: Departamento de Cultura, 1939, vol. III, p. 185-193; Affonso A. de Freitas. *Op. cit.*, p. 59-60.

Ainda em fins do século XVIII iniciou-se a captação e o transporte de água para caixas para completar a distribuição, pipas ambulantes recorriam às cisternas abertas próximas ao rio Tamanduateí e ao córrego Lava-pés.[51] No início do século XIX foi construído o chafariz do Piques, cuja obra foi resultado do desvio e da canalização das águas do Reúno, realiza-da por Daniel Pedro Müller, por volta de 1814. As obras se basearam na canalização das águas do tanque do Reúno ou Bexiga, na nascente do Saracura, afluente do Anhangabaú, com objetivo de abastecer o Jardim Botânico (Jardim da Luz) e o Convento da Luz. Com esta obra, a cidade foi atravessada por uma canalização a céu aberto, que partindo do tanque do Reúno situado nas terras de Martinho Prado, descia beirando a Consolação, seguia pela rua do Paredão (hoje rua Xavier de Toledo), cruzava a chácara do barão de Itapetininga, passava pelo largo do Zunega (hoje largo do Paissandu) e, cortando vielas e quintas, chegava até o Jardim Botânico e à Ermida da Luz. Já o chafariz do Piques foi construído com as sobras do material que Müller utilizou nesta obra de canalização, cuja água também era oriunda do Reúno. "Foram frequentes as reclamações quanto à sujeira da água e às interrupções no fluxo devido à evasão causada por desmoronamentos ou por formigueiros. Nos cruzamentos com as ruas mais importantes, o rego era coberto com lajes de pedra, como se depreende do ofício de Müller de 6 de novembro de 1816 onde, ao informar que se achava quase pronto o calça-mento da rua que saindo da 'Ponte do Marechal segue para a cidade nova' (atual Avenida São João), recomendava que esse cobrisse com pedra 'o canal que leva agora para Luz'".[52]

Em meados do século XIX existiam em operação 14 chafarizes, mesmo assim, as águas servidas não eram suficientes para o abastecimento da totalidade dos habitantes da cidade. A partir de 1875 também estava em operação o chafariz do Largo do Carmo (atualmente cor-responde à praça Clóvis Bevilacqua e avenida Rangel Pestana); e, na década de 1880, os chafa-rizes do Campo da Luz (atual avenida Tiradentes), do largo de São Bento, largo do Pelourinho (hoje 7 de Setembro), Guaianazes, (atual praça Santa Isabel), Largo 7 de Abril (atual praça da República), do Rosário (atual praça Antonio Prado) e do Carmo, dentre outros.[53]

As águas e seus diferentes pontos de distribuição revelam facetas interessantes sobre o cotidiano da cidade e as relações de sociabilidade que nela se estabeleciam. Antes do oferecimento doméstico da água, e com exceção daqueles que possuíam escravos e, poste-riormente, empregados, que as buscavam nas fontes e chafarizes, o restante da população afluía aos pontos onde este bem era oferecido. Assim, em torno dos chafarizes era regra se

51   Florentina Alves. *A mortalidade infantil e as práticas sanitárias na cidade de São Paulo (1892-1920)*. São Paulo: Dissertação de Mestrado, FFLCH, USP, 2001, p. 69; Suzana P. Pasqua. *Mortalidade e população no processo de urbanização da cidade de São Paulo (1890-1920) – o caso do Brás*. São Paulo: Dissertação de Mestrado, FFLCH, 1998, p. 33-34.

52   Benedito Lima de Toledo. *Anhangabaú*. São Paulo: Fiesp, 1989, p. 26.

53   Antonio Egydio Martins. *Op. cit.*, 2003, p. 411 e segs.; Antonio Augusto da Costa Faria. *Op. cit.*, p. 39 e segs.; Affonso A. de Freitas. *Op. cit.*, p. 28 e segs.

encontrarem escravos, viajantes, empregados, mulheres pobres, vendedores ambulantes; além da presença de animais levados para saciar a sede. Não raro, portanto, a recorrência de conflitos e desentendimentos nesses pontos d'água.[54]

Muitos dos conflitos se davam entre àqueles que buscavam água para consumo com os que buscavam-na para vendê-la como forma de subsistência. Além disso, desentendimentos entre lavadeiras, escravos e populares eram comuns, e não raro a força policial era chamada para intervir nas disputas. Por isso, a presença dos chafarizes próximos a determinadas residências podia não significar necessariamente estar próximo a um bem ou serviço desejado, pois a possibilidade de ajuntamento de pessoas, muitas vezes consideradas indesejáveis, acabava por desvalorizar terrenos e imóveis localizados nas suas proximidades.[55]

Não é a toa que por ocasião da construção do chafariz do Largo da Misericórdia, em fins do século XVIII, uma "antiga família" que ali residia preferiu se mudar a continuar morando nas proximidades de um local onde seria instalado um chafariz, conta Antonio Martins, cujo principal motivo era justamente "não suportar as cenas desagradáveis que era de costume darem-se no lugar do aludido chafariz entre os carregadores de água, os quais, na sua maioria, eram escravos."[56]

A dinâmica do abastecimento de água na cidade, por outro lado, também ensejava o aparecimento de novos negócios e novas profissões. Entre eles uma nova categoria profissional, o aguadeiro, que vendia o indispensável bem de porta-em-porta.

Em meados do século XIX, cada residência gastava em média, quando podia pagar por este serviço, cerca de 320 réis por barril de água, sendo que consumiam algo em torno de três a quatro barris por dia.[57] Também existiram as casas de banho, que ofereciam serviços de higiene àqueles que não possuíam água em casa. Por volta de 1896, de acordo com o *Almanaque Paulista Illustrado*, citado por Ernani da Silva Bruno, havia 3 casas de banho em funcionamento na cidade. A tendência, contudo, foi o desaparecimento destas casas à medida que o serviço de abastecimento de água chegava às residências daqueles que tinham recursos para o pagamento deste serviço.

Não somente as águas destinadas ao consumo foram focos de intervenções. Os rios e córregos também foram gradativamente sofrendo interferências, e junto com eles

---

54   Maria Odila L. da S. Dias. *Quotidiano e poder em São Paulo no século XIX*. São Paulo: Brasiliense, 1984, p. 134, mostra como as fontes, bicas e chafarizes se tornaram o "epicentro" da vida social dos escravos no decorrer do século XIX.

55   Denise Bernuzzi de Sant'Anna. "Vida e morte dos chafarizes na cidade de São Paulo." In: *Revista do Arquivo Municipal*. São Paulo: Departamento do Patrimônio Histórico, vol. 203, 2004, p. 84-85.

56   Antonio Egydio Martins. *Op. cit.*, 2003, p. 27.

57   Denise Bernuzzi de Sant'Anna. *Op. cit.*, p. 83.

implementaram-se toda uma gama de mudança na forma de se olhar e conviver com estas águas. Cada vez mais seu papel se transformava como reflexo das mudanças socioeconômicas e culturais em curso e que, paulatinamente, ia conferindo às águas outras conotações, ora positivas ora negativas.

Em meados do século XIX aconteceu a primeira intervenção sobre um rio que ao longo dos anos ainda passaria por várias interferências, o rio Tamanduateí. Como era um rio caudaloso qualquer chuva mais intensa gerava fortes cheias, principalmente considerando suas áreas alagadiças e as várzeas localizadas ao longo de suas margens. Como o problema foi se avolumando e tomando proporções consideráveis à medida que a cidade crescia – e este era um dos principais argumentos dos órgãos públicos para as intervenções – buscou-se implementar medidas que solucionassem o problema.

A primeira intervenção ocorreu em 1848, durante a administração do Presidente da Província Conselheiro Pires da Motta, com direção do engenheiro Carlos Abraão Bresser, e se baseou na abertura de um canal reto paralelo ao rio, porém, com maior profundidade.[58] Nesta intervenção, afastou-se a margem do rio da zona central, *empurrando* o problema – já que não o resolveu – para leste da colina histórica. Com a intervenção foram extintas as famosas *Sete Voltas*, uma série de sete curvas existentes no rio na altura da colina histórica, ponto inicial do povoamento de São Paulo. Nesta mesma área existe hoje a rua 25 de Março.

Sua intervenção remonta diretamente à área que atravessa e ocupa, ao pé da colina histórica, por isso no seio das mudanças que atingiam a cidade. A partir de então cada vez menos o rio seria incumbido de fornecer os meios de vida, apesar de muitos ainda continuarem a viver de expedientes temporários proporcionados por suas águas, por meio da pesca ou da lavagem de roupas, por exemplo. Não era mais a barreira natural contra possíveis ataques indígenas, mas cada vez mais uma fonte de problemas em decorrência de suas águas, fossem pelas enchentes, pela disseminação de doenças ou como obstáculo natural que começava representar à expansão da cidade.

Associado às enchentes também havia o problema dos despejos das águas residuais humanas realizadas ao longo do rio, as quais também acabavam se concentrando nas áreas alagadiças, como na várzea do Carmo. Despejados pela população, estes resíduos se acumulavam ao longo do rio e eram considerados responsáveis pela geração de emanações pútridas, ainda mais quando potencializados pelas chuvas e enchentes que aumentavam os alagamentos e a formação de brejos e atoleiros.

Na indicação número 9 da ilustração a seguir, é possível visualizar o local onde se situa a atual rua 25 de Março. Antes, porém, existia ali "um trilho que, partindo da atual ladeira do mesmo nome, tomava rumo do beco do Colégio, contornando

58   De acordo com José Geraldo Simões Jr. *Op. cit.*, 2004, p. 23, esta primeira intervenção no rio Tamanduateí tornou impraticável a navegação por suas águas.

a montanha e passando pelo beco do Barbas (D)", abaixo da colina onde se situa o mosteiro de São Bento. Neste trecho, após a retificação de 1848, passou a chamar-se rua Baixa de S. Bento. Mais tarde foi aberta comunicação entre o beco e o Colégio e a ladeira do Carmo e, em 1874, entre a ladeira dos Carmelitas e o largo do Hospício, com a desapropriação e demolição da casa de D. Maria Joana da Luz (E). Nestes dois últimos trechos passaram a denominar-se rua Baixa do Carmo.[59]

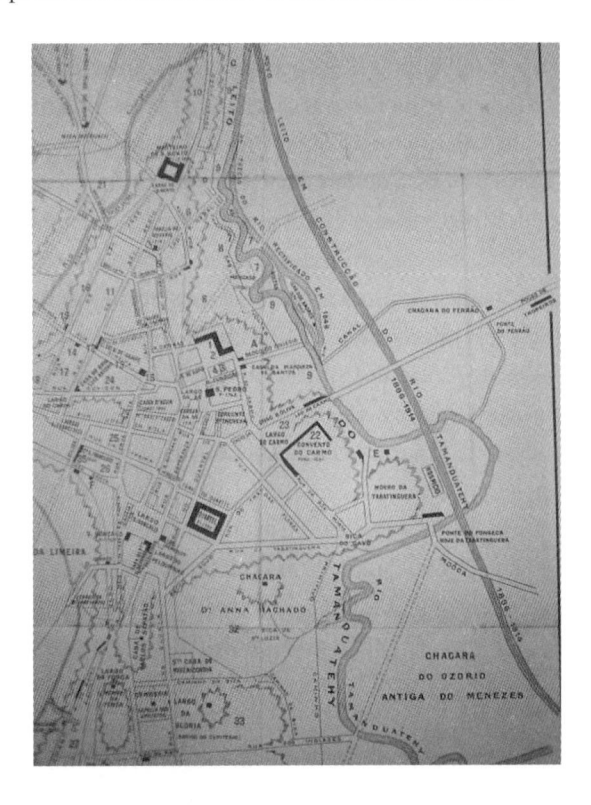

Nas imediações do rio Tamanduateí, antes do processo de adensamento populacional que marcou o final do século XIX, havia um cinturão de chácaras, fazendas e sítios que muitas vezes viviam independentemente da cidade. Ao longo do século XIX, especialmente após a fundação da Faculdade de Direito, o rio começou a ser incorporado pela cidade, paralelo ao processo de parcelamento das áreas adjacentes, que também iam sendo incorporadas pela cidade. Mas foi efetivamente após a ligação férrea que a área começou a sofrer

59 Affonso A. de Freitas. *Op. cit.*, p. 134-135, a planta em referência é de 1800-1874, e os destaques dos rios e suas respectivas transposições são do autor; Benedito Lima de Toledo. *Prestes Maia e as origens do urbanismo moderno em São Paulo*. São Paulo: Empresa das Artes, 1996.

intervenções mais drásticas no sentido de englobá-la ao conjunto da cidade. Vale destacar, que em meio a estas mudanças, suas funções também iam se alterando.

A partir de meados do século XIX, outros fatores também contribuíram para compor o quadro econômico e social sob o qual a cidade de São Paulo seria diretamente influenciada. Por um lado entrava em órbita os efeitos do fechamento definitivo das comportas do tráfico internacional de escravos em que se sustentava o sistema escravista no Brasil que, mesmo obrigando os fazendeiros a procurar formas alternativas no que concerne à questão da mão-de-obra, levando alguns deles a importar mão-de-obra e incentivando a discussão sobre imigração, por exemplo, também acabou por incentivar um tráfico interprovincial de regiões econômicas menos atrativas para a região que passava a se destacar economicamente. E esse momento coincidiu com a expansão do café em terras paulistas, que se mostrava mais vantajoso em relação à produção canavieira, e vislumbrava com mais vigor o mercado externo.

Neste momento também era promulgada a Lei de Terras e o primeiro Código Comercial passava a regulamentar as companhias e suas operações no Brasil. A partir de então, uma nova fase passou a permear os acontecimentos e as práticas econômicas, abrindo novas perspectivas de aplicação de capitais, antes majoritariamente dirigidos ao sistema escravista, os quais começaram a ser redirecionados para outras formas de inversões, gerando e incentivando toda uma série de negócios, como bancos, pequenas indústrias, empresas de navegação etc.[60]

Estes fatores conjugados introduziram e promoveram mudanças nas formas de investimentos, que por sua vez nada mais eram do que a representação da transformação em curso nos símbolos de riqueza, demonstrando a dinâmica de uma nova fase econômica que se abria. A partir de então, gradativamente o "escravo" começou a perder valor enquanto símbolo de riqueza, ao passo que se iniciaram valorizações de outros bens, como "imóveis" e "ações". As mudanças nestes símbolos de riqueza, explica Zélia Cardoso de Mello, refletem a complexidade de uma nova economia em gestação. "Este avanço libertou o capital dos escravos e não o contrário", cujas maiores beneficiárias foram as cidades que receberam os investimentos antes dirigidos ao escravismo.[61] Com

---

60   Sérgio Buarque de Holanda. *Op. cit.*, p. 74 e segs.; Boris Fausto. *História concisa do Brasil*. São Paulo: Edusp, 2002, p. 108; Ligia Osorio Silva. *Terras devolutas e latifúndio: efeitos da lei de 1850*. Campinas: Edunicamp, 1996, p. 122.

61   Zélia Maria Cardoso de Mello. *Metamorfoses da riqueza. São Paulo, 1845-1895. Contribuição ao estudo da passagem da economia mercantil-escravista à economia exportadora capitalista*. São Paulo: Pref. Mun. de São Paulo/ Hucitec, 1985, p. 124; Flávio A. M. de Saes. *A grande empresa de serviços públicos na economia cafeeira, 1850-1930*. São Paulo: Hucitec, 1986, p. 12 e segs. De acordo com João Sette Whitaker Ferreira, em "A cidade para poucos: breve história da propriedade urbana no Brasil." Texto inédito a ser publicado pela Comissão Brasileira de Justiça e Paz, da Confederação Nacional dos Bispos do Brasil (CNBB), "em meio a um processo político-econômico em que se

novas possibilidades de aplicação destes capitais, as atividades ligadas ao mundo urbano, entre elas os imóveis, as ações, empresas de serviços públicos etc. cada vez mais passavam a atrair a atenção dos detentores do capital.

Dos meandros desta correlação de fatores encontram-se os fundamentos da história da urbana de importantes cidades da Província (depois Estado) de São Paulo, ligadas diretamente aos efeitos da riqueza gerada pelo complexo cafeeiro que se estruturava e ao surto industrial dela decorrente. Entre as cidades beneficiadas pela disponibilidade de capital estava a capital paulista que passava a vivenciar os efeitos deste processo, que em seu bojo seduzia capitais e pessoas, conferindo-lhe um caráter diverso daquele até então conhecido.[62] A partir de então, a capital paulista começava sofrer alterações extremamente significativas em sua história econômica e sociocultural, com a passagem da fase de pequeno burgo de estudantes à fase de crescimento urbano-industrial, como classificou Richard Morse ao se referir a sua transformação urbana. E os elementos constituintes desta nova fase somente foram decorrência dos investimentos em infraestruturação que o complexo econômico cafeeiro requeria para sua reprodução. Neste quadro, a cidade de São Paulo adquiria cada vez mais importância diante do conjunto econômico que se consolidava.

---

restringia o sistema de escravidão, a Lei das Terras serviu para transferir o indicativo de poder e riqueza das elites de então: sua hegemonia não era mais medida pelo número de escravos, mas pela terra que possuía, agora convertida em mercadoria, e o trabalho assalariado podia então se expandir no Brasil, respondendo às pressões inglesas." Em recente estudo, Rita de Cássia da Silva Almico. *Fortunas em movimento: um estudo sobre as transformações na riqueza pessoal em Juiz de Fora, 1870-1914*. Campinas: Dissertação e Mestrado, I.E., Unicamp, 2001, aborda como se deu o processo de transformação da riqueza na região de Juiz de Fora (MG).

62   Richard Morse. *Op. cit.*, p. 205 e segs.; Ernani Silva Bruno. *Op. cit.*, p. 899 e segs. Outros importantes centros urbanos do estado também apresentaram transformações urbanas significativas a partir destas mudanças, as quais se mostraram especialmente contundentes na virada ao século XX. Campinas, por exemplo, passava a responder como centro fornecedor de bens e serviços da região. Sobre Campinas ver Ulysses C. Semeguini. *Do café à indústria: uma cidade e seu tempo*. Campinas: Edunicamp, 1991; José Roberto do Amaral Lapa. *A cidade: os cantos e os antros: Campinas: 1850-1900*. São Paulo: Edusp, 1996. Na cidade de Santos, as transformações urbanas eram decorrentes da existência de um importante porto de escoamento do café. Sobre Santos, consultar Maria Lucia C. Gitahy. *Ventos do Mar: trabalhadores do porto, movimento operário e cultura urbana em Santos, 1889-1914*. São Paulo: Edunesp, 1994; Ana Lucia Duarte Lanna. *Santos. Uma cidade na transição, 1870-1913*. São Paulo/ Santos: Hucitec/ Pref. Mun. de Santos, 1996.

Capítulo 2   A cidade sob os marcos do café

AO ADENTRAR A DÉCADA de 1870 os reflexos decorrentes da confluência de capital na cidade em função do processo de acumulação cafeeira e do aumento da demanda por serviços urbanos, que aumentava na mesma proporção, deram nova dinâmica à vida urbana da cidade de São Paulo. Era um movimento diferente do que se vivenciou até o século XVIII, quando as obras urbanas foram praticamente inexistentes em São Paulo, enquanto em cidades como Recife, Olinda, Salvador, algumas cidades mineiras e no próprio Rio de Janeiro, a vitalidade era visível. Este aspecto demonstrava basicamente uma relativa falta de importância da localidade perante os interesses da Coroa. Naquele momento, as ruas e as construções eram abertas e tratadas conforme as necessidades impostas pelo momento, e somente a partir das medidas de Lorena que a cidade teve um pequeno incremento em obras urbanas. Foi um período marcado pela inatividade urbana, e por isso a década de 1870 recebe especial destaque, pois a partir de então, as intervenções urbanísticas começaram a refletir a acumulação de capital advinda da cafeicultura. Era o momento, segundo Eurípedes Simões de Paula, em que se daria a segunda fundação de São Paulo.[1]

No cerne destas transformações e que incentivaram a constituição e o desenvolvimento de cidades, suas formas de ocupação dos espaços etc., estava o processo de disseminação da industrialização em nível mundial. A partir de então houve uma intensificação da concorrência entre os chamados países centrais que impulsionaram o desenvolvimento de tecnologias, com a chamada Segunda Revolução Industrial.[2]

---

1   Eurípedes Simões de Paula. "A segunda fundação de São Paulo: da pequena cidade à metrópole de hoje." In: *Revista de História*. São Paulo: nº 17, 1954, p. 167-179.

2   No período que compreende o final do século XIX e começo do xx, países antes considerados como atrasados já podiam ser classificados com industrializados, o que significou um aumento significativo da concorrência, dando origem a fusões que resultaram nos monopólios. Neste

Em contrapartida, o mesmo processo permitiu o incremento do comércio internacional, ampliando o mercado para os países produtores de matérias-primas e alimentos, particularmente a partir das transformações tecnológicas operadas pela navegação a vapor e pela construção ferroviária, que agilizaram sobremaneira o transporte de mercadorias e pessoas de diferentes etnias e hábitos de consumo.

Neste quadro, os países periféricos se tornaram cada vez mais atrativos pólos para os investimentos oriundos dos países centrais do sistema capitalista, os quais investiram pesadamente em setores que resultaram na formação da infraestrutura urbana, entre elas os sistemas exportadores (ferrovias, portos) além do estabelecimento e melhoria dos próprios equipamentos urbanos (transportes, iluminação, sistemas de água e esgoto).[3]

A partir de 1870 esta expansão econômica dos países centrais se intensificou e, se em dadas regiões, como África e Ásia, resultaram em uma nova onda de incorporações coloniais, na América Latina ela foi menos afetada do ponto de vista territorial, porém mais contundente em termos de inversões estrangeiras. No caso do Brasil, várias províncias atraíram capitais estrangeiros até 1870, entre elas Pernambuco, Bahia e a capital brasileira, Rio de Janeiro, mas a partir de então, São Paulo, Minas Gerais e Rio Grande do Sul passaram a atrair cada vez mais esse tipo de investimento, pois os fatores econômicos estimulavam a atração crescente.

No caso de São Paulo, o diferencial para se tornar um mercado lucrativo ao investimento do capital externo foi ter se tornado o principal polo exportador do país, sobrepujando, inclusive, a produção cafeeira fluminense, que entrou em decadência a partir de 1880. A partir de então, abriram-se os caminhos para a consolidação do complexo econômico cafeeiro paulista. Deste processo foi possível a expansão das fronteiras eco-

---

momento França, Alemanha, Rússia, Japão e Estados Unidos já se encontravam industrializados. Alexander Gerschenkron. *El atraso económico em su perspectivo histórico*. Trad., Barcelona: Ariel, 1968. Ver também Carlos Alonso Barbosa de Oliveira. *O processo de industrialização – do capitalismo originário ao atrasado*. Campinas: Tese de doutoramento, IE, Unicamp, 1985.

3   Carlos Marichal (coord.). *Las inversiones extranjeras em América Latina, 1850-1930. Nuevos debates y problemas em historia económica comparada*. México: Fondo de Cultura Económica, 1995; Roberto Cortés Conde; Shane J. Hunt (orgs.). *The Latin American economies : growth and the export sector 1880-1930*. New York/ London: Homes & Meier, 1985; Desmond C. M. Platt. *Business imperialism, 1840-1930: an inquiry based on British experience in Latin America*. Oxford: Clarendon, 1977; Ana Célia Castro. *As empresas estrangeiras no Brasil: 1860-1913*. Rio de Janeiro: Zahar, 1979; Flávio A. M. Saes. *A grande empresa de serviços públicos na economia cafeeira, 1850-1930*. São Paulo: Hucitec, 1986; Sergio Lamarão. "Capital privado, poder público e espaço urbano: a disputa pela implantação dos serviços de energia elétrica na cidade do Rio de Janeiro (1905-1915)." In: *Estudos Históricos*. Rio de Janeiro: n°. 29, 2001.

nômicas, especialmente agrícolas, mas ao mesmo tempo também permitiu um intenso crescimento dos centros urbanos.[4]

Assim, enquanto a expansão da cafeicultura na Província de São Paulo, especialmente nas terras do Oeste Paulista velho era uma realidade, paralelamente se ampliava o mercado consumidor mundial de café, e também aumentava o interesse do capital estrangeiro em aplicar seus recursos em áreas que se transmutavam rapidamente ao sabor da consolidação do sistema capitalista.

Ao se tomar o ponto de vista das transformações urbanas da cidade de São Paulo, portanto, cabe estabelecer os fundamentos que lhe conferiram e fomentaram sua dinâmica que, a partir da riqueza advinda com o café, lhe conferiu características peculiares quando postas no conjunto da dinâmica socioeconômica em curso.

Neste quadro, se num primeiro momento suas águas foram de fundamental importância para o estabelecimento dos limites físicos da cidade, fornecendo meios e formas de sobrevivência e de sociabilidade, em seguida outros fatores também passaram a contribuir de forma importante para a sua configuração urbana, entre elas as ferrovias e seus serviços correlatos.

As ligações férreas e a cidade de São Paulo

Com a expansão dos cafezais, o problema ligado ao tema dos transportes adquiriu ainda mais ênfase, pois gradativamente se fazia mister baratear o custo com transportes, que não se limitava apenas à chegada dos produtos até o porto de Santos, mas também na necessidade de se solucionar a inexistência de produtos, num mercado ainda restrito, que possibilitasse reduzir os custos dos transportes no sentido inverso e amenizar os custos em seu conjunto.

Neste intercurso, enquanto os cafeicultores e os homens ligados à cafeicultura reclamavam medidas urgentes quanto à necessidade de estradas capazes de escoar a produção, a discussão sobre a viabilidade ou não de construção das ferrovias se desenrolava nas esferas oficiais, e desde a década de 1830, pois os interesses em adotar esse meio de

---

4   Sobre as transformações socioeconômicas e culturais advindas da Revolução Industrial consultar as obras de Eric Hobsbawm: *A Era das Revoluções: Europa, 1789-1848*. Trad., 19.ed., Rio de Janeiro: Paz e Terra, 2005; *A era do capital, 1848-1875*. Trad., 10.ed., Rio de Janeiro: Paz e Terra, 2004; *A era dos impérios, 1875-1914*. Trad., 5. ed., Rio de Janeiro: Paz e Terra, 1998; *Da Revolução Industrial inglesa ao imperialismo*. Trad., Rio de janeiro: Forense-Universitária, 1986; *Era dos Extremos: o breve século XX, 1914-1991*. Trad., 2ed., São Paulo: Companhia das Letras, 1996; Karl Polany. *A grande transformação. As origens da nossa época*. Trad., 3. ed., Rio de Janeiro: Campus, 1980; David S. Landes. *Prometeu desacorrentado. Transformação tecnológica e desenvolvimento industrial na Europa ocidental, desde 1750 até nossa época*. Trad., Rio de Janeiro: Nova Fronteira, 1994.

transporte no Brasil não eram somente internos, também estavam em jogo interesses do capital externo, notadamente dos ingleses, detentores da tecnologia e do capital.[5]

Até então, o escoamento da produção até o porto de Santos era realizado pela antiga Estrada de Lorena, porém, ela não suportava o trânsito de carroças, somente tropas de muares, e apenas em meados do século XIX, em meio à ascensão da cafeicultura em solos interioranos paulista, é que foi construída uma estrada carroçável com objetivo de ampliar o fluxo e a agilidade dos transportes. Era o Caminho da Maioridade, em homenagem à promulgação da maioridade de D. Pedro II.

Quanto às ferrovias, somente após muitos debates é que foi construída a primeira estrada de ferro em São Paulo, a São Paulo Railway ou a Inglesa (como ficou popularmente conhecida), que concluiu o assentamento dos trilhos de Santos até São Paulo em 1866 e chegou a Jundiaí no ano seguinte. Até 1927 a empresa foi detentora de um confortável monopólio de acesso do planalto ao litoral, pois toda a produção cafeeira obrigatoriamente era direcionada ao seu sistema funicular, localizado em Jundiaí, para então seguir ao porto de Santos, e qualquer construção férrea em sua zona lhe seria tributária, além de ser proibida, conforme rezava o contrato original junto aos governos Imperial e Provincial.

Com o novo instrumental tecnológico, estava concretizado, portanto, a transposição do obstáculo natural imposto à circulação de mercadorias e pessoas, a Serra do Mar, o qual promoveu uma queda substancial nos custos com transportes até o porto de escoamento da produção, mas, principalmente, contribuiu sobremaneira para a ampliação da fronteira econômica do plantio lucrativo localizado no interior da Província. As fronteiras dos cafezais se expandiram, e com elas a acumulação dela advinda.

À Inglesa, protegida pelo privilégio de zona por 90 anos, como rezava o contrato, não interessava construir o prolongamento da referida linha em direção à região que recebia a interiorização do café, que se abriu com a ampliação da fronteira cafeeira. Tal fato motivou o debate e a formação de outras companhias interessadas na obra.

Os interesses no empreendimento ferroviário se baseavam nas promissoras perspectivas de lucros que a cafeicultura auferia. Foi o que fundamentou a formação da Cia. Paulista de Estradas de Ferro;[6] além da inauguração da Cia. Ituana, em 1873; da Cia. Mogiana, em 1875; e da Cia. Sorocabana, em 1879.[7]

---

5   Sobre este tema ver a obra de Wilma Peres Costa. *Ferrovias e trabalho assalariado em São Paulo*. Campinas: Dissertação de Mestrado, IFCH, Unicamp, 1976, especialmente o capítulo - O capital inglês.

6   "Uma das mais bem organizadas empresas do país", vangloria Maria Paes de Barros. *No tempo de Dantes*. 2. ed., São Paulo: Paz e Terra, 1998, p. 136.

7   Sobre o sistema de transportes consultar as obras de Adolfo Augusto Pinto. *História da viação pública de São Paulo*. São Paulo: Vanorden, 1903; Célio Debes. *A caminho do oeste: subsídios para a história da Companhia de Estradas de Ferro e das ferrovias de São Paulo*. São Paulo: Bentivegna,

Estes empreendimentos primordialmente direcionados ao mundo e à economia rural deixaram especiais legados à cidade de São Paulo. Como suas respectivas linhas férreas passavam pela capital da província, acabaram contribuindo e reforçando o papel de convergência de caminhos, existente desde o século XVI. Ao se efetivar estas ligações com o interior, passando pela capital, as ferrovias também possibilitaram à cidade a intermediação das fontes de riqueza com o mundo exterior, através do porto de Santos. A esta convergência, há que se acrescentar, ainda, os trilhos da Estrada de Ferro do Norte (Central do Brasil) concluída em 1877, ligando a cidade de São Paulo à capital brasileira, Rio de Janeiro.

A ligação férrea do porto com o interior paulista, passando pela capital, representou a ligação de um mundo majoritariamente rural (representado pelas fazendas do interior) com a vida urbana (tanto da capital quanto das principais cidades situadas nas regiões cafeeiras), o que permitiu a concretização de dois movimentos ligados à rapidez nas comunicações. Num primeiro momento, os cafeicultores podiam rapidamente se deslocar das áreas rurais em direção a São Paulo, e vice-versa, mantendo-se a moradia em suas respectivas produções. Num segundo, e mais importante, em função desta mesma agilidade, muitos destes homens acabaram transferindo suas residências para a capital da província, já que podiam estar – assim que necessário – em suas fazendas.

A agilidade nas comunicações permitiu o morar na capital, fenômeno que, associado ao incremento na demanda por serviços e à concentração dos negócios relacionados ao café, deu um novo sentido à consolidação dos fundamentos urbanos que começavam a se centralizar ali, mudando a face da cidade. O ponto fundamental neste contexto, portanto, reside na formação dos fundamentos econômicos que dariam à cidade de São Paulo os fatores essenciais para a internalização e diversificação da produção na capital, inclusive, permitindo o surgimento das primeiras "indústrias", ainda que rudimentares.

As ferrovias deram sentido à cidade como um *palimpsesto*, afirma Benedito Lima de Toledo, como um "imenso pergaminho cuja escrita é raspada de tempos em tempos, para receber outra nova, de qualidade literária inferior, no geral." Estas raspagens sobre si mesma aconteceram duas vezes durante o século XIX, a partir da possibilidade de o trem transpor a Serra do Mar, invadir o interior e retornar com velocidade nunca vista, transportando produtos, pessoas e, inclusive, materiais que davam outro sentido arquitetônico à cidade.[8]

O fenômeno ferroviário e seus respectivos ramais têm em seus caminhos a marca dos traçados originários ainda no século XVI, quando tiveram início as interiorizações, porém,

---

1968; Odilon Nogueira de Mattos. *Café e ferrovia: a evolução ferroviária de São Paulo e o desenvolvimento da cultura cafeeira*. 2. ed., São Paulo: Alfa-Omega/ Sociologia e Política, 1974; Robert H. Mattoon. *The companhia Paulista de Estradas de Ferro, 1868-1900 a local railway enterprise in São Paulo*. Tese de Doutoramento, Yale University, 1971; Wilma Peres Costa. *Op. cit.*, 1976.

8   Benedito Lima de Toledo. *São Paulo: três cidades em um século*. 2. ed., São Paulo: Duas Cidades, 1983, p. 67.

agora, sob novos contornos econômicos. Seus trilhos seguiram quase os mesmos caminhos viários abertos pelas trilhas, depois pelas estradas carroçáveis e por isso consolidaram a posição estratégica da área ocupada pela cidade de São Paulo, como ponto de convergência que ligava o litoral ao interior, e de onde emanavam cinco artérias principais, as quais, por sua vez, também foram marcantemente delineadas pelos rios: a nordeste, rumo ao Rio de Janeiro; ao norte, no sentido de Minas Gerais; a noroeste, rumo a Jundiaí, Campinas; a oeste-noroeste, em direção a Itu, Porto Feliz; e a oeste, no sentido de Sorocaba, e deste ponto às províncias criadoras de gado.[9]

O papel da ferrovia e de seus serviços decorrentes implicaram e delimitaram o desenvolvimento da cidade em vários níveis, conferindo-lhe o caráter de ponto de conversão e passagem entre o litoral e o interior, transformando-a numa área tributária privilegiada; atraindo fazendeiros oriundos do interior que fixavam residência na capital; em função do incremento da mão-de-obra e do mercado consumidor, que demandavam moradia.[10] Por isso muitas pessoas passaram a solicitar da edilidade datas de terras nas imediações do bairro da Luz, atraídos pela novidade, que parecia valorizar aquelas terras; foi quando se abriu a rua dr. João Teodoro, em homenagem ao ex-presidente da província.[11]

Enquanto isso, no contorno da cidade, teve início o processo de parcelamento de chácaras, com loteamentos, alamedas e largos sendo abertos com o intuito de arruá-las e colocá-las ao mercado.[12] Estas chácaras eram autossuficientes e muitas vezes serviam como fonte de abastecimento de gêneros alimentícios para a cidade. Muitas destas chácaras, porém, foram incorporadas por fazendeiros que se mudavam para a capital e deram origem a chácaras semiurbanizadas localizadas ao longo dos trilhos, próximas às estações ferroviárias ou do leito das linhas, dando origem mais tarde aos palacetes.[13]

---

9   Richard Morse. *Formação histórica de São Paulo. Da comunidade à metrópole.* Trad., São Paulo: Difel, 1970, p. 42.; Odilon Nogueira Mattos. *Op. cit.*, p. 39 e segs.

10   A chegada de linhas férreas e a instalação de seus serviços correlatos resultam em impactos diversos nas cidades que passam a abrigá-las. Para o entendimento destas mudanças, observa Ana Lanna, deve-se levar em conta os mais diferentes aspectos prévios que cada uma delas revela em relação às instalações ferroviárias que recebe. Ana Lúcia D. Lanna. "As cidades e a ferrovia." In: *Ferrovias, cidades e trabalhadores, 1870-1920.* São Paulo: Tese de Livre-docência, FAU, USP, 2002. Sobre este impacto numa cidade localizada no interior de São Paulo, ver Fábio Alexandre dos Santos. *Rio Claro: uma cidade em transformação, 1850-1906.* São Paulo: Annablume/ Fapesp, 2002.

11   Nuto Sant'Anna. *Metrópole.* São Paulo: Coleção Departamento de Cultura, 1953, vol.2, p. 17.

12   Ernani da Silva Bruno. *História e tradições da cidade de São Paulo.* São Paulo: Hucitec, 1991, vol. III, p. 1025 e segs.

13   Maria Cecília Naclério Homem. *O palecete paulistano e outras formas de urbanas de morar da elite cafeeira.* São Paulo: Martins Fontes, 1996, p. 38-39 e capítulo III – O novo surto de

O parcelamento destas terras estava fundado no processo histórico de expansão das cidades, principalmente a partir das transformações econômicas originárias com a Revolução Industrial, através das quais o antigo núcleo urbano começa a receber em suas áreas adjacentes faixas de ocupação, acoplando-se ao tecido urbano já existente, dando forma e vida à área periférica. Desta forma, historicamente, a periferia não é um trecho de cidade já formado como as ampliações medievais ou barrocas, mas sim áreas onde se instalam iniciativas individuais e independentes, particulares ou coletivas, produtivas ou de lazer, em cujo tecido citadino em algum momento acabam por formar um grande conjunto unificado, não previsto e nem planejado.[14]

Entrava em curso, a partir de então, uma nova dinâmica que alterava os elementos da vida cotidiana associando a expansão física da cidade ao seu incremento econômico, no interior do qual tivera lugar a expulsão de vários tipos de serviços antes instalados no centro para outros lugares e regiões distantes do Triângulo, enquanto outras atividades se estabeleciam em seus lugares, se sobrepondo, eram "os mascates, as vendas, as tamancarias, as forjas de ferreiro e os talhos de carne verde, que o *high life* comercial conseguiu afinal ablegar do triângulo central da Pauliceia."[15]

Esta dinâmica que incentivava o processo de urbanização da cidade de São Paulo também expulsava para outros lugares da cidade as funções *não desejáveis* instaladas no Triângulo, pois não mais respondiam à funcionalidade da nova órbita que a região aos poucos passava a representar; ao passo que, as lacunas abertas pela expulsão dos antigos negócios eram rapidamente ocupadas por novas funções, como o "comércio da alta sociedade, comércio luxuoso", diz Affonso Freitas. Substituição esta que torna emblemática a representação do processo de urbanização da cidade de São Paulo, de substituição do antigo pelo novo, do atrasado pelo atual, do arcaico pelo moderno, que transpassou os anos e até hoje revela essa dinâmica de inserção, expulsão e reinserção de funções e populações. Enfim, toda uma gama de atividades e funções que remontavam a desejada vida social e cultural que uma cidade moderna deveria oferecer.

Neste quadro, especialmente a partir da década de 1870, outro importante elemento cada vez mais passava a se inserir no conjunto da transformação pela qual a cidade de São Paulo começava a atravessar, era o trabalhador imigrante. Por mais que já tivesse em curso um pequeno fluxo migratório desde meados do século XIX, foi a partir de 1871, com a

---

urbanização, o desmembramento do antigo cinturão verde e a evolução espacial do sobrado e da chácara (1867-1888).

14 Leonardo Benevolo. *História da cidade*. Trad., São Paulo: Perspectiva, 1983, p. 565.

15 Affonso A. de Freitas. *Tradições e reminiscências paulistanas*. 2. ed., São Paulo: Livraria Martins Editora S.A., s/d., p. 26. Ablegar, segundo o Dicionário Aurélio corresponde a mandar para longe; afastar; exilar; desterrar, banir; desterrar; desprezar; relegar.

Associação Auxiliadora da Colonização e Imigração, que subsidiava parte das despesas dos imigrantes com recursos originários de empréstimos do governo provincial, que a imigração prosseguiu.[16]

Era o começo de um processo em que o fenômeno migratório assumiria fundamental papel na formação do mercado de trabalho, o que se concretizou, num primeiro momento, através da Sociedade Promotora da Imigração, em 1886, com o governo da Província arcando com os custos de viagens dos imigrantes, mas sob a administração de um grupo de fazendeiros. O objetivo principal era direcionar os recém-chegados diretamente às lavouras de café, por esta razão ao desembarcarem no porto de Santos os imigrantes eram encaminhados à Hospedaria de Imigrantes, de onde deveriam partir imediatamente para as fazendas, com o objetivo de não se dispersarem para outras atividades.

O momento apontava que o colapso do sistema escravista estava próximo, por isso medidas efetivas para a formação de um mercado de trabalho livre se tornavam emergenciais, e a imigração enquadrava-se como àquela capaz de atender as necessidades dos cafezais, e tentar amenizar os possíveis problemas com mão-de-obra. Mas ela só se tornaria realidade alguns anos depois, sob novas bases políticas.

Uma nova fase na cidade

No início do último quartel do século XIX uma série de intervenções urbanas passou a mudar a face da cidade. Parte delas teve origem no período em que a Presidência da Província esteve a cargo de João Teodoro Xavier (1872-1875), assinalando grandes obras em meio às transformações econômicas que tomavam vulto na cidade. Ainda sob os efeitos da efusiva fase de inauguração ferroviária na capital paulista, a cidade ganhava novos contornos e funções. A partir de então, acrescentava-se à vida urbana uma série de novos serviços e funções, que respondessem à demanda de fazendeiros que começavam a se mudar para a capital e nela investiam, e também de serviços demandados por aqueles que para a cidade se dirigiam em busca de trabalho.

As preocupações de Teodoro Xavier foram ao encontro destas mudanças em curso, e por isso sua administração foi marcada por obras de grande impacto sobre a cidade. Tendo em conta a chegada da ferrovia, muitas ruas e largos foram abertos com o intuito de interligar a cidade às estações ferroviárias. O seu governo também implementou a reforma do Jardim da Luz; regularizou o largo dos Curros (hoje praça da República); abriu as ruas Conde d'Eu (atual rua do Glicério), ruas João Teodoro e Palha (hoje 7 de Abril); alargou

---

16   Esta associação tinha como vice-presidente Antonio Prado. Desta forma, seus interesses, enquanto fazendeiro, estavam diretamente ligados à entrada de imigrantes para as lavouras, enquanto sua preocupação com escravismo seguia secundariamente. Flávio A. M. Saes. *Op. cit.*, 1986, p. 93 e segs.

ruas como do Gasômetro, do Pari, do Hospício (hoje Frederico Alvarenga) e Municipal (atualmente ladeira General Carneiro); reformou o Palácio do Governo.[17] A cidade de São Paulo foi tratada como destinada a "deixar de ser entreposto". Sua missão foi "recobrar o terreno perdido seguindo uma orientação industrial". Para se atingir o desenvolvimento econômico, a capital da província deveria investir em estabelecimentos fabris, enquanto nas imediações da cidade um cinturão verde deveria dar conta do abastecimento, argumenta Taunay.[18]

No que concerne ao rio Tamanduateí e à região conhecida como várzea do Carmo, ali foi concebida por João Teodoro, em 1875, a Ilha dos Amores. Era uma área que conjugada às águas do Tamanduateí deu origem a um passeio público dotado de jardins e quiosques. Foi uma tentativa de incorporar aquele espaço ao conjunto da cidade, porém, sem resolver o problema das enchentes que assolavam a região nos períodos de chuvas e o problema posto pelas várzeas. A obra, entretanto, marca o início da tentativa de inserção da cidade nos parâmetros da modernização, que deveria abarcar o embelezamento das áreas urbanas, nas quais o centro das cidades eram os focos dos melhoramentos.

Sob a administração de João Teodoro foi contraído um empréstimo no valor de 650 contos de réis, e parte deste montante foi direcionado para as obras de abastecimento de água, principalmente às regiões do Brás e de Santa Ifigênia, que não possuíam os serviços, enquanto na Sé o serviço continuava ineficiente. Mesmo assim o problema era patente, o que motivou a proposta de concessão dos serviços a uma empresa privada que tratasse do serviço. Mas somente dois anos depois foi efetivamente concedido o serviço à iniciativa privada.[19]

A concessão ocorreu durante a presidência da província de Sebastião José Pereira, que governou de 1875 a 1878. A empresa concessionária dos serviços foi montada por alguns capitalistas locais que contrataram os serviços de engenheiros ingleses e organizaram a Companhia Cantareira de Águas e Esgotos, que em 1877 emitiu 5 mil ações no valor de 200$000 cada uma. Sua primeira diretoria foi constituída pelo Barão de Três Rios, Clemente Falcão de Sousa Filho e Raphael de Aguiar Paes de Barros.[20]

---

17   Antonio Egydio Martins. *São Paulo antigo, 1554-1900*. São Paulo: Paz e Terra, 2003, p. 224, 298 e 338.

18   Affonso de Escragnolle Taunay. *História da cidade de São Paulo*. Brasília: Senado Federal/ Conselho Editorial, 2004, p. 291.

19   *Ibidem*, p. 291 e segs. Nestes anos de presidência de João Teodoro, também foram criados os serviços públicos de iluminação a gás, em 1872; de transportes puxados por burros, também em 1872, com o início do calçamento com paralelepípedo; e introduzidos as bocas de lobo, em 1873.

20   Raphael Paes de Barros se liga à tradicional família Paes de Barros cuja origem remonta à cidade de Itu, onde teve início a acumulação de capital da família, com Antonio de Barros Penteado, que lá morreu em 1820. Em Itu comprou terras com uma arroba de ouro junto com o irmão José de Barros Penteado. Casou com Maria Paula Machado, em 1778 e da união nasceu em

Segundo o contrato da Cia. Cantareira com o governo da Província, a empresa teria o monopólio da venda de água e coleta de esgotos por 70 anos. "O serviço de esgotos era obrigatório para todas as habitações, pois é estabelecido antes no interesse da salubridade pública, que na comodidade de particulares", afirmou o então Presidente de Província Laurindo A. de Brito, em 1880, em seu Relatório à Assembleia Legislativa Provincial. Para cobrir os gastos com a implantação do serviço foi criado um imposto que seria pago pelos "favorecidos da fortuna" e do qual a "população indigente" estaria isenta.[21]

Entre as novas medidas adotadas para ampliar os serviços foram instalados canos que, das nascentes na Serra da Cantareira, ao norte da cidade, conduziam água por um percurso de 14 quilômetros e meio, até chegar a um reservatório construído com cimento Portland, na Consolação. Em 1882, chafarizes há muito secos jorravam água, as ruas podiam ser lavadas diariamente e 133 edifícios tinham ligação de água. Por volta de 1888, 5.008 edifícios eram servidos de água.[22]

A mudança no gerenciamento dos serviços de abastecimento de água, porém, não passou incólume, pois entre as medidas adotadas pela Cia. Cantareira – sob o argumento de melhorar e ampliar o serviço de abastecimento de água –, diversos chafarizes instalados em diferentes pontos da cidade começaram a ser desativados como forma de obrigar a população a promover a instalação da infraestrutura necessária para o recebimento da água encanada no interior dos imóveis, o que gerou conflitos e tensões envolvendo a população mais pobre e sem recursos para as devidas obras.

Itu, em 1791, Antonio Pais de Barros, que faleceu em São Paulo em 1876. Este se casou com Gertrudes Eufrosina de Aguiar. Foi fazendeiro possuindo extensas faixas de terras na região de Itu; foi deputado suplente à Constituinte de Lisboa em 1821 e deputado Provincial de São Paulo entre 1830-1833; foi agraciado com o título de Barão de Piracicaba. Teve vários filhos, entre eles Raphael Tobias de A. Paes de Barros, o 2º barão de Piracicaba, que se casou pela primeira vez com a prima Leonarda de Aguiar Barros (filha de Bento Pais de Barros, o Barão de Itu, seu tio) e a segunda vez com Maria Joaquina de Melo Oliveira, filha do visconde de Rio Claro, José Estanislau de Oliveira e Elisa de Melo Franco. Sua irmã, Sofia de Barros, casou-se com Washington Luiz Pereira de Souza (presidente de 1926 a 1929), bacharel em direito, historiador e político; e o major Diogo Antonio de Barros, que participou da campanha no Paraguai e foi fundador da primeira fábrica de tecidos de algodão em São Paulo. Aureliano Leite. *Subsídios para a História da Civilização da Paulista*. Edição monumental comemorativa do IV centenário da cidade de São Paulo. São Paulo: Edição Saraiva, 1954, p. 120, 222, 226.

21   *Apud* Margarida Maria de Andrade. *Bairros além-Tamanduateí: o imigrante e a fábrica no Brás. Mooca e Belenzinho*. São Paulo: Tese de Doutoramento, FFLCH, USP, 1991, p. 51.

22   Richard Morse. *Op. cit.*, p. 245; Ernani da Silva Bruno. *Op. cit.*, p. 1122; Flavio A. M. de Saes. *Op. cit.*, 1986, p. 80 e segs.; Maria Alice Rosa Ribeiro. *História sem fim... Inventário da saúde pública. São Paulo – 1880-1930*. São Paulo: Edunesp, 1993, p. 144 e segs.

Uma das razões atribuídas ao processo de desmantelamento dos chafarizes a partir da década de 1870, principalmente após a concessão dos serviços à Cia. Cantareira, encontra-se nos métodos especulativos. Além de obrigar a população a recorrer aos serviços da Cantareira,[23] sua extinção também implicava no "restabelecimento da ordem" almejada por aqueles que se sentiam "agredidos" ou "lesados" pela "barbárie da incivilidade" que as aglomerações em torno dos chafarizes promoviam, o que por si só já valorizaria os imóveis localizados nas imediações.

Num outro aspecto, as desativações também respondiam à efetiva transformação da água em mercadoria, que deveria ser adquirida por meio de um serviço a ser pago e desde que por meio de um aparato infraestrutural na qual a residência deveria estar incluída ao contexto dos equipamentos da cidade, ao contrário do que fora até então. A água deixava de ser um bem público e acessível à população, enquanto a inexistência dos chafarizes nas ruas combateria a monumentalização de um bem que um dia fora abundante, acessível e gratuito.[24] Por outro lado, na década de 1880, os chafarizes também eram alvo de outros tipos de reclamações, com a falta d'água e o fornecimento de água pútrida, da mesma forma que as bocas de lobo, pois emanavam fétidas exalações.[25]

O que entrava em discussão, portanto, era o saneamento físico e moral da população, utilizando-se do serviço público. Em meados do século XIX, por exemplo, um episódio envolveu diversos interesses no desmanche do chafariz do Largo da Misericórdia, inaugurado em fins do século XVIII. Por volta de 1857, estando impossibilitada de suprir água à população, conta Antonio Martins, foi autorizada sua demolição pelo governo provincial. Ao saber da resolução, o município interveio e solicitou que o mantivesse como monumento histórico, o que foi aceito pelo então presidente da Província, Dr. Antonio Roberto de Almeida. Anos mais tarde, em 1884, foi aventada pela imprensa a possibilidade de se alargar o Pátio da Misericórdia, com a desapropriação de três prédios localizados na rua Direita, o que foi apresentado como projeto à Câmara pelos vereadores Francisco Nicolau Baruel e o comendador Antonio Gabriel Franzen, sendo aprovada a utilidade pública dos mesmos.

Como a proposta encontrou oposição por parte de Francisco Rangel Pestana, que utilizou a posição de redator-chefe do Jornal A Província de São Paulo (depois Estado de São Paulo), para promover um embate contra a ideia, a mesma foi revogada, com a deliberação de que o chafariz fosse removido para o Largo de Santa Cecília, o que foi cumprido somente em 1886, pelo vereador Dr. Manuel Antonio Dutra Rodrigues, respaldado pelo

---

23   Denise Bernuzzi de Sant'Anna. "Vida e morte dos chafarizes na cidade de São Paulo." In: *Revista do Arquivo Municipal.* São Paulo: Departamento do Patrimônio Histórico, vol. 203, 2004, p. 89.

24   *Ibidem*, p. 89.

25   Fraya Frehse. *O tempo das ruas na São Paulo de fins do Império.* São Paulo: Edusp, 2005, p. 135.

parecer da Comissão de Obras da casa, composta pelos vereadores Raphael de Aguiar Paes de Barros, Antonio Paes de Barros e o comendador Antonio da Costa Moreira.

O exemplo, inocente na aparência, revela na presença de Raphael de Aguiar Paes de Barros, como membro de uma comissão estratégica no interior da edilidade, e sua perfeita sincronia com os interesses da empresa na qual era diretor: a Cia. Cantareira. Vale salientar ainda, que mesmo com o chafariz já desativado, era providencial que se chegasse à certeza de que ele realmente não voltaria a funcionar e, mais ainda, não continuasse nas ruas a lembrar o que representou sua existência, quando a água era disponível e gratuita. Ao mesmo tempo, era uma "peça" representativa de um momento histórico que não se encaixava à situação de modernização que cada vez mais adquiria força na cidade, em função do atraso que simbolizava. E o destino do chafariz do Largo da Misericórdia foi justamente o ostracismo. Em 1903, sob a administração do conselheiro Antonio da Silva Prado, e como parte das obras de melhoramentos no Largo de Santa Cecília, Antonio Prado determinou que o chafariz fosse desmanchado e recolhido ao almoxarifado municipal.[26]

A administração Sebastião José Pereira foi marcada pelo período de conclusão da expansão ferroviária, quando em 1877 era concluída a ligação férrea com a capital do Império, Rio de Janeiro. Neste período foi reconstruído o edifício do Largo de São Gonçalo, que passou a abrigar a Câmara Municipal e a Assembleia Legislativa Provincial, construíram-se escolas, ampliou-se o Hospício dos Alienados, a Penitenciária e melhorou as condições dos aterrados da várzea do Carmo.

Os rios e as águas em geral, por sua vez, continuavam a suscitar intensos debates envolvendo a possibilidade de transpô-las à medida que passavam a ser tornar obstáculos ao crescimento urbano, fosse como limites físicos ou como fontes de insalubridade. Por estas razões, a necessidade de "controlá-las" adquiriu especial atenção ao longo dos sucessivos projetos de melhoramentos que se fizeram para a capital paulista. Nesse contexto emergia como questão central o saneamento do rio Tamanduateí.

O rio Tamanduateí, que já havia passado pela intervenção de 1848, neste momento, sob a administração de João Alfredo Correia de Oliveira na presidência da província (1885-1886), teve novamente as atenções voltadas para si, porém, inserida no programa de modernização das áreas do centro da cidade.

Segundo parecer do inspetor de jardins da cidade, em 1885, o passeio público da Ilha dos Amores, localizada entre as águas do rio Tamanduateí encontrava-se em bom estado de conservação, proporcionando à população uma ótima opção de lazer, mesmo assim, conferiu um parecer favorável à necessidade de obras que melhorassem suas condições, pois desta forma a área poderia ser incorporada ao conjunto dos melhoramentos planejados para a região, o que incluía o desvio dos esgotos despejados ali e a incorporação de uma área adjacente...

---

26   Antonio Egydio Martins. *Op. cit.*, p. 26 e segs.

...Possue plantas e flores apropriadas a qualidade do terreno, que obsta a que se cultivem alli flores delicadas pelas innundações periodicas do rio durante as enchentes.

Canalizado o rio poder-se-há utilizar e melhorar este passeio já na cultura, já na extensão de sua arêa, tornando-se assim um aprazivel jardim.

Exige este passeio o seguinte melhoramento que consta no concerto do Canal que divide a Ilha com a frente da Praça do Mercado, addicionando-lhe terreno inculto; e desviar deste canal os esgotos que alli um tem.[27]

As obras envolveriam as bases da colina histórica da cidade. No caso da Ilha dos Amores e do Tamanduateí, o inspetor de jardins, inclusive, já chamava a atenção para o problema dos esgotos ali despejados. Quanto ao vale do Anhangabaú, que faria parte do projeto, este deveria compor juntamente com a várzea do Carmo os limites harmonicamente conjugados com o centro, que se pretendia modernizar. Foi o início da discussão que levaria o Tamanduateí a sofrer sua segunda intervenção de monta. Porém, suas obras se iniciariam na década de 1890, enquanto as obras no vale do Anhangabaú seriam implementadas somente na década de 1910.

O objetivo de João Alfredo era dotar a cidade de um grande *boulevard* circular, uma obra viária que circundasse a colina histórica. Seriam largas avenidas arborizadas que, partindo do Ipiranga ao Brás atravessariam a várzea do Tamanduateí – que seria saneada e drenada – e ligaria a rua João Teodoro à Luz e esta à esplanada do Convento (hoje avenida Tiradentes) até chegar à Ponte Grande. Em suas propostas estavam a busca do saneamento e da estética da cidade, por meio das quais se resolveria o problema das enchentes, em termos de salubridade, ao mesmo tempo em que se embelezaria a área. O resultado, portanto, englobaria pontos fundamentais do processo de modernização[28] e civilização[29] da cidade, o saneamento e o embelezamento.

---

27   AESP - Relatório apresentando pelo inspector de jardins, Antonio Bernardo, ao Ilmo. Sr. Presidente da Província Conselheiro José Alfredo Correia d'Oliveira, em 5 de fevereiro de 1886.

28   Modernização no sentido de que ela abarcaria no conjunto das cidades, expressões *materiais*, através dos níveis e estruturas políticas, econômicas e sociais, quanto *espirituais*, marcada pela espiritualidade daqueles que se dedicavam à vida artística e intelectual autônoma, incluindo os chamados "modernistas". Enquanto estes níveis estivessem tratados separadamente se esvaziaria a possibilidade de apreensão da conjuntura da vida moderna, por isso deveria ser essencial "a fusão de suas forças materiais e espirituais, a interdependência entre indivíduo e o ambiente moderno". Marshall Berman. *Tudo o que é sólido desmancha no ar. A aventura da modernidade*. Trad., São Paulo: Companhia das Letras, 1986, p. 129.

29   A ideia e o conceito de civilização remonta a um período anterior à própria Revolução Industrial, momento em que os Estados Absolutistas atravessavam sua fase de consolidação, e

Também foi sob o seu governo que as obras de construção do Monumento do Ipiranga, prédio comemorativo da Independência – e futuro Museu do Ipiranga – foi contratado, para ser erguido na colina do Ipiranga, incluindo-se no projeto do *boulevard*. Em outro nível de empreendimentos também foi criada a Comissão Geográfica e Geológica, sob a direção de Orville Derby. Porém, em 1886, João Alfredo retornou ao governo Imperial, deixando o cargo ao Conde Parnaíba, Antonio de Queirós Teles (1886-1887), que levou adiante as obras de melhoramentos urbanos, entre elas a construção do Monumento do Ipiranga, a Hospedaria de Imigrantes, a Secretaria da Fazenda e o Quartel da Força Pública.

O último quartel do século XIX, portanto, foi um período marcado pelo início de importantes obras urbanas pautadas, num primeiro momento, pelo empreendimento das ferrovias, e em seguida por obras públicas que cada vez mais pretendiam dar conta da demanda gerada pela cidade. Por esta razão, as obras urbanas discutidas e colocadas em execução, enquanto procuravam dar conta dos problemas que surgiam, também se detinham em dotar a cidade de elementos modernizadores que pudessem demonstrar sua relação com a riqueza. Neste processo, várias obras dos mais diferentes níveis se fizeram necessárias e começaram a ser executadas, como ruas, avenidas e largos; prédios públicos construídos; e obras de saneamento empreendidas.

O caso da construção do monumento comemorativo à Independência é ilustrativo do momento. Concebido para marcar a Independência ali proclamada, sua origem remonta às perspectivas conservadoras de monarquistas interessados em revigorar um passado carente de "reatualização", num momento crítico em que se encontrava politicamente a Monarquia, mas que acabou sendo incorporado pelo quadro maior de urbanização do momento.[30]

No cerne da projeto estava a ligação do Ipiranga ao conjunto da cidade, e a questão das águas, que seriam interligadas no caso do Tamanduateí e suas várzeas, os quais seriam saneados para a efetiva ligação do Ipiranga com o Anhangabaú passando pelo Brás.

Não somente no plano oficial estas mudanças começaram a aparecer. No plano privado tiveram início alterações que refletiam a dinâmica em curso, e um dos exemplos foi o início da substituição da taipa pela alvenaria, com o incentivo da Câmara e do dinheiro que migrava para a capital. Esta substituição do material nas construções civis refletia as mudanças que se processavam em termos socioeconômicos e urbanísticos, que acompanhavam as construções e reconstruções de edifícios públicos, os quais re-significavam a cidade sobre si mesma. Estava em curso um desenvolvimento urbano em que as renovações, sobreposições e

---

traziam acopladas mudanças nas noções de se portar em público, comer, falar. Era o "processo civilizador" em curso. Norbert Elias. *O processo civilizador. Uma história dos costumes.* Trad., Rio de Janeiro: Jorge Zahar, 1994, vol. I, p. 114-115.

30   Cecilia Helena de S. Oliveira. *Museu Paulista: espaço celebrativo e memória da Independência.* Mimeo, 2005, p. 2-10.

ampliações abarcavam a produção imobiliária extensiva, porém concentrada, pois se encontravam majoritariamente na região central da cidade.[31]

Enquanto isso, começavam a ser construídos os bairros destinados às elites econômicas. Em 1879, por exemplo, os irmãos Glette e Nothman adquiriram a chácara do Capão Redondo (também conhecida como Chácara Mauá), por 100 contos e passaram a abrir ruas e alamedas arborizadas com objetivo de vendê-las às famílias consideradas abastadas, o que lhes rendeu um lucro de 800 contos. Destes loteamentos surgiu Campos Elíseos, um bairro considerado aristocrático e uma referência explícita ao *Champs Elysées* parisiense.[32]

Na paisagem urbana da cidade as tensões eram notadas e vivenciadas, e no *locus* da sobrevivência diária de imigrantes estrangeiros e nacionais se interpelavam conflitos de interesses e oportunidades.[33] Da mesma forma, foi no espaço da rua enquanto categoria geográfica aberta e de acesso irrestrito e não-privado – nos becos, largos, ladeiras, jardins e demais logradouros públicos – que aconteceram as mediações e os conflitos envolvendo, de um lado, referências sociais e simbólicas determinadas pelos padrões tradicionais oriundas de uma sociedade rural e ainda marcada pela escravidão e, de outro, padrões da modernização em ascensão, expresso pelas novas mercadorias e, mais relevante aos interesses deste estudo, pela montagem de toda uma infraestruturação urbana que cada vez mais abria novas ruas, avenidas e criava bairros ao sabor da valorização e da especulação imobiliária.[34] Neste contexto, não somente as relações de sociabilidade se realizavam, entravam em conflitos e em mutação na rua, mas ela própria teve seu papel social transformado e não mais se limitava a locais destinados primordialmente a grupos subalternos como o escravo, o trabalhador etc. que gravitavam em torno da casa senhorial.[35]

A partir de então a rua – enquanto espaço público – adquiria outras funções sociais, em contraposição aos espaços privados, terreno das esposas e filhas das elites, as quais deveriam se resguardar dos olhares masculinos, ou como indica Maria Odila Dias, "como resultado de um espaço urbano ainda precário".[36] Enquanto microcosmo da cidade, a rua passava a

---

31   Paulo Cesar Xavier Pereira. *São Paulo: a construção da cidade, 1872-1914*. São Carlos: Rima, 2004, p. 46 e segs.

32   Raquel Rolnik. *A cidade e a lei: legislação, política urbana e territórios na cidade de São Paulo*. 3. ed., São Paulo: Studio Nobel/ Fapesp, 2003, p. 46.

33   Paulo Koguruma. "A saracura: ritmos sociais e temporalidades da metrópole do café (1890-1920)." In: *Revista Brasileira de História*. São Paulo: vol. 19, nº 38, 1999, p. 81-99.

34   Candido Malta Campos. *Os rumos da cidade. Urbanismo e modernização em São Paulo*. São Paulo: Senac, 2002, p. 74.

35   Fraya Frehse. *Op. cit.*, p. 30. Sobre a casa e a rua consultar também a obra clássica de Gilberto Freyre. *Sobrados e Mucambos. Decadência do patriarcado rural e desenvolvimento urbano*. 9.ed., Rio de Janeiro: Record, 1996, especialmente o Capítulo II – O engenho e a praça; a casa e a rua.

36   Maria Odila L. da S. Dias. *Quotidiano e poder em São Paulo no século XIX*. São Paulo: Brasiliense, 1984, p. 67.

representar o espaço privilegiado para a instauração e a reprodução de relações de poder que também se transmutavam nos níveis econômico, social e cultural, pois nestes espaços estavam os bondes, teatros, cafés, *boulevares* etc., que expressavam os valores da *Belle Époque*, e quem os frequentassem e os consumissem estavam introduzidos à nova forma de viver.

Por isso a rua, as obras, as intervenções saneadoras na órbita da ocupação do tecido citadino adquirem especial atenção enquanto forma de se apreender o perfil da urbanização posta em prática na cidade, pois o lugar de cada um sobre a terra urbana foi determinado tanto pelas intervenções destinadas à salubridade da *urbe* quanto pelo preço que estas intervenções impunham.

Para o entendimento desta ocupação, a percepção das águas que cortam a capital é imprescindível, pois a partir delas ora a ocupação foi empreendida ora foi limitada. As linhas férreas tiveram suas linhas instaladas ao longo do nível e dos percursos dos rios que atravessavam São Paulo. "Ao contrário de muitas das estradas históricas que convergiam para São Paulo, as estradas de ferro ficaram ao nível dos rios. A São Paulo Railway chegava de Santos margeando o Tamanduateí, contornava a colina central e então seguia o Tietê antes de dobrar para o norte. A bacia do Tietê era também seguida pela Sorocabana que vinha de oeste; e pela Central do Brasil, vinda do Rio, a este".[37] Com a adaptação ao nível do Tamanduateí da São Paulo Railway uma série de fábricas e indústrias foram atraídas para seu entorno, criando uma faixa industrial que se estendeu para o leste, norte e centro, nos terrenos considerados baixos, úmidos e baratos. No seu entorno, no Brás, Mooca se estabeleceram a maioria dos trabalhadores.

Em contrapartida, mesmo reconhecendo a importância dos ramais férreos nos primeiros momentos de ocupação, Pasquale Petrone argumenta que foram as instalações fabris que determinaram o delineamento futuro da ocupação da região. "Não resta dúvida que as áreas industriais acompanharam as vias férreas: Brás, Belenzinho, Tatuapé, Comendador Ermelino Matarazzo e São Miguel, ao longo dos trilhos da 'Central do Brasil'; ainda o Brás, Pari, Mooca, Ipiranga, São Caetano do Sul e Santo André, acompanhando a 'Santos-Jundiaí'; Barra Funda, Água Branca, Lapa e Osasco, servidas tanto por esta via férrea, como pela 'Sorocabana'. Mas, inegavelmente, foi a função industrial mais do que outro qualquer fator, que ocasionou seu crescimento e sua expansão em área. O fato de terem as estradas de ferro aproveitado os vales, onde os terrenos podem ser obtidos a baixos preços por não serem apreciados como locais de residências, atraiu a instalação de estabelecimentos fabris. Cresceu, deste modo, a área urbanizada, e as várzeas do Tamanduateí e do Tietê, naqueles trechos, deixaram de ficar ao abandono."[38]

---

37   Richard Morse. *Op. cit.*, p. 250.

38   Pasquale Petrone. "São Paulo no século XX". In: Aroldo de Azevedo (dir.). *A cidade de São Paulo. Estudos de geografia urbana*. São Paulo: Companhia Editora Nacional, Brasiliana,

Deste modo, incorporando a contribuição dada ao tema por ambos os estudiosos, cabe destacar que a expansão inicial encontra fundamento nos limites impostos pelas várzeas dos rios que determinaram o valor da terra urbana e o percurso das linhas férreas, acompanhadas ou não de serviços públicos. Porém, a partir das considerações de Morse e Petrone, há que considerar que no sentido contrário também houve expansão, com aqueles que procuravam se estabelecer no alto da colina – locais considerados altos, ventilados e caros. Se por um lado, parcelas da população foram obrigadas a se instalarem ao longo das linhas férreas, fábricas ou várzeas, por outro lado, outros se instalaram em terras altas.

Ambas as áreas estavam submetidas à mesma lógica de valorização ou desvalorização, o que determinou os rumos da expansão da cidade, que por sua vez demonstra que ela se deu em paralelo à constituição da sociedade de classes, como afirma Boris Fausto. "O baixo preço dos terrenos e a proximidade das estações ferroviárias atraíam para o Brás, o Bom Retiro, a Mooca, as novas indústrias e muitos dos imigrantes recém-chegados. O processo de formação dos bairros, em função da constituição da sociedade de classes, é simétrico: enquanto a massa de imigrantes se concentra nas várzeas, bordando as faces sul e leste do maciço paulistano, vão surgindo neste os bairros residenciais que sobem as encostas em busca de terrenos altos e saudáveis (Higienópolis) até atingir o alto espigão, onde se abre a Avenida Paulista."[39]

No outro polo da cidade, além-Tamanduateí e "pra fora das pontes", o quadro era outro, lá estavam os bairros operários, habitados em boa parte por trabalhadores imigrantes, e que concentravam as primeiras indústrias que se instalaram acompanhando o traçado das linhas férreas, dando vida a bairros como Brás, Mooca, Ipiranga, Barra Funda etc. Nestes bairros, os trabalhadores frequentemente habitavam moradias coletivas, cortiços, ou seja, locais mais do que fecundos para o alastramento de doenças de toda sorte, em meio aos surtos epidêmicos.[40] Nesta geografia econômica peculiar, que muitas vezes concentrava

---

1958, vol. II, p. 104.

39 Boris Fausto. *Trabalho urbano e conflito social (1890-1920)*. São Paulo/ Rio de Janeiro: Difel, 1976, p. 18-19.

40 Jorge Americano. *São Paulo nesse tempo (1915-1935)*. São Paulo: Melhoramentos, 1962, p. 31-32; Ernani da Silva Bruno. *Op. cit.*, p. 1031 e segs.; Richard Morse. *Op. cit.*, p. 263 e segs. Segundo as palavras de Morse, os cortiços eram localizados no "interior de um quarteirão, onde o terreno era geralmente baixo e úmido. Era formado por uma série de pequenas moradias em tôrno de um pátio ao qual vinha a ter, da rua, um corredor longo e estreito (...) O cubículo de dormir não tinha luz nem ventilação (...)", e na maioria dos quartos "o soalho ficava tão incrustado de lama, que não se viam as tábuas (...), e os tetos eram prêtos de sujeira de môscas e da fumaça do fogão que a chaminé mal feita e mal conservada não eliminava." Existia toda sorte de cortiços: prédios únicos abrigando grande número de famílias em quartos subdivididos; hotel cortiço de tipo dormitório; barracões improvisados no fundo de estábulos e armazéns. Porém, todos com grande carência de luz, ar, limpeza, esgotos e solidez na construção.

moradia e trabalho, os bairros operários e seus moradores emergem como personagens fundamentais de um processo de urbanização que os excluía de suas benesses, benfeitorias e melhoramentos urbanos.

Com as instalações ferroviárias e as linhas férreas amplas áreas antes majoritariamente relegadas na cidade, gradativamente foram despertando o interesse privado no sentido de incorporá-las ao conjunto do tecido urbano. A este processo acrescente-se o fato de que as intervenções e os serviços públicos direcionados à salubridade da cidade realinhavam o valor de cada área no interior da *urbe*. Aí reside a questão da apreensão do processo como mais importante do que o ponto inicial de expansão.

Paralelo às linhas ferras, as águas e os rios continuavam a delimitar a expansão da cidade, especialmente nas áreas limítrofes às várzeas, charcos e córregos que configuravam obstáculos à expansão e à modernização, com efeitos diretos sobre a valorização do solo. Estava posto, assim, o elemento valorizador – a ferrovia – ante o elemento que deveria ser *saneado* e *controlado* para valorizar e incorporar a terra – as águas.

Os efeitos foram contraditórios e conturbados. Formaram-se os primeiros aglomerados de trabalhadores para a nascente indústria de São Paulo, que se dirigiram essencialmente para as regiões consideradas mais baratas e próximas às fábricas, como o Brás, e, posteriormente, com seus sucessivos desmembramentos e ocupações de regiões circunvizinhas, o Belenzinho, a Mooca, o Bom Retiro, Barra Funda, Ipiranga etc.

Nestas áreas a relação existente entre a altitude e a salubridade era condição *a priori* para a valorização dos espaços e das propriedades localizadas nas colinas, nos vales e nas baixadas. Por volta de 1920, os trabalhadores estrangeiros compunham 52% da mão-de-obra da indústria paulistana e o distrito do Brás, situado na parte baixa, a leste do Triângulo transformou-se numa das zonas residenciais que mais concentrou trabalhadores. Em 1910, cerca de um terço ali residia e os "vereadores que representavam o distrito trabalhavam duramente para conseguir que o governo municipal fornecesse a seus habitantes a mesma qualidade de serviços públicos que gozavam os bairros mais abastados."[41]

São esses bairros – que abrigavam o acesso aos serviços da ferrovia – que passaram gradativamente a receber as primeiras instalações fabris ao final do século XIX e a tomar ares de bairros industriais: à leste do Tamanduateí, a região do Brás, Mooca e Belenzinho, com um total de 2.500 operários; e, ao norte e noroeste, o Bom Retiro, Barra Funda e Água Branca, com aproximadamente 2.000 operários, de um total de 8.000 trabalhadores da indústria em toda a cidade de São Paulo, da qual a mão-de-obra imigrante era maioria.[42]

---

41   Joseph Love. *A locomotiva. São Paulo na Federação, 1889-1937*. Trad., Rio de Janeiro: Paz e Terra, 1982, p. 122.

42   Margarida Maria de Andrade. *Op. cit.*, p. 116 e 123.

Mesmo diante da predominância de italianos marcando a ocupação da região do Brás, na virada do século XIX ao século XX, pouco a pouco também foram chegando espanhóis, que se instalaram principalmente nas ruas Caetano Pinto, Carneiro Leão, Gasômetro e no Beco do Lucas, em busca de trabalho nas indústrias da região. Isso não impediu, no entanto, que a região do Brás passasse a ser conhecida como um bairro industrial, operário e popularmente conhecido como *bairro italiano de São Paulo.*

Desenhava-se na cidade, portanto, os locais de aglomeração dos pobres, dos trabalhadores, os bairros populares e insalubres, considerados "perigosos", e que acabaram sendo focos das intervenções urbanas por parte das autoridades preocupadas com a mínima possibilidade de as latentes "sujeiras" e epidemias se alastrarem por toda a cidade e, assim, alcançar o outro lado da "fronteira" – os elegantes bairros das elites paulistanas –, considerados arejados e salubres, como Campos Elíseos, Higienópolis etc.,[43] além da trágica possibilidade de se obstar o processo produtivo em ascensão.

Havia uma articulação entre a ordem política e a ordem urbanística, associando formas de inscrição territorial à condição de legalidade e ilegalidade. Neste contexto de definição de espaços legais e ilegais, as Posturas Municipais acabam por promover a estigmatização dos territórios, "faz parte do mecanismo poderoso de reprodução do modelo – é a maioria integrada e 'normal' que se identifica nesta operação. A favela ou cortiço, espaço marginalizado, passa assim de contradição do modelo à territorialidade inimiga."[44] É a partir daí que se justifica uma intervenção que destrua estes locais e os reconstrua de acordo com o projeto padrão, impondo novamente a norma. Por isso, no começo do século XX a grande questão era o que fazer com os cortiços.

Eles eram os contra-espelhos das elites paulistanas, locais de infecções e responsáveis pelas epidemias; era o local da sujeira, da falta de água e esgoto, mas também de sujeira advinda dos hábitos "bárbaros", "não-civilizados".[45] Esses locais e seus moradores foram transformados no foco das ações higienistas – da polícia sanitária, que utilizava a tática da retirada do elemento "podre" de seu meio, evitando a contaminação do restante, segundo a visão da época, pois representavam perigo da disseminação do problema.

O momento era de mudanças e importantes alterações transpassavam e costuravam todas as esferas da realidade no interior da cidade: do privado ao público, do individual ao

---

43 Margareth Rago. *Do cabaré ao lar: a utopia da cidade disciplinar: Brasil, 1890-1930.* Rio de Janeiro: Paz e Terra, 1985, p. 165.

44 Raquel Rolnik. "São Paulo na virada do século: territórios e poder". In: *Cadernos de História de São Paulo.* São Paulo: Museu Paulista da Universidade de São Paulo, nº 1, jan./dez. de 1992, p. 42.

45 Para uma referência da vida cotidana em um cortiço é exemplar a obra de Aluísio Azevedo. *O cortiço.* São Paulo: Martin Claret, 2002, no qual é possível visualizar os conflitos entre os moradores e, do ponto de vista do proprietário, João Romão, seus interesses mercantis na locação dos vários quartos que formam o cortiço.

coletivo, a partir das quais as relações socioculturais e econômicas se modificariam estruturalmente. Em fins do Império, as alterações existentes nas funções dos espaços da cidade visavam à instauração do controle e da racionalização como forma de garantir o *status* de centro e de entreposto comercial e financeiro, enquanto *locus* de concretização de relações e interesses cafeeiros com o capital internacional.

Com isso, o ritmo e a intensidade da ocupação se alteravam consideravelmente num processo que se tornaria cada vez mais dinâmico, assim como as formas dessa ocupação, em meio à topografia irregular da cidade, das primeiras instalações fabris, aos prédios, várzeas e locais de moradia etc. No conjunto, de um lado formaram-se os bairros que abrigaram os abastados homens de negócios e fazendeiros que chegavam de fazendas localizadas no interior da província; de outro, uma parcela essencialmente de trabalhadores pobres, libertos, ex-escravos, migrantes e imigrantes que chegavam à cidade, dando sentido ao que se reproduziria daí por diante – *o efeito centrífugo de expansão urbana desigual e heterogênea* – a partir do Triângulo.

O incentivo econômico para a efetiva instauração deste processo adquiriu novos contornos quando posto à luz das mudanças políticas engendradas com a Proclamação da República, que contribuiu sobremaneira para a montagem das especificidades que daria à cidade de São Paulo características fundamentais no contexto da Federação. É o que será abordado em seguida, na montagem das peças que compõem a engrenagem maior do complexo cafeeiro, que deu sentido à urbanização da cidade de São Paulo.

Parte II O divisor de águas

Aprendia-se a nadar no açude da fazenda, (...) ou fazendo estação de banhos de mar em Santos, ou num dos clubes à margem do Tietê, na Ponte Grande. A água já era poluída, embora muitíssimo menos do que hoje. Creio que muito tifo se originou da natação no Tietê.

Jorge Americano. *São Paulo naquele tempo (1895-1915).* 2. ed., São Paulo: Carrenho Editorial/ Narrativa Um/ Carbono 14, 2004, p. 310.

Capítulo 3 Arcabouço institucional e estruturação sanitária

A INSTAURAÇÃO DA REPÚBLICA trouxe consigo uma potencialização da capacidade de ação dos poderes públicos sobre os processos urbanos, principalmente em razão da consolidação de poderes estaduais, particularmente nos estados exportadores. Ao fim do século XIX, portanto, as primeiras intervenções econômicas e urbanas postas em prática na cidade de São Paulo refletem justamente estas mudanças em curso nos níveis político e econômico.

O ponto de emanação das mudanças foi a instauração de uma esfera federativa no plano fiscal e no plano político. No primeiro caso, tratava-se de os estados gerirem exclusivamente o imposto sobre as exportações (que no Império era partilhado com o poder central). No segundo caso, a constituição de uma esfera política eletiva (os governadores) permitiu às oligarquias regionais consolidar seus sistemas de poder sem ser perturbados pelas "derrubadas" do período imperial. Todos esses elementos conferiam às capitais dos estados o caráter de espaços políticos-institucionais em ascensão, assim como de núcleos de expressão política e cultural de suas oligarquias.[1]

No caso de São Paulo, inserido como estava no circuito comercial internacional através do complexo econômico cafeeiro, o estado possuía dinheiro o suficiente para investir e legislar em causa própria, conforme os interesses políticos e econômicos dos grupos estabelecidos no poder, na sua grande maioria homens ligados ao complexo cafeeiro, além do fato de os estados, a partir de então, poderem contrair empréstimos externos. A mudança operada em 15 de novembro modificou profundamente as condições financeiras de São Paulo, através da descentralização financeira e administrativa, o que proporcionou um "extraordinário aumento da receita" no exercício de 1892 ante a anterior à reforma, assim "em

---

1 Wilma Peres Costa. "A questão fiscal na transformação republicana – continuidade e descontinuidade." In: *Economia e Sociedade*. Campinas: nº 10, jun. de 1998, p. 141-173.

1890-1891 a receita foi de 9.100 contos de réis e, em 1892 chegou a 388.100 contos de réis." Igualmente importante para o resultado alcançado no exercício de 1892, foi o aumento da quantidade de café exportado, que saltou de 137.898.061 quilos (kg) em 1888-1890 para 245.456.719 kg em 1892; somado a isso, o preço do produto, cujo valor médio do quilograma fora de \$586 em 1889-1890, subiu para 1\$026 em 1892.[2]

Em termos legais, a Constituição Republicana de 1891, que definiu um certo modelo federativo, não tratou especificamente das atribuições que caberiam aos estados e aos municípios no que se refere a deveres, obrigações e interesses mútuos, e mais, relegou a cada estado da Federação a incumbência de definir essas atribuições, o que em São Paulo se deu por meio da Lei nº 16, de 13 de novembro de 1891, regulamentada pelo Decreto nº 86, de 29 de julho de 1892, que tratou de organizar a estrutura dos municípios paulistas, conferindo-lhes uma relativa autonomia nunca tida até então.

Rezava a regulamentação que as Câmaras Municipais teriam de seis a dezoito vereadores, cujos mandatos seriam de três anos, eleitos por sufrágio direto e por maioria simples.[3] Cabia a cada uma delas eleger anualmente, entre os vereadores eleitos, o responsável pela tarefa de *executar* as deliberações do Câmara que seriam os Intendentes, cuja denominação e atribuições corresponde hoje ao cargo de Prefeito, mas, contraditoriamente, essa mesma Constituição autorizava o Congresso Legislativo estadual a cassar ou anular qualquer decisão municipal que contrariasse as Constituições Federal ou Estadual, exorbitasse nas atribuições municipais em detrimento da estadual ou ofendessem direitos de outros municípios.[4]

Pela Lei nº 16 foi atribuído às Câmaras Municipais do Estado de São Paulo o poder de decretar as despesas, as receitas e os impostos locais, estabelecendo as fontes de receita, mas, ao mesmo tempo, proibindo-lhes a criação de impostos que já integravam a renda estadual. Também determinava que o serviço da dívida não excedesse a 25% da receita municipal e permitia operações de crédito e empréstimos, exceto junto a estabelecimen-

2   Nelson Hideki Nozoe. *São Paulo: economia cafeeira e urbanização. Estudo da estrutura tributária e das atividades econômicas na capital paulista (1889-1933)*. São Paulo: IPE/ USP, 1984, p. 18. Sobre os impactos das mudanças fiscais para o Estado de São Paulo ver ainda Joseph Love. *A Locomotiva: São Paulo na Federação brasileira, 1889-1937*. Trad. Rio de Janeiro: Paz e Terra, 1982, especialmente o Capítulo 8 – Federalismo fiscal.

3   Victor Nunes Leal. *Coronelismo, enxada e voto. O município e o regime representativo no Brasil.* 5. ed., São Paulo: Alfa-Omega, 1986, especialmente o capítulo terceiro – Eletividade da administração municipal.

4   Dainis Karepovs. "Papéis avulsos. A Constituição Santista." In: *Acervo Histórico*. São Paulo: Divisão do Acervo Histórico da Assembleia Legislativa do Estado de São Paulo, nº 2, 2º semestre de 2004, p. 37-50; José Geraldo Simões Júnior. *O setor de obras públicas e as origens do urbanismo na cidade de São Paulo*. São Paulo: Dissertação de Mestrado, EAESP, FGV, 1990, p. 54-57.

tos financeiros localizados no exterior. Neste último caso seria permitido somente com a anuência do Congresso Legislativo do Estado de São Paulo.

Às Câmaras Municipais era permitido deliberar sobre a venda, o aforamento, a locação, a troca de bens, além de a possibilidade de promover desapropriações por utilidade pública de terras do município sem a aprovação de qualquer outro poder instituído, nem mesmo em nível estadual. É interessante ressaltar que entre suas atribuições estava a responsabilidade de legislar sobre serviços públicos como limpeza, calçamento, construção de ruas e praças, conservação de obras e prédios públicos, assim como sobre os matadouros e outros serviços que podiam "prejudicar a saúde e o sossego dos habitantes e sobre a qualidade dos gêneros de consumo sujeitos à deterioração", além de citar, em seu artigo 6º a sua competência sobre "tudo que interessar à higiene do município, decretando todas as medidas e providências, que, não contrariando a lei geral do Estado, forem a bem da salubridade do lugar e da saúde e sossego dos habitantes" e, em seu artigo 7º, sobre o "abastecimento de águas, serviço de esgotos e iluminação pública, sem prejuízo dos direitos firmados nos lugares em que estes serviços sejam feitos por contratos com o Governo do Estado."[5] Ao governo Estadual coube legislar sobre as atividades relativas aos jardins e passeios, navegação fluvial e marítima, obras públicas e edifícios públicos em geral, estradas, estradas de ferro, iluminação, água e esgotos. Eram duas esferas governamentais atuando em áreas com atribuições diferentes, mas coincidentes em outras, como os serviços de água e esgotos.[6]

No caso de São Paulo, a riqueza gerada pelo complexo cafeeiro que recheava os cofres estaduais, permitiu ao governo estadual promulgar diversas leis e criar uma série de regulamentações e serviços diretamente ligados ao mundo urbano e às demandas que surgiam neste espaço em expansão. Estes mecanismos não eram novos, pois as primeiras regulamentações urbanas pertinentes à utilização e ocupação do tecido citadino, as Posturas Municipais, desde o Império já condicionavam o que era permitido ou não no espaço da cidade, e mesmo sendo redigidas pelas Câmaras Municipais elas deveriam obrigatoriamente ser submetidas à aprovação da Assembleia Legislativa Provincial, por meio da qual prevaleciam os interesses dos deputados.[7] De qualquer forma, dado o contexto do momento e os recursos financeiros disponíveis, foi possível ao Estado de São Paulo oferecer alguns serviços que o difereciaram do conjunto da Federação.

---

5   Dainis Karepovs. *Op. cit.*, p. 39.

6   José Geraldo Simões Júnior. *Op. cit.*, 1990, p. 57 e segs.

7   Com a Independência e a centralização do Império, em detrimento das prerrogativas municipais, os Códigos de Posturas passaram a ser exigidos dos municípios após serem sancionados pelas assembleias e governos provinciais, como a nova forma de normatizar o uso do espaço citadino. Murillo Marx. *Cidade no Brasil terra de quem?* São Paulo: Nobel/ Edusp, 1991, p. 100.

Independente das atribuições e responsabilidades por determinados serviços, ora ligadas ao governo do Estado ora à municipalidade, com a República coube a cada um deles legislar sobre as matérias que lhe interessavam. Aí reside uma das primeiras especificidades do Estado de São Paulo e a emergência das primeiras intervenções urbanas do período republicano sobre as cidades paulistas. De qualquer modo, a separação e a relativa autonomia existente entre os diferentes níveis de poderes não as isentaram de conflitos em torno de seus múltiplos interesses, principalmente quando convergiam atribuições e obrigações, e o caso das várias reformas nos serviços sanitários demonstram este processo.[8]

Por outro lado, associando-se ao momento político e econômico, um surto de liquidez gerou uma bolha especulativa no início da década de 1890, conhecida como Encilhamento. Seu estopim residiu na tentativa de Ouro Preto em restabelecer a confiança de parcelas de fazendeiros fluminenses descontentes com a Monarquia por causa da abolição, enquanto também tentava conquistar a confiança de fazendeiros paulistas contrariados pela não adoção do Federalismo, em inícios de 1889. E o meio utilizado para tanto foi disponibilizar ao mercado fundos isentos de juros, o que gerou um momento especulativo, incentivando a formação de bancos e companhias.[9] Foi um momento propício para investimentos em Bolsas, promovendo efeitos importantes e positivos sobre a vida urbana de São Paulo, com as atividades imobiliárias se transformando numa das grandes opções de investimentos.

Em São Paulo, a medida permitiu a criação da primeira bolsa de valores – a Bolsa Livre – em 23 de agosto de 1890, cuja existência se estendeu até 31 de outubro de 1891, enquanto durou a euforia especulativa do Encilhamento. Somente em 24 de janeiro de 1895 que surgiu a bolsa que deu origem à atual Bolsa de Valores, Mercadorias e Futuros (BMF&Bovespa). Também foi em 1890 que São Paulo passou a figurar como sede de junta comercial, por mais que a Junta Comercial de São Paulo só tenha começado a funcionar efetivamente no Estado de São Paulo em 1892; até então o registro das empresas deveriam ser realizados no Registro de Hipotecas da Comarca.[10]

---

8   Sobre os conflitos desta natureza envolvendo interesses de diferentes níveis de poder consultar especialmente a obra de Rodolpho Telarolli Jr. *Poder e saúde: as epidemias e a formação dos serviços de saúde em São Paulo*. São Paulo: Edunesp, 1996.

9   Luiz Antonio Tannuri. *O Encilhamento*. Campinas: Dissertação de Mestrado, Unicamp, 1977, p. 33; Wilson Suzigan. *Indústria brasileira. Origem e desenvolvimento*. São Paulo: Brasiliense, 1986, p. 45 e segs.; Flavio A. M. de Saes. *A grande empresa de serviços públicos na economia cafeeira, 1850-1930*. São Paulo: Hucitec, 1986, p. 115 e segs.; John Schulz. *A Crise financeira da abolição (1875-1901)*. Trad., São Paulo: Edusp/ Instituto Fernand Braudel, 1996, p. 69 e 77.

10   A Bolsa Livre em São Paulo teve uma criação tardia frente a outros Estados da federação por causa do inexpressivo papel econômico de São Paulo antes da cafeicultura. Entre os 51 fundadores da Bolsa estavam importantes nomes ligados à lavoura, entre eles Lacerda Franco, Leite Penteado, Alves Lima, Barão de Piracicaba, Conde de São Joaquim, Correia de Moraes, Antonio de Souza

Neste quadro, os negócios imobiliários ganharam especial atenção, por vários motivos. Em primeiro lugar porque já representavam uma forma de investimento de capital em largo processo de valorização, fosse ela destinada à agricultura ou estivesse no meio urbano, que transformava a terra em novo símbolo de riqueza. Em segundo lugar, e especialmente nas cidades inseridas no contexto do complexo econômico cafeeiro, como São Paulo, o processo adquiria espetacular dinâmica ao se levar em consideração o processo de adensamento populacional advindo do fim do escravismo, da imigração e do surgimento das primeiras indústrias na cidade, o que reforçava a demanda pelo tecido citadino. O resultado era uma cidade cindida por diferentes interesses e necessidades que conferia à terra urbana o seu *status* de mercadoria disponível ao capital.

Como resultado dos efeitos do Encilhamento foram criadas na cidade de São Paulo inúmeras companhias nos mais variados setores, mas com a maioria delas se dedicando de alguma forma ao mercado imobiliário, eram companhias industriais, casas comerciais, além dos bancos. A concorrência foi tão acirrada que as maiores acabaram expurgando do mercado as companhias menores, incentivadas pelo ganho fácil na Bolsa Livre. "Em São Paulo, a tônica do fenômeno foi o ramo da construção civil e o imobiliário em geral, e nem poderia ser diferente, pois a cidade estava em período de franco crescimento".[11]

Os recursos destes investimentos estavam diretamente interligados aos diferentes capitais – industrial, agrário, financeiro, comercial – que davam a tônica da dinâmica cafeeira no Estado de São Paulo, por meio da qual foi possível a diversificação dos investimentos, principalmente quando a cafeicultura apresentava oscilações na produção ou nos preços em virtude de crises internas ou externas.

As empresas que se dedicaram à atividade imobiliária e que foram criadas durante os anos 1890 e 1891 foram listadas por Maria do Carmo Barbosa e permitem vislumbrar como a terra urbana, em fins do século XIX já havia se tornado um importante instrumento de negócio, como mostra a tabela a seguir.[12]

Queiroz, Oliveira de Carvalho, Cardoso de Mello, João Pedro de Veiga Filho, Augusto Schmidt, Paes de Barros. Reinéro A. Lérias. *O Encilhamento e a cidade de São Paulo, 1890-1891*. São Paulo: Dissertação de Mestrado, FFLCH, USP, 1988, p. 58 e segs. e 111.

11   *Ibidem*, p. 110.

12   Maria do Carmo Bicudo Barbosa. *Tudo como dantes no quartel de Abrantes. As práticas da produção do espaço da cidade de São Paulo (1890-1930)*. São Paulo: Tese de Doutoramento, FAU, USP, 1987; enquanto isso, Reinéro A. Lérias. *Op. cit.*, p. 115-157, apresenta as empresas lançadas e relançadas nos anos 1890 e 1891, não se limitando apenas às empresas ligadas ao setor imobiliário, totalizando 162 empreendimentos, dos quais 74 relançamentos e 88 lançamentos, cujas sedes eram a cidade de São Paulo.

Tabela 1 – Bancos e companhias que possuíam atividades ligadas ao mercado imobiliário em São Paulo, 1890-1891		
Bancos ou companhias	Atividades	Ano
Banco Comercial da Bolsa de São Paulo	Bancárias e imobiliárias	1891
Banco Constructor e Agrícola de São Paulo	Bancárias, imobiliárias, edificação de vilas operárias	1890
Banco Hypothecario de São Paulo	Bancária e imobiliária	1890
Banco Melhoramentos de São Paulo	Bancária e imobiliária	1890
Banco dos Operarios e Territorial de São Paulo	Bancária e imobiliária	1891
Banco do Povo	Bancária, aluguel de prédios urbanos e suburbanos	1891
Banco Predial de São Paulo	Bancária, construção de burgos operários e operações imobiliárias	1891
Companhia Agricola e Industrial de Mogi das Cruzes	Agropecuárias em geral, imobiliárias	1891
Companhia Aliança Industrial	Imobiliária, casas operárias, explorar olarias	1891
Companhia Calçamentos e Edificações	Executar obras civis e empreendimentos imobiliários	1891
Companhia Cerâmica e Constructora	Fabricação de cerâmica e exploração imobiliária	1891
Companhia Ceres Paulista	Comercialização de gêneros alimentícios e exploração imobiliária	1890
Companhia Commercio e Horticultura Paulista	Aquisição de estabelecimentos comerciais e atividades imobiliárias	1891
Companhia Commercio e Industria Nacional	Fabricação de pão e congêneres, refinação de açúcar, torrefação de café e exploração imobiliária	1891
Companhia Constructora Boule Vard Duarte Rodrigues	Construção de boulevard, vilas operárias e outras edificações	1891
Companhia Constructora e de Materiais	Construção em geral, produção e venda de materiais de construção e compra e venda de terras	1891
Compañía Corretora	Intermediação de títulos e atividades imobiliárias	1891
Compañía Deposito e Desconto	Empréstimos em geral, com garantias de mercadorias ou imóveis	1890
Companhia Evoneas de Santo Amaro	Construção de casas operárias e compra e venda de terrenos	1891

Companhia Exploradora de Materiais e Combustiveis	Extração e comercialização de combustíveis, produção cerâmica e atividades imobiliárias	1891
Compañía Industrial de Combustiveis	Exploração de lenha e carvão vegetal, montagem de serraria, compra e venda de terrenos e construção de casas proletárias	1890
Companhia do Jardim Aclimação Zoológico e Botânico de S.P.	Implantação de parque para reprodução de animais e exploração de terrenos	1890
Companhia Lytho Typographica	Serviços litográficos e compra e venda de prédios	1891
Companhia Melhoramentos Urbanos e Ruraes de S. Paulo	Compra e venda de terras e construção de casas para venda e locação	1891
Companhia Mercantil de Obras Publicas Paulista	Bancárias, compra e venda de terrenos e construção civil	1890
Companhia Nova Industrial e Constructora	Montagem de olarias e serrarias, compra e venda de terrenos e construção civil	1891
Companhia Paulista Cortume e Fabricação de Calçados	Beneficiamento de couros, construção de casas para operários	1890
Companhia Paulista de Credito	Intermediação de títulos em geral e compra e venda de imóveis	1891
Companhia Paulista Manufactureira de Chapeos	Fabricação de chapéus e construção de casas para operários	1890
Companhia de Pinturas e Construcções	Comércio de tintas e ferragens e execução de empreendimentos imobiliários	1891
Companhia Predial de São Paulo	Construção de casas, prédios na cidade de S. Paulo, Santos e Campinas e outras atividades imobiliárias	1890
Companhia União Central	Extração e importação de combustíveis, atividades imobiliárias e comércio de material de construção	1891
Companhia "Vila Alto Mearin" Industria Constructora	Construção da Vila Alto Mearin, exploração de serrarias e atividades imobiliárias	1891
Companhia "Villa Engenheiro Frontin"	Fundação de vila e outras atividades imobiliárias	1891

Companhia "Villa Mayrink"	Aquisição de terrenos edifícios em S. Paulo, construção de casas operárias e outros edifícios	1890
Companhia "Villa Sebastião Pinho"	Edificação de vila em S. Paulo e atividades imobiliárias	1891
Companhia Ypiranga de Tranways e Construcção	Construção de um bairro entre o Ypiranga e a Vila Mariana	1890
Cooperativa Mercantil Industrial e Profissões	Montagem de bolsa para transações imobiliárias e de títulos	1891
Empresa Construtora de Casas para o Proletariado	Construção de casas de aluguel para classes pobres e atividade imobiliária	1890
Empreza Technica e Industrial de São Paulo	Exploração da construção em geral e atividade imobiliária em São Paulo, Rio e Paraná	1891
São Paulo Territorial S.A.	Imobiliária e construção de casas para operários	1890

Fonte: Arquivos da Junta Comercial e da Biblioteca Bolsa de Valores de S. Paulo. *Apud* Maria do Carmo B. Barbosa. *Tudo como dantes no Quartel de Abrantes. As práticas da produção do espaço na cidade de São Paulo (1890-1930)*. São Paulo: Tese de Doutoramento, FAU, USP, 1987, p. 177-179.

A euforia durou pouco, pelo menos sob estas bases, pois com o fechamento da Bolsa Livre, muitas empresas foram à ruína, encerrando um período de acumulação. Mesmo assim, várias empresas do setor imobiliário prosseguiram, sendo notório o caso de Joaquim Eugênio de Lima que após o fechamento da bolsa aplicou seus recursos de outra forma, e comprou as chácaras Bela Cintra e Pamplona, abrindo a avenida Paulista, com lotes de grandes proporções e ruas largas.

De qualquer forma, os efeitos do Encilhamento sobre a cidade de São Paulo propiciaram um *boom* tipicamente urbano, com as empresas do setor terciário correspondendo a 79 das criadas no período, seguidas pelas do setor secundário (63) e de 20 empreendimentos no setor primário. Quantitativamente, portanto, em São Paulo, o Encilhamento "tomou a forma urbana", com ênfase sobre a construção civil.[13]

As práticas econômicas do Encilhamento demonstraram as fragilidades financeiras advindas da "necessidade" de se monetizar a economia naquele momento de grande transformação social, econômica e política. No reverso da medalha, contudo, foram extremamente vantajosas às elites econômicas e políticas que se beneficiaram das benesses dela

---

13   O que não inclui as indústrias, destaca Reinéro A. Lérias. *Op. cit.*, p. 167 e segs.

advindas, por meio de empréstimos isentos de juros, contratos de colonização e concessões de terras públicas, criando um movimento extremamente propício à diversificação urbana do capital cafeeiro, pois estavam postas as bases para tal fenômeno: crédito amplo, lucros elevados, preço interno do café superior à desvalorização cambial e baixa elevação do custo de mão-de-obra. O resultado foram inversões em indústrias.[14]

Foram criadas 14 companhias cujos negócios eram a construção civil, 7 empresas imobiliárias e outras 4 que se dedicaram à produção de material de construção, incluindo cerâmicas, tijolos e telhas. Neste mercado, muitos dos sócios-proprietários das diferentes empresas muitas vezes estavam atuando em todas as áreas da cadeia construtiva, fosse com áreas urbanas ou com materiais de construção. Identificavam-se como "capitalistas", "industriais", "negociantes" e "deputados", "senadores" e até mesmo "presidente de província", mas raramente como "fazendeiros".[15]

Este quadro colocou em perspectiva um momento excepcionalmente propício ao governo do Estado de São Paulo para a concretização de dois projetos fundamentais para a solidificação do complexo cafeeiro paulista, o primeiro ligado à mão-de-obra, isto é, a imigração; e o segundo, à manutenção do primeiro, por meio da instauração de uma série de serviços que tinham a saúde como finalidade (e a água aparecia como meio), e resultaram na criação do serviço sanitário e na encampação dos serviços de saneamento básico na capital.

Trabalhadores e mercado de trabalho

Com o advento da República a imigração estrangeira adquiriu nova conotação, pois estavam postas as possibilidades diretas de se instituir a política que atendesse aos interesses dos homens ligados ao complexo cafeeiro e, mais importante, com recursos públicos. Aprovou-se, portanto, a política de imigração de massa, através do qual o estado arcaria com as despesas de viagens daqueles que desejassem migrar para São Paulo, com destino às lavouras de café. Inaugurava-se uma nova fase da imigração paulista, cujos resultados seriam gritantes para a capital do estado. Por outro lado, os motivos e fundamentos que

---

14   Wilson Cano. *Raízes da concentração industrial em São Paulo*. 4. ed., Campinas: I.E.,Unicamp, 1998, p. 158 e segs.; Luiz Antonio Tannuri. *Op. cit.*, p. 115. Interpretação diversa apresenta John Schulz. *Op. cit.*, p. 95-96, para quem setores como o têxtil, seguidos pelos curtumes, alimentos e materiais de construção estiveram na dianteira deste processo, porém, esse crescimento, foi um subproduto do fenômeno migratório subsidiado e do dinheiro fácil direcionado à angariar apoio de fazendeiros e comerciantes, sendo que a demanda dos imigrantes e dos recebedores de empréstimos bancários estimularam esta indústria.

15   Reinéro A. Lérias. *Op. cit.*, Tópico – Os empresários dos terrenos urbanos; Maria Ruth Amaral de Sampaio. "O papel da iniciativa privada na formação da periferia paulistana". In: *Espaço e Debates*. São Paulo: n°. 37, 1994, p. 20-21.

explicam o processo de expulsão destes trabalhadores também eram marcados por novos e diferentes fatores se comparados com os momentos anteriores de migração.[16]

A aprovação do projeto somente foi possível em função dos recursos oriundos dos impostos de exportação, resultado das mudanças fiscais instauradas com o Federalismo. Por outro lado, enquanto internamente se promovia a política de imigração, externamente a crise na Argentina – da casa Baring Brothers, seguida de um período de crise financeira, em 1890 – contribuiu decisivamente para o desvio de parcela considerável de imigrantes para o Brasil, ao invés de se dirigirem para a Argentina.[17]

O resultado destes fatores conjugados foi positivo não somente para as lavouras, mas também para as cidades que mais atraíam mão-de-obra, estimuladas pela demanda interna de serviços urbanos. Com os imigrantes, portanto, o processo de formação do mercado de trabalho em São Paulo adquiriu novo ímpeto, pois de 1889 ao início do século XX, acarretou na chegada de cerca de 750.000 estrangeiros em São Paulo, dos quais 80% subsidiados pelo governo; já da abolição do escravismo à Depressão de 1930, aportaram em terras paulistas 2.250.000 imigrantes, sendo 58% subsidiados; além disso, muitos dos que vieram após 1900 pagaram suas próprias despesas de viagens.[18]

Enquanto isso, em nível internacional, à margem do protecionismo sobre o comércio de mercadorias que marcou o período de 1880 a 1914, as transações financeiras internacionais e o movimento migratório se mantiveram constantes e livres,[19] exceto em poucos momentos de oscilações, como em função do Decreto Prinetti – que proibiu a migração dos italianos para

---

16   De acordo com Herbert S. Klein. "Migração internacional na História das Américas." In: Boris Fausto (org.). *Fazer a América. A imigração em massa para a América Latina*. São Paulo: Edusp, 1999, p. 13-14, entre os diversos fatores de expulsão que levaram milhões de pessoas a abandonarem suas terras estavam: perseguições culturais a determinadas comunidades e nacionalidades, englobando aqui a questão religiosa; condições econômicas precárias, que envolviam o acesso à terra, sua produtividade e o número de pessoas que viviam dessa produtividade; e o fator demográfico, processo iniciado na Inglaterra e na França em meados do século XVIII e que se espalhou pela Europa no século XIX e que colocou milhares de pessoas à margem do processo produtivo, disponibilizando, assim, um excedente de mão-de-obra. Fenômeno este que se convencionou chamar de "transição demográfica", devido ao aumento na taxa de natalidade ao passo que caia a de mortalidade. Sobre os fatores de expulsão no caso específico dos italianos consultar a obra de Angelo Trento. *Do outro lado do Atlântico. Um século de imigração italiana no Brasil*. Trad., São Paulo: Nobel/ Istituto Italiano di Cultura di San Paolo/ Instituto Cultural Ítalo-brasileiro, 1988.

17   Wilma Peres Costa. "Economia primário-exportadora e padrões de construção do Estado na Argentina e no Brasil." In: *Economia e Sociedade*. Campinas: nº 14, jun. de 2000, p. 184-190.

18   Thomas H. Holloway. *Imigrantes para o café. Café e sociedade em São Paulo, 1886-1934*. Trad., Rio de Janeiro: Paz e Terra, 1984, p. 68 e 84.

19   Eric Hobsbawm. *A era dos impérios, 1875-1914*. Trad., 5. ed., Rio de Janeiro: Paz e Terra, 1998, p. 69.

São Paulo devido às más condições de vida e de trabalho – ou durante a 1ª. Grande Guerra, por exemplo. De qualquer forma, mesmo em meio a oscilações momentâneas, a atratividade que a cidade de São Paulo despertava continuou atraindo trabalhadores, fossem estrangeiros ou nacionais, como passou a acontecer após a 1ª Grande Guerra, com a chegada cada vez maior de migrantes oriundos de outras regiões brasileiras.

Com a chegada de trabalhadores imigrantes de origem europeia, seguido pelos nacionais em busca de trabalho na nascente indústria, no comércio ou nos serviços urbanos, a cidade de São Paulo assistiu a uma explosão demográfica. Ao fim da primeira década do século XX, a cidade de São Paulo abrigava uma população superior a 375 mil almas, passando ao final da década de 1910 a quase 600 mil e em 1930 chegando a quase 900 mil habitantes.

Tabela 2 – População urbana de algumas capitais, 1900-1930				
Capitais	1900	1910	1920	1930
Distrito Federal	691.565	905.013	1.157.873	1.505.595
São Paulo	239.820	375.439	587.072	887.810
Salvador	205.813	242.176	284.963	335.309
Recife	113.106	193.429	241.888	390.942
Porto Alegre	73.764	115.791	181.985	256.550

Fonte: Edgard Carone. *A República Velha (Instituições e classes sociais)*. Difel, 1970. In: Memória Urbana: a grande São Paulo até 1940. São Paulo: Arquivo do Estado, Imprensa Oficial, Emblasa, 2001, p. 25.

No período de 1910 a 1920, a cidade de São Paulo apresentou uma taxa de crescimento de 56%, enquanto o Distrito Federal apresentou uma taxa de 28%; já no período de 1920 a 1930, a cidade de São Paulo cresceu de 51% e o Distrito Federal 30%. Ao se tomar o período de 1910 a 1930, a taxa de crescimento da população da cidade de São Paulo cresceu em torno de 136%, enquanto a capital brasileira apresentou uma taxa de 66%, Porto Alegre de 121%, Recife de 102% e Salvador de 38%.

As cidades cada vez mais passavam a representar o *locus* de atração para os imigrantes, associando a este movimento cerca de 40 a 60% dos imigrantes radicados nas fazendas, há anos deixavam as lavouras em busca de melhores condições de vida na cidade, à procura de trabalho principalmente no comércio, na indústria e nos serviços urbanos em constituição.[20] O adensamento populacional da cidade de São Paulo, portanto, cresceu *pari passu* com o desenvolvimento destas atividades e, com elas, os mercados de trabalho e consumo.

---

20   Verena Stolcke; Michael M. Hall. "A introdução do trabalhador livre nas fazendas de café de São Paulo." In: *Revista Brasileira de História*. 6, São Paulo, set. 1983, p. 113; Maria Thereza S. Petrone. "Imigração". In: Sergio Buarque de Holanda. *História geral da civilização brasileira: O Brasil Republicano*. São Paulo: Difel, 1985, tomo III, vol. 2, p. 95-113.

As condições da oferta de trabalho viabilizavam as atividades industriais que adequavam a oferta de mão-de-obra aos seus interesses, favorecendo a formação de um mercado de trabalho e consolidando um dos principais elementos do capitalismo – um exército reserva de mão-de-obra.[21]

Para Boris Fausto, o processo de formação de um exército de reserva se deu antes da decisiva arrancada das indústrias em São Paulo, pois "uma parcela significativa desta sobrepopulação transferiu-se para os centros urbanos tendo-se em conta as fases de depressão do setor cafeeiro e as dificuldades de acesso à propriedade da terra. (...) [desse modo] quando São Paulo iniciou esta arrancada em 1905, (...) não se registrou nenhuma crise de mão-de-obra, o que de resto favoreceu o processo de acumulação."[22]

Do período de 1906 a 1928, segundo o Relatório do Secretário da Agricultura de 1928, entraram no Estado de São Paulo cerca de 1.249.447 imigrantes, dos quais 410.324 subsidiados pelo governo do Estado e, teoricamente, destinados às lavouras cafeeiras. Mesmo tomando como base de análise o destino destes trabalhadores para todo o estado, é interessante notar que o volume de migrantes espontâneos que aportaram em terras paulistas, segundo os dados, sempre esteve acima dos 50% do total de entradas, com uma única exceção registrada em 1917, quando o percentual de espontâneos registrado foi de 39,17%, provavelmente em decorrência da guerra.

Tais números sugerem que grande parte dos imigrantes não-subsidiados que para São Paulo se dirigiu não teve obrigatoriamente como destino as lavouras de café localizadas no interior do estado, ao contrário daqueles subsidiados que passaram pela Hospedaria de Imigrantes – a serviço do programa estadual –, e por isso sofriam um controle maior sobre seus destinos. Ao analisar os números apresentados por Holloway, que apresentam pequenas variações se comparados aos dados da Secretaria de Agricultura, no período de 1908 a 1921, dos 206.483 imigrantes subsidiados que entraram no estado através do porto de Santos, cerca de 98% deles foram encaminhados à Hospedaria. Já dos 359.167 imigrantes que aportaram em terras paulistas também por meio do porto de Santos sem o subsídio da passagem, no mesmo período, apenas 23% passaram pela Hospedaria, e o restante (278.242) não tiveram seus destinos impostos pelo estado. "Embora seja provável que muitos deles tenham acabado trabalhando por algum tempo

---

21   Sobre a relação da imigração em massa com a formação de um exército de mão-de-obra de reserva ver especialmente o estudo de Michael M. Hall. *The origins of mass immigration in Brazil, 1871-1914*. Tese PhD, Columbia University, 1969.

22   Boris Fausto. *Trabalho urbano e conflito social (1890-1920)*. São Paulo/ Rio de Janeiro: Difel, 1976, p. 23-24.

nas fazendas de café, é seguro que outros se incorporaram ao crescente mercado urbano de trabalho, especialmente na cidade de São Paulo."[23]

Tabela 3 – Imigrantes entrados no Estado de São Paulo*, 1906-1928			
Anos	Total	Subsidiados	% de espontâneos
1906	48.429	23.885	50,68
1907	31.681	4.862	84,66
1908	40.225	9.433	74,75
1909	39.647	12.936	67,40
1910	40.478	15.517	61,66
1911	64.990	21.458	66,98
1912	101.947	42.487	58,32
1913	119.758	53.719	55,14
1914	48.413	15.436	68,11
1915	20.937	2.713	87,05
1916	20.357	6.777	66,71
1917	26.776	16.286	39,17
1918	15.041	6.730	55,26
1919	21.812	5.260	75,89
1920	44.553	8.062	81,10
1921	39.601	13.563	65,76
1922	38.635	9.903	74,37
1923	59.818	14.529	75,71
1924	68.161	21.787	68,03
1925	73.335	27.225	62,87
1926	96.162	39.535	58,88
1927	92.413	24.316	73,68
1928	96.278	13.905	85,50
Total	1.249.447	410.324	-

Fonte: Alesp – Relatório da Agricultura 1928. Apresentado ao Dr. Julio Prestes de Albuquerque, Presidente do Estado pelo Dr. Fernando Costa, Secretário da Agricultura, São Paulo, 1928, p. 334.
* Incluem-se os migrantes oriundos de outros estados brasileiros.

É inegável o papel desempenhado pelo imigrante estrangeiro no processo de urbanização das cidades que os receberam. No caso da cidade de São Paulo, os imigrantes europeus influenciaram decisivamente na configuração sociocultural e econômica da capital paulista, com a transposição de seus hábitos e valores culturais que marcaram decisivamente a face e a pluralidade de São Paulo.

Comumente os estudos sobre imigração têm privilegiado o enfoque a partir da problemática dos "braços necessários para as lavouras", como destinados essencialmente aos trabalhos das lavouras e aos serviços correlatos. É muito profícua, entretanto, outra linha de

23   Tomas H. Holloway. *Op. cit.*, p. 84-85.

investigação que enfatiza a atuação destes imigrantes no desenvolvimento e diversificação de atividades tipicamente urbanas, especialmente na cidade de São Paulo.[24]

O importante a destacar é o fato de que estes trabalhadores tiveram relevante papel nas áreas profissionais em que se engajaram e muitas delas estavam ligadas ao fenômeno urbano, desde meados do século XIX. A partir de então, as atividades ligadas à constituição e à consolidação das áreas urbanas se alastraram, permitindo a ampliação crescente das oportunidades de trabalho em meio ao adensamento populacional, típico do momento. O diferencial deste contexto, portanto, foi a expressiva ampliação das oportunidades de trabalho voltada para setores urbanos, proporcionando a transformação artesanal e até mesmo industrial de produtos agropecuários, ampliando, ainda,

---

24   Estudo clássico nesse sentido é o de Florestan Fernandes. *A Revolução Burguesa no Brasil. Ensaio de interpretação sociológica.* Rio de Janeiro: Zahar, 1975, para quem o imigrante aparece como portador de um *ethos* capitalista e de uma capacidade de explorar novas oportunidades oferecidas no meio urbano. Estudos mais recentes também têm produzido importantes avanços nessa direção. É o caso de Maria do Rosário Salles que procura conhecer como os médicos italianos, isto é, imigrantes italianos já formados vieram a São Paulo e se dedicaram a esta atividade profissional. Neste caso, explica Salles, vieram em busca de um resgate social provocado por um "descenso social" em seu país de origem, que os desqualificam sob a ótica de fuga à miséria. A qualificação requerida por essa parcela de imigrantes não podia mais ser obtida no interior da sociedade italiana, ou seja, o *status quo* estava em diretamente ligado ao processo de unificação italiana em curso, onde as formas de *status* estavam se transformando e mudando o fenômeno hierarquizador. Maria do Rosário R. Salles. *Médicos italianos em São Paulo (1890-1930).* São Paulo: Sumaré/ Fapesp, 1997, vol. 7, p. 81 e segs. Em outro estudo, Oswaldo Truzzi apreende a inserção e a participação dos sírios e libaneses na arena política, destacando que primeiras preocupações se ligavam à estruturação do grupo na nova ordem social: sua integração urbana, não necessariamente na capital. Em seguida, a constituição e o desenvolvimento de um nicho integrado de especialização econômica – o comércio e a industrialização de armarinhos e tecidos –, com forte apoio nas relações familiares e de conterraneidade; e, logo após, um investimento significativo na educação da primeira geração nascida aqui, cujo resultado foi responsável pela substancial penetração de seus descendentes em escolas formadoras da elite das profissões liberais em São Paulo. Oswaldo Truzzi. "Sírios e libaneses em São Paulo: a anatomia da auto-representação." In: Boris Fausto; et.all. *Imigração e política em São Paulo.* São Paulo: Sumaré/ Fapesp, 1995, vol. 6, p. 27 e segs. e 57. Já Herbert Klein aborda do imigrante espanhol em São Paulo, argumentando que esse grupo étnico se enquadrava entre os mais pobres que para o Brasil se dirigiu. Entre os que aportaram em São Paulo, entre 1908 e 1936, eram os menos prováveis a se dedicarem às atividades comerciais ou liberais, ao contrário das atividades agrícolas; assim como os japoneses estavam entre os menos instruídos, mesmo em comparação aos portugueses. Por outro lado, os espanhóis estavam entre os principais líderes dos movimentos trabalhistas nascidos no início do século XX. Herbert S. Klein. *A imigração espanhola no Brasil.* Trad., São Paulo: Sumaré/ Fapesp, 1994, vol. 5, p. 39, 51 e 92.

as oportunidades de trabalho e de produção, particularmente nos períodos de difícil importação, como durante a Primeira Guerra Mundial.[25]

Nesta relação do processo migratório europeu com as oportunidades que se abriam em virtude do fim do escravismo, a instauração da República e a entrada em massa de trabalhadores estrangeiros em meio à urbanização em curso, os imigrantes se aproveitaram largamente das lacunas que se abriram nas oportunidades existentes, fossem elas no pequeno comércio, nas indústrias nascentes ou nos serviços públicos em formação. No tocante às oportunidades de trabalho em relação às cidades de São Paulo, já em 1870 os Relatórios Consulares Ingleses enfatizavam o crescente número de ofícios que se expandiam, destacando que entre os trabalhadores qualificados para tais tarefas os melhores eram os alemães e os portugueses, em detrimento dos nacionais, segundo a visão inglesa.[26]

Os imigrantes representaram a maioria dos trabalhadores da indústria, nas primeiras décadas do século XX, em São Paulo. Fenômeno este que se mantém até 1930, quando os estrangeiros deixaram de ser o principal motor do adensamento urbano, e as migrações internas passaram a substituir os imigrantes nesse processo.[27] Entre 1927 e 1934, a cidade de São Paulo era considerada o centro industrial, operário e estrangeiro, majoritariamente de imigrantes italianos ou de filhos de italianos.[28]

No Estado de São Paulo os números da atividade industrial representam claramente a relação da urbanização com o adensamento populacional, principalmente os da indústria têxtil que empregava, em 1900, cerca de 4.579 trabalhadores, em 17 estabelecimentos e, em 1920, passou a empregar 17.823 trabalhadores nas 54 indústrias instaladas. Segundo os censos de 1907 e 1920, no Estado de São Paulo esse mesmo crescimento foi verificado para o período, no qual 22 mil trabalhadores estavam empregados nas 326 empresas, em 1907; enquanto em 1920, o número de empresas chegava a 4 mil e o de trabalhadores nelas empregados a 84 mil.[29]

---

25   Maria C. F. A. Oliveira. *Questões demográficas no período cafeeiro em São Paulo*. Campinas: Nepo, 1985, p. 15; sobre a relação da urbanização com o surgimento de novos negócios consultar o estudo da mesma autora: *Mercantilização e urbanização em São Paulo*. Campinas: Nepo, Unicamp, Texto preparado para o Seminário interno do Nepo, 1987.

26   Wilma Peres Costa. *Do escravismo ao trabalho livre - um panorama das oportunidades de trabalho livre no Brasil de 1870 a partir dos Relatórios Consulares Ingleses*. Trabalho apresentado no III Congresso Brasileiro de História Econômica, mimeo, 1999, s/p.

27   Paulo Sérgio de M. S. Pinheiro. *Política e trabalho no Brasil (dos anos vinte a 1930)*. Rio de Janeiro: Paz e Terra, 1975, p. 89 e segs.

28   Maria Auxiliadora G. de Decca. *A vida fora das fábricas: cotidiano operário em São Paulo (1927-1934)*. Campinas: Dissertação de Mestrado, IFCH, Unicamp, 1983, p. 3.

29   Maria Auxiliadora G. de Decca. *Cotidiano de trabalhadores na República. São Paulo (1889-1940)*. São Paulo: Brasiliense, 1990, p. 11-12.

Mesmo assim, a instabilidade dos empregos foi decisivamente marcante na vida dos estrangeiros instalados em São Paulo, assim como dos ex-escravos e seus descendentes que transitavam constantemente em expedientes improvisados em busca de subsistência. E, como parte destas estratégias de vida também estavam formas improvisadas de morar, de comer etc. que refletiam drasticamente as mudanças em curso na cidade. Em razão destes elementos se compreende, pois, os motivos que levaram muitos a dividir espaços insalubres e lotados nos bairros operários da capital, porque mais baratos e mais próximos das fábricas e locais de trabalho.

Serviço sanitário e salubridade

A criação do Serviço Sanitário do Estado de São Paulo compõe o quadro em que se solidificaram as bases para a reprodução do complexo cafeeiro paulista, e também como parte da capacidade de investimento oriunda da descentralização fiscal proporcionada pelo Federalismo. Além dos aspectos financeiros necessários, sua montagem também contou com os fatores decorrentes da descentralização das organizações sanitárias determinadas pelo Decreto Federal de 30 de dezembro de 1891, que autorizava aos estados a montagem e a organização de seus respectivos serviços sanitários desde que se mantivessem circunscritos à área terrestre, enquanto ao governo Federal cabia a incumbência das atribuições sanitárias relativas aos portos e embarcações marítimas.[30]

Sua organização se deu sob os patamares das discussões e inovações científicas sobre as formas de transmissão de doenças, especialmente a partir das descobertas de Louis Pasteur. Mesmo assim, sua fundamentação científica ainda se manteve fiel à crença de que as doenças e suas sucessivas epidemias que assolavam a população, eram originárias de emanações pútridas de águas estagnadas – os miasmas – então consideradas as responsáveis pela origem dos males. No caso da febre amarela, por exemplo, até meados do século XIX, várias teorias tentaram explicar seu surgimento e fundamentar seu combate. Na primeira metade da década de 1870, sua forma de transmissão era, para uns, contagiosa, enquanto para outros se tratava de um mal transmissível ou infeccioso, oriundo de um agente que o transportasse do doente a uma pessoa sã.

---

30   Emerson Elias Merhy. *O capitalismo e a saúde pública: a emergência das práticas sanitárias no Estado de São Paulo*. 2. ed., Campinas: Papirus, 1987, p. 49-50. O mesmo autor explica que a instauração das práticas sanitárias e dos serviços de saúde não ocorreram de forma uniforme no território brasileiro, sua implementação foi marcada pelas diferenças regionais, tanto em termos políticos quanto econômicos que fundamentaram a chamada Primeira República. Somente o Rio de Janeiro, em função de seu *status* de capital federal, é que se compara a vanguarda dos serviços empreendidos em São Paulo.

Para explicar sua origem os médicos apelavam para fatores topográficos e atmosféricos. Se utilizavam de estatísticas e de observações de aspectos ambientais, relacionando-os à incidência de epidemias, que geralmente se davam no verão ao sabor do calor e das volumosas chuvas, considerando-se a umidade e, por esta razão, como um dos principais focos de exalação dos miasmas. Da mesma forma, os morros eram vistos como obstáculos à circulação dos ares, obstando, assim, sua purificação e renovação. "Ladeados por engenheiros, químicos e outros profissionais de campos correlatos, os médicos higienistas voltavam-se para a intervenção nos aspectos urbanísticos: o ar confinado nas habitações coletivas, nas fábricas, nas ruas estreitas; a influência corruptora dos matadouros, cemitérios, valas, esgotos e a água nem sempre vinda de fontes puras eram os principais focos de sua atenção. Assim, as formas de combater o mal se voltavam para medidas de reorganização urbana e normatização de vários aspectos da vida cotidiana."[31] Nos tratamentos individuais ainda predominavam as antigas fórmulas da medicina oitocentista, fundadas em xaropes, sangrias e outras medidas.

Por extensão, o olhar e as atitudes das elites, que se pretendiam civilizadoras, se estendiam às aglomerações de pessoas que pareciam perigosas, pois delas era possível emanar ares pútridos. Cabia, portanto, o descongestionamento dos corpos como forma de produção do espaço urbano, o qual se fazia por meio da invasão da casa do pobre, impondo-lhe regimes sensitivos e uma outra disciplina corporal. Era a metáfora do corpo social do século XIX para a cidade que, assim como o corpo orgânico, deveria ter seus cuidados e assepsias realizados por vários métodos que dessem conta da extirpação das doenças, dos cancros e tumores. O embasamento provinha do século XVIII, cujos miasmas eram tidos como originários das águas pútridas causadas pela estagnação, mas também por fatores associados a inexistência de luz, ar, sol. Por isso a medicalização das doenças, num primeiro momento, passou pela medicalização e desodorização do ambiente, no caso das cidades através dos seres considerados perigosos.[32]

De qualquer forma, mesmo se mostrando equivocadas ao final do século XIX, estas percepções acabaram embasando toda uma série de intervenções urbanas, inclusive ao longo do século XX, mas, por outro lado, também acabaram por produzir dois resultados importantes. Num primeiro momento, identificou a relação das doenças com as más condições de vida existentes nas cidades e, por esta razão, num segundo momento, acabou por incentivar a

---

31   Luiz Antônio Teixeira. "Da transmissão hídrica a culicidiana: a febre amarela na sociedade de medicina e cirurgia de São Paulo." In: *Revista Brasileira de História*. São Paulo: 2001, vol. 21, nº. 41, p. 217-242.

32   Margareth Rago. *Do cabaré ao lar: a utopia da cidade disciplinar: Brasil, 1890-1930*. Rio de Janeiro: Paz e Terra, 1985, p. 165 e segs. No caso na circulação de fluídos a ideia provinha da noção de circulação de Harvey, a qual era fundamentada na circulação sanguínea, cujo movimento se opõe à estagnação, renova o ar e contribuiu para a formação das personalidades sadias.

formação dos primeiros serviços públicos destinados à saúde, os quais também englobavam serviços como esgotamento sanitário, suprimento de água, coleta de lixo, controle de alimentos etc., refletindo de forma positiva na melhoria da qualidade de vida da população.[33]

As primeiras ações sanitárias do período republicano em São Paulo remontam à Lei nº 43, de junho de 1892, e sua criação corresponde às concepções científicas de então. Sua origem estava conjugada à tríade urbanização-economia-salubridade, por isso, sintomaticamente, seu foco inicial de intervenções foi direcionado ao meio físico, à cidade, *locus* das relações sociais e econômicas que passavam a crescer exponencialmente a partir de então.[34]

Ele foi criado com o objetivo de criar mecanismos que resguardassem a saúde e a salubridade da população, mas, principalmente, como meio de se combater as diversas epidemias que assolavam importantes cidades produtoras de café, além do porto de escoamento da produção, Santos; de modo que resguardasse a produção e a reprodução da riqueza do complexo.[35] Seu desenvolvimento também propiciou a emergência de uma nova categoria de profissionais, entre médicos, engenheiros, sanitaristas que convergiam ações e formulações juntamente com a ação policial no sentido de equacionar os problemas sanitários das cidades e de suas populações.[36]

---

33   Gilberto Hochman. *A era do saneamento. As bases da política de Saúde Pública no Brasil.* São Paulo: Hucitec/ Anpocs, 1998, p. 55 e segs.

34   Também em 1892 foi criado o Instituto Bacteriológico; e em 1901, o Instituto Butantã; o Instituto Pasteur, em 1903; e a cadeira de Higiene, na Faculdade de Medicina Paulista, através da parceria com a Fundação Rockefeller, no final da primeira década do século XX.

35   Sob a ótica do capital, a relação entre saúde, economia, urbanização e adensamento populacional eclodiu na Inglaterra, onde o problema da saúde do trabalhador (elemento central na produção e reprodução da riqueza) passou a ser preocupação do mercado. Deveria-se, pois, prover os meios necessários para a prevenção da doença e de proteção à saúde para resguarda a produção, aponta Rosen George. *Uma história da saúde pública.* Trad., São Paulo/ Rio de Janeiro: Hucitec/ Edunesp/ Associação Brasileira de Pós-graduação em Saúde Coletiva, 1994, p. 163 e segs. O autor também esclarece que em 1795, após um surto epidêmico de tifo em Manchester foi criado um Conselho de Saúde, de caráter voluntário, que diante de oposições, negligências e ineficiências, associado, ainda, ao crescente adensamento populacional na cidade e seus efeitos decorrentes, não conseguiu dar conta do problema que se avolumava. A partir dos anos 1830, além da Inglaterra, em países com relativo avanço populacional e industrial, como França, Bélgica, Prússia e Estados Unidos o problema também se mostrou patente e colocou a "exigência de uma reforma sanitária". Sobre o tema ver ainda Sonaly Cristina Rezende; Léo Heller. *O saneamento no Brasil: políticas e interfaces.* Belo Horizonte: Editora UFMG, 2002, p. 45-47.

36   Muitos são os estudos sobre o tema. Alguns dão excessiva ênfase à sua criação como decorrentes de interesses de grupos dominantes, fossem eles nacionais ou internacionais, como Nilson do Rosário Costa. *Lutas urbanas e controle sanitário: origens das políticas de saúde no Brasil.* 2. ed., Petrópolis: Vozes, 1986; Emerson Elias Merhy. *Op. cit.*; Maria Alice R. Ribeiro. *História sem fim... Inventário da saúde pública. São Paulo – 1880-1930.* São Paulo: Edunesp, 1993; M. E. Labra. *O movimento*

Cabe ressaltar, como já apontado, que sua implementação só foi possível em virtude de a capacidade financeira do estado assim o permitir, ainda mais em um setor cujas bases de estruturação ainda estavam por ser montadas. O investimento era justificável, pois respondia à demanda gerada pelas epidemias que grassavam constantemente as principais regiões do complexo cafeeiro, sendo que muitas vezes as epidemias eram largamente disseminadas através dos trilhos das companhias ferroviárias.[37]

No tocante à sua administração, sua origem foi marcada pela subordinação à Secretaria de Estado do Interior, que por sua vez era composta por um Conselho de Saúde Pública – que respondia pela emissão de pareceres sobre higiene e salubridade pública – e à Diretoria de Higiene – que respondia pelo cumprimento das normas sanitárias, por meio das seções auxiliares: Laboratório Farmacêutico, Laboratório de Análises Clínicas, Laboratório Bacteriológico e Instituto Vacinogênico.[38]

---

sanitarista nos anos 20: da conexão sanitária internacional à especialidade em saúde pública no Brasil. São Paulo: Dissertação de Mestrado, EBAP, FGV, 1985; Massako Iyda. Cem anos de saúde pública: a cidadania negada. São Paulo: Edunesp, 1994; Rodolpho Telarolli Jr. Op. cit. Há ainda àqueles que conferem maior ênfase à eclosão da saúde pública como um dos elementos que explicariam o processo de construção de uma ideologia da nacionalidade com impactos na formação do Estado brasileiro. Entre eles Gilberto Hochman. Op. cit.; L. A. Castro Santos. "Estado e saúde pública no Brasil (1889-1930)". In: Dados-Revista de Ciências Sociais. Vol. 23, n.2, 1980; L. A. Castro Santos. "O pensamento sanitarista na Primeira República: uma ideologia de construção da nacionalidade." In: Dados-Revista de Ciências Sociais. Vol. 28, n.2, 1985; L. A. Castro Santos. Power, ideology and public health in Brazil (1889-1930). Ph.D. Thesis, Harvard University, 1987; L. A. Castro Santos. "A reforma sanitária 'pelo alto': o pioneirismo paulista no início do século XX." In: Dados-Revista de Ciências Sociais. Vol. 36, n.2, 1985; M.Albuquerque; et.all. A ciência vai à roça. Imagens das expedições do Instituto Oswaldo Cruz (1911-1913). Rio de Janeiro: Casa de Oswaldo Cruz/Fiocruz, 1991; N. A. Britto. Oswaldo Cruz: a construção de um mito na ciência brasileira. Rio de Janeiro: Editora Fiocruz, 1995; N. T.Lima; N. A. Britto. "Salud y nación: propueta para el saneamento rural. Um estúdio de la Revista de Saúde (1918-1919)." In: M. Gueto. Salud, cultura e sociedad em América Latina: Nuevas perspectivas históricas. Lima: IEP-OPS, 1996; N. T. Lima; Sonaly Cristina Rezende; Léo Heller. Op. cit.

37 Fábio Alexandre dos Santos. "As epidemias no rastro das linhas férreas." In: Arquivo. Rio Claro: Arquivo Histórico do Município de Rio Claro "Oscar de Arruda Penteado", 2002, p. 3.

38 Rodolpho Telarolli Jr. Op. cit., p. 88-89; Maria Alice R. Ribeiro. Op. cit., p. 27 e segs. Sobre a legislação que trata do tema da criação dos serviços de saúde em São Paulo, sob diferentes preocupações e óticas, ver ainda as obras de Emerson Elias Merhy. Op. cit., 1987; Gilberto Hochman. Op. cit., 1998; Massako Iyda. Op. cit.; José Geraldo Simões Júnior. Op. cit.; Heloísa Helena P. Rocha. A higienização dos costumes. Educação escolar e saúde no projeto do Instituto de Higiene de São Paulo (1918-1925). Campinas/ São Paulo: Mercado de Letras/ Fapesp, 2003; Suzana P. Pasqua. Mortalidade e população no processo de urbanização da cidade de São Paulo (1890-1920) – o caso do Brás. São Paulo: Dissertação de Mestrado, FFLCH, USP, 1998; Cristina de Campos. São Paulo pela lente da higiene. As propostas de Geraldo Horácio de Paula Souza (1925-1945). São Carlos/ São Paulo: Rima/ Fapesp, 2002; Luiz Augusto M. Costa. O ideário urbano paulista na

À Diretoria de Higiene, criada em substituição à Inspetoria de Higiene, tinha como objetivo focar suas ações especificamente sobre o saneamento das localidades e das habitações, de modo a disponibilizar meios que promovessem a prevenção, o combate e a atenuação de moléstias endêmicas, epidêmicas e transmissíveis. Ganhava destaque entre as atribuições da Diretoria o caráter de *policiamento sanitário*,[39] cujo dever era inspecionar escolas, fábricas e oficinas; os hospitais, asilos, hospícios e prisões; as cidades, vilas e os cemitérios; além da fiscalização de alimentos, bebidas e do exercício profissional de áreas ligadas à saúde. Como forma de auxílio à fiscalização e ao combate, a Diretoria organizou o serviço de estatísticas demográfico-sanitárias.

O objetivo, portanto, recaia sobre os males que passavam a grassar a vida da população que crescia frente ao adensamento urbano e, mais, com possibilidades de se obstruir o processo produtivo. Por isso, a primeira legislação do período republicano no tocante à saúde de sua população tinha como objetivo o controle das doenças transmissíveis por meio da intervenção no espaço urbano, no meio físico, para o qual as técnicas (da engenharia sanitária) e da coercitividade (da ação da polícia médica em campanhas contra epidemias), que forneciam os fundamentos, baseados no modelo tecnoassistencial campanhista-policial. Na prática e como resultado das atribuições delegadas às instituições nascentes, esta legislação acabou servindo essencialmente como complementação às regulamentações urbanas existentes nas Posturas Municipais, as quais tratavam das formas de construir, reformar e ocupar o espaço da cidade.

Em 1894, como resultado das experiências advindas do Serviço Sanitário, foi promulgado em São Paulo o primeiro Código Sanitário do Estado de São Paulo, que se sobrepôs ao Serviço Sanitário, passando a regê-lo a partir de suas determinações. A preocupação residia no estabelecimento da relação entre as formas de garantir a saúde da população com as formas de construir, habitar, morar. Através dela se regulamentava o uso do espaço público e privado, desde ruas, praças etc., até as fábricas e oficinas, além disso, determinava normas sobre as condutas de higiene da população.

Segundo o Código, o saneamento do solo, os destinos dos esgotos, as águas consumidas e as especificações técnicas ganharam relevo; os terrenos deveriam ser saneados e as matérias orgânicas removidas, com a devida drenagem dos solos considerados úmidos; além da proibição de se construir em terrenos considerados pantanosos. E, mais importante, a terra passou a ser considerada como potencialmente contaminada, com isso, "as casas deveriam sempre incluir porões, que não podiam ser habitados, separando-as do solo. Encanamentos,

---

virada do século – o engenheiro Theodoro Sampaio e as questões territoriais e urbanas modernas (1886-1903). São Carlos/ São Paulo: Rima/ Fapesp, 2003.

39   Sobre as origens da Polícia Sanitária no Brasil ver especialmente o Capítulo 7 – Origens da polícia sanitária, em Rodolpho Telarolli. *Op. cit.*

chaminés e materiais de construção em geral foram regulamentados, assim como o abasteci-mento e as cotas diárias de água, e a manutenção dos mananciais hídricos."[40]

Com estas medidas, a legislação criava os mecanismos que seriam, mais tarde, úteis e convenientes aos interesses do capital imobiliário, uma vez que seriam largamente uti-lizados para legitimar e implementar valorizações e especulações imobiliárias no tecido urbano, como se verá adiante. Cabe ressaltar que dentre seus 520 artigos, as ações dos de-sinfetadores, dos fiscais e da polícia sanitária adquiriram ainda mais poder em comparação àqueles fornecidos pela regulamentação de 1892, principalmente quando as ações tinham que ser exercidas sob surtos epidêmicos.

Nas bases tanto da legislação de 1892 quanto na do Código de 1894 apareciam com destaque regulamentações que tratavam das ações que deveriam ser tomadas diretamente nas intervenções sobre o meio físico da cidade, nas quais a saúde individual era tomada como resultado do saneamento da primeira.

O Código de 1894 incorporava algumas preocupações expressas pelo Código de Posturas de 1886, que foi o primeiro a incorporar entre suas prerrogativas a proibição de instalação de cortiços na zona central da cidade. Se por um lado proibia a construção dos cortiços na zona central também autorizava a construção de vilas operárias fora da aglo-meração urbana.

Com a Lei nº 432 de 1896, novas atribuições foram determinadas aos municípios e ao governo do Estado em função dos conflitos de interesses que emergiam principalmente quando tinham de atuar em comum. A partir de então, a Diretoria de Higiene passou a ser denominada Diretoria do Serviço Sanitário, com seções auxiliares adquirindo auto-nomia. Nesta reformulação, ao estado coube a organização e execução das intervenções mais "agressivas ou defensivas" nas cidades atingidas por epidemias; cabia-lhe o controle e a organização das ações por meio dos inspetores sanitários do estado (antes tal serviço era atribuição dos municípios). Enquanto isso, aos municípios cabia o saneamento básico do espaço urbano (água, esgoto, drenagem, etc.); o policiamento sanitário das habitações coletivas ou não; fiscalização de fábricas, estabelecimentos comerciais; da alimentação pú-blica; vacinação; e assistência aos indigentes.

Em 1906, o Serviço Sanitário passou por novas reformulações. Nestas mudanças, o poder estadual teve seu papel reforçado em detrimento do municipal, com as atribuições municipais centralizadas nas mãos dos inspetores instalados nas principais cidades do es-tado. A novidade ficou por conta das atribuições dadas ao estado no que tange ao "aconse-lhamento em higiene pessoal e doméstica" e à "fiscalização da higiene escolar", porém, res-

---

40   Rodolpho Telarolli Jr. *Op. cit.* , p. 138.

tritas ao que se conceituava como *educação higiênica* diferente, assim, do que se chamaria mais tarde de *educação sanitária*.[41]

Em 1911 foi a vez do Código Sanitário passar por reforma, através da qual a problemática principal dos serviços de saúde foi deslocada efetivamente para os problemas advindos do *processo de urbanização da cidade de São Paulo*, pois gradativamente o ritmo e a intensidade de seu crescimento urbano tomavam aspectos e reflexos até então desconhecidos. As cidades do interior também compõem o rol de preocupações da reforma, mas era a cidade de São Paulo, especificamente, o principal objeto do Código, "onde os problemas urbanos assumem preponderância: fiscalização do lixo, fiscalização da habitação, policiamento dos alimentos comercializados, policiamento da água e dos esgotos."[42]

A reforma do Código de 1911 é representativa da situação crítica pela qual a cidade de São Paulo atravessava, em função do aumento no fluxo migratório e do crescimento industrial do período. Seus 562 artigos revelam as principais preocupações decorrentes de uma ocupação urbana desordenada, regulamentam fábricas, seus resíduos e seus efeitos aos trabalhadores e à população; o destino e forma de tratamento dos resíduos, tanto os sólidos quanto os líquidos; a rede de esgotos. Esta reforma foi a última com predomínio do modelo tecnoassistencial campanhista-policial e nela se manteve a tendência de utilização da educação higiênica. Por esta nova reforma houve uma perda de autonomia municipal nos assuntos relativos à saúde e ao saneamento, como um reflexo das mudanças em curso nas relações de poder entre o estado e os municípios, representando o poder local. O momento se diferenciava dos primeiros anos da República, pois, neste momento, havia se esgotado o reconhecimento da autonomia municipal como a essência do republicanismo.[43]

Ainda fundada majoritariamente sob as bases da teoria miasmática e sua perspectiva anticontagionista, a reforma de 1911 prosseguiu intervindo no meio físico com programas direcionados à remoção dos elementos que poderiam causar a difusão de doenças, por meio da putrefação, como o lixo, os esgotos, a água poluída, a habitação insalubre etc. De qualquer modo, esta reforma, ainda que centralizasse suas ações sobre o meio físico, já apontava para um processo de transição em que começava a ser aceito a ideia de educação sanitária como uma forma de amenizar os problemas sanitários.

A partir de então, seria com a lenta, mas a gradativa aceitação da concepção microbiológica (contagionista), que propunha que a difusão das doenças entre os seres humanos se

---

41   Segundo Telarolli, a educação higiênica se refere ao conjunto de ações educacionais de auxílio à polícia sanitária, visando controle e a prevenção da doença transmissível. Diferentemente é a educação sanitária, um dos principais pontos do modelo médico-sanitário, cujo objetivo é instaurar na consciência do indivíduo os métodos de se evitar a doença, isto é, a profilaxia. *Ibidem*, p. 223-224.

42   Maria Alice R. Ribeiro. *Op. cit.*, p. 269; Rodolpho Telarolli Jr. *Op. cit.*, p. 231 e segs.

43   Rodolpho Telarolli Jr. *Op. cit.*, p. 233-234.

dava por meio de microorganismos, que as ações do Serviço Sanitário começariam a mudar seus métodos de ação. Com estas mudanças, paulatinamente, o diagnóstico passaria a recair sobre o combate pontual da doença no indivíduo, por meio da produção de vacinas, soros, remédios e laboratórios, com a tendência em prescindir de mudanças externas ao meio. O meio ambiente se transformaria num fator contextual.

No intercurso deste processo, no entanto, houve um programa ambientalista que se preocupou em levar em conta o contexto do doente, o que implicou "a sobrevivência de um modelo de causação múltipla da doença, pelo qual as condições sociais poderiam ser tratadas como variáveis independentes ou, pelo menos, não serem consideradas como simples contexto." O que reforçou a responsabilidade do governo com saúde pública.[44]

De qualquer maneira, ainda predominava o controle científico-político da população considerada perigosa, a partir do qual os pilares "científicos" ainda tomavam o estado físico do meio como responsável pela disseminação de doenças, onde os miasmas eram os alvos, mas também se estendendo aos odores da corrupção moral. Mas ao avançar a década de 1910, a questão sanitária ganharia nova abordagem associada à mudança na sua fundamentação científica, através dos acontecimentos políticos e socioeconômicos que a década de 1910 assistiu, como a 1ª Grande Guerra, a substituição de importações e o nacionalismo emergente, que refletiria também sobre os problemas sanitários.

Serviços de água e esgotos

Outro serviço implementado pelo governo do Estado que se somente foi possível em função do novo marco institucional advindo com a República e seus fatores decorrentes foi a encampação dos serviços de água e esgoto, cuja oferta não alcançava a totalidade da população, nem mesmo com a qualidade necessária, no que tange a água destinada ao consumo humano.

Como já tratado, as águas servidas à população já suscitavam vários problemas, desde o seu fornecimento por meio dos chafarizes, passando pelo seu processo de desmantelamento até a sua transformação em mercadoria, inclusive se tornando objeto de concessão à Cia. Cantareira, em 1877, com vistas à melhoria dos serviços.

Mesmo assim, os serviços da Cia. Cantareira não conseguiram corresponder às cláusulas contratuais, nos anos de 1890, conforme rezava o contrato de concessão, já que não acompanharam a demanda gerada pela população, que crescia motivada pela imigração e pelo aparecimento de indústrias que demandavam cada vez mais infraestrutura e trabalhadores.[45] Tal ineficácia motivou sua encampação pelo governo do Estado em 1892, sob o

---

44   Gilberto Hochman. *Op. cit.*, 1998, p. 57.

45   Suzana P. Pasqua. *Op. cit.*, p. 34. Alguns autores apontam que os serviços de saneamento, no final do século do XIX, em São Paulo, era um dos melhores do país. Para Margarida Maria

argumento de melhorar o atendimento à população, o que se deu por meio da Lei nº. 62, de 17 de agosto de 1892, seguindo a autorização que rezava o art. 4º da mesma lei e expedido pelo Decreto nº 140, de 26 de dezembro de 1892, assinado por Bernardino de Campos, e referendado pelo Dr. Jorge Tibiriçá, secretário da agricultura, que intercedeu e liberou junto ao Tesouro do Estado um crédito de 6.829:546$663, cujo montante foi utilizado pelo governo do Estado para o pagamento à Companhia Cantareira e Esgotos da Capital.[46] Com sua encampação, a Cia. Cantareira foi submetida à competência da Repartição dos Serviços Técnicos de Águas e Esgotos.

Ao final do século XIX e início do XX o serviço de abastecimento foi ampliado com a construção de vários reservatórios na cidade, entre os quais o novo reservatório da Consolação (1898), com capacidade para 19 milhões de litros; o do Araçá (1907); e o do Belenzinho (1909). Em 1914, teve início a captação das águas do Ribeirão de Cotia, inaugurando-se no mesmo ano outros três reservatórios, na Avenida, na Vila Mariana e na Água Branca.[47]

Os serviços de água e esgoto, no decorrer da Primeira República, não eram difundidos no Brasil, e poucas eram as cidades que por volta de 1890, por exemplo, dispunham desses serviços, especialmente os de coleta de esgotos, existentes apenas nas cidades do Rio de Janeiro e Campos (RJ), em São Paulo (SP) e em Recife (PE). Em 1910, 186 cidades no Brasil possuíam serviços de abastecimento de água, ao passo que em 1920 esse número chegou a 284, e em 1930, a 344 cidades. Já os serviços de coleta de esgotos, em 1910, eram oferecidos em 48 cidades do Brasil, em 1920 em 126 e, em 1930, em 150 cidades.[48]

Na virada do século XIX ao XX a cidade de São Paulo ocupava uma área de 7.854 hectares e uma população que ultrapassava os 375 mil habitantes em 1910; enquanto isso, comparativamente, em meados da década de 1890, a cidade de Paris ocupava uma área de

---

de Andrade. *Bairros além-Tamanduateí: o imigrante e a fábrica no Brás. Mooca e Belenzinho*. São Paulo: Tese de Doutoramento, FFLCH, USP, 1991, p. 51 e segs., os serviços realizados pela Cantareira "parecem ter sido a maior obra realizada na cidade de São Paulo no final do século XIX. De maior vulto que ela, só o saneamento das várzeas, que se estendeu pelo século XX adentro." Para Paul Singer. *Desenvolvimento econômico e evolução urbana: análise da evolução econômica de São Paulo, Blumenau, Porto alegre, Belo Horizonte e Recife*. 2. ed., São Paulo: Ed. Nacional, 1977, p. 39, foi "o melhor serviço de águas e esgotos do Brasil na época". Já para Ernani da Silva Bruno. *História e tradições da cidade de São Paulo*. São Paulo: Hucitec, 1991, vol. 3, p. 649 e segs., os serviços de abastecimento de água em São Paulo nunca chegaram a ser satisfatórios, principalmente na época em que as águas eram oferecidas unicamente através dos chafarizes.

46   Antonio Egydio Martins. *São Paulo antigo, 1554-1900*. São Paulo: Paz e Terra, 2003, p. 413.

47   Ernani da Silva Bruno. *Op. cit.*, p. 1127 e segs.

48   P.C. S Telles. História da engenharia no Brasil, século XIX. Rio de Janeiro: Clube de Engenharia, Claverd Editoração, 1993, *apud* Sonaly Cristina Rezende; Léo Heller. *Op. cit.*, p. 169.

7.936 hectares, com uma população em torno de 2,7 milhões de almas.[49] Mesmo assim a cidade de São Paulo não conseguia resolver os problemas básicos ligados à demanda por salubridade, e um dos problemas estava nas suas condições financeiras, que não acompanhavam o mesmo ritmo da demanda por serviços desta natureza.[50]

Em 1915, o Jornal *O Combate* descrevendo o período em que se deu a encampação dos serviços da Cia. Cantareira, demonstra também como era a situação higiênica da cidade de São Paulo em 1892, chamando a atenção para o fato de que o problema cada vez se "avolumará", dado o fluxo migratório que continuava a inchar a cidade.

> Quanto ao abastecimento d'agua, era tal o clamor contra a sua falta que o mesmo Governo resolveu encampar nesse mesmo anno [1892] a Companhia Cantareira de Agua e Exgotos, nomeando o dr. Jose Pereira Rebouças para dirigir a nova repartição e o reforço do abastecimento. Era insuficiente, ao terminar esse anno, a media per capita e muito deixavam a desejar os methodos de captação.
>
> A immigração continuava a fornecer o seu contingente á insalubridade da capital, pois grande era, e ainda hoje é, a proporção dos que se fixam em S. Paulo...

Mais adiante, a matéria também indica que a cidade se encontrava em perigo por causa dos "portadores de bacilos", que acumulados em uma cidade anti-higiênica, só contribuíam com as sujeiras, numa alusão à responsabilidade desses trabalhadores pela situação...

> ...é facil de imaginar o que seriam esses 'portadores de bacilos' accumulados em uma cidade que se fazia da noite para o dia, neste meio anti-hygienico, em antro de sugidades, onde se accumulava essa população nova.[51]

Cabe salientar que comparações de toda sorte eram realizadas levando em conta o estado insalubre em que a cidade se encontrava, mas o mais importante desse processo é que mesmo diante de algumas melhorias na oferta de serviços de abastecimento de água,

---

49   BNF – A. Gastinel. *Les égouts de Paris. Étude d'hygiène urbaine.* Paris: Henri Jouve, 1894, p. 5-6. O estudo apresenta uma discussão sobre a possibilidade de reutilização das águas dos esgotos para fins agrícolas, baseadas nas descobertas de Louis Pasteur.

50   Lucy Maffei Hutter. "Flashes de São Paulo nas primeiras décadas do século XX: a cidade e o imigrante italiano." In: Marta Rossetti Batista; Márcia Elisa de Campos Graf (org.). *Cidades Brasileiras II. Políticas urbanas e dimensão cultural.* São Paulo: IEB, USP, 1999, p. 128.

51   AEL – Jornal *O Combate.* 16 de setembro de 1915, s/p.

por exemplo, personificado neste caso com sua encampação, os mesmos continuaram a não responder à demanda gerada pela cidade.

Mesmo diante de um serviço apontado por alguns autores como um dos melhores do país, senão o melhor, na virada do século XIX ao XX, o problema do saneamento básico foi patente e duradouro. Por volta de 1894, por exemplo, a problemática *qualidade da água em relação às doenças* já fomentava questionamentos, como o realizado por Torquato Tapajóz, que especulava sobre os motivos das altas taxas de mortalidade infantil naqueles anos.

> Em 1892 ocorreram 4561 fallecimentos de creanças, excluidas as 280 nascidas mortas; 2443 mortes em crianças de 0 a 7 anos, sendo de 2613 este numero extraordinario si ao precedente aggregarmos 170 fallecimentos de creanças entre 8 e 15 annos! No anno que corre [1894], até 30 de novembro ultimo, entre 4854 fallecimentos, excluidas já 347 creanças nascidas mortas, o algarismo factidico que representa a mortalidade das crean- ças até 7 annos é de 2909 e será de 3042 si a ella juntarmos o das creanças fallecidas entre 8 e 15 annos.

O relevante nas observações de Tapajóz está no fato de ele se referir às possíveis causas dessas mortes, principalmente quando observa que os sintomas são os mesmos em qualquer lugar:

> Causas geraes, actuando sobre causas locaes, dão maior in- cremento as molestias, que são afinal a causa da morte; mas que tendo por sua vez uma origem propria, podem estar no individuo ou fóra do individuo.

O autor vai buscar embasamento num estudo sobre micróbios para fundamentar sua especulação, chegando a afirmar que os micróbios são conduzidos pela água e pelos alimentos às crianças, que então são contaminadas. Porém, aí, ponders Tapajóz,

> ...mas qual a origem das molestias que existem em toda parte sem todavia se apresentarem, como aqui, com tão desusada virulencia? Este só facto indica a existencia de uma causa ge- ral, presidindo por assim dizer o desenvolvimento do peque- no ser e creando, nelle um habitat de certo modo favoravel ao appareimento e ao desenvolvimento do mal.
> (...) pois que as classes educadas da sociedade paulista, que cons- tituem a maioria da população e concorrem com cifra elevada

para a mortalidade exagerada das creanças, estão ao abrigo das causas assignaladas, aliás de facil remoção e que tanto depõe contra o gráo de civilisação deste povo; em relação às molestias, dizemos, porque, além da causa geral, (...) não filial-as as condições em que a agua era fornecida a população? Não viria desta causa generalisada a generalidade do mal?

Combinados com outros fatores, Tapajóz aponta que as oscilações da temperatura compõem uma das responsáveis pelas mortes, e argumenta:

> Todo mundo sabe, que o calor dilata os vasos periphericos e o frio os contrahe repellindo o sangue para os órgãos internos. D'ahi as perturbações funccionaes do organismo por effeito das variações bruscas na thermalidade do ar. (...) Os effeitos physiologicos da humidade quente ou da humidade fria são muito conhecidos e até mesmo a transição do frio para o calor, que parece sem valor real nos phenomenos da vida, não é isenta de perigos pelas perturbações organicas que géra – a dilatação que então se dá dos capillares da pelle, por exemplo, para esta deriva o sangue; ficam interrompidas as digestões não recebendo mais o estomago o sangue necessário ao desempenho de suas funcções. Facilmente se percebe o valor destas perturbações em relação á saude e á vida, sobretudo em altitudes como esta em que nos encontramos.

Assim, o valor dos ventos para a salubridade da cidade de São Paulo seria de fundamental importância, atuando por meio da pressão atmosférica sobre a saúde do indivíduo, provocando, segundo ele,

> No dominio das grandes correntes dos alísios, que banham as altas regiões da atmosphera, em S. Paulo, representam papel saliente na constituição medica local; influem directamente sobre a potencia dos elementos organicos nas resistencias que offerecem ás invasões da molestia, tanto nos adultos, como especialmente nas creanças, que, por virtude dos enfraquecimentos resultantes da desproporcionalidade do oxygeneo absorvido – offerecem terreno de facil invasão e dominio aos agentes pathologicos. (...) é a responsavel por preparar o ambiente propicio á manifestação dos germes responsaveis pela contaminação, que enfraquecidos os

> elementos de resistencia já de sua natureza precaria nas cre-
> anças, a invasão se faz rapida e violenta. E a morte domina.

Porém, ressalta Tapajóz, mais adiante,

> a esta causa geral, que evidentemente se impõe a attenção
> dos clinicos, deve seguir-se ainda como causa geral, a agua
> fornecida á população. [52]

Mesmo diante da encampação e dos investimentos realizados pela Repartição de Água e Esgotos, representando o governo do Estado, a problemática do fornecimento de água à população, acompanhada pela sua devida má qualidade, ainda era foco de intensos debates e críticas. Argumentos científicos para as críticas não faltavam. Um exemplo marcante de profissional preocupado com a qualidade da água era Luis Pereira Barreto, um dos criadores da Sociedade de Medicina e Cirurgia de São Paulo, em 1895, e primeiro diretor do Serviço Sanitário de São Paulo. Segundo o médico, quando explodiu a epidemia de febre amarela em Campinas, em 1896, e a possibilidade de uma grande epidemia se mostrou inevitável, ele apontou a relação entre a doença e as águas. Sua proposta para minimizar o problema foi baseada no combate à contaminação das águas.

Ao observar o período de manifestação da doença, que principiava em janeiro ou fevereiro e se propagava até março, chegando ao clímax em abril, para em seguida declinar por volta de maio e extinguir-se em junho, no inverno, Luis Pereira Barreto notou a possibilidade de a doença ser transmitida pela água, que, segundo seu parecer, era uma conclusão logicamente observável pelo cruzamento das informações sobre a frequência de epidemias na cidade e os serviços de distribuição de água encanada. Entre as medidas sugeridas estavam justificativas científicas que visavam sanear os mananciais existentes e ampliar a oferta de água encanada para a população.

Sua conclusão foi fundamentada pela observação de que nos verões de 1889 e 1890, quando a população de Campinas servia-se exclusivamente da água de poços, a cidade foi vítima de duas largas e mortíferas epidemias. "Considerando que terminados os trabalhos de encanamento e esgotos, em princípios de 1891, e fornecida à população água potável em abundância, tomada de um manancial não poluído cessou a epidemia, não havendo mais um só caso da moléstia reinante; considerando que, no verão de 1892, devido ao fato de voltar a população ao uso da água de poços, por causa do incidente ocorrido no principal reservatório, reapareceu a epidemia com o mesmo caráter de gravidade e só cessou após a população começar a utilizar-se da água encanada; considerando que destes fatos ressalta, com toda a evidência, a convicção que

---

52   IEB – Torquato Tapajóz. *Saneamento de São Paulo*. São Paulo: Typ. da Companhia Industrial de S. Paulo, 1894, p. 14 e segs.

não se pode imaginar uma experiência feita em melhores condições, porquanto por duas vezes tivemos ali a prova e a contraprova, surgindo a epidemia com o uso da água poluída e cessando ela no momento em que cessou o uso da água incriminada; considerando que por toda a parte (...) o modo de propagação da epidemia se deixa claramente vincular ao fato da contaminação da água potável (...) A Sociedade de Medicina e Cirurgia de São Paulo resolve declarar poluída a água de Campinas e aconselhar a quem de direito medidas, as mais urgentes a tomar (...)."[53]

Como resultado desse debate, os serviços de distribuição de água encanada e de coleta de esgotos, até então quase que limitados às cidades de São Paulo, Santos e Campinas, acabaram sendo disseminados para outros municípios do estado, por meio de obras do governo do Estado. "Apesar das muitas contestações pelos médicos, fica a impressão de que o prestígio pessoal do dr. Pereira Barreto, o impacto da teoria hídrica na opinião pública e a falta de resultados positivos com as medidas até então adotadas, voltadas exclusivamente à urbanização, à melhoria na limpeza pública e privada, e ao isolamento hospitalar dos doentes, contribuíram para o incremento das obras estaduais de água e esgotos."[54]

Em outro caso que ilustra a abrangência do problema, foi a solução cogitada para resolver o velho problema da falta de água no Brás, quando, ao final do século XIX, se instaurou a polêmica de se utilizar ou não, as águas do Tietê para a ampliação do abastecimento do bairro, levando em conta sua possível contaminação.[55]

Mesmo assim, o Brás recebeu água *in natura* do rio Tietê do final de 1898 até 1907, "quando começou a ser alimentado pelo manancial do Cabuçú e a Bomba dos quilômetros 12 e 14, consideradas de péssima qualidade, muito *colibaciladas* e contendo germens patogênicos; o restante do Brás era abastecido pelos mananciais do Ipiranga. O Belenzinho, por sua vez, foi abastecido pelas águas do Tietê, também *in natura*, até 1909, quando também passou a receber as águas do Cabuçú. A Mooca recebia, tanto as águas do Cabuçú, como as dos mananciais do Ipiranga. Por inúmeras vezes, com a constante falta d'água que se verificava na cidade, principalmente no Brás, na Mooca e no Belenzinho, o abastecimento era garantido novamente pelas águas, *in natura*, do rio Tietê."[56]

---

53   Luiz Antônio Teixeira. *Op. cit.*, p. 217-242. Logo em seguida às observações, o médico passou a publicar artigos na impressa de São Paulo visando divulgar suas descobertas, entretanto, para o médico, a água seria a única forma de disseminação da doença, excluindo outros fatores. Vários opositores a suas teorias surgiram, motivando o debate sobre o tema. O médico Bernardo de Magalhães, por exemplo, rebateu a tese de Pereira Barreto enfatizando, numa longa série de artigos, que embora a teoria hídrica fosse pertinente, a febre amarela era também contagiosa. A seu ver, a relação entre o deslocamento das pessoas entre as cidades e o aparecimento da doença demonstrava este fato.

54   Rodolfo Telarolli Jr. *Op. cit.*, p. 104-105.

55   A problemática está retratada em Maria Alice R. Ribeiro. *Op. cit.*, p. 146 e segs.

56   Suzana P. Pasqua. *Op. cit.*, p. 126, grifo da autora.

Para se ter uma ideia do que representava a utilização dessas águas basta atentar para uma observação do fiscal de rios de 1903, José Joaquim de Freitas, que fornece indicações de como as águas do rio Tietê, nesse ano, estavam se deteriorando, por causa dos despejos de esgotos realizados no seu curso, cuja solução estava na possibilidade de tratamento químico dos despejos, antes de serem lançados ao rio, na barra do Tamanduateí e no Bom Retiro. Acabando também com "os espessos depósitos de lodo em fermentação, exalando mau cheiro e cobertos de moscas e pernilongos que daí eram atirados para o centro da cidade ou para os diversos arrabaldes, conforme a direção dos ventos reinantes."[57]

De modo geral, a dispensa dos resíduos aparecia relacionada à maneira mais prática de se livrar dos dejetos, devendo ser também a "menos repreensível socialmente", incluindo o escoamento do esgoto e do lixo doméstico. Antes das primeiras canalizações para o recebimento dos esgotos, na década de 1880, suas destinações finais eram os quintais, por meio de fossas ou depositando em barris para sua evaporação, ou ainda, por meio de ligações clandestinas realizadas entre as residências e as bocas de lobo.[58] Somente em 1883 foi implementado o "1º Distrito dos Esgotos", no bairro da Luz, o qual coletava os resíduos de um total de 71 prédios.

Em fins do século XIX, o sistema de evacuação das águas domiciliares era realizado na Europa e nos Estados Unidos por meio de uma rede de aquedutos subterrâneos que respondia às demandas do momento. Em Paris, por exemplo, por volta de 1878, a rede de esgotos atingia um total de 600 quilômetros; e em 1894, a extensão desta rede chegou a 950 quilômetros, mesmo assim ainda havia a necessidade de se construir outros 230 quilômetros para atender toda a população, que nesses anos chegava a 2,7 milhões de habitantes.[59] Em Cartagena, Colômbia, nesse mesmo período, existia um sistema de coleta de águas por meio de um aqueduto de superfície, oriundo dos tempos coloniais, mas que não respondia às necessidades da cidade, ao contrário, com o adensamento populacional a situação sanitária ficou ainda pior em função da alta demanda e da necessidade das águas das chuvas para seu bom funcionamento.[60]

Em 1890, o tema da salubridade, alvo de intensos debates, foi tratado pelo médico Caetano de Campos que retomou a proposta de saneamento e "aformoseamento" da Várzea do Carmo, tratando-a como uma obra a resolver problemas de epidemias que

---

57   Alesp – *Apud* Mello Nóbrega. *História de um rio (o Tietê)*. São Paulo: Livraria Martins Editora, 1948, p. 191-192.

58   Fraya Frehse. *O tempo das ruas na São Paulo de fins do Império*. São Paulo: Edusp, 2005, p. 170. A autora aponta, ainda, que existiam àqueles que nem se davam ao trabalho de ir até a várzea do Carmo para se livrar dos resíduos e os despejavam nas ruas, nas bocas de lobos e sarjetas da cidade, p. 102 e segs.

59   BNF – A. Gastinel. *Op. cit.*, p. 6.

60   A L. C. Orrego. "Los circuitos del agua y la higiene urbana en la ciudad de Cartagena a comienzos del siglo XX". In: *História, Ciências, Saúde — Manguinhos*. Vol. VII (2), 347-75, jul.-out. 2000, p. 5-6.

ameaçavam toda a cidade, pois, segundo ele, a "várzea do Carmo em seu estado atual é um vastíssimo foco de infecção para a *cidade alta*, e a menor ondulação da atmosfera atira sobre esta todas as emanações pestilenciais que ali se originam nos grandes monturos de lixo, nos corpos dos animais mortos e nas poças de água estagnada (...) Para prová-lo a minha consciência de médico tenho minha prática de quase 20 anos, durante o qual tenho visto numerosos casos de febre grave oriunda daquela podridão."[61]

O resultado destes debates foi a criação, nesse mesmo ano, da "Comissão de Saneamento das Várzeas", sob o comando dos engenheiros Theodoro Fernandes Sampaio e Gerado Horácio de Paula Souza. Esta comissão elaborou os primeiros estudos para a retificação dos rios Tietê e Tamanduateí. Sob seus auspícios, foram empreendidas no rio Tietê as aberturas dos canais de Osasco, Inhaúmas e Anastácio, mas a finalização da retificação como conhecida atualmente, com a incorporação das terras do seu entorno ao conjunto da cidade ainda levaria décadas e se debateria envolta a diferentes projetos e interesses.[62] Esta comissão, por sua vez, deu lugar a Comissão de Saneamento do Estado, chefiada pelo engenheiro João Pereira Ferraz, mas em 1897, e enquanto a falta de recursos adiou as obras do Tietê, em 1898, com a extinção da comissão, o município assumiu as responsabilidades pelas várzeas e pelas obras em andamento, incluindo a do Tamanduateí.

Assim, foi sob o comando inicial desta comissão e, em seguida pela prefeitura, que teve início a sua segunda grande intervenção no Tamanduateí – a retificação como conhecida atualmente – cujas obras começaram em 1896, no trecho próximo à região central da cidade, nas bases da colina histórica. Com as obras de retificação, que foram concluídas apenas em 1914, a Ilha dos Amores foi extinta e a área drenada. O projeto original também incluía a construção de um grande jardim, como previu seu mentor, o então presidente da província, João Alfredo Correia de Oliveira, em meados da década de 1880, mas o mesmo não foi levado adiante nesse momento.

Entre os pontos mais importantes que esta intervenção provocou ao longo do rio Tamanduateí foi o fato de ela resolver, ao menos parcialmente, o problema da salubridade na região, através da extinção das águas estagnadas que poderiam emanar fluídos fétidos e nocivos, especialmente àquelas que se acumulavam em suas várzeas nos dias de chuvas intensas; decorrente destas obras, ainda, se resolveu, mesmo que também parcialmente, o problema das enchentes que assolavam as margens do rio. Porém, ao mesmo tempo, teve início o processo de expulsação da população que possuía ali expedientes de trabalho temporário, como

---

61   A Várzea do Carmo. *Pareceres de Engenheiros, Juriconsultos e de Médicos sobre a proposta dos Drs. A. C. Miranda e Samuel Malfatti escolhida pela Câmara Municipal. Opinião da Imprensa*. São Paulo: Leroy King Bookwalter, Typographia King, 1890, p. 42, *apud* Janes Jorge. *O rio que a cidade perdeu. O Tietê e os moradores de São Paulo, 1890-1940*. São Paulo: Tese de Doutoramento, FFLCH, USP, 2005, p. 15 e 16. Grifo nosso.

62   *Ibidem*, 2005, p. 17 e segs.

as lavadeiras, por exemplo, ou então aqueles que utilizavam suas águas para lazer, como os estudantes. Era o saneamento físico e moral em curso, empreendido pela administração pública em nome da salubridade, como meio para extirpar o que era "feio, sujo e perigoso".[63]

Entre os problemas a serem resolvidos estava o controle das enchentes, problema que incomodava largamente a população moradora nas regiões próximas aos rios, como em 1912 retratou o Jornal *O Estado de S. Paulo*, que publicou fotos da situação ao longo do Tamanduateí após as chuvas.[64] Da mesma forma, os relatos de moradores, como do sr. Amadeu revela como era a vida diante das intempéries que nunca eram resolvidas: "quando eu era criança, na rua Carlos Garcia, precisávamos fugir de casa quase todo mês, um ou dois dias. O rio Tamanduateí enchia fácil, era muito estreito. Uma vez nós saímos de casa, eu tinha uns quinze anos, e fomos dormir três dias numa casa de amigos, no Alto do Cambuci. A água estava já a um metro e vinte do chão. Me lembro que mais de cinquenta vezes saímos de manhã e voltamos só de noite. No Cambuci, a enchente era uma brincadeira, davam conhaque e caipirinha pros bombeiros, as famílias ficavam amigas dos bombeiros."[65] São Paulo virava uma Veneza brasileira, relembra dona Alice: "a enchente tomava conta de tudo. As famílias todas tinham barco e, durante a noite, passeavam nas ruas inundadas, com iluminação nas barcas, cantando e fazendo serenata. Para nós, os moços, aquilo era uma alegria, quando o Tietê transbordava."[66]

Um segundo aspecto não menos importante reside no fato de que o saneamento da área permitiu incorporar uma extensa faixa de terra ao conjunto da cidade e, ao mesmo tempo, ao mercado imobiliário, disponibilizando ao conjunto da cidade as antigas várzeas que chegavam a se estender por 16 quilômetros (km) ao longo do rio, englobando, ainda, cerca de 200 a 400 metros de planícies na extensão destes 16 km.[67] Atualmente, às margens do rio Tamanduateí retificado encontram-se as duas vias da avenida do Estado. Esta segun-

---

63   Carlos José Ferreira dos Santos. *Nem tudo era italiano. São Paulo e pobreza (1890-1913)*. São Paulo: Annablume/ Fapesp, 1998, p. 88 e segs.; Carlos José Ferreira dos Santos. "Várzea do Carmo. Lavadeiras, caipiras e 'pretos véios.'" In: *Memória Energia*. São Paulo: Fundação Patrimônio Histórico da Energia Elétrica de São Paulo, nº 28, 2001, p. 79.

64   AESP – Jornal *O Estado de S. Paulo*, 1 de março de 1912, p. 3. Tamanho era o problema que Benedito Calixto expressou uma delas, já em 1892, pintando o quadro "As enchentes da várzea do Carmo", que atualmente encontra-se no acervo do Museu Paulista.

65   Depoimento do Sr. Amadeu [ele nasceu em 30 de novembro de 1906, na rua Carlos Garcia, 26]. In: Ecléa Bosi. *Memória e sociedade. Lembranças de velhos*. 10.ed., São Paulo: Companhia das Letras, 1994, p. 126.

66   Depoimento de dona Alice. In: Ecléa Bosi. *Op. cit.*, p. 108.

67   Aziz Nacib Ab'Sáber. "O sítio urbano de São Paulo." In: Aroldo de Azevedo. *A cidade de São Paulo. Estudos de geografia urbana*. São Paulo: Companhia Editora Nacional, 1958, p. 210 e segs.

da retificação pode ser visualizada na ilustração apresentada no capítulo anterior, quando retratada a primeira intervenção no Tamanduateí, e também na planta a seguir.

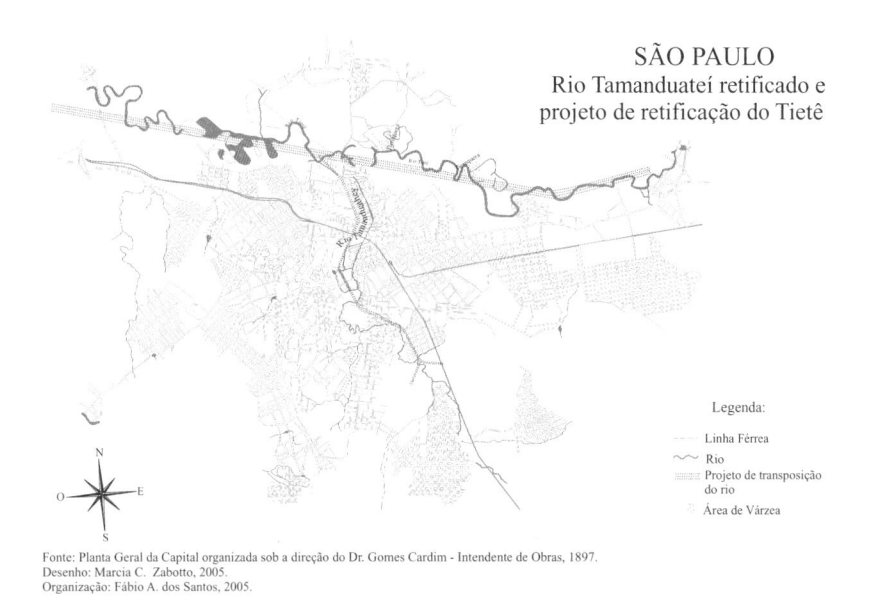

SÃO PAULO
Rio Tamanduateí retificado e
projeto de retificação do Tietê

Legenda:

---- Linha Férrea
~~ Rio
▨ Projeto de transposição do rio
≈ Área de Várzea

Fonte: Planta Geral da Capital organizada sob a direção do Dr. Gomes Cardim - Intendente de Obras, 1897.
Desenho: Marcia C. Zabotto, 2005.
Organização: Fábio A. dos Santos, 2005.

No mesmo período em que as obras de retificação do Tamanduateí estava em curso, também foram iniciadas as obras de canalização de outro importante curso d'água, o ribeirão do Anhangabaú. Estava em expansão a ideia de que as águas deveriam ser controladas, porque incomodavam (em termos higiênicos) ou "obstaculizavam" o crescimento da cidade.

As obras de canalização do ribeirão Anhangabaú foram concluídas em 1906, sendo um dos primeiros rios a sofrer os "efeitos do progresso", qualificou Nuto Sant'Anna. No total foram mais de 1.790 metros de canalização, em uma caixa de 15 metros quadrados, que dominou as águas da região para receber os futuros melhoramentos que entravam nas pautas de discussões oficiais, incentivado pela construção do Teatro Municipal.

Os antigos moradores das redondezas, conta Sant'Anna, se referiam às águas do Anhangabaú se recordando de sua cor avermelhada devido ao sangue nele despejado originário das rezes abatidas no matadouro de Humaitá. Com a canalização, suas águas passaram a desaguar "solitariamente" no Tamanduateí, na altura do Pari, após percorrerem o caminho sob as profundezas do solo. Eram suprimidos, portanto, pelo andar da ocupação da cidade, àqueles que cada vez mais se tornavam incômodos para a cidade, embora necessários.

Da mesma forma, outros cursos d'água também sofreram as interferências do homem, na tentativa de controlá-los, entre eles o "Lavapés e o Cambuci, na rua da Glória; o córrego do Bexiga, os dois Saracura, grande e pequeno, no sub-solo da Avenida 9 de Julho;

o córrego do Arouche, que atravessava o largo do mesmo nome; o Pacaembu; o Água Branca e o Água Preta, ao lado da Lapa; o córrego sem nome, que nascia no Jardim da Luz, engrossado por nascentes dos vargedos da chácaras Bom Retiro, do Marquês de Três Rios; o Iacuba, que manava encachoeirado do velho tanque do Zuniga, em pleno largo do Paissandu; o córrego da Ponte Preta, além da Igreja do Brás, na Avenida Rangel Pestana, o córrego sem nome que nasce nas alturas da rua Zuquim, em Santana, e deságua no ribeirão Carandiru, depois do percurso de pouco mais ou menos um quilômetro; e assim vários outros cursos de água menores desapareceram definitivamente, para efeito de drenagem do solo e possibilidades de construção e trânsito". Ainda segundo Sant'Anna, outros lençóis d'água, pântanos, várzeas, açudes, nascentes menores também foram alvo de intervenções que acabaram por escondê-los e controlá-los e, na maioria das vezes, contribuindo para impermeabilização do solo e para a potencialização das enchentes.[68]

Para o caso do Tamanduateí também pesava o fato de que as águas residuais da população moradora no seu entorno eram ali despejadas, sem nenhum tratamento, e por isso deveriam fluir mais rapidamente, fundamentando a preocupação da Secretaria de Agricultura que apresentava um conjunto de obras a realizar na cidade em busca da salubridade,

> ...além dos serviços de abastecimento de agua e da rêde de exgottos, ha a considerar, como obras que interessam immediatamente ao saneamento da cidade, as de retificação do rio Tieté, de canalização do Tamanduatehy e escoamento de aguas pluviaes, principalmente na zona baixa.[69]

Cabe frisar que os problemas relacionados aos serviços sanitários e de fornecimento de água e coleta de esgotos na cidade de São Paulo foram focos de preocupações como parte de um conjunto maior que encontra seu fundamento no complexo econômico pautado no café, o que não exclui o fato, por sua vez, de ter legado à cidade importantes serviços que a dinamizaram e ajudaram a promover a sua própria diversificação urbana.

68　Nuto Sant'Anna. *Metrópole*. São Paulo: Coleção Departamento de Cultura, 1953, vol. 3, p. 236-237.

69　Alesp – Relatorio apresentado ao Dr. M. J. de Albuquerque Lins, Presidente do Estado pelo Dr. Antonio de Paula Salles, Secretario da Agricultura – 1910-1911. São Paulo: Typ. Brasil de Rothschild & Cia., 1912, p. 200-202.

Capítulo 4 Modernização republicana

No CONJUNTO DA ECONOMIA paulista estavam postos, pois, os fundamentos do intenso processo de reprodução de capital ligado ao complexo cafeeiro paulista, que na virada ao século XX, proporcionava fundamental incremento às funções e atividades urbanas: mão-de-obra disponível e condições para sua reprodução. Além disso, os capitais continuavam sendo aplicados na cidade, além do capital proveniente do comércio, ou ainda o próprio capital reproduzido pela valorização e especulação imobiliária em curso há tempos na capital paulista ou, ainda, através da conjunção destes vários capitais, além do capital de origem estrangeira.

A partir de então foi possível o estabelecimento das primeiras indústrias paulistas, mesmo que ainda alicerçadas em técnicas rudimentares, fruto de inversões tanto de capitais internos que extrapolavam o complexo cafeeiro, quanto de capitais externos originários de imigrantes que possuíam algum pecúlio.[1]

---

1   Sobre o debate da dinâmica da economia cafeeira e o nascimento da indústria paulista ver Warren Dean. *A industrialização de São Paulo (1880-1945)*. Trad., 4. ed., Rio de Janeiro: Bertrand Brasil, 1991, especialmente o capítulo IV - Origens sociais: a burguesia imigrante; Sergio Silva. *Expansão cafeeira e origens da indústria no Brasil*. São Paulo: Alfa-Omega, 1976, p. 90; e Wilson Suzigan. *Indústria brasileira. Origem e desenvolvimento*. São Paulo: Brasiliense, 1986, p. 121-122. Para Dean, no interior dos negócios e dos ganhos da cultura cafeeira formou-se uma "burguesia imigrante", baseado nos imigrantes que chegaram com algum pecúlio e se diferenciaram da massa de imigrantes destinados às fazendas; para Sergio Silva, a burguesia industrial nascente, teve como a base de apoio para o início da acumulação não a pequena empresa industrial, mas o comércio, em particular o grande comércio cujo centro estava na atividade de exportação e importação, no qual o burguês imigrante encontrou fácil espaço. Tanto Dean quanto Silva apontam que essa burguesia imigrante foi um dos pilares da futura indústria paulista. Entretanto, Silva, ao contrário de Dean, desloca a importância desse grupo a um grau secundário, ressaltando que o grande comércio e o capital dele originário é

Este fenômeno foi recorrente ao final do século XIX, e muitos dos capitais empregados nas atividades urbanas tiveram participação de capitais oriundas de "tradicionais" famílias paulistas, cuja origem da riqueza remontava aos cafezais. Eles se tornaram cada vez mais comuns a partir de então, figurando nos mais variados negócios, como nas indústrias têxteis, por exemplo, ora como fundadores ora como acionistas, cotistas ou diretores, como Luiz Antônio Anhaia, nas fábricas São Luiz e Anhaia Fabril; Gabriel Dias da Silva, na Companhia Industrial de São Paulo; a família Souza Queiroz, Fábrica Carioba e Fábrica Piracicaba; a família Paes de Barros, na Fábrica São Luiz e Anhaia Fabril; Antônio Proost Rodovalho, na Anhaia Fabril; as famílias Correa Pacheco, Pereira Mendes e Elias S. de Pacheco Chaves, na Fábrica Monte Serrat, dentre outras.[2]

O capital estrangeiro também continuava a ser atraído para a cidade em expansão, pelos mesmos motivos que atraíam a atenção de outras formas de capital, mas o marco fundamental desta atração residia na consolidação do Brasil no conjunto da economia internacional. O diferencial residia no fato de que, se até o final do século XIX os investidores ingleses respondiam pela maioria das inversões realizadas, a partir do início do século XX eles foram obrigados a lidar com a concorrência das novas economias industrializadas como França, Alemanha, Bélgica e Estados Unidos, interessadas em investir nestes atrativos mercados. De 1890 a 1914, por exemplo, esses países operaram um volume considerável

---

que foram os responsáveis pela alavancagem ulterior da indústria paulista, colocando o grupo social em si em segundo plano. Na mesma linha segue Suzigan, que ao focar em seu estudo a indústria de transformação, afirma que os comerciantes desempenharam importante papel na configuração da burguesia industrial, no qual os importadores e imigrantes se sobressaíram, resultando, assim, na indústria paulista. Segundo Suzigan, em São Paulo, diferentemente do Rio de Janeiro e de Minas Gerais, transferências de capitais da cafeicultura para a indústria de transformação foram diretas, principalmente porque essa indústria de transformação estava diretamente a ela ligada na produção de sacaria, algodão, juta etc. Convergindo com a posição de Sergio Silva, Wilson Cano e João Manuel Cardoso de Mello apontam que o capital industrial foi gestado no interior do complexo cafeeiro, que incluía o comércio importador e exportador, onde o principal agente era o cafeicultor. Wilson Cano. *Raízes da concentração industrial em São Paulo*. 4. ed., Campinas: I.E./Unicamp, 1998, p. 98 e 144; João Manuel C. de Mello. *Capitalismo Tardio. Contribuição à revisão crítica da formação e do desenvolvimento da economia brasileira*. 10.ed., Campinas: I.E., Unicamp, 1998, p. 130 e segs. Diferentemente, José de Souza Martins argumenta que a industrialização encontra sua origem num complexo de relações e produtos que escapam ao binômio café-indústria. Assim, a economia industrial surgiu no contexto das relações mercantis em dissolução, a institucionalização das relações de produção, a ação empresarial e o comportamento do operariado que se formaram desta conjuntura de mudança estrutural marcada pela desarticulação da economia mercantil, José de Souza Martins. *Conde Matarazzo, o empresário e a empresa: estudo de sociologia do desenvolvimento*. 3. ed., São Paulo: Hucitec, 1973, p. 6.

2   Wilson Suzigan. *Op. cit.*, p. 138; José de Souza Martins. *Op. cit.*, 1981, p. 111.

de capitais na aquisição de títulos da dívida pública ou em inversões diretas em unidades produtivas e em infraestrutura urbana.

Por esta razão, o crescimento e o desenvolvimento das cidades no final do século XIX também se encontrava conectado ao complexo jogo de fatores ligados ao aprofundamento da inserção do país nos fluxos do capitalismo internacional, nas suas dimensões econômica, social e cultural.

A expansão do capital estrangeiro no Brasil ocorreu essencialmente em duas fases, sendo que a primeira se estendeu pela segunda metade do século XIX e, em linhas gerais, se caracterizou pelo predomínio absoluto do capital inglês e por sua estreita relação com as atividades agroexportadoras, como nas ferrovias, por exemplo. Já numa segunda fase, dos primeiros anos do século XX até a 1ª Grande Guerra, a posição hegemônica inglesa foi abalada pelo aumento da competição entre os países exportadores de capital, associada à diversificação setorial que também se ampliava e abria novas oportunidades lucrativas de investimentos advindas do crescimento das cidades, da expansão industrial e do movimento de diversificação das atividades primárias.[3]

Para o conjunto do Brasil, o período de 1906 a 1918, foi marcado pela tendência de expansão dos capitais estrangeiros e, particularmente para São Paulo, esta tendência se revelava ainda mais promissora, pois o estado respondia com excepcionais condições de produção e comercialização de seu produto de exportação (salvo oscilações momentâneas), motivada, é claro, pela situação de internacionalização da economia brasileira.[4] Ao se tomar o período entre 1850 e 1930, o sub-período de 1911 a 1915 foi o que registrou a maior participação de empresas com capitais estrangeiros em São Paulo, totalizando 19,59% do total das empresas instaladas com capital estrangeiro no Brasil nesse sub-período. Desse percentual, 13 empresas eram de capitais ingleses, seguidas por 4 de capitais franceses, 3 americanas, 2 alemãs e 2 canadenses, além de outras empresas de diferentes nacionalidades.[5]

Em São Paulo, o crescimento do investimento estrangeiro se verificou principalmente no setor bancário e nos serviços de energia elétrica e transporte urbano. No início do século XX, os bancos nacionais foram beneficiários do maior volume de depósitos e responsáveis pelos maiores empréstimos se comparados aos bancos de capital estrangeiro; porém esse movimento se inverteu nos anos seguintes em direta relação com o primeiro surto industrial ocorrido na cidade de São Paulo.

---

3   Ana Célia Castro. *As empresas estrangeiras no Brasil: 1860-1913*. Rio de Janeiro: Zahar, 1979, p. 12.

4   Flávio A. M. Saes. *A grande empresa de serviços públicos na economia cafeeira, 1850-1930*. São Paulo: Hucitec, 1986, especialmente o capítulo 3 – A expansão do capital estrangeiro e as reações internas (1906-1918).

5   José Murari Bovo. *Desenvolvimento econômico e urbanização. Influência do capital inglês na estrutura urbana de São Paulo*. São Paulo: Dissertação de Mestrado, FFLCH, USP, 1974, Anexos 2, 3 e 6.

No decorrer da década de 1910 e durante a 1ª Guerra Mundial, a participação dos bancos estrangeiros cresceu a ponto de ultrapassar o volume de depósitos e empréstimos realizados pelos bancos nacionais, o que revela uma relação desses bancos no financiamento e na expansão da indústria nascente. Do montante total de 51.423,9 mil libras esterlinas emprestados até 31 de dezembro de 1920, 72,2% originaram-se dos bancos estrangeiros, enquanto 27,8% dos nacionais; já os 54.568,3 mil libras esterlinas de depósitos realizados, os estrangeiros absorveram 59,5% do total, enquanto os nacionais absorveram 40,5%.

Já na década de 1920, entretanto, essa tendência novamente se inverteu, em função da criação da Carteira de Redesconto do Banco do Brasil, especialmente criada para aumentar a capacidade de crédito dos bancos nacionais e pela Reforma Bancária Federal de 1921, que impôs critérios mais restritos para o funcionamento de bancos estrangeiros. O resultado foi que, do total de 98.491,9 mil libras esterlinas em depósitos realizados até 31 de dezembro de 1928, 24,7% foram direcionados aos bancos estrangeiros, enquanto os nacionais receberam 75,3%; no tocante aos empréstimos, do total de 94.537,8 mil libras esterlinas emprestados, 27,5% foram realizados pelos bancos estrangeiros e 72,5% pelos bancos nacionais.[6]

Neste quadro, salvo em momentos de abalos econômicos, a cidade era vista como como um grande campo de inversões que, diante das oportunidades, abarcava toda sorte de investimentos que iam do público do privado, mas que também geravam benefícios e demandas crescentes por serviços públicos urbanos. Nas lacunas entre as ofertas e as demandas da cidade, os poderes públicos e os homens a eles ligados buscavam dotar à cidade dos aspectos necessários para que ela se tornasse efetivamente moderna e civilizada.

Uma empresa de capital estrangeiro em São Paulo

Foi sob o contexto da atratividade econômica que se instalou em São Paulo, em 1899, a empresa de capital canadense São Paulo Light, Tramway & Power. Ltd., formada por capitais ingleses e norte-americanos, que tinha como objetivo prestar serviços de transportes urbanos ̇por meio de bondes, mas que logo também se ocupou de setores estratégicos, como a geração de energia elétrica.[7] A empresa gradualmente dominou o mercado nos

---

6   Flávio A. M. de Saes; Tamás Szmrecsányi. "El papel de los bancos extranjeros en la industrialización inicial de São Paulo." In: Carlos Marichal (coord.). *Las inversiones extranjeras en América Latina, 1850-1930. Nuevos debates y problemas en historia económica comparada.* México: Fondo de Cultura Económica, 1995, p. 238-241.

7   O surgimento científico da energia elétrica ocorreu entre os anos de 1800 e 1830, mesmo assim, sua utilização em escala industrial só aconteceu a partir de 1880, em completa relação com o conjunto de inovações técnicas e científicas que embasaram a Segunda Revolução Industrial. No Brasil, e especificamente em São Paulo, sua difusão encontrou respaldo nas condições econômicas e sociais originárias da economia cafeeira, que deram suporte e fundamento ao

anos seguintes, monopolizando também os serviços de gás e telefone.[8] A Light, como ficou popularmente conhecida, quando passou a atuar em São Paulo totalizava um capital social de 6 milhões de dólares, o equivalente a 36 mil contos de réis na época. Em 1903, o capital da Light chegou a 7 milhões de dólares; em 1907, a 8,5 milhões de dólares; e, em 1908, atingiu 10 milhões de dólares.

A atuação da Light encontrava-se diretamente ligada ao processo de urbanização e surgimento das primeiras indústrias nas duas principais cidades brasileiras nos primeiros anos do século XX, São Paulo e Rio de Janeiro. Em São Paulo ela foi atraída pela dinâmica do complexo cafeeiro e seus desdobramentos, cujo centro estava na capital. Enquanto isso, na capital federal, ela se instalou em 1905 com o objetivo de atuar no setor de transportes urbanos, por meio de bondes, e de geração e distribuição de energia elétrica. Em ambas as cidades a empresa encontrou os elementos propícios para seu desenvolvimento empresarial, cuja demanda por energia elétrica crescia rapidamente. Em São Paulo, estes fatores propiciaram as condições para direcionar os rumos econômico e urbano da cidade, em função de seu poder político e econômico.

Sua entrada na capital paulista foi recheada de conflitos com as empresas que operavam os serviços de bondes puxados à tração animal, em curso desde a década de 1870. Em abril de 1901, a Light arrematou o acervo da Viação Paulista (uma das empresas que operavam o transporte urbano na cidade), em leilão judicial, após a Viação Paulista ser liquidada. Esta empresa fazia o transporte de passageiros por meio de carros à tração animal sobre trilhos. Até junho de 1903 a Light continuou a operar utilizando-se da tração animal.[9] Mesmo utilizando-os com tração animal, a Light começou a operar, em maio de 1900, os bondes de tração elétrica e no ano seguinte inaugurava sua primeira usina hidrelétrica na cidade. Da mesma forma, a Light absorveu os serviços de iluminação, antes realizados pela Cia. de Água e Luz. Os recursos técnicos e financeiros, contudo, eram os motes da empresa canadense, que superiores e com capacidade de investimentos, acabaram por suplantar e expurgar os concorrentes, e muitas vezes através de "subterfúgios jurídicos e políticos".[10]

---

processo de industrialização e urbanização a partir das primeiras décadas do século XX, cujo ápice de sua difusão ocorreu na década de 1920. Helena Carvalho de Lorenzo. "Eletricidade em São Paulo na década de 1920." In: Helena Carvalho de Lorenzo; Wilma Peres Costa (orgs.). *A década de 20 e as origens do Brasil moderno*. São Paulo: Edunesp, 1997, p. 159-161.

8   Flávio A. M. de Saes; Tamás Szmrecsányi. "El papel de los bancos extranjeros en la industrialización inicial de São Paulo." In: Carlos Marichal (coord.). *Op. cit.*, p. 235.

9   Júlio César Assis Kühl. "Oficinas gerais da Light no Cambuci, 1895-1953." In: *Memória Energia*. São Paulo: Fundação Patrimônio Histórico da Energia de São Paulo, n° 25, abril/ dezembro de 1998, p. 30-40.

10 José Antonio Segatto. "A República e a Light". In: *Memória*. São Paulo: Departamento de Patrimônio Histórico da Eletropaulo, Jan.-Mar. de 1989, ano II, n° 2, p. 18; Flavio A. M. Saes.

O contrato de concessão firmado com o governo municipal previa o privilégio sobre as linhas elétricas de bonde, com direitos exclusivos através de toda a cidade, por quarenta anos. Na verdade, do ponto de vista da Light, um contrato praticamente perpétuo, conforme demonstra o relatório da empresa:

> pleno direito e gozo, uso e disponibilidade de suas linhas, materiais e outros bens e pode continuar o trafico de suas linhas sob uma nova regulamentação por parte da Camara Municipal. Isto é entendido para dar a Companhia praticamente um privilégio perpétuo.[11]

No mesmo relatório a Light elenca a infraestrutura que dispunha naquele momento, no início da concessão, composto por 40 milhas de linhas elétricas de bonde; 20 milhas de linhas de bonde puxadas a burros; 12 milhas de via férrea a vapor, dos quais "as duas ultimas serão, brevemente, operadas a vapor". O material rodante era de 65 bondes abertos; 2 bondes para fretes; 2 para correio para linhas elétricas; na linha de

---

"Café, indústria e eletricidade em São Paulo." In: *História & Energia*. São Paulo: Departamento de Patrimônio Histórico da Eletropaulo/ Eletropaulo, Maio de 1986, p. 30-31; Giselle Beiguelman; Nivia Faria. "A empresa política". In: *História & Energia*. São Paulo: Departamento de Patrimônio Histórico da Eletropaulo/ Eletropaulo, Maio de 1986, p. 33 e segs. De acordo com Robson M. Pereira. *O prefeito do progresso: modernização da cidade de São Paulo na administração de Washington Luís (1914-1919)*. Franca: Tese de Doutoramento, FHDSS, Unesp, 2005, p. 27, a magnitude da Light só poderia ser comparada ao grupo de Percival Farquhar no mesmo período, que dominou um conglomerado oligopolista que envolveu diferentes setores da economia: empresas ferroviárias (através da holding *Brazil Railway Co.*, que conquistou a Sorocabana por arrendamento, e depois a Paulista e a Mogiana por controle acionário); portos (Companhia Porto do Pará, no Rio Grande do Sul e no Rio de Janeiro, além da tentativa frustrada de obter o controle da Companhia Docas de Santos); e no setor financeiro (através de vários bancos estrangeiros que financiavam suas investidas). Farquhar associou-se à Light em disputa acirrada que manteve com o grupo nacional Docas de Santos (Graffrée & Guinle) pelo monopólio da energia elétrica nas cidades do Rio de Janeiro e São Paulo entre 1912 e 1913. Sobre os casos de disputas comerciais envolvendo a Light vale destacar o conflito contra o grupo Docas de Santos, dos empresários Cândido Graffrée e Eduardo Guinle, por exemplo, por causa da oferta da Docas ao município de São Paulo, do excedente de energia elétrica produzido em Santos. Sobre este conflito ver o trabalho de Alexandre Macchione Saes. "Light versus Docas de Santos: conflitos em torno do Porto de Santos e da sacaria de juta na economia paulista (1892-1915)." In: *Anais do II Encontro de Pós-graduandos em História Econômica*. Niterói: Associação Brasileira de Pesquisadores em História Econômica (ABPHE), 2004.

11   FPHESP – Relatorio do Presidente e Diretores submetido a exame na segunda Reunião Anual dos Acionistas The São Paulo Tramway, Light & Power Limited, Toronto, 1902.

bondes a burro há 40 bondes abertos e na linha a vapor há 6 "locomotivas" – 12 para passageiros e 30 para frete.

A empresa gradativamente foi expandindo seus negócios sobre a cidade e a região, levando-a a ser conhecida, mais tarde, como *polvo canadense* por causa da sua atuação monopolista em ramos chaves da economia. Em 1911, foi constituída em Toronto, Canadá, a São Paulo Electric Co. Ltd, que adquiriu a Empresa de Eletricidade de Sorocaba. No ano seguinte fora criada a *holding* Brazilian Traction and Power Co. Ltd., que passou a comandar a Light de São Paulo, do Rio de Janeiro e a São Paulo Electric, dando origem a uma grande empresa monopolista de capital financeiro e estrangeiro.

Na década de 1920, a empresa expandiu sua atuação através do controle acionário de pequenas empresas de energia elétrica no Vale do Paraíba; no interior do estado, em Jundiaí, Itu, Porto Feliz; absorveu a Cia. de Gás, a Cia. Telefônica, por meio de sua subsidiária, a Brazilian Traction. Ao final desta década, a empresa tinha em suas mãos empresas-chave que consolidavam sua posição hegemônica e monopolista na produção e distribuição de energia elétrica, transportes coletivos, gás e telefones.

A cidade crescia num ritmo exacerbado e, junto com ela, também se consolidavam os negócios da Light em meio ao processo de crescimento urbano e industrial que demandava ao mesmo tempo um consumo cada vez maior de eletricidade diante do incremento econômico, justificando, inclusive, os investimentos realizados pela Light na geração de energia elétrica por meio da construção usinas hidrelétricas, visando aumentar sua capacidade geradora.

No ano de 1910 o consumo de energia elétrica crescera 19% enquanto o departamento da Light voltado a novas instalações registrara um crescimento de 22,3% no faturamento da empresa. No ano seguinte os índices demonstraram a mesma tendência. Mas nos anos que se seguiram os ganhos da empresa tenderam a cair, e de 1913 a 1915 a empresa registrou quedas, reflexos da estagnação econômica interna e dos conflitos externos, com a 1ª Grande Guerra. A receita com a venda de energia e com transportes urbanos, em 1914, caíram perante os resultados de 1913, mesmo assim a receita com iluminação continuou a crescer, paralelo ao crescimento populacional. Somente nos anos 1916 e 1917 que a Light voltou a apresentar sinais de recuperação, também devido ao crescimento industrial resultante da substituição de importações.[12]

O início da atividade no setor elétrico foi marcado pela inauguração da usina hidrelétrica de Parnaíba, instalada no rio Tietê na altura de Santana do Parnaíba, em 1901, à jusante de São Paulo. Logo em seguida, conjugada com a especulação com terras, a empresa começou a adquirir glebas de terras ao longo do Tietê. Em 1906, uma segunda usina foi

12   José Alfredo O. V. Pontes. "O Brasil na visão da Light." In: *Memória*. São Paulo: Departamento de Patrimônio Histórico da Eletropaulo, Out.-dez. de 1992, ano IV, nº 16, p. 57-58.

construída, a Lavras, pela Cia. Ituana Força e Luz, também utilizando as águas do rio Tietê, na cidade de Salto. Esta usina foi comprada pela Light posteriormente.

Tanto a geração de energia quanto a incorporação de áreas caminhavam paralelamente, sob duas razões: enquanto negócio imobiliário e como áreas de reserva para a construção de sua infraestrutura, como previa seu direito de desapropriação para esta finalidade.

A construção da represa de Guarapiranga se fundamentou nestes dois elementos conjugados, pois desde o início do século a Light já estava adquirindo terrenos próximos a Santo Amaro, onde seria construída a represa de Guarapiranga. O objetivo da represa era aumentar a vazão do Tietê, à montante, com vistas a ampliar a capacidade geradora de energia elétrica na usina de Parnaíba.

A represa de Guarapiranga seria um reservatório das águas do rio Guarapiranga, afluente do rio Pinheiros, por onde as águas seriam escoadas até se aumentar a vazão do Tietê, do qual o Pinheiros é afluente. As obras foram autorizadas em 1906 e, em 1908, a represa foi concluída. No total eram cerca de 200 milhões de litros d'água que a represa tinha capacidade de armazenar, porém, para tanto, chácaras, sítios e residências foram desapropriadas, dando margem a muitos conflitos, muitos deles retratados pelos jornais. Em seguida, as áreas marginais à represa acabariam sendo ocupadas por clubes náuticos, mansões de fim de semana e áreas de lazer, devido a sua valorização.[13] Com a obra, a Light ganhou duplamente, com a valorização do espaço e com o aumento na geração de energia em Parnaíba.

A Light também tinha como prática adquirir áreas que vislumbrassem possibilidades de futuros projetos hidrelétricos e como forma de impedir a construção de estabelecimentos concorrentes nas mesmas áreas em que atuava. Um dos casos foi o processo de aquisição das áreas adjacentes a Pirapora, que desde 1904 já era objeto de negócios da empresa. O projeto inicial era a construção de uma usina, a de Rasgão, porém, o projeto não vingou, mas as áreas ficaram sob seu domínio. Em 1910, por exemplo, uma empresa demonstrou interesse em explorar a área, através de arrendamento para exploração mineral. A Light não aceitou a proposta, pois "Rasgão estava reservada à produção de outra riqueza: a eletricidade – geradora não de joias ou lastro financeiro, mas de indústrias, bens de consumo e lucro, muito lucro, aos seus acionistas."[14]

A oferta de energia elétrica pela usina de Paranaíba começou a mostrar sinais de esgotamento na capacidade de geração por volta de 1912, quando atingiu a capacidade máxima de 16 mil kW em contraposição ao aumento da demanda na cidade. A alter-

---

13   José Antonio Segatto. "Guarapiranga." In: *História & Energia*. São Paulo: Departamento de Patrimônio Histórico da Eletropaulo/ Eletropaulo, 1995, nº 5, p. 18

14   Renato Diniz; Sueli M. Ferrari. "Usina de Rasgão." In: *Memória*. São Paulo: Departamento de Patrimônio Histórico da Eletropaulo, jul.-dez. de 1993, ano V, nº 19, p. 27.

nativa encontrada para aumentar a oferta de energia para a cidade de São Paulo foi a inauguração da usina de Itupararanga, da subsidiária da Light, a São Paulo Electric, em 1914, em Sorocaba.

Os anos seguintes foram de relativa estagnação, com sinais de melhoria a partir de 1916, 1917, como indicado. Mas uma situação crítica se anunciava e foi o que ocorreu devido a grande estiagem que assolou a região em 1924, resultando em uma grande crise de energia elétrica em São Paulo.[15] A partir de então, a demonstração de poder da Light and Power se fez necessária.

Assim, foi a partir dos resultados auspiciosos de uma conjuntura internacional favorável à sua inserção e de seus produtos no mercado internacional que definiu as condições econômicas e políticas que contribuíram para o adensamento do complexo econômico cafeeiro, no qual a cidade de São Paulo teve papel central, e a partir do qual também floresceram os primeiros empreendimentos industriais em São Paulo, na última década do século XIX. Mas os reflexos da conjuntura econômica se expandiriam para outros setores da cidade, fazendo convergir as esferas socioeconômicas com as culturais.

Dimensões da riqueza

Esta efervescência econômica também se estendeu para outras dimensões da realidade paulista, com a confluência das dimensões econômica e sociocultural, que se autossustentavam e davam força à dinâmica de crescimento urbano da capital paulista, na qual sua imagem deveria ser condigna com sua essência de centro dinâmico da economia, o que não implicava na universalidade da riqueza, ressalte-se, mas sim na imagem que esta riqueza deveria representar perante outras unidades da federação, até como forma de impor interesses políticos. Estava em curso a diluição das fronteiras que separavam o rural do urbano, pois aqueles homens que tendiam a estabelecer moradia em São Paulo, denotavam à capital paulista a primazia sobre outras cidades importantes do estado, como Santos e especialmente Campinas.[16] A cidade concluía a clássica passagem da fase de núcleo estudantil, marcada pela Faculdade de Direito, à cidade urbano-industrial.

No centro da confluência das diferentes dimensões constava ainda a construção da identidade paulista ligada às inovações, ao arrojo, ao progresso. Era a retomada da van-

---

15 Helena Carvalho de Lorenzo. *Op. cit.*, p. 170; Catullo Branco; Paula Beiguelman. "Enchentes em São Paulo." In: *História & Energia*. São Paulo: Departamento de Patrimônio Histórico da Eletropaulo/ Eletropaulo, 1995, nº 5, p. 53.

16 Eduardo Kugelmas. *Difícil Hegemonia. Um estudo sobre São Paulo na Primeira República*. São Paulo: Tese de Doutoramento, FFLCH, USP, 1986, p. 22-23.

guarda paulista fundada nas bandeiras de séculos atrás, como símbolo da representação da grandeza paulista.

Os espaços públicos eram os ambientes propícios para a instauração dos novos símbolos que passavam a representar e reproduzir a dimensão econômica, em progressivo desenvolvimento, os quais também deveriam perpassar pelas ideais de arrojo, sabedoria, cultura e refinamento dos hábitos, que a mesma modernidade requeria. Havia um "círculo virtuoso, favorável ao desenvolvimento econômico, à diversificação de atividades" em torno do eixo do café, que nas suas entrelinhas firmava e reafirmava o papel das elites na cidade, seja nos planos econômico ou socioculturais. São Paulo se transformava no *locus* dos negócios e da vida social e cultural, típica da *Belle Époque*.[17]

Com a instauração da República esse processo adquiriu novos e especiais contornos, devido principalmente aos membros do Instituto Histórico e Geográfico de São Paulo (IHGSP) – criado em 1894 – que elegeram o tema da conquista e da ocupação do interior como privilegiado. Afonso d'Escragnolle Taunay foi um deles, ao desenvolver uma historiografia de forte cunho regionalista, na qual as elites intelectuais do estado tiveram um papel fundamental no movimento de busca das origens e da construção da identidade. Neste caso, os membros do IHGSP transitaram pela produção biográfica, genealógica e histórica de modo a promover uma interação da história com a geografia, o que refletiu sobremaneira na historiografia paulista.

Este movimento fazia parte do processo de repensar a identidade paulista e o seu papel na estrutura federativa, e entre os intelectuais engajados nesta prática também estava Affonso A. de Freitas, membro IHGSP e da Academia Paulista de Letras, um dos intelectuais que escreveram sobre São Paulo. Outro modo de vislumbrar este percurso pode ser exemplificado através dos diversos almanaques sobre São Paulo, literários ou administrativos, publicados por José Maria Lisboa, com o intuito de dar vazão à produção e à identidade paulista, promovendo, assim, a "autovisão construtiva da coletividade regional".[18]

Neste processo, forjava-se uma elite intelectual e política identificada com a imagem de São Paulo como agente central do desenvolvimento econômico nacional, o que por sua vez, lhe conferia um caráter diferenciado e específico na construção de uma identidade própria, tentando diferenciá-lo dos demais estados. Era necessário criar os elementos que representassem a dimensão sociocultural, como forma de expressar toda a magnitude de seu poderio econômico.[19] Em outros termos, foram expressos na monumentalidade, que

---

17   *Ibidem*, p. 22-23.

18   Antonio Celso Ferreira. *A epopeia paulista: imaginação literária e invenção histórica (1870-1940)*. Assis: Tese de Livre-docência, FCL, Unesp, 1998, p. 24 e segs.

19   Wilma Peres Costa. "Afonso d'Escragnolle Taunay. História geral das bandeiras paulistas." In: Lourenço Dantas Mota (org.). *Introdução ao Brasil. Um banquete no trópico*. São Paulo: Senac,

por sua vez, também estavam simbolizadas nas casas, nos palacetes que compunham as avenidas e os bairros elegantes; nos prédios públicos ou particulares; ou, ainda, nos monumentos e obras públicas que seriam assinados por arquitetos e engenheiros de renome.

Entre os temas tratados por Taunay estava a questão da complexidade da ascensão econômica e política do Estado de São Paulo durante a primeira república, que recebeu especial atenção, pois se operava um distanciamento do centro político do polo dinâmico da economia, por causa do complexo cafeeiro, da urbanização da capital paulista, ao mesmo tempo em que se dava o primeiro surto industrial, e reforçava ainda mais, segundo ele, o poder de São Paulo no jogo político.[20] Era o momento em que a cidade começava a vivenciar a necessidade da diferenciação na órbita da privacidade, da ostentação, da especialização dos espaços, as quais deveriam representar a condição financeira, econômica e, consequentemente, a ordem desejada por estas elites – e tudo isso deveria ser disseminado para toda a sociedade.[21]

Era também o momento em que a imagem de São Paulo adquiria outra conotação, com a "marca da alteridade", a primeira marca identificadora da cidade no início do século XX, acentuada pela imagem, pela presença, pela cultura do outro, do imigrante, do diferente, em meio ao contraste do velho com o novo, do impacto da velocidade, de um outro ritmo "que lhe vem de fora e a certeza da invasão se impõe entre as imagens da cidade como o do momento em que ela se deixou levar pela voracidade dos tempos modernos, centro distribuidor de café, indústrias se instalando, imigrantes europeus formando o batalhão do trabalho, novas línguas, novos hábitos. São Paulo participa do circuito internacional, entra na história, em suma".[22]

Várias foram as manifestações e instituições socioculturais que marcaram a representação da riqueza econômica de São Paulo, além do IHGSP, os prédios públicos como,

2001, vol. 2, p. 100 e segs. Afonso d'Escragnolle Taunay é uma personagem que se identificou largamente com o processo de consolidação da hegemonia paulista no contexto da federação republicana. Identificação que pode ser percebida através das publicações sobre a vida de São Paulo, em quase todos os aspectos da realidade, em que aparece "retratando os momentos mais significativos da trajetória paulista e de sua inserção na vida da colônia e da nação."

20 *Ibidem*, p. 106. Vários pesquisadores se dedicaram à questão, entre eles Maria Stella M. Bresciani. *Liberalismo: ideologia e controle social. Um estudo sobre São Paulo de 1850 a 1910*. São Paulo: Tese de Doutoramento, FFLCH, USP, 1976; Antonio Celso Ferreira. *Op. cit.*, 1998; Antonio Celso Ferreira; Tania Regina de Luca; Zilda Grícoli Iokoi (orgs.). *Encontros com a História: percursos historiográficos e historiadores de São Paulo*. São Paulo: Textos apresentados no XIII Encontro Regional da Associação Nacional de História (Anpuh) 1996, Anpuh/ Unesp/ Fapesp, 1999.

21 Paulo César Garcez Marins. "Habitação e vizinhança: limites da privacidade no surgimento das metrópoles brasileiras." In: Nicolau Sevcenko (org.). *História da vida privada no Brasil. República: da Belle Époque à era do rádio*. São Paulo: Companhia das Letras, 1998, vol. 3, p. 178.

22 Maria Stella Bresciani. "Imagens de São Paulo: estética e cidadania." In: Antonio Celso Ferreira; Tania Regina de Luca; Zilda Grícoli Iokoy (orgs.). *Op. cit.*, 1999, p. 29-30.

por exemplo, o da Secretaria da Fazenda, do Quartel da Força Pública, da Hospedaria de Imigrantes etc. que corroboraram essa dimensão. Além dessas obras, também a construção do monumento comemorativo da Independência (no Ipiranga), que mesmo tendo sido originariamente concebido por representantes conservadores do Império, acabou servindo aos interesses republicanos anos depois.

Sua inauguração ocorreu em 7 de setembro de 1895, num momento em que também era inaugurado em seu espaço o Museu Paulista, cuja concepção remonta à atuação dos republicanos jacobinos. O lugar passou a abarcar importantes representações, e marcava não somente um espaço histórico a ser reavivado na memória, mas também uma possibilidade de se criar tradições, ou "estratégias de sedução" para se instaurar representações desejadas.[23]

No plano físico da cidade, nas construções, o engenheiro-arquiteto Francisco de Paula Ramos de Azevedo é um ícone a considerar. Formando na Bélgica ele foi um dos elementos mais importantes na área da construção civil durante a Primeira República, transpondo para seus projetos a representação do que se desejava para a cidade ao construir os edifícios das instituições mais importantes do período. Nos negócios, Ramos de Azevedo também teve projeção: em 1887, juntamente com Calixto de Paula Sousa e Joaquim Monteiro de Carvalho criou a Companhia Paraná Industrial, e durante o Encilhamento compôs o grupo que criou o Banco União e a Fábrica de Tecidos Votorantin, em Sorocaba; além de ter sido diretor do Escritório Técnico Ramos de Azevedo e da Companhia Iniciadora Predial, ambas na capital paulista.

Ainda no século XIX, sob seu desígnio foram concluídos os prédios da Tesouraria da Fazenda, em 1891, e da Secretaria da Agricultura, em 1896, localizadas no atual Pátio do Colégio; e foram construídas a Escola Normal, em 1894; o pavilhão anexo do Jardim da Infância, em 1896; a Escola Prudente de Morais e o Liceu de Artes e Ofício, entre 1897 e 1900, onde hoje abriga a Pinacoteca do Estado; e a Escola Politécnica do Estado, entre a 1895 e 1899. Ramos de Azevedo se tornou um dos símbolos do regime republicano na esfera da construção civil.[24]

Estas obras estavam inseridas no interior de um quadro ideológico baseado na projeção da utopia de um futuro promissor aliado à construção da memória local, da histórica engrandecedora do paulista, para a qual os marcos simbólicos são peças fundamentais.[25] Marcos simbólicos

---

23   Cecilia Helena de S. Oliveira. *Museu Paulista: espaço celebrativo e memória da Independência*. Mimeo, 2005, p. 12 e segs.

24   Benedito Lima de Toledo. *São Paulo: três cidades em um século*. 2. ed., São Paulo: Duas Cidades, 1983, p. 72; Candido Malta Campos. *Os rumos da cidade. Urbanismo e modernização em São Paulo*. São Paulo: Senac, 2002, p. 62-63.

25   Nicolau Sevcenko. *Orfeu extático na metrópole. São Paulo: sociedade e cultura nos frementes anos 20*. São Paulo: Companhia das Letras, 1992, p. 115 e segs. Annateresa Fabris (org.). *Monumento a Ramos de Azevedo: do concurso ao exílio*. Campinas/ São Paulo: Mercado de Letras/ Fapesp, 1997, p. 19.

que se encontravam na monumentalidade da cidade, através dos prédios, por exemplo, em que a "dimensão heroica se transforma em paradigma visual instrutivo".[26] No caso especifico destas instituições, cabia expor o caráter de arrojo, cujo marco neste momento possuía outra roupagem, era a riqueza conquistada pelos paulistas que deveria ser expressa através dos aspectos civilizados, modernos e racionais. Esta expressividade econômica transparece nas observações de Theodoro Sampaio quando, em 1902, publicou um artigo na revista do IHGSP, no qual deixa claro, segundo sua visão, os fatores que davam fomento ao jubilo dos paulistas:

> marcha ascendente do progresso paulista pode-se precisamente assignalar, nestes ultimos anos, por quatro grandes factos (...) a cultura do café em larga escala, a construcção da primeira estrada de ferro, a S. Paulo Railway, a colonização ou a immigração e a autonomia na Republica.[27]

O artigo, por seu turno, reflete claramente a ligação entre o mundo econômico e as elites instaladas nas instituições intelectuais, que passavam a ser uma extensão da primeira.

Com as novas instituições e novos moradores "endinheirados" chegando gradativamente à cidade, também novas maneiras de morar das elites se deram no espaço citadino, por meio da hierarquização dos espaços, valorizando-os segundo o saber médico, como já indicado. Enquanto em dadas áreas os casarões e palacetes configuravam o local de moradia dos abastados fazendeiros que se dirigiam à cidade; em outras áreas, nos chamados bairros operários, os terrenos e moradias eram mais baratos e por isso acessíveis aos trabalhadores.

Na eclosão do adensamento populacional, a questão da ocupação do espaço na cidade caminhou paralelo e instaurou uma nova problemática a ser enfrentada, tanto pelos poderes públicos quanto pela população, entre os quais os interesses do capital que na maioria das vezes se interligavam aos das elites instaladas no poder e que almejavam colocar a cidade nas linhas da modernidade simbolizada pela *Belle Époque*. Neste quadro, os espaços da cidade começaram a ser definidos e redefinidos com maior intensidade, por meio dos melhoramentos urbanos embelezadores e dos loteamentos privados.

---

26   Annateresa Fabris (org.). *Op. cit.*, p. 45.

27   Theodoro Sampaio. "São Paulo no seculo XIX." In: *Revista do Instituto Historico e Geographico de São Paulo*. São Paulo: Typ. do Diario Official, vol. VI, 1900-1901, 1902, p. 186.

Capítulo 5 *Belle Époque* paulistana

A VIRADA AO SÉCULO XX foi um momento excepcionalmente favorável para a cidade de São Paulo do ponto de vista do capital, pois ali convergiam os efeitos positivos decorrentes da instauração da República, juntamente com a materialização econômica e urbana da cidade, motivada pela consolidação dos mercados de trabalho e de consumo.

Em viagem pelo Brasil, visitando o Rio de Janeiro e São Paulo, na primeira década do século XX, o viajante francês François Crastre observou que a cidade de São Paulo naquele momento era a mais bela de todas que havia conhecido, a melhor construída e a mais moderna, com largas avenidas, melhores jardins e até mais vigorosa que o próprio Rio de Janeiro, a capital brasileira. Dentre as observações registradas, publicadas em 1908, o viajante observou e relacionou o ritmo muito rápido de crescimento ali registrado e a congregação na cidade das maiores fortunas do Brasil, também acumuladas em curto espaço de tempo, em função do comércio do café, e como importante fator para o desenvolvimento da cidade, com o aparecimento das primeiras indústrias, mesmo que ainda rudimentares.[1] Era a *Belle Époque* a direcionar os eventos e as intervenções sobre o tempo e a cidade.

As perspectivas financeiras do município, em 1889, era de quatrocentos e cinquenta contos de réis, ao passo que quatro anos depois, em 1893, o orçamento chegou a quase dois mil contos.[2] Em termos de arrecadação, efetivamente, em 1909 os cofres municipais arrecadaram 5.313:713$879, enquanto no ano seguinte (1910), a arrecadação chegou

1   BNF – François Castre. "Deux métropoles du Brésil: Rio de Janeiro et São Paulo." In: *Nouvelle Serie. Le tour du monde (Paris, 1860)*. 14e année, nº 31, Tomo XIV, Août, 1908, p. 374-375.

2   AHMSP – João B. C. Aguirra. "A vida orçamentária de São Paulo durante um século". In: *Revista do Arquivo Municipal de São Paulo*. São Paulo: Publicação da Directoria do Protocolo e Arquivo da Prefeitura. Ano I, Vol. II, 1934, p. 33-34.

a 6.362:240$950, um aumento de 19,7% em relação ao ano anterior.[3] Nestes termos, o município direcionou um montante superior a 1 mil duzentos e trinta contos de réis, em 1909, para obras de *melhoramentos* da cidade, ao passo que em 1910, os gastos destinados a estas obras superaram 1 mil quatrocentos e vinte contos de réis, cerca de 15,5% maior que os gastos do ano anterior.[4]

Estes gastos correspondem aos anos finais do Conselheiro Antonio da Silva Prado à frente do executivo da cidade de São Paulo, que a administrou de 1899 a 1910. Nesse período, Antonio Prado legislou pensando em uma cidade que abrigasse a "civilidade" e a "modernidade", em oposição ao atraso, ao rural, ao arcaico. Transpondo ao plano físico estas concepções, Antonio Prado priorizou o Plano de Melhoramentos da Capital, sob o comando do engenheiro e professor da Escola Politécnica, Victor da Silva Freire, especialmente nomeado para chefiar a Seção de Obras do Município, em 1899, quando foi instalado o executivo municipal. Em 1900, a Seção de Obras deu lugar à Diretoria de Obras do Município de São Paulo, cuja direção continuou com Victor da Silva Freire até 1926. Entre suas propostas para a cidade defendia uma urbanização que proporcionasse o seu crescimento por meio do rendimento e da otimização econômica.

As obras e demais intervenções sobre a cidade eram pensadas, planejadas e executadas visando abarcar os problemas que seu crescimento apresentava, mas junto com elas os melhoramentos vinham a reboque, como parte integrante do projeto de instauração da modernização e civilização da *urbe*. E as formas de introdução dessas concepções se deram de diferentes maneiras sobre a cidade.

A legislação foi um desses caminhos adotados. Em 19 de outubro de 1904, por exemplo, a prefeitura publicou uma lei proibindo a circulação no perímetro central de carros de tração animal com eixo móvel, isto é, carroças, sob o argumento de preservar o revestimento utilizado na rua, o macadame. Por outro lado, também se pretendia preservar o piso para veículos de transporte mais sofisticados, como os tílburis de rodas de borracha e automóveis. Era uma extensão da proibição imposta em meados da década de 1890, essencialmente à região da avenida Paulista, por meio da Lei nº 100, de 1894, que proibiu o trânsito de gado nas suas vias.[5] De outro ponto de vista, estas proibições de circulação de animais nas vias centrais também eram uma tentativa de impor uma visão baseada no futuro, evitando, assim, a retomada do passado, do atraso que os animais e seus usos po-

---

3   Alesp – Relatorios de 1912-1913 apresentado a Camara Municipal de São Paulo, pelo Prefeito Raymundo Duprat. São Paulo: Casa Vanorden, 1914, p. 4.

4   Alesp – Relatorio de 1910 apresentado à Camara Municipal de São Paulo pelo Prefeito Raymundo Duprat. São Paulo: Casa Vanorden, 1911, p. 30.

5   Raquel Rolnik. *A cidade e a lei: legislação, política urbana e territórios na cidade de São Paulo*. 3. ed., São Paulo: Studio Nobel/ Fapesp, 2003, p. 106 e segs.

deriam conferir, ou ainda, à sujeira que poderiam provocar, contrariando o ar civilizado e nobre da região.

Foram leis que buscavam marcar a imagem que se desejava para o centro e para as demais vias consideradas nobres, por isso alvo de intervenções e precauções visando sua salubridade e a manutenção de seu *status*. Em 1906, através da Lei nº 960, a prefeitura proibiu a instalação de fábricas e edifícios com objetivos industriais em seu entorno, como forma de manter os aspectos e funções residências destinadas exclusivamente às elites ali estabelecidas.

As memórias de Zélia Gattai, que residiu durante a década de 1910 na alameda Santos (paralela à avenida Paulista), ilustram exemplarmente estes aspectos quando relata que a "Alameda Santos, vizinha pobre da Paulista, herdava tudo aquilo que pudesse comprometer o conforto e o status dos habitantes da outra, da vizinha famosa." Os enterros eram desviados para a alameda Santos, exceto se o morto fosse pessoa muito importante; carroças de pão, de leite também eram desviados para a alameda Santos. O objetivo era preservar o calçamento da Paulista e evitar que os animais carregassem de estrumes àquelas vias, provocando sujeira e odores desagradáveis. "Nossa rua era, pois, uma das mais movimentadas e estrumadas do bairro, com seu permanente desfile de animais. Em dias de enterros importantes, o adubo aumentava. Imensos cavalos negros, enfeitados de penachos também negros – quanto mais rico o defunto, maior número de cavalos –, puxando o coche funerário, não faziam a menor cerimônia: no seu passo lento levantavam a cauda e iam fertilizando fartamente os paralelepípedos da rua."[6]

Quanto ao Plano de Melhoramentos, ele visava dotar a capital de obras urbanas que a colocasse sob os auspícios de uma cidade considerada moderna, civilizada, ligada aos valores da *belle époque*.[7] Na verdade Antonio Prado nada mais fez do que dar continuidade, porém com mais ênfase e sob novos marcos políticos e econômicos, às obras que embasavam os melhoramentos desejados desde o início do último quartel do século XIX, expulsando do centro populações indesejadas: negros, prostitutas, vagabundos, desocupados

---

6   Zélia Gattai. *Anarquistas graças a Deus*. 6. ed., Rio de Janeiro: Record, 1984, p. 43 e 47. A autora também discorre sobre a ação dos homens das carrocinhas, encarregados de capturar os cães e demais animais soltos pelas ruas, os quais prenderam várias vezes seu cachorro, Flox, quando este estava fora de casa, ou quando o cachorro seguia alguém da família pela cidade.

7   Sobre as obras e a atuação de Antonio Prado à frente da administração municipal consultar as obras de Benedito Lima de Toledo. *Prestes Maia e as origens do urbanismo moderno em São Paulo*. São Paulo: Empresa das Artes, 1996, p. 68 e segs.; Paulo César Garcez Marins. "Habitação e vizinhança: limites da privacidade no surgimento das metrópoles brasileiras." In: Nicolau Sevcenko (org.). *História da vida privada no Brasil. República: da Belle Époque à era do rádio*. São Paulo: Companhia das Letras, 1998, vol. 3, p. 179 e segs.; Candido Malta Campos. *Os rumos da cidade. Urbanismo e modernização em São Paulo*. São Paulo: Senac, 2002, p. 82 e segs.

etc., na tentativa de conferir à região uma nova face, condizente com os acontecimentos e mudanças em curso nos níveis econômico e político.

Como medida saneadora com vistas à modernização da cidade, sua administração promoveu demolições de cortiços, alargamento de ruas, expulsão das prostitutas das ruas, principalmente da rua Líbero Badaró, dos negros do Largo do Rosário, além de outras intervenções de modo a minimizar os resquícios de um mundo considerado atrasado, oposto à imagem desejada que idealizavam para a cidade. Foi a partir de 1911, inclusive, que o corso carnavalesco foi transferido do Triângulo, no centro da cidade, para a avenida Paulista, que recebia melhoramentos urbanos e seria asfaltada em 1915, atingindo então o ápice da suntuosidade carnavalesca.[8]

Durante os corsos carnavalescos no Triângulo, as famílias disputavam espaço nas ruas para assisti-los, "os combates de serpentina transformavam o alto das ruas inter-sacadas num verdadeiro docel multicolor, enquanto os confetes choviam incessantemente, impossibilitando o trânsito, acumulando-se em montões que no outro dia pela manhã, enchiam literalmente os veículos da limpeza pública. Bisnagas, lança-perfumes, máscaras e fantasias, tudo abundava", descreve Nuto Sant'Anna. Anos após a transferência para a avenida Paulista, aos poucos, o carnaval foi se tornando intramuros, e "o melhor derivativo das aperturas coletivas, a alegria mais espontânea de todas as ruas" foi se acabando.[9]

Uma das instituições mais representativas do centro da cidade e símbolo de cultura e refinamento foi a edificação do Teatro Municipal, iniciado em 1903 e concluído em 1911. Desde o início das obras esteve presente um dos profissionais mais representativos da construção do ideal da modernização, Ramos de Azevedo, que o projetou quando encomendado ao Escritório Técnico de Ramos de Azevedo, que contou com a participação de Domiziano Rossi e Cláudio Rossi.[10]

---

8   Marcia Camargos. *Villa Kyrial. Crônica da Belle Époque paulistana.* 2. ed., São Paulo: Senac, 2001, p. 205.

9   Nuto Sant'Anna. *Metrópole.* São Paulo: Departamento de Cultura de São Paulo, 1952, vol. 3, p. 255-256.

10   Sobre as obras e o legado arquitetônico de Ramos de Azevedo consultar Maria Cristina Wolff de Carvalho. "A arquitetura de Paula Ramos de Azevedo". In: *Cidade.* São Paulo: Revista do Departamento do Patrimônio Histórico/ Secretaria Municipal de Cultura de São Paulo: nº 5, ano 5, Janeiro de 1998, p. 9-10. Ainda segundo a autora, pelo Escritório de Ramos de Azevedo passaram renomados profissionais, entre eles Victor Dubugras, Ricardo Severo, Arnaldo Dumont Villares. Severo foi sócio do escritório de 1895 a 1928 e Villares de 1911 a 1928, quando morreu Ramos de Azevedo. O escritório chegou a congregar e executar todas as etapas da construção civil. Também realizavam financiamentos para importação de materiais e construção de prédios, a cargo da Companhia Iniciadora Predial. Órgãos públicos, inclusive, chegavam a dispensar concorrências públicas em função de a empresa concentrar toda a cadeia produtiva de construção e produção em

O projeto do teatro foi inspirado na Ópera de Paris conferindo-lhe um estilo neo-renascentista. Vale lembrar que a execução das obras coincidiu com as reformas urbanas em curso na capital, Rio de Janeiro, a cargo de Pereira Passos, que também buscava inserir a cidade nos linhas da modernização. Também em 1911, Ramos de Azevedo foi contratado para projetar o *belvedere* da avenida Paulista, o Trianon, inaugurado em 1916; também construiu o Palácio das Indústrias, cujo projeto era de Domiziano Rossi, concluído em 1922; além do atual Mercado Municipal, entre 1925 e 1938.

Com a conclusão do Teatro outro melhoramento entrou nas pautas de discussões da municipalidade, a clássica reforma urbana do Anhangabaú, das quais emergiu o conflito envolvendo os respectivos departamentos de obras públicas, da municipalidade e do estado. O resultado deste embate remete diretamente aos interesses deste estudo, pois liga o diretor de Obras Públicas da prefeitura, Victor da Silva Freire, ao centro de uma disputa que resultou na contratação de Bouvard para a escolha do projeto de melhoramento da capital, em 1911.

Inicialmente, a proposta era promover um tratamento paisagístico à região, integrando-a à esplanada do Teatro de um lado e, de outro, à rua Líbero Badaró. Aos poucos, porém, a proposta passou a incorporar outras preocupações que refletiam o crescimento e a transformação urbanística da região. Foram a ela incorporadas necessidades de melhorias estéticas e sanitárias, questões viárias, o que seria resolvido com o prolongamento da avenida Anhangabaú, refletindo também na circulação do Triângulo central; além do tratamento sanitário da várzea localizada do outro lado da colina, a Várzea do Carmo, transformando-a num parque.[11]

O início do debate começou em 1906, quando o vereador Augusto Carlos da Silva Telles apresentou a primeira proposta de remodelação da área com objetivo de proporcionar à região condições de estar à "altura" do que o Teatro Municipal representaria à cidade, em termos de modernidade e civilidade. Sua proposta fundamentava-se na circulação, na estética e na integração da área à paisagem urbana, mas acabou caindo no esquecimento até 1908, quando o mesmo vereador a retomou.

Somente em 1910 que o prefeito Antonio Prado, em final de mandato, encaminha à Câmara um ofício com o estudo da proposta do vereador endossada por Victor da Silva Freire (diretor de obras do município) e Eugênio Guilhem (vice-diretor de obras do município). Nele, o prefeito destacava a importância das obras, mas também a inexistência

---

suas mãos, afirma Roberto Pompeu de Toledo. *A capital da solidão. Uma história de São Paulo das origens a 1900*. Rio de Janeiro: Objetiva, 2003, p. 450 e segs.

11   José Geraldo Simões Júnior. *O setor de obras públicas e as origens do urbanismo na cidade de São Paulo*. São Paulo: Dissertação de Mestrado, EAESP, FGV, 1990, especialmente o tópico "O período de 1906-1911- os projetos de melhoramentos para o centro da cidade e o papel de Victor da Silva Freire, diretor de obras municipal e introdutor do urbanismo em São Paulo"; Candido Malta Campos. *Op. cit.*, p. 107 e segs e 143 e segs.

de fundos, senão em longo prazo, devido ao alto custo das desapropriações necessárias. Remetido à apreciação de três comissões (obras, justiça e finanças), somente a de obras lhe deu parecer favorável – já que Silva Telles a ela pertencia – mesmo assim com algumas ressalvas. Quanto às comissões de justiça e finanças o argumento maior recaía sobre a falta de recursos. Diante das alterações propostas na tentativa de reduzir o custo das desapropriações, o projeto foi aprovado em maio de 1910 e promulgado na forma de Lei, sob nº 1.331, de 6 de junho de 1910.

Com sua aprovação a municipalidade entrou em negociações com o governo do Estado com o intuito de conseguir recursos para sua execução. O estado previu em lei orçamentária de 1911 recursos na ordem 10 mil contos, porém, condicionando a obra em alguns pontos, pois depois de confirmado os recursos do estado, a Diretoria de Obras do Município alterou o projeto aprovado, ampliando a proposta de Silva Telles com outras obras previstas pela prefeitura.

O projeto municipal ficou conhecido como Freire-Guilhem e não contrariou apenas o estado, mas também o Conde de Prates. Quanto aos interesses do primeiro, previa que os 10 mil contos seriam empregados em estudos, projetos e orçamentos realizados por si mesmos; quanto aos interesses do segundo, ele era proprietário dos imóveis localizados na rua Líbero Badaró. Como resultado, em poucos dias a Secretaria de Agricultura e Obras Públicas do Estado de São Paulo elaborou outro projeto para a mesma região, visando sanar o problema. Estava, pois, posto o impasse entre estado e município.

O projeto do estado foi elaborado pelo arquiteto Samuel Augusto das Neves e pouco se diferenciou das propostas apresentadas no projeto da prefeitura, o que soava diferente estava inserido na proposta urbanística, fundamentada no estilo *haussmanniano*, o que contrariava a concepção de Victor da Silva Freire e Silva Telles, baseada na integração visual do vale à cidade de acordo com a estética paisagística ao estilo inglês.[12]

Em meio ao debate sobre quàl projeto adotar, o engenheiro Victor da Silva Freire problematizou a questão durante uma palestra, em termos teóricos, buscando na literatura internacional os argumentos necessários para fundamentar os problemas urbanos. "E propõe assim o primeiro 'plano de conjunto' para a cidade, introduzindo com sua argumentação, as bases do urbanismo entre os profissionais ligados ao setor de obras públicas paulista."[13]

---

12   José Geraldo Simões Júnior. *Op. cit.*, p. 102 e segs.

13   *Ibidem*, p. 105. Diferentemente, para Luiz Augusto Maia Costa. *O ideário urbano paulista na virada do século – o engenheiro Theodoro Sampaio e as questões territoriais e urbanas modernas (1886-1903)*. São Carlos/ São Paulo: Rima/ Fapesp, 2003, p. 83 e segs., o urbanismo no Brasil encontra seus primeiros fundamentos antes de Victor da Silva Freire, Prestes Maia e Anhaia Mello. Segundo o autor, por volta do final do século XIX já havia no Brasil influências de concepções arquitetônicas oriundas da Europa e dos Estados Unidos, como Sitte, Stübben, Howard e Olmsted. Para mais

Mesmo diante da defesa do projeto municipal e de duras críticas endereçadas ao projeto do estado, Victor da Silva Freire reconheceu a necessidade de melhoramentos em ambos e sugeriu, a partir da reformulação urbana empreendida em Buenos Aires, executada pelo arquiteto francês Joseph Antoine Bouvard, entre 1907 e 1910, contratá-lo para executar um parecer sobre os melhoramentos propostos nos dois projetos. Para Victor da Silva Freire, o projeto definitivo deveria contemplar três pontos fundamentais: técnico, de modo a garantir circulação; higiênico, assegurando natalidade e a redução de mortalidade; e estético, aliando os dois princípios anteriores às construções de utilidade pública, monumentos e obras decorativas em geral.

A Câmara autorizou a contratação do arquiteto francês através da Resolução nº 8, de 23 de março de 1911, com o objetivo de organizar um projeto de melhoramentos para a capital paulista. Em dois meses, Bouvard apresentou sua proposta baseada na valorização das características topográficas e dos marcos históricos, ao contrário da concepção *haussmanniana* fundada em rasgos cirúrgicos na cidade, e aproximando-se das propostas de Camillo Sitte.

A contratação de Bouvard encontrou respaldo na influência que este teve durante a remodelação urbana de Buenos Aires, e revela um movimento ambíguo que caracterizou as obras urbanas na cidade de São Paulo. Se de um lado, naquele momento, os parâmetros e os valores *haussmannianos* ainda prevaleciam nos debates sobre as reformas urbanas em São Paulo, por outro lado a capital da Argentina cada vez mais se destacava como alternativa a estes padrões e se tornava um exemplo a ser seguido. Por esta razão, a capital portenha refletia soluções, como um espelho cuja imagem era advinda da Europa; e ao mesmo tempo baseava seus fundamentos urbanísticos de forma alternativa a *haussamannização*, e conseguia solucionar impasses que pareciam estar próximos da realidade da capital paulista, do ponto de vista de Victor da Silva Freire.

O elemento fundamental desta ligação urbanística da Argentina com a Europa estava nas discussões originárias das propostas do Musée Social de Paris que congregava representantes de uma corrente pós-*haussmanniana* do urbanismo científico, que acabou resultando na criação, em 1911, do Museo Social argentino, com vistas a pensar o urbano em conjunto com a proposta de modernização de base agrária. Enquanto isso, como Victor da Silva Freire era um opositor das propostas interventoras *haussmannianas* que não consideravam o conjunto do projeto ao ambiente natural e histórico, as obras da capital portenha ganhavam cada vez destaque; como as soluções dadas à Recoleta e à Plaza San Martín, por exemplo, que valorizaram os espaços segundo suas condições naturais.[14]

---

detalhes ver Simões Júnior, que aborda a questão do urbanismo nascente em São Paulo no tópico "O período 1911-1930 – a consolidação do urbanismo paulistano", p. 131 e segs.

14   Candido Malta Campos. *Op. cit.*, p. 143.

Em linhas gerais, Bouvard manteve as propostas de Freyre e Neves, readaptando-as e transformando-as numa terceira. No tocante ao impasse da área localizada no lado ímpar da rua Líbero Badaró, por exemplo, poderia ser construído um terraço contínuo sobre o Anhangabaú, ou então, ao invés de um *boulevard*, dois edifícios simétricos poderiam ser construídos, os quais seriam acessados pela Líbero Badaró, compondo a paisagem. Estes blocos serviriam de intermediários entre o espaço livre do vale e as edificações da colina histórica, compondo o conjunto. O projeto também contemplou os espaços livres em relação à ventilação e à qualidade estética, preocupações de Freyre, enquanto se impunha a valorização dos edifícios. [15]

No final acabou incorporando e contemplando os interesses tanto do município e do estado quanto do setor imobiliário, mas Bouvard também incluiu outros dois pontos de intervenção no processo de remodelação do centro da cidade: reformas na praça da Sé e as obras de saneamento da várzea do Carmo. Foi uma retomada das propostas João Alfredo quando esteve à frente da presidência da província, de criação de parques que circundassem a colina histórica, o que também permitiria a incorporação pelo mercado imobiliário da área localizada nas redondezas do Tamanduateí.

Neste aspecto, Bouvard projetou para a várzea do Carmo um jardim com características pitorescas e arborizado, onde também seria instalado um pavilhão de exposições, o Palácio das Indústrias e, mais tarde, o Mercado Municipal, em substituição ao mercado da rua São João que fora instalado em 1890. Para a maximização da área de várzea, que seria completamente saneada, o arquiteto propôs deixá-la com o máximo de espaços livres, ou vendendo parte destas áreas com o objetivo de custear a implantação do parque. "Mais uma vez, o equacionamento da questão imobiliária permitiria viabilizar a intervenção, conciliando ganhos paisagísticos e higiênicos com o onipresente interesse dos investimentos imobiliários, tão bem compreendido por Bouvard."[16]

As obras, aprovadas pela municipalidade e pelo estado, incluíram os "blocos" ou os palacetes Prates, que adentraram sobre o vale, tiveram sua estrutura metálica importada da Inglaterra e foram inaugurados em 1914; implementou-se o alargamento das ruas Líbero Badaró; as demolições do lado ímpar da rua; mas as propostas na várzea do Carmo, na Sé, no viaduto Boa Vista e o alargamento da Benjamim Constant não foram empreendidas. No caso da várzea do Carmo, ela seria retomada anos depois, como será discutido adiante.

---

15   Por tratar das diferentes propostas discutidas e os rumos tomados na urbanização da cidade de São Paulo, Candido Malta Campos afirma que a arbitragem de Bouvard entre os dois projetos nada teve de imparcial. Sua indicação, feita por Victor da Silva Freyre, foi estratégica para opor às propostas de Samuel Neves, pois além de francês e por isso mesmo com embasamento para criticar o modelo *haussmanniano*, suas ideias se coadunavam com as de Silva Freyre em termos urbanísticos. *Ibidem*, p. 144.

16   *Ibidem*, p. 149.

Pelo lado dos Prates, que foram atingidos diretamente pelas reformas, estes optaram em construir dois palacetes gêmeos que uniformizavam a paisagem do parque, em relação ao restante da área. Projetado por Cristiano Stockler das Neves, filho de Samuel das Neves, os palacetes subiam da encosta até o nível da Líbero Badaró, compondo um terraço sobre o qual se erguiam cinco andares, com térreo, sobreloja, dois andares nobres e uma mansarda. Suas fachadas permitiam a vista para o parque e cada bloco era arrematado por dois pavilhões simétricos cobertos por cúpulas. Na área térrea se estabeleceram lojas, voltados para a Líbero Badaró, enquanto que direcionados para o vale estavam salões e restaurantes, e nos andares superiores estavam escritórios. Entre os dois prédios havia um espaço de 29 metros formando um *belvedere* sobre o parque do Anhangabaú. No conjunto, também se previa a construção de um novo viaduto em substituição ao antigo viaduto do Chá, que fosse mais largo para ficar simétrico à praça e em harmonia com o conjunto.

Dos prédios de Prates, o da esquerda foi alugado pela prefeitura e o da direita abrigou escritórios particulares e o Automóvel Club, o qual foi fundado por Antonio Prado em 1910, que também aproveitou os salões e restaurante. O conde Prates também construiu outro palacete para uso próprio, na Líbero Badaró, junto ao viaduto e debruçado sobre o vale do Anhangabaú. A específica remodelação do parque do Anhangabaú, contudo, não foi realizada a não ser em 1915.

Eram exigidos grandes somas monetárias e volumosos interesses estavam em jogo no processo de discussão e implementação das obras de melhoramentos na cidade, que envolviam proprietários, usuários e ocupantes do espaço, além dos poderes públicos. As obras ou suas propostas ocupavam rodas de discussão, colunas e matérias nos jornais, eram assuntos públicos que incluíam as formas e os recursos a empregar. É evidente que estas discussões ocorriam principalmente no âmbito dos proprietários urbanos, que disputavam entre si territórios conquistados ou a conquistar, que vez ou outra poderiam envolver os indesejáveis a expulsar.[17]

O tema, discutido pela imprensa, destacava a relevância dos melhoramentos, mas também seu custo social ao restante da cidade, com destaque para o fato de muitas áreas da cidade ficarem carentes de importantes obras em função do volume de recursos direcionados exclusivamente para as obras no Anhangabaú:

> A imprensa tem dado conta de magnificos projectos, oriundos de diferentes procedencias, que visam transformar e embellezar o antigo centro urbano de S. Paulo, constituindo nota caracteristica dos varios planos a preoccupação, muito sensata,

17   Raquel Rolnik. "São Paulo na virada do século: territórios e poder". In: *Cadernos de História de São Paulo*. São Paulo: Museu Paulista/ USP, nº 1, jan./dez. de 1992, p. 43-44.

de estabelecer as mais francas vias de communicação entre o triangulo e os bairros suburbanos.(...)

Não ha o que dizer contra taes emprehendimentos, desde que a execução de taes obras tão completas, e sunptuosas mesmo, em relação a uma parte da cidade, não importe ficar descurada a satisfacção de eguaes necessidades de outra parte, maximo quando as exigencias desta são bem menores, e com muito pouco seria facil attender a seus justos reclamos.

Queremos referirmos ás obras necessarias para melhorar os meios de communicação especialmente entre o centro urbano e os bairros do Braz, da Moóca e adjacencias.

É sabido que o largo do Palacio vae tornar um ponto de maxima importancia no plano de obras em projecto, não só por causa do novo viaducto em prolongamento da rua da Boa Vista, como pela ampliação do proprio largo, em consequencia do recúo que deverá soffrer o edificio do palacio do Governo para o alinhamento da rua do Carmo, e finalmente em razão do monumento commemorativo da fundação da cidade, que tem de ser alli levantado.[18]

A matéria continua questionando o montante de recursos destinados às melhorias na área central e sempre em comparação com as falta de obras e serviços que outras regiões da cidade careciam naquele momento, preteridas em função dos melhoramentos do centro. Da mesma forma, nos dias seguintes a coluna continuou com o debate na mesma intensidade.

A reforma do Anhangabaú foi uma das principais intervenções no centro da cidade, realizada em parte pela prefeitura Antonio Prado. Seu foco central foi a esplanada sobre o vale do Anhangabaú, coadunando harmonicamente com o Teatro Municipal e a praça Ramos de Azevedo, além do alargamento da Libero Badaró e outras ruas da colina histórica, próxima ao Triângulo. Era uma região estratégica do ponto de vista econômico e sociocultural. Economicamente, houve uma potencialização da rentabilidade do solo ali localizado, incentivado ainda, pela região representar a cidade enquanto vitrine aos olhares internacionais, o que justificava, por sua vez, a necessidade de estar embelezada e civilizada, à altura da sua potencialidade econômica.

Com Raimundo da Silva Duprat assumindo a administração municipal (1911-1913), houve uma reordenação nos rumos dos melhoramentos urbanos, mas sem mudança de objetivos. Sob sua administração as ruas Liberdade, Brigadeiro Luís Antônio, Rio Branco,

---

18   AESP – Jornal O Estado de São Paulo. 19 de janeiro de 1911, Coluna "Melhoramentos na cidade".

Consolação dentre outras, e as avenidas Paulista, Tiradentes, Higienópolis e Rangel Pestana receberam tratamento especial e foram arborizadas, pois eram os caminhos seguidos pelos bondes. Nesse mesmo ano, o Trianon, Marechal Deodoro e a praça Buenos Aires foram alvos de arborização, da mesma forma que também foi iniciado o Parque do Estado. Gradativamente começava a era de predomínio e influência dos jardins, sob influência da arquitetura inglesa.

Uma das diferenças que marcaram a atuação de Duprat em relação a Antonio Prado foi o redirecionamento de parte dos recursos destinados às obras do Anhangabaú para às obras de abertura e reforma da avenida São João, com objetivo de interligá-la à rua Conceição (hoje Cásper Líbero), de modo a transformar a área num *boulevard* paulistano, ao sabor dos modelos das grandes avenidas existentes em Paris e, recentemente aberta pelas obras de Pereira Passos, no Rio de Janeiro.[19]

Em meio aos melhoramentos em execução no centro da cidade, envolvendo os poderes públicos, em outra esfera da cidade o setor imobiliário avançava como seus novos negócios sobre o tecido urbano. Era um fenômeno que desde a última década do século XIX já se desenhava sobre o solo da cidade, mas que a partir de então tomou novos contornos econômicos.

Mercado imobiliário

A expansão e a ulterior consolidação do mercado imobiliário na cidade de São Paulo se deu a partir de um momento particularmente emblemático, pois estavam estabelecidos ricos fazendeiros que se mudaram para a capital do estado aplicando seus capitais na cidade e o desdobramento dos negócios da cafeicultura estava em progressão, com comerciantes, importadores e nascentes industriais também invertendo capitais em diversas atividades na área urbana. Os primeiros estavam sujeitos às intempéries naturais e ao mercado internacional, já os demais essencialmente ao mercado de consumo interno e externo, mas todos, sem exceção, estavam submetidos às oscilações cambiais e à legislação fiscal e monetária.

A terra urbana, nesse ínterim, também passava por transformações importantes que, em termos práticos, representava a separação entre propriedade e sua efetiva ocupação, o que alterava, portanto, a estrutura e a forma da propriedade urbana e permitia o surgimento dos "loteamentos ou arruamentos", em que o desenho das ruas e dos lotes antecedia ao ato de construir, dando margem à valorização do solo urbano en-

---

19   Para um apanhado das obras de Duprat, ver Benedito Lima de Toledo. *Op. cit.*, 1996, p. 87 e segs.; Candido Malta Campos. *Op. cit.*, p. 158 e segs.; Paulo César Garcez Marins. *Op. cit.*, p. 179 e segs.

quanto ele adquiria valor de troca.[20] Era um processo de transferência de acumulação de capital de bens mobiliários para bens imobiliários, em que a terra assim como as ações de companhias de serviços públicos e de bancos passavam a representar possibilidade de investimentos e geração de riqueza.

Com a terra como objeto passível de investimento e de reprodução de capital, o setor imobiliário adquiriu forma e relevo na capital paulista. A ela associava-se a necessidade de salubridade, em discussão através das teorias urbanísticas e científicas, as quais muitas vezes ampliaram as margens de valorização da terra urbana, pois permitiu a cada região da cidade ser dotada de características capazes de condicionar sua capitalização. À condição de desvalorização incluía, evidentemente, a proximidade a cursos d'água que com a ocupação urbana se transformavam cada vez mais em problema, pois representavam a possibilidade de emanações pútridas e consequentemente de doenças, de enchentes etc., mas também se configurava como empecilhos naturais ao prosseguimento da expansão urbana.[21]

A altitude também foi outro adjetivo marcante na definição do espaço considerado salubre e em boas condições de moradia e por isso definidor de valorização. Na década de 1890, ela era fator fundamental na valorização da melhores áreas, dos melhores espaços, e, acima de tudo, já *direcionava* a estrutura interna da cidade. Colocava-se, portanto, como pressuposto de capitalização da terra urbana a questão da higiene, da salubridade, como condição *a priori*.

Entre os fundamentos da valorização da terra urbana também estava a relação do consumidor do bem "imóvel" com o seu proprietário, na qual cabia ao primeiro, através do trabalho, garantir o pagamento pelo uso do imóvel, no caso de compra ou aluguel; enquanto ao proprietário cabia o ato de a construir minimizando ao máximo o custo de construção sobre a mínima área possível, a fim de maximizar o investimento e o lucro. Desta relação, portanto, é que se determina o "caráter da casa e do bairro", ou seja, seus respectivos valores.[22] Em outros termos, a posse fundiária e o respectivo investimento na construção do bem imóvel, do ponto de vista dos proprietários urbanos, lhes confere o direito de cobrar uma remuneração sobre o uso social dado à terra e ao imóvel em função de seu capital ter sido ali imobilizado,

---

20   Raquel Rolnik. *Op. cit.*, 2003, p. 25.

21   A expansão física das cidades abriga um processo de extrema relevância para seu entendimento, o da convergência da "razão técnica" com os fatores que lhe caracterizam e que são únicas, a partir do qual se promove a fluidez, a circulação e a velocidade, "é sobretudo na morfologia interna que opera a premissa de que a cidade, em última instância, é uma forma de ordenar a circulação. A cidade – não só a rede viária, mas a cidade toda, - está a serviço da circulação", por esta razão a construção de túneis, ruas e avenidas alargadas. Ulpiano Toledo Bezerra de Menezes. "Cidade capital, hoje?". In: Heliana Angotti Salgueiro (org.). *Cidades capitais do século XIX: racionalidade, cosmopolitismo e transferência de modelos*. São Paulo: Edusp, 2001, p. 13.

22   Leonardo Benevolo. *História da cidade*. Trad., São Paulo: Perspectiva, 1983, p. 566.

por mais que na origem a terra tenha sido fruto de doação e ele não tenha realizado qualquer investimento; enquanto isso, do ponto de vista social, o pagamento pelo seu uso representa a transferência da riqueza socialmente produzida para o proprietário da terra.[23]

Na convergência destes fatores, o caso de São Paulo é emblemático, pois permite visualizar como estes elementos se afunilam na temática do discurso científico, racional – com a salubridade pautando as discussões – com a ocupação e a valorização urbana, que se fazia principalmente em função da topografia, valorizando os terrenos localizados mais ao alto em detrimento daqueles localizados próximos aos rios e várzeas, e mais sujeitos às enchentes. A isso, acrescente-se o fato de as terras mais altas serem consideradas mais arejadas e também menos sujeitas às doenças, segundo a teoria miasmática.

Assim, no interior de uma cidade que hierarquizava seus espaços, valorizava-os e ocupava-os, também figuraram regiões que abrigavam os casarões dos abastados fazendeiros, como Campos Elíseos, Higienópolis, Paulista, ao final do século XIX. Num caso ilustrativo, é possível detectar a distância estabelecida entre as diferentes "populações" da cidade, considerando a higiene privada como exemplo, através das instalações sanitárias do mecenas José de Freitas Valle, que possuía um banheiro permeado de ornamentações: "...tão em voga nas capitais europeias e ilustrava como a ânsia de seguir os últimos lançamentos no exterior frequentemente ultrapassava os limites do bom senso, para atingir as raias do anedótico. O moderno equipamento em metal niquelado, com ducha e hidromassagem, trazido por Valle dos Estados Unidos como a grande novidade do mundo civilizado, é prova disso. Exposta aos olhos dos convivas, jamais funcionou como deveria, devido à fraca pressão de água."[24] Enquanto isso, do outro lado da cidade, se expandiam bairros operários como o Brás, Mooca, Belenzinho, Bom Retiro, ou seja, aqueles diretamente ligados à realidade das fábricas, em terrenos mais baratos, próximos às várzeas, seguindo as estradas de ferro.

Esta delimitação do espaço recrudesceu os locais específicos de moradia e trabalho a determinados grupos sociais, da mesma forma que também foram reproduzidos os espaços destinados às elites. Por esta razão, como apontado anteriormente, as ações sanitárias foram dirigidas primeiramente sobre a remoção e saneamento dos elementos físicos que poderiam causar a difusão de doenças, por meio da eliminação da água estagnada, que gerava putrefação; do lixo; dos esgotos; das habitações e dos cortiços superlotados, com pouca ventilação e pouca higiene etc. Por isso, as áreas localizadas próximas aos rios, várzeas, charcos foram consideradas insalubres e, por extensão, comercialmente inviáveis do ponto de vista do mercado imobiliário.

---

23   Odette Carvalho de Lima Seabra. *Os meandros dos rios nos meandros do poder. Tietê e Pinheiros: valorização das várzeas na cidade de São Paulo.* São Paulo: Tese de Doutoramento, FFLCH, USP, 1987, p. 28.

24   Marcia Camargos. *Op. cit.*, p. 59.

Mesmo diante de inovações como as descobertas da microbiologia, a utilização da concepção baseada dos miasmas teve longa "utilidade", e grandes áreas localizadas próximas às várzeas – como a várzea do Carmo, a várzea de Pinheiros – representam os exemplos desse discurso, muito bem explorado pelo mercado imobiliário. "Varíola, cólera, febre amarela e tifóide e tuberculose eram moléstias comumente encontradas nos bairros próximos às ferrovias, nos centrais de Santa Ifigênia e Bela Vista, e nos médios como Santa Cecília, Vila Buarque e Consolação. Os relatórios do Serviço Sanitário deixam claro que o Estado e o Município procuravam redistribuir o espaço da cidade mediante sua divisão em zonas funcionais, valendo-se da topografia acidentada e do grau de salubridade que os terrenos proporcionavam. Médicos e engenheiros forneceram o diagnóstico."[25]

Nestas condições, o direcionamento da expansão urbana na capital paulista se esbarrava em elementos naturais que se transformavam cada vez mais em obstáculos a serem enfrentados. Nos meandros destes enfrentamentos, as águas da cidade sofreram diretamente com as intervenções na tentativa de afastá-las e transpô-las, pois contribuíam para a reprodução de "sujeiras" físicas e morais, mas também obstruíam o crescimento urbano, a circulação etc.

Os bairros, as casas e, principalmente, os cortiços tornaram-se focos de ação do Estado na medida em que suas condições sanitárias passavam a ameaçar a vida urbana. Além de combate às aglomerações que misturassem diferentes funções urbanas, também se combatia a aglomeração entre os "diferentes", isto é, entre classes sociais diversas numa mesma região, e tal preocupação nada mais era que a representação "dos novos conhecimentos científicos sobre saúde e higiene, mais que tudo, as elites buscavam as zonas altas, arejadas, limpas nas quais as doenças seriam evitadas."[26]

Ao relacionar a ocupação do espaço da cidade em correspondência com os discursos médico-científicos, alguns autores consideram-na como o gerador de um processo de *segregação geográfica*, através da qual a população considerada perigosa teve seus destinos

---

25   Maria Cecília Naclério Homem. *O palecete paulistano e outras formas de urbanas de morar da elite cafeeira*. São Paulo: Martins Fontes, 1996, p. 119-120; Silvia Ferreira Santos Wolff. *Jardim América. O primeiro bairro-jardim de São Paulo e sua arquitetura*. São Paulo: Tese de Doutoramento, FAU, USP, 1998, p. 47. Já Richard Morse aponta que antes de 1913 grandes áreas de terrenos eram compradas a baixo preço "para fins particulares, ou eram tomadas pelo sistema de grilos. Eram arruadas segundo o estilo de 'xadrez', sem qualquer relação com a topografia (...) e vendidas em lotes." Richard Morse. *Formação histórica de São Paulo. Da comunidade à metrópole*. Trad., São Paulo: Difel, 1970, p. 248 e segs. e 365-366.

26   Silvia Ferreira Santos Wolff. *Op. cit.*, p. 47. Sobre esse efeito "homogeneizador" ver também Ronei Bacelli. *A presença da Companhia City em São Paulo e a implantação do primeiro bairro-jardim*. São Paulo: Dissertação de Mestrado, FFLCH, USP, 1982, p. 15 e segs.; Paulo César Garcez Marins. *Op. cit.*, p. 175.

iniciais (de moradia) já determinado nos primeiros momentos de ocupação, assim sendo, o lugar de cada um na cidade já estava definido antes mesmo do final da década de 1920. Diferentemente, outros autores apontam que houve um *processo segregacionista* na cidade, segundo o qual a população foi obrigada a buscar moradia, *durante a Primeira República*, que correspondesse a sua capacidade financeira. Segundo esta interpretação, esse processo só mostrou um relativo fim no decorrer da década de 1930, quando se instaurou e consolidou efetivamente o lugar de cada um no interior da *urbe*.

O ponto de vista da segregação geográfica parte da relação existente entre altitude e salubridade, a partir da qual seus respectivos valores comerciais foram estabelecidos segundo suas localizações no interior da cidade, fossem em colinas, em vales ou em baixadas, o que resultou numa ocupação largamente fundada na segregação de pobres e ricos, na qual o preço do terreno/ imóvel ou o aluguel era fator condicionante da ocupação do espaço.[27]

Para os que interpretam a ocupação do ponto de vista do processo segregacionista, da última década do século XIX até meados de 1930, o argumento reside no fato de a cidade não apresentar distanciamentos sociais gritantes neste período, mesmo admitindo a existência de bairros essencialmente de trabalhadores e outros de elite. Segundo esta perspectiva, foi neste intercurso que foram gestados os fundamentos que acabaram por determinar o lugar de cada um no interior da cidade, e este processo atinge seu ápice apenas em meados da década de 1930, quando ocorre a definitiva "demarcação" dos espaços de ricos e de pobres.[28]

---

27   Cláudio Bertolli Filho. *A gripe espanhola em São Paulo, 1918: epidemia e sociedade*. São Paulo: Paz e Terra, 2003, p. 37 e segs.; Joseph Love. *A locomotiva. São Paulo na Federação, 1889-1937*. Trad., Rio de Janeiro: Paz e Terra, 1982, p. 122 e segs.; Luiz Augusto Maia Costa. Op.cit., p. 61-62. Para Bertolli Filho, a questão da ocupação do espaço já havia sido delimitada antes mesmo da incidência da gripe espanhola, com a existência de bairros com populações definidas, enfatiza o pesquisador. Segundo Margarida Maria de Andrade. *Bairros além-Tamanduateí: o imigrante e a fábrica no Brás. Mooca e Belenzinho*. São Paulo: Tese de Doutoramento, FFLCH, USP, 1991, p. 219 e segs., as estratégias de dominação empregadas na cidade pelo Estado e pelos empresários foi de segregação, no qual o principal alvo era o trabalhador imigrante, portanto, já determinando o lugar de cada um. Na mesma linha segue Florentina Alves, em *A mortalidade infantil e as práticas sanitárias na cidade de São Paulo (1892-1920)*. São Paulo: Dissertação de Mestrado, FFLCH, USP, 2001, p. 64, para quem o projeto de cidade dos idealizadores de Higienópolis, Paulista e, posteriormente, do Jardim América era o mesmo que o dos poderes públicos. Para ela, esses novos bairros direcionados à elite tinham implícito um projeto de cidade no qual o espaço fora utilizado de maneira segregada e diferenciada pelas diferentes classes sociais.

28   Lucio Kowarick; Clara Ant. "Cortiço: cem anos de promiscuidade."In: *Novos Estudos Cebrap*. São Paulo: vol.1, nº. 2, 1982, p. 54 e segs.; Raquel Rolnik. "De como São Paulo virou a capital do capital." In: L. do Valladares (org.). *Repensando a habitação no Brasil*. Rio de Janeiro: Zahar,

Vale destacar que a reprodução da segregação social já colocada em prática na cidade desde o fim do século XIX, com consequente homogeneização de vizinhos, foi "radicalizada" com a construção dos bairros-jardins a partir da década de 1910, porém, a efetiva ocupação destes bairros foi um processo que se concretizou e se acentuou ao longo dos anos e décadas. Esse processo, por sua vez, reforçou a diferenciação social no interior da cidade, principalmente "no que concerne aos espaços domésticos e à homogeneização de vizinhanças, gerando uma paisagem que caracteriza São Paulo, diferenciado-a das demais capitais brasileiras."[29] Ao mesmo tempo também determinavam os destinos dos trabalhadores, imigrantes ou não, no momento em que chegavam à cidade, pois estas áreas já estavam postas como territórios economicamente "proibidos" para esta população.

A questão mais óbvia parece residir no fato de que ao trabalhador recém-chegado, imigrante ou não, cabia a procura pela moradia que correspondesse a sua capacidade financeira. Em segundo lugar, principalmente no caso dos trabalhadores imigrantes, que se estabelecessem próximos a seus conterrâneos, o que não exclui o fato de muitos dos imigrantes já estabelecidos abrigarem os recém-chegados, temporariamente ou não, inchando moradias coletivas e contribuindo para o agravamento da insalubridade nas habitações. E, o mais provável, que os dois fatores tenham se coadunado como estratégia de sobrevivência.

Da mesma forma, o simples loteamento de um bairro estritamente dirigido às elites e com acesso aos serviços públicos já pressupõe o local de moradia do grupo social que se deseja, e, consequentemente, do grupo que não se deseja, instaurando o distanciamento dos diferentes. É uma segregação silenciosa e o contrário também se aplica, isto é, o simples fato de os poderes públicos nada implementarem em termos de serviços urbanos em determinados bairros também resulta na não-capitalização dessas terras, o que congrega e iguala vizinhos, segregados de outras regiões. Vale ressaltar que nas propagandas da maioria dos loteamentos lançados na cidade durante as primeiras décadas do século XX, os empreendedores sempre fizeram questão de mencionar a condição salubre do empreendimento e da região que o abrigava, dotadas de serviços públicos, como água, esgoto, luz, bondes etc., além de serem projetadas para receber todo "o ar puro da região", na tentativa de agregar valor aos loteamentos e imóveis postos à venda.

À luz dos loteamentos imobiliários lançados na cidade, portanto, a problemática se expande, obrigando a repensar quais os elementos que fundamentavam a valorização e a ocupação de dadas áreas em detrimentos de outras. Mesmo reconhecendo a relevância dos fundamentos que regem a ótica da segregação geográfica – que também se aceita aqui

---

1983, p. 112 e segs.; Nabil George Bonduki. "Origens do problema da habitação popular em São Paulo: primeiros estudos." In: *Espaço e Debates*. São Paulo: vol. 2, nº. 5, 1982, p. 81 e segs.

29   Paulo César Garcez Marins. *Op. cit.*, p. 180.

como base para valorizações e especulações –, parece exagerado tomá-la como argumento único e estanque para afirmar que ele foi o responsável pela delimitação do espaço de cada um já no decorrer da Primeira República.

Além disso, do ponto de vista das intervenções oriundas do setor público, as diversas reformas que foram colocadas em práticas em São Paulo nas últimas décadas do século XIX e primeiras do século XX, em nome da salubridade ou do embelezamento, na maioria das vezes deslocaram populações indesejadas para outros lugares, e assim promoveram suas respectivas valorizações. A partir de então, estas áreas poderiam ser reutilizadas para outros empreendimentos imobiliários, outras funções com outros valores, pois representavam a oportunidade de (re)capitalização da renda do solo urbano.[30]

Além disso, há que se ter em perspectiva que a população residente no centro da cidade, principalmente a classe média bem sucedida, acompanhava as mudanças econômicas e urbanas em curso, e muitas delas buscavam outras áreas de residência na medida em que o centro se avolumava em serviços e movimentos, dando vazão a deslocamentos residenciais que demonstram a dinâmica da capital paulista.[31] Era uma mobilidade espacial devidamente acompanhada de mobilidade socioeconômica, que atingia a todas as parcelas da população. Se por um lado, esse processo permitia a criação de novos bairros dotados ou em processo de infraestruturação; por outro, também gerava uma demanda por moradias em áreas mais distantes e, por isso mais baratas, porém, nem sempre acompanhadas por serviços públicos.

Esta mobilidade, pelo lado dos trabalhadores, encontrava fundamento direto na precariedade das condições de suas vidas. De qualquer forma implicou na expansão de áreas periféricas da cidade, pois como expulsos de uma dada região, automaticamente acabaram buscando outras áreas mais em conta para o seu estabelecimento, gerando serviços e funções diversas nestas áreas, como fez o sr. Amadeu, que argumenta que "o progresso da periferia começou porque no centro já estava ficando difícil morar." O fato deu vazão ao desenvolvimento do comércio e a ocupação de casas alugadas em outras regiões, onde "as pessoas mudavam para pagar um aluguel mais barato. Iam para a Penha, para a Lapa, para o Ipiranga." Enquanto isso, iluminavam "a avenida São João, isso foi depois do Martinelli. Me lembro do calçamento da praça Clóvis Bevilacqua, que era descalça. A Catedral levou vinte anos para terminar."[32]

---

30   Raquel Rolnik. *Op. cit.*, 1992, p. 43.

31   Marisa Midori Daecto. *Comércio e vida urbana na cidade de São Paulo (1899-1930)*. São Paulo: Senac, 2002, p. 18.

32   Depoimento do Sr. Amadeu [ele nasceu em 30 de novembro de 1906, na rua Carlos Garcia, 26]. In: Ecléa Bosi. *Memória e sociedade. Lembranças de velhos*. 10.ed., São Paulo: Companhia das Letras, 1994, p. 140.

Esta mobilidade demonstra a dinâmica centrífuga da urbanização a partir da colina histórica, do Triângulo, que trazia em seu bojo não somente os fatores de expulsão de populações – em nome do saneamento físico –, mas também de funções, negócios – em nome do saneamento moral – e, ainda, de prédios e instituições responsáveis pela reprodução da representação da riqueza paulista. Em todas estas dimensões, portanto, há que considerar as sucessivas construções, substituições e sobreposições que a dinâmica urbana impunha.[33]

Assim, mesmo aceitando o argumento de que a ocupação do espaço em relação à salubridade serviu aos interesses dos agentes privados interessados na valorização do solo urbano durante todo o período em questão, não se pode deixar de lado outros importantes fatores que permitem relativizar abordagens pragmáticas, de modo a apreender as diversas facetas do processo. Neste sentido, vale partir das considerações de Petrone quando reconhece que o baixo valor das áreas consideradas várzeas onde se instalaram as primeiras fábricas e indústrias conferiram-lhes o caráter de ponto de irradiação da ocupação ulterior; entretanto, afirmar que tal fato foi o único responsável pelo processo de expansão, ocupação e sedimentação do espaço de cada um na cidade também se configura uma afirmação exacerbada, pois deixa de considerar outros fatores de extrema relevância para o entendimento da urbanização da cidade.

Os serviços que proporcionaram a salubridade na capital paulista (serviços de água e esgotos; da limpeza urbana; das obras de retificação e canalização dos rios com o saneamento de suas várzeas), incorporaram largas faixas de terra antes majoritariamente habitadas por moradores ribeirinhos ao mercado imobiliário.[34] Estes fatores estiveram diretamente inter-relacionados com o processo de loteamento e surgimento de bairros, o qual direcionou a ocupação e a expansão urbana da cidade de São Paulo. Da mesma forma, a ação do capital privado na cidade também foi diretamente responsável pela valorização e

---

33   A ideia está embasada nas considerações apresentadas por Fraya Frehse. *O tempo das ruas na São Paulo de fins do Império*. São Paulo: Edusp, 2005, p. 148-149. Segundo ela "não se pode esquecer que o processo de urbanização tende a varrer lenta mas gradativamente do território urbano as chácaras rurais e semi-rurais. Ao mesmo tempo, faz desaparecer casas (e portanto quintais), que são engolidos por ruas novas, mais largas e longas. Nesse contexto, as atividades de subsistência – e mesmo de saneamento –, que sempre que possível eram realizadas dentro dos próprios quintais, passam a contar com espaços cada vez mais restritos", p. 181.

34   Para Odette Seabra, o processo de incorporação das áreas de várzeas da cidade de São Paulo, situadas ao longo dos rios Pinheiros e Tietê, foram anexadas ao conjunto da cidade com o objetivo de se abrigarem usos econômicos. O saneamento destas áreas foi fator que redefiniu o significado das várzeas no contexto urbano. Segundo a autora, tal processo surgiu inicialmente visando melhorar as condições sanitárias da cidade, depois como meio de atenuar as enchentes e, finalmente, como forma de "melhoramento" urbano. Odette Carvalho de Lima Seabra. *Op. cit.*, 1987, p. 109-110.

ocupação do solo urbano, incluindo as empresas do setor e, ainda, a própria Light, que teve fundamental papel neste processo.

Por esta razão Raymundo Duprat chamava a atenção para os pontos em que a cidade parecia direcionar sua expansão, em 1911, cuja maior ênfase recaía sobre a região oeste da cidade:

> A corrente de circulação mais importante que apresenta a cidade é a que provêm dos bairros do quadrante Oeste (Villa Buarque, Santa Cecília, Perdizes, Palmeiras, Hygienopolis e parte da Consolação). Essa corrente é representada, nos carros da Light & Power, por 40% do numero total dos seus passageiros. Não é de surprehender, desde que esses bairros são os preferidos pelas classes cujos affazeres as obrigam a vir diariamente ao centro. Tende essa corrente a avolumar-se cada vez mais, pois que é para o lado Oeste que o crescimento de cidade se accentúa.
>
> É desse lado, representado no 'Triangulo' pela rua de São Bento, que a congestão do centro se manifesta com maior intensidade. Cumpre augmentar-lhe a capacidade das vias de accesso e a facilidade de circulação nas mesmas, que tem sempre, entretanto, de transpor a depressão do Anhangabahú. Dahi a preferencia que a respectiva corrente manifesta em canalizar-se pelo Viaduto do Chá...

Nas observações do prefeito também havia referências à necessidade de abertura de uma série de vias de circulação com objetivo de responder à demanda gerada na região oeste, as quais deveriam estar de acordo com os planos de melhoramentos em discussão e em execução na cidade, pois

> ...um exemplo mostral-o-á claramente. Vae em breve ser dado inicio á execução das obras que uma empresa particular tem em projecto para constituir no Valle do Pacaembú um grande bairro modelo (de cerca de um milhão de metros quadrados dos quaes um terço destinado a ruas e jardins). A linha mestra desse bairro é formada por uma larga avenida que, em prolongamento da avenida Paulista, desce a encontrar-se com a avenida Hygienopolis. Prolongada de cerca de quatrocentos metros, essa avenida desemboccaria na que acima foi descripta. Ahi estaria naturalmente creado em circuito de passeio, como poucas cidades poderiam apresentar.

Sahindo do centro, do largo do Palacio pela nova rua que conduz á Moóca e tomando á esquerda as avenidas marginaes ou Tamanduatehy, encontrar-se-ia, já no começo, o parque do Carmo, em inicio de execução, e poder-se-ia seguir até a Ponte pequena. Subindo depois a avenida Tiradentes e atravessando o Jardim Publico, passando pelas estações da Luz e Sorocabana, ter-se-iam as avenidas seguindo avenidas S. João e Palmeiras, a do Pacaembú com panorama de Hygienopolis, a paulista com o Parque e o belvedere já adquiridos e, regressando ao centro por Brigadeiro Luiz Antonio ou Liberdade, passar-se-ia pelo 'Centro Civico', o novo Triangulo e o 'Corso do Valle do Anhangabahú. Ou, seguindo pelas avenidas marginaes em direcção ao Sul, ter-se-ia, ao todo do prolongamento da avenida Pedro I, que já está decretada pela Camara, o monumento do Ypiranga. Parece que nenhum erro seria commettido criando desse lado o grande parque que hoje nos falta, aproveitando para tal fim a opportunidade de festejar o Centenario de 1822, por meio de uma exposição, nos terrenos em volta ao mais importante monumento tradicional desta terra.[35]

Neste quadro, parece inevitável tratar o processo de ocupação do solo em perfeita correlação com as intervenções públicas e as oportunidades de negócio que se abriam tanto ao capital estrangeiro quanto para o capital nacional, que juntos aumentavam proporcionalmente a demanda por serviços públicos. A atividade imobiliária, assim, se tornava cada vez mais um negócio atraente. Por outro lado, os investimentos em imóveis apresentavam-se menos custosos se comparados a investimentos produtivos ou em empresas de serviços públicos, o que viabilizava sua investida para pequenos capitais.

A existência dessa demanda é explicada, em parte, pelo fato de os detentores da riqueza gerada pelo complexo econômico cafeeiro serem capazes de se interessar por investimentos em serviços públicos, como ferrovias, indústrias, bancos, seguradoras etc., além do mercado imobiliário. Essa alternativa ao mercado cafeeiro respaldaria a abundância de capital disponível para outros setores nos momentos de refluxos do mercado cafeeiro.[36]

---

35   Alesp – Relatorio de 1911 apresentado á Camara Municipal de São Paulo pelo Prefeito Raymundo Duprat. São Paulo: Casa Vanorden, 1912, p. 18-21.

36   Maria Claudia Pereira de Souza. *O capital imobiliário e a produção do espaço urbano. O caso da Cia. City*. São Paulo: Dissertação de Mestrado, FGV, EAESP, 1988, p. 42 e segs.; Warren Dean. *A industrialização de São Paulo (1880-1945)*. Trad., 2. ed., São Paulo: Difel, 1971, p. 45-46, 75, 122; Wilson Cano. *Raízes da concentração industrial em São Paulo*. 4. ed., Campinas: I.E.,Unicamp, 1998, p. 69.

Companhias imobiliárias e ocupação do espaço

A dinâmica inerente da capital paulista no campo da atividade imobiliária, em curso desde a última década do século XIX, despertava cada vez mais o interesse dos detentores de capitais oriundos dos mais diferentes setores, que os aplicavam também em diversas áreas ligadas ao mundo urbano e, dentre elas, as empresas imobiliárias, que passaram a receber vultuosos investimentos.

Entre as empresas que surgiram logo no início do século XX estava a Cia. Urbana Predial, responsável pelo loteamento que deu origem ao bairro Pompeia, localizada entre a atual Lapa e Perdizes, cuja origem dos terrenos remonta à antiga fazenda Bananal.

A Cia. Urbana Predial é um dos exemplos de empresas devidamente registradas na Junta Comercial do Estado de São Paulo que tinha como objeto de atuação "serviços de administração, locação, arrendamento, loteamento e incorporação de bens imóveis", cuja fundação data de 13 de outubro de 1910. As únicas informações encontradas sobre esta empresa e sua composição indicam que, em fevereiro de 1936, Licio R. Miranda era o presidente; Albino Eugenio de Moraes, o gerente; e Ormindo Azevedo, o tesoureiro.[37]

A Cia. Urbana Predial lançou o empreendimento sob o nome de Villa Pompeia em abril de 1914, numa área que totalizava 500 mil m^2 e que podiam ser adquiridos por meio de prestações mensais. Durante o mês de abril de 1914, a Cia. Urbana Predial vendia um terreno de 5 por 50 metros por 200$000 de entrada e o restante, 800$000, parcelados em 47 vezes de 17$000 ao mês, o que totalizava 1 conto de réis, ou 4$000 por m^2 de terreno.

Outro exemplo de empresa especializada no setor, e que desempenhou fundamental papel na ocupação do tecido urbano da cidade de São Paulo foi a City of São Paulo Improvements and Freehold Land Co., criada em 1911-1912, originária da associação de capitais estrangeiros, franceses e ingleses, associados aos interesses dos empresários paulistas.[38]

Seu surgimento remonta ao contexto da discussão sobre as melhorias no vale do Anhangabaú, quando Victor da Silva Freire convidou Bouvard à emitir o parecer sobre as melhorias em discussão. Logo após a emissão do parecer, Bouvard foi convidado a prestar

---

37 Jucesp – Registro de Sociedade Anônima na Junta Comercial do Estado de São Paulo – Cia. Urbana Predial. Infelizmente neste mesmo registro não constam os nomes de seus fundadores nem o capital social da empresa.

38 Nicolau Sevcenko. *Orfeu extático na metrópole. São Paulo: sociedade e cultura nos frementes anos 20.* São Paulo: Companhia das Letras, 1992, p. 126; José Murari Bovo. *Desenvolvimento econômico e urbanização. Influência do capital inglês na estrutura urbana de São Paulo.* São Paulo: Tese de Mestrado, FFLCH, USP, 1974, p. 74; Lucy Maffei Hutter. "Flashes de São Paulo nas primeiras décadas do século XX: a cidade e o imigrante italiano." In: Marta Rossetti Batista; Márcia Elisa de Campos Graf (orgs.). *Cidades Brasileiras II. Políticas urbanas e dimensão cultural.* São Paulo: IEB, USP, 1999, p. 135; Paulo César Garcez Marins. *Op. cit.*, p. 180 e 181.

consultoria a um grupo interessado em investir em terras, fossem elas urbanas ou rurais. Desta consulta nasceu a proposta de criação de uma companhia voltada à exploração imobiliária que deu origem à Cia. City.

Entre seus acionistas estavam o Lord Balfourd, governador do Banco da Escócia e Presidente da São Paulo Railway, além de outros diretores da mesma companhia ferroviária, de bancos e, ainda, diretores da Cia. Light, grande interessada no parcelamento da cidade; Edouard Fontaine de Laveleye, negociante europeu detentor de uma empresa no Estado do Paraná, que também possuía ações do Porto Bahia e da South Brazilian Railway Co.; Campos Salles, ex-presidente da República e senador por São Paulo.

Também participaram do empreendimento Cincinato César da Silva Braga, ex-vereador e negociante de terras; Horácio Belfort Sabino, capitalista, político em São Paulo e proprietário de grandes extensões de terras na capital. Estes, por sua vez, já se dedicavam ao setor imobiliário na cidade de São Paulo há alguns anos, após lotearem extensas áreas na região do espigão da avenida Paulista, respectivamente a Vila Nova Tupi e a Vila América.[39]

O negócio com terras na cidade de São Paulo era algo bastante fluido e promissor nos primeiros anos do século XX e foi justamente o que Bouvard visualizou. E o caso de Horácio Belford Sabino e sua participação da Cia. City representa justamente a atratividade deste setor.

Antes de se envolver com a City, Sabino havia criado a Companhia Edificadora Villa América que, utilizando-se de terras próprias, herdadas de seu sogro, Augusto Milliet, e outras que adquiriu nas adjacências, loteou em 1910 a Vila América, abrangendo a atual alameda Santos até rua Estados Unidos, e da Pe. Manoel à avenida Rebouças. No ano seguinte, a Cia. Edificadora Villa América ainda adquiriria outros 960 mil m^2 de terras dos herdeiros do coronel Ferreira da Rosa, referente à chácara Bella Veneza; enquanto outra parte desta chácara fora vendida ao coronel José Romão Junqueira e a Polycarpo Pinto Correa.

No ano seguinte (1912), a Cia. City comprou estas terras da Cia. Edificadora Villa América, de Horácio Sabino – que por sua vez era acionista da City –, em 1914, as terras de José Romão e, em 1917, as de Polycarpo Correa. No total, em 1912, a Cia. City possuía sob seu domínio, mediante contatos mediados por Victor da Silva Freire, cerca de 12.380.098 m^2 de terras, representando cerca de 37% da área urbana da cidade de São Paulo naquele momento.[40]

---

39   Plínio Barreto. Uma temerária aventura forense: a questão entre D. Amália de Moreira Keating e a City of San Paulo Improvements & Freehold Land Co. Ltd. – allegações finaes do advogado desta última. São Paulo: Revista dos Tribunais, 1933, *apud* Maria Claudia Pereira de Souza. *Op. cit.*, p. 34; Silvia Ferreira Santos Wolff. *Op. cit.*, p. 45.

40   Ronei Bacelli. *Op. cit.*, p. 23 e segs.; São Paulo (cidade). História dos bairros de São Paulo. Jardim América, *apud* Maria Claudia Pereira de Souza. *Op. cit.*, p. 36; Silvia Ferreira Santos Wolff. *Op. cit.*, p. 63-64.

É interessante notar que nos meandros do "vende e revende" das terras que deram origem ao primeiro bairro-jardim de São Paulo, as terras se valorizaram acima do normal numa tramitação curiosa. Quando a Companhia Edificadora Villa América adquiriu as terras, em 1911, ela pagou pelo metro quadrado a quantia de $389. No ano seguinte, a Cia. Edificadora Villa América revendeu estas mesmas terras a Edouard Fontaine de Laveleye, membro fundador da Cia. City junto com Horácio Sabino (também membro fundador da Cia. City), pela quantia de $778 o metro quadrado. Laveleye, por sua vez, revende estas mesmas terras pelo valor de 1$127 o metro quadrado para a Cia. City. Neste percurso, vale ressaltar, nenhum tipo de melhoramento fora realizado na região.

Um dos pontos mais interessantes deste processo foi o fato de que a transação realizada entre Laveleye e a City, pelo valor de 1$127 o metro quadrado, ter sido pago com debêntures e ações, o que poderia estar relacionada "à própria constituição do capital para o funcionamento da companhia".[41] De qualquer forma é inegável que tiveram grande margem de lucro, tanto Laveleye, por ter "adiantado" o capital necessário para a formação da Cia., quanto a própria empresa, que inflacionou o valor destas terras artificialmente e agregou-lhe um valor inicial inexistente, perante ao mercado e ao capital integralizado. Já quanto a Horácio Sabino, ele aparece citado no relatório da Light de 1924, como representante de outra empresa do ramo, a Companhia Cidade Jardim, empresa que contratou, em 1923, a extensão da linha de bondes rumo a um loteamento chamado Cidade Jardim.

Nas áreas que a City adquiriu foram empreendidos vários loteamentos, dando origem a bairros de alto padrão na sua maioria, os quais foram direcionados à parcela economicamente mais alta da população, como o Pacaembu (1913), Jardim América (1915), Alto da Lapa (1921), Bella Aliança (no Alto da Lapa, em 1921), Alto de Pinheiros (1925), Villa Romana (1928), Lapa e Perdizes (sem definição de data).[42] A área que compreendia a Villa Nova Tupy (1914), também de propriedade da Cia. City, foi vendida antes de se realizar nela qualquer tipo de melhoria urbana.[43]

Convém assinalar que a Cia. City possuía largas faixas de terrenos na região do Anhangabaú, região valorizada do centro da cidade e que passou por melhorias ao longo da década de 1910, as quais foram postas à venda em fevereiro de 1929. O terreno mais barato desta região foi vendido a 62 contos de réis. No caso do loteamento que deu origem ao bairro-jardim chamado de Jardim América convém destacar que a região compreendia

---

41   Maria Claudia Pereira de Souza. *Op. cit.*, p. 100-102.

42   Todas as datas de lançamentos dos loteamentos da Cia. City são de Maria Claudia Pereira de Souza. *Op. cit.*, p. 69, exceto a Vila Romana que foi mantida a data do primeiro anúncio publicado no Jornal *O Estado de S. Paulo*, como sendo disponibilizado ao mercado em 1928 e não 1948, conforme aponta a autora.

43   Mesmo assim a Cia. City chegou a publicar propaganda do loteamento no Jornal O Estado de São Paulo. AESP – Jornal O Estado de São Paulo. 30 de março de 1914, s/p.

uma vasta área considerada insalubre, mas com a drenagem do terreno, iniciada por volta de 1913, foi possível a abertura das suas primeiras ruas.[44]

Em termos urbanísticos, um dos diferenciais da City que marcou tanto a paisagem urbana quanto o setor imobiliário na cidade foi a introdução do conceito de *garden-city*, cidade-jardim, que em seu dimensão diminuta resultou nos chamados bairros-jardins. Originalmente, o sucesso das cidades-jardins remonta às teorias de Ebenezer Howard e das experiências de Letchworth (Inglaterra), a primeira cidade-jardim. Ao mesmo tempo, o termo também ganhou notoriedade em função da paisagem urbana de Hampstead, um subúrbio de Londres. Em ambos os casos, os desenhos foram realizados por Raymond Unwin e Barry Parker, em 1903. E foram justamente estes dois arquitetos que desenharam o primeiro bairro-jardim de São Paulo, o Jardim América.

Na sua origem, ela foi pensada e projetada como alternativa à construção de bairros populares para os trabalhadores, onde estes alugariam suas casas por intermédio de cooperativas especialmente criadas para esse fim. Junto aos projetos que se desenvolveram, o serviço de transporte público, fosse metrô, trem, ou qualquer outra forma de transporte, estava intimamente conjugado ao conjunto do bairro e da cidade, pois com a existência funcional dos transportes, a ligação entre os então distantes bairros-jardins estaria solucionada.

Desde sua concepção como cidades-jardins até o seu redimensionamento a bairros-jardins, eles foram construídos sob as mais diferentes formas, como bairros para trabalhadores, por industriais que empreenderam para seus operários etc. No caso de São Paulo, o bairro-jardim que se denominou Jardim América foi uma construção tipicamente voltada à elite de sua época, com objetivo "imobiliário comercial", sem nenhuma pretensão de reduzir déficit habitacional ou criar moradias para trabalhadores, a "City não se aproximou, a não ser esporadicamente, da busca por habitações dignas para os trabalhadores".[45]

As relações da empresa com a municipalidade eram extremamente proveitosas para a City, entre elas estava a exploração do cascalho das margens do rio Pinheiros a partir de 1926, por meio de sua subsidiaria "Companhia Industrial Pinheiros", que utilizava o mineral na construção das vias de seus empreendimentos.

A empresa utilizou-se ainda de outros expedientes, revelador da grande influência e do poder econômico e político que possuía, financiando concessionárias de serviços públicos e até mesmo o próprio Estado para que fossem instalados serviços públicos em seus loteamentos, como iluminação, gás, bondes elétricos e redes de água e esgoto. Desde seus primeiros empreendimentos até 1937, a Cia. City aplicou um montante de 3.737:062$285 em serviços públicos (luz, água, esgoto, gás e bonde), por intermédio

---

44   Maria Claudia Pereira Souza. *Op. cit.*, p. 82.

45   Silvia Ferreira Santos Wolff. *Op. cit.*, especialmente o Capítulo 1 – A tradição das cidades-jardins e dos subúrbios ajardinados, p. 19 e segs.

desses financiamentos às concessionárias de serviços públicos e também aos órgãos públicos. Deste total, a empresa havia recuperado, ao final de 1937, cerca 3.245:563$875, restando em balanço 491:498$410 a restituir e, ainda, outros 635:875$304 contabilizados como irrestituíveis, ou seja, a fundo perdido.[46]

Entre as propostas da Cia. City no início de sua atuação na cidade estava o oferecimento de loteamentos a todas as faixas econômicas da população. O caso dos loteamentos que deram origem ao bairro Alto da Lapa, Bella Aliança e Alto de Pinheiros representam esta dimensão, pois inicialmente seriam dirigidos à classe média; enquanto a Villa Romana e o Butantã deveriam ser direcionados aos trabalhadores,[47] seriam os bairros *além-Pinheiros*.

Comumente, a City é enfocada pela maioria dos estudos sobre a expansão urbana de São Paulo com uma das maiores responsáveis pela ocupação e valorização do espaço urbano da capital paulista. Luiz Augusto Maia da Costa, por exemplo, aponta o processo de fragmentação das chácaras como a gênese da especulação conhecida na cidade de São Paulo, porém, para ele, o auge do processo especulativo acontece por volta de 1910, quando ocorre a transação envolvendo os 12 milhões de metros quadrados de áreas negociadas na cidade, resultado da criação e entrada no mercado imobiliário da Cia. City.[48]

A observação do autor não deixa de ser relevante no tocante à especulação empreendida nesse momento, entretanto, mesmo considerando a grande influência desta empresa na cidade, outras importantes corporações também atuaram de modo marcante no setor imobiliário da capital, caracterizando-o como um setor bastante fluido e lucrativo desde a última década do século XIX, ainda sob o Encilhamento e seus efeitos.

Desta forma, os inúmeros loteamentos lançados a partir de então permitem ampliar o escopo dos agentes privados envolvidos na ocupação, valorização e especulação do espaço urbano da cidade de São Paulo. Por isso, centrar a ênfase unicamente sobre os negócios em que a Cia. City esteve envolvida pode obscurecer a compreensão do processo como um todo, pois outras empresas e pessoas se dedicaram a este lucrativo mercado, antes e depois da fundação da Cia. City, o que não enfraquece, por assim dizer, sua grande relevância no setor no período.

Assim, há que relevar a importância ímpar das intervenções sobre as águas que atravessavam a cidade, servindo ao consumo da população, provocando enchentes e "doenças",

46 Sobre os acordos, parcerias e convênios ver especialmente o tópico "Jardim América: produção e comercialização do primeiro bairro-jardim de São Paulo", de Maria Claudia Pereira de Souza. *Op. cit.*, p. 85, 104, 148-149.

47 City of São Paulo Improvements & Freehold Land Co. Ltd. Resumo estatístico de obras e serviços públicos feitos pela Companhia City, inteiramente á sua custa, ou por ella promovidos mediante contribuições e financiamentos. São Paulo, abril de 1937. *Apud* Maria Claudia Pereira de Souza. *Op. cit.*, p. 174 e segs.

48 Luiz Augusto Maia Costa. *Op. cit.*, p. 61 e segs.

obstruindo a expansão, ou ainda servindo para geração de energia elétrica etc., como elemento central para a compreensão do processo de ocupação da cidade em meio à instauração da ocupação do solo. Tomando-as desde as obras de retificações e canalizações dos rios até as intervenções e prol da salubridade da cidade, incluindo os serviços de abastecimento e coleta de águas, elas revelam uma faceta interessante quanto associada os interesses do capital privado.

Isto posto, de uma lado a situação era caracterizada pela dinâmica de formação dos bairros-jardins, enquanto de outro largas parcelas da população lutavam por acesso e condições mínimas de vida e a moradia representava o locus onde a insalubridade também marcava a vida desta população.

Tão patente era o problema que a moradia, enquanto condição básica de vida, era um dos temas recorrentes nas memórias daqueles que viveram em São Paulo nos anos iniciais do século XX, principalmente quando o problema teve papel central em suas lutas pela sobrevivência diária. Por isso mesmo, a moradia destinada aos trabalhadores foi um tema que ocupou largamente as pautas de discussões tanto das autoridades públicas quanto dos próprios trabalhadores desde que as primeiras indústrias começaram a surgir na cidade, justamente quando os problemas decorrentes de seu déficit acarretaram na proliferação de moradias coletivas, cortiços etc.

Na tentativa de controlar a ocupação do espaço citadino, a Câmara tratou de legislar e regulamentar a construção, a abertura de ruas, os serviços públicos e o problema da salubridade. Se estas regulamentações foram eficazes ou não elas devem ser compreendidas como parte do processo de crescimento urbano e industrial. Neste sentido, a Câmara discutiu e aprovou uma série de medidas oficiais que representavam interesses diversos, ora sanitários ora econômicos ou ainda socioculturais, a partir dos quais emergiram negócios, construções, representações, estratégias e conflitos de todas as ordens e interesses.

O Código de Posturas de 1886, por exemplo, trazia em suas regulamentações a definição e a delimitação do perímetro urbano – que devia obedecer a uma série de regras de alinhamento –, e do rural – onde as construções podiam acontecer sem regulamentações. Nesta linha demarcatória de territórios se reforçava a geografia social da cidade, onde, no circuito interno – no urbano – deveriam estar o comércio, as fábricas (desde que não incomodassem) e a moradia das elites; enquanto fora dele, na área considerada rural, estaria o restante de tudo que fosse indesejável, sujo e perigoso. O Código também tratava do arruamento ou loteamento, da abertura de ruas por particulares para a venda dos lotes que, sendo na área urbana obrigatoriamente deveriam atender às prescrições da lei, enquanto na zona rural não se fazia necessário obedecê-las, por outro lado, na área rural também não podiam contar com os serviços públicos de calçamento e pavimentação, promovidos pela municipalidade. De qualquer forma, a primeira forma utilizada para proibir a instalação dos cortiços, por meio da legislação, foi postulada pelo Código de Posturas de 1886 e reiterada pelo Código de Sanitário de 1894, que proibia em absoluto a construção dos cortiços na zona central e autorizava a construção de vilas operárias fora da aglomeração urbana.

Em 1893 foi promulgada uma lei como resposta às condições insalubres que se encontravam muitas moradias localizadas no centro da cidade. Era a Lei nº 64, de 16 de outubro de 1893, que tinha como objetivo a cobrança um imposto sobre cortiços localizados no centro da cidade, e um imposto reduzido, em outras áreas distantes do centro da cidade. O objetivo era deter e expulsar os moradores encortiçados alocados no centro. A lei vinha reforçar o que já previa o Código de Posturas de 1886, e também foi reiterado pelo Código Sanitário de 1894.

Em 1900, outra lei municipal, sob nº 498, chegou a oferecer isenção de impostos municipais aos proprietários que construíssem vilas operárias de acordo com o padrão municipal, sob a prerrogativa de que fossem localizados fora do perímetro urbano. Em 14 de novembro de 1901 foi aprovada a Lei nº. 553, que autorizava a prefeitura a contratar uma empresa que empreendesse a construção de casas, vilas operárias e núcleos coloniais. A lei foi revogada em 13 de setembro de 1902. Em 1908, uma nova lei foi aprovada, sob nº. 1.098, concedia favores para aqueles que construíssem casas operárias. Em todos os casos, contudo, não houve sucesso na sua implantação.[49]

A cidade apresentava disparidades que se refletiam como num espelho, que mostra a mesma imagem, porém, invertida. De um lado existia a cidade agradável, como relembra o sr. Ariosto, que conta que a "Avenida Paulista era bonita", com calçamento, palacetes, já as outras ruas eram "semicalçadas", com árvores e matas, onde à noite os lampioneiros iam acender os lampiões e de madrugada voltavam para apagá-los. Nas imediações destas ruas nasceu o sr. Ariosto, em 1900, mais especificamente na rua Antonio Carlos, uma travessa da avenida Paulista, onde existiam poucas casas, com distancias de até 500 metros uma da outra e com pé-direito alto.[50]

Enquanto isso, em outro lado, principalmente além-Tamanduateí, na região do Brás, Cambuci, Belenzinho, Mooca, Pari "era tudo uma pobreza, ruas sem calçadas, casas antigas, bairros pobres. A iluminação tinha, era feita por lampião a querosene", conta o sr. Amadeu, que nasceu na rua Celso Garcia, no Brás, em 1906. Era distante para se chegar ao centro da cidade, sendo preciso passar inevitavelmente por "um matagal, que hoje é o Parque D. Pedro, onde está o Palácio 9 de Julho", depois tinha que atravessar o rio Tamanduateí, "era um lugar lamacento, perigoso", relembra o sr. Amadeu.[51]

---

49   Márcia Lúcia R. R. Dias. *Desenvolvimento urbano e habitação popular em São Paulo (1870-1914)*. São Paulo: Nobel, 1989, p. 61; Raquel Rolnik. *Op. cit.*, 2003, p. 46 e segs.

50   Depoimento do Sr. Ariosto. In: Ecléa Bosi. *Op. cit.*, p. 161.

51   Depoimento do Sr. Amadeu. In: Ecléa Bosi. *Op. cit.*, p. 132.

Na década de 1910, a cidade ia até pouco depois da avenida Paulista, enquanto de outro lado ia até o Cambuci, passava um pouco a Estação da Luz e, de outro, até o viaduto do Anhangabaú, conta Rômulo Carraro, que nasceu na Província de Villa Doze, em Vêneta, em 1904, e que chegou em São Paulo em 1911, juntamente como o pai, a mãe, a avó, e mais sete irmãos.

Sua primeira residência se localizava na Vila Penteado, cujo fundo dava para a Fábrica Penteado. Conta o sr. Rômulo que pelas 5 horas da manhã o apito da fábrica soava para acordar os trabalhadores que entravam às 6 horas, cuja maioria costurava sacos: "cada um tinha um carrinho de mão, feito de madeira, para ir buscar pano, costurá-lo e levá-lo de volta. Então às seis horas da manhã o pátio da Vila se enchia daqueles carrinhos, rangendo e fazendo um barulhão". Por mais que para o sr. Rômulo fosse apenas mais um fator de aclimatação ao novo *habitat*, o "barulhão" era mais um ruído que simbolizava a nova fase que a cidade passava a vivenciar cotidianamente, da mesma forma que o apito da fábrica, que servia, inclusive, para despertar o trabalhador para a jornada diária, além de lhe impor o tempo de trabalho, marcando o ritmo da produção.[52] "O Jardim América era uma várzea enorme", uma região onde os tropeiros paravam para descansar antes de descarregar suas cargas "na cidade", já onde atualmente está o Pacaembu "eu sempre imaginava quando olhava aquele buracão, que bela piscina daria". O rio Tamanduateí servia inclusive para pescar, cujos peixes eram vendidos em seguida na rua do Carmo, mas o rio também abrigava as lavadeiras que lá trabalhavam todos os dias, enquanto "velhos políticos" para lá se dirigiam frequentemente, na tentativa de "ver as pernas das mesmas", relembra o sr. Rômulo.[53]

A população mais pobre, neste processo de expansão da cidade, teve que conviver e enfrentar o problema da falta de moradia associado às suas condições insalubres, onde também era crescente o preço dos aluguéis. Em razão disso, o tema foi frequentemente abordado pelos trabalhadores engajados no nascente movimento operário, pois se ligava diretamente às más condições de vida desse setor da sociedade. Os jornais estampavam constantemente, principalmente após 1917, como estes trabalhadores vivenciavam o "abuso dos açambarcadores, que exploram a classe operária", como chamavam os periódicos ligados ao movimento operário.

---

52   "Sou italiano de nascimento, brasileiro de coração e português de formação." Depoimento de Rômulo Carraro. In: *Memória urbana: a grande São Paulo até 1940*. São Paulo: Arquivo do Estado/ Imprensa Oficial, 2001, p. 153-155.

53   As lembranças revelam várias facetas da vida citadina através do olhar de quem os relembra, e cada uma delas depende da ação passada e da presente, que por sua vez é diferente para cada pessoa. É um tempo concreto e social a marcar a importância da vida destas pessoas, pois correspondem a um "tempo represado e cheio de conteúdo, que forma a substância da memória". Ecléa Bosi. *Op. cit.*, p. 422.

Mesmo não estando ligada a nenhuma organização operária, D. Alice que se mudou para São Paulo com 3 anos de idade, relembra que dada suas condições de vida ela era obrigada a voltar para casa depois do trabalho sempre a pé, e nunca almoçava, pois seus recursos assim não permitiam. Morava com a mãe na rua dos Italianos, num quarto de um dos muitos cortiços existentes na região. "Comia um pedaço de pão com queijo, uma banana, tomava um café com leite". Seu rendimento mensal era de 76 mil-réis por mês e o de sua mãe outros 45 mil-réis, mesmo assim viviam a duras penas. E relembra: "nosso quarto não tinha luz, quanto eu costurava à noite, acendia lampião, vela, lamparina (...) O aluguel do quarto era 15 mil-réis... e tinha que dar!"[54]

Por mais que as obras de melhoramentos – públicas ou privadas – tenham sido empreendidas essencialmente próximas à área central da cidade, é inegável que seus reflexos tenham chegado à região periférica, pois à medida que suas funções se alteravam e a população porventura era expulsa destas áreas, elas se alocavam em regiões mais baratas da cidade e, inevitavelmente, também acabavam incentivando a ocupação e a formação de uma série de serviços e funções correlatas nessas novas áreas, criando novas dinâmicas de viver, morar e sobreviver.

Ao final da gestão de Duprat, no entanto, o contexto interno se viu largamente afetado pelas condições econômicas externas, que a partir de 1914, instaurou novos patamares econômicos e sociais em função da eclosão da 1ª Grande Guerra e seus efeitos.

---

54   Depoimento de dona Alice. In: Ecléa Bosi. *Op. cit.*, p. 106.

Parte III   Controlando as águas

Cheiro de cidade, cheiro de campo. Cheiro de flôres. Cheiro de terra revolvida, assentamento de paralelepípedos, asfalto. Cheiro de eucaliptos e terebintos. Capim-melado. Suor de gado. Gasolina de automóveis. Aroma de ozona e cheiro de barata dos subterrâneos da Light. Bôcas de esgôto em tempo de sêca. Verduras e frutas que começam a apodrecer no mercado. Verduras fervidas na Rua 25 de Março. Terra de esgôto nas valetas abertas. Jasmim em dia de finados. Cheiro de perfumes franceses. De éter nas farmácias. De hospital. De óleo queimado nos motores. De café queimado na Lapa e em Pinheiros.

Jorge Americano. *São Paulo nesse tempo (1915-1935)*. São Paulo: Melhoramentos, 1962, p. 61.

Capítulo 6   Uma cidade em ebulição

À MEDIDA QUE OS RUÍDOS, a poluição e a sujeira cresciam, também aumentava por parte da população a demanda por serviços públicos voltados à solução destes problemas. Em contrapartida, este processo implicava a aceitação e a incorporação dos equipamentos urbanos ao uso diário, fosse na rua ou na casa, as quais impunham uma nova racionalidade à vida da população. Esta racionalidade, por sua vez, mediava sentimentos contraditórios, pois ao mesmo tempo em que as inovações se impunham de forma positiva, fosse através das efusivas festas de inauguração, pela aceitação e incorporação da inovação à vida cotidiana ou, ainda, pela maneira como melhoravam as condições de vida, no outro extremo era acompanhada pelo seu viés negativo, quando estas mesmas inovações não funcionavam segundo as expectativas. Desta equação, contudo, o resultado era que mesmo englobando visões negativas sobre estas inovações esta população não abria mão delas.[1]

Com este vácuo entre as expectativas e a realidade estava a possibilidade de a população se expressar[2] e agir no intuito de se fazer ouvir ou, ainda, na tentativa de tentar conquistar condições dignas de sobrevivência; e foi neste espaço que vozes foram se levantando, grupos se organizando, formas alternativas de vida se instaurando

---

1   Fraya Frehse. *O tempo das ruas na São Paulo de fins do Império*. São Paulo: Edusp, 2005, p. 190 e segs.

2   Sobre as reclamações da população, sua expressão através dos jornais e como se portavam diante da necessidade de reclamarem seus direitos, ver o trabalho de Josianne Francia Cerasoli. *Modernização no plural: obras públicas, tensões sociais e cidadania na passagem do século XIX para o XX*. Campinas: Tese de Doutoramento, IFCH, Unicamp, 2004; Fraya Frehse. *Op. cit.*, para o caso específico de São Paulo. Sobre o caso do Rio de Janeiro, consultar o trabalho de Eduardo Silva. *As queixas do povo*. Rio de Janeiro: Paz e Terra, 1988.

e estratégias de sobrevivências criadas,[3] pois as "crises de regularidade"[4] dos serviços públicos se tornavam comuns.

A cidade apresentava intenso processo de transformação e junto com ela o cheiro, assim como os ruídos, a sujeira, o trânsito eram novos elementos da vida citadina que gradativamente abarcavam o cotidiano da população moradora na cidade, curiosamente, junto com todos os benefícios e problemas decorrentes do surgimento de indústrias e do processo de urbanização.[5] Nesta cidade heterogênea e dinâmica, também os cheiros, os ruídos, a sujeira adquiriram novas conotações, funções e representações, da mesma forma que se transmutavam e eram utilizados ao sabor dos interesses daqueles que tentavam legislar, modernizar e ocupar a cidade.

A cidade parecia demonstrar uma vitalidade que, associada à ideia de progresso, diferenciava-a positivamente perante o crescimento econômico em nível nacional, enquanto no âmbito municipal a urbanização em curso dava mostras de acompanhar o mesmo ritmo de expansão, com a abertura de oportunidades de trabalho. "O imigrante estrangeiro buscava fazer o seu pé de meia. Vinha para São Paulo querendo o seu bem-estar, independente de ser cidade ou campo", conta o paulistano Luiz Matoso, nascido em 1901.[6]

---

3   Agir no sentido em que corresponde à condição humana da pluralidade em relação a toda e qualquer atividade política. Assim, "a pluralidade é a condição da ação humana pelo fato de sermos todos os mesmos, isto é, humanos, sem que ninguém seja exatamente igual a qualquer pessoa que tenha existido, exista ou venha a existir." Hannah Arendt. *A condição humana*. Trad., 9.ed., Rio de Janeiro: Forense Universitária, 1999, p. 15-16.

4   A ideia tem como premissa a abordagem de Rodrigo Ribeiro Paziani. *Construindo a Petit Paris: Joaquim Macedo Bittencourt e a Belle Époque em Ribeirão Preto (1911-1920)*. Franca: Tese de Doutoramento, FHDSS, Unesp, 2004, p. 44, que mostra como a expansão territorial de uma cidade do interior do Estado de São Paulo não foi devidamente acompanhada dos serviços públicos urbanos, cuja demanda crescia em função deste mesmo crescimento. Neste quadro os bairros e loteamentos mais distantes foram os que mais sofreram com as "crises de regularidade" dos serviços públicos, colocando em risco a cidade desejada pelas elites.

5   Eric Hobsbawm. *A era do capital, 1848-1875*. Trad., 10.ed., São Paulo: Paz e Terra, 2004, especialmente o Capítulo 12 – A cidade, a indústria, a classe trabalhadora; Leonardo Benevolo. *A História da cidade*. Trad., São Paulo: Perspectiva, 1983, p. 565 e segs.; Maria Stella Bresciani. "Metrópoles: as faces do monstro urbano (as cidades no século XIX)." In: *Revista de História*. São Paulo: vol. 5, nº 8/9, set. 1984/ ago. 1985, p. 41; Élisée Reclus; Karl Baedeker. "Estações, fiacres, termas e esgotos." In: Mônica Charlot; Roland Marx (orgs.). *Londres, 1851-1901. A era vitoriana ou o triunfo das desigualdades*. Trad., Rio de Janeiro: Jorge Zahar, 1993, p. 30 e segs.; Claude-Laurence Lacassagne; Neil Davie. "Luxo, algazarra e mau cheiro." In: Mônica Charlot; Roland Marx (orgs.). *Londres, 1851-1901. A era vitoriana ou o triunfo das desigualdades*. Trad., Rio de Janeiro: Jorge Zahar, 1993, p. 47 e segs.

6   "É interessante que, com o pouco que se ganhava, dava para comer e beber suficientemente." Depoimento de Luiz Matoso – 'Feitiço'. In: *Memória urbana: a grande São Paulo até 1940*. São

Esta visão também é partilhada pela imigrante Florentina Robles Castanho, espanhola, nascida em 1897, e que chegou em São Paulo na década de 1920: "vínhamos aqui para ganhar dinheiro e no máximo em cinco anos voltar. (...) Íamos trabalhar no campo, porém, por interferência de um amigo, permanecemos na cidade. Ele nos acolheu por alguns dias até arranjarmos trabalho como domésticas."[7] Da mesma forma, Manoel Francisco Espíndola, alagoano nascido em 1915, destaca os mesmos motivos para migrar, décadas mais tarde, em 1957: "...cheguei a São Paulo, com a finalidade de me promover, afinal todos querem promoção."[8]

Nos interstícios destas falas surgem trilhas e histórias de vida que indicam como cada personagem viveu e conquistou seu espaço na cidade de São Paulo, como o sr. Manoel, por exemplo, que faz questão de relembrar que aprendeu muito durante a batalha pelos direitos dos moradores da favela da Vila Prudente. O que essas personagens revelam, poranto, é a visão de que a cidade de São Paulo era um lugar onde as oportunidades estavam postas e abertas àqueles que estivessem dispostos a empreendê-las, era onde se poderia melhorar as condições de vida, pois tanto os serviços urbanos quanto as indústrias que surgiam em meio ao dinamismo econômico sustentavam o processo.

Melhoramentos e nacionalismo

Em meio à ebulição econômica, política e sociocultural provocada pela eclosão da 1ª Grande Guerra, promoveu-se uma redefinição ideológica e cultural que abalou as estruturas da *belle époque*, dado o fato de os exemplos europeus não mais corresponderem aos marcos da civilização.

Esta redefinição reflteiu diretamente sobre várias esferas da realidade brasileira e o resultado foi a emergência de uma série de movimentos que propunham a retomada de aspectos da nacionalidade brasileira, como a Liga Nacionalista, em 1917, por exemplo.

Neste momento, em São Paulo, Washington Luís Pereira de Souza assumia a prefeitura (1914-1919) e sinalizava um novo momento a partir de então, fundado na eloquência do progresso e do avanço material. Sob sua administração foi estabelecida na cidade de São Paulo uma série de mudanças que atingiram diretamente a vida da população, tanto em termos legais quanto em intervenções físicas sobre o meio.

Paulo: Arquivo do Estado/ Imprensa Oficial, 2001, p. 113.

7   "Estendíamos roupa num varal no Parque D. Pedro II." Depoimento de Florentina Robles Castanho. In: *Memória urbana: a grande São Paulo até 1940. Op. cit.*, p. 163.

8   "A favela foi a maior das minhas escolas." Depoimento de Manoel Francisco Espíndola. In: *Memória urbana: a grande São Paulo até 1940. Op. cit.*, p. 113.

Em termos econômicos, o período entre guerras foi marcado por alterações nos padrões de desenvolvimento da indústria. Entrava em curso, em decorrência dos efeitos da 1ª Grande Guerra, a transição de uma indústria essencialmente complementar e subsidiária do setor exportador para uma indústria com características distintas. A partir de então, mesmo ainda dependente do desempenho do setor exportador no que tange ao mercado interno e à capacidade de importação de maquinaria e matéria-prima, o setor industrial passou a se desvencilhar do papel complementar e subsidiário perante o exportador. Cada vez mais as indústrias passaram a responder ao crescimento da demanda interna por matérias-primas, e muitas delas ligadas a atividades urbanas que se alavancaram, como cimento, ferro e aço, produtos químicos, além das dedicadas à maquinaria em geral destinadas à agricultura, à indústria e à construção.[9]

Nesse universo, no campo da arquitetura, Washington Luís se envolveu com a estética neocolonial – influenciado pelo arquiteto português Ricardo Severo[10] – que pressupunha uma nova forma de ver e sentir a realidade, incentivada pelas obras encomendadas que manifestavam a produção do meio intelectual paulista. Esta, por sua vez, resgatava o mito bandeirante, origem da vanguarda e da capacidade empresarial regional paulista, na qual o espírito de desbravamento ressurgia e, novamente, vinha justificar a hegemonia de São Paulo perante os demais entes da federação.[11] Mais uma vez era reafirmado nos diferentes níveis da realidade – nas instituições, nos prédios, nas posturas, nos hábitos, na limpeza etc. – o poderio econômico advindo da riqueza paulista.

Ao assumir a administração de São Paulo, Washington Luís herdou um grande passivo, resultado do endividamento realizado pelas administrações anteriores, decorrentes de empréstimos destinados às obras de melhoramentos. Os prazos de amortização eram curtos, ao passo que os juros eram exorbitantes, acordados à base de previsão de receita.[12] Mesmo assim, Washington Luís deu prosseguimento às obras de melhoramentos iniciadas

---

9   Wilson Suzigan. *Indústria brasileira. Origem e desenvolvimento*. São Paulo. Brasiliense, 1986, p. 114-115.

10   Em voga desde o ínicio do século XX, Ricardo Severo (1869-1940) aderiu ao neocolonialismo no início da década de 1910, cuja proposta se baseava na retomada da herança portuguesa para o caso do Brasil. Segundo o neocolonialismo, o clima, os materiais e a cultura local, sua história e sua tradição fundamentariam o estilo como essencialmente brasileiro, sendo por esta razão adotada nas construções modernas. Candido Malta Campos. *Os rumos da cidade. Urbanismo e modernização em São Paulo*. São Paulo: Senac, 2002, especialmente o Tópico – Neocolonial e nacionalismo, p. 170 e segs.

11   *Ibidem*, p. 170 e segs.; Robson M. Pereira. *O prefeito do progresso: modernização da cidade de São Paulo na administração de Washington Luís (1914-1919)*. Franca: Tese de Doutoramento, FHDSS, Unesp, 2005, p. 30-31.

12   Robson M. Pereira. *Op. cit.*, p. 29-30.

por seus antecessores, porém, marcado pelo diferencial populista que tentava incorporar a grande população que afluía à cidade, considerando as tendências expressas de crescimento urbano que a dinâmica da cidade apresentava.[13]

Entre as primeiras medidas adotadas estava a necessidade de lidar com o fenômeno da carestia alimentar provocada pela deflagração do conflito mundial, em 1914, foi quando empreendeu as feiras-livres na cidade, como forma de incrementar os negócios dos pequenos produtores estabelecidos nas imediações da cidade e aumentar a oferta de alimentos à população; também incentivou a abertura e a manutenção das estradas de rodagem, incetivando a circulação, cujas primeiras manifestações nesse sentido originou-se de sua atuação junto ao secretariado do Estado.

Foi sob sua administração que foi regulamentada a lei que dividia a cidade em sistema de perímetros. O objetivo era criar mecanismos que permitissem legitimar as intervenções – fossem elas públicas ou privadas – através das funções especificas que cada perímetro da cidade poderia acolher. Esta ideia remontava à consolidação da visão de cidade enquanto espaço destinado à produção imobiliária que se coadunava sob a visão do engenheiro, do médico e do político que nela intervinham assentados sob diferentes visões sobre como implantar "condições higiênicas e morais" requeridas pelo momento, as quais incluíam investimentos imobiliários lucrativos.

Esta noção, introduzida por Victor da Silva Freire, era baseada nas experiências urbanísticas norte-americana, especialmente no Model Housing Law, proposto por Lawrence Veiller representando a Russell Sage Foundation, em 1914, a qual tinha influência da legislação urbanística alemã baseada na *zoning* de Frankfurt, em oposição à cidade medicalizada francesa. Sua origem, portanto, estava na Alemanha, do fim do século XIX, com a ideia de que o zoneamento ou subdivisão da cidade em zonas dava condições de estabelecer regulamentações, serviços e funções, densidade e uso do solo, e construções de modo diferenciado para cada uma delas, segundo suas necessidades.[14]

A regulamentação da divisão da cidade em perímetros aconteceu por meio das Leis nº 1.788, de 28 de maio de 1914, e pela complementar, nº 1.784, de 15 de maio de 1915, que dividiram territorialmente a área da cidade e seus respectivos perímetros, as quais foram inicialmente aprovadas pela Lei nº 1.748, de 29 de outubro de 1913, que determinou os pe-

---

13 Candido Malta Campos. *Op. cit.*, p. 166.

14 Raquel Rolnik. *A cidade e a lei: legislação, política urbana e territórios na cidade de São Paulo.* 3. ed., São Paulo: Studio Nobel/ Fapesp, 2003, p. 44 e segs. e 57; Candido Malta Campos. *Op. cit.*, p. 130-131; José Geraldo Simões Júnior. *O setor de obras públicas e as origens do urbanismo na cidade de São Paulo.* São Paulo: Dissertação de Mestrado, EAESP, FGV, 1990, p. 136 e segs.; Luiz Augusto Maia Costa. *O ideário urbano paulista na virada do século – o engenheiro Theodoro Sampaio e as questões territoriais e urbanas modernas (1886-1903).* São Carlos/ São Paulo: Rima/ Fapesp, 2003, p. 105.

rímetros – central, urbano e suburbano – porém aplicando-os "estritamente à arrecadação de impostos e taxas recolhidas da edificação."[15]

Para fins de tributação, o perímetro urbano estabelecido em 1913 correspondia ao raio de 3 km do antigo rocio da cidade (terras destinadas ao uso comum localizadas em torno das vilas e também destinadas à doação); o perímetro suburbano até o limite do município, ou seja, até o limite do raio de 6 km de terras doados pelo Estado de São Paulo à cidade.[16] Neste perímetro já se encontravam os primeiros pontos de ocupação que resultariam nos atuais bairros de Pinheiros, Água Branca e Lapa; Santana, ao norte; e Vila Gomes Cardim, a leste da cidade e, ainda, Vila Prudente e Moinhos.

Com as Leis 1.788 e a complementar 1.784, tratou-se do território municipal em perímetros concêntricos, enquanto o tema da viação urbana foi tratado somente pelo Ato nº 769, de 1915.[17] Aprovadas na gestão de Washington Luís, estas leis direcionaram as linhas de atuação da Câmara no sentido de implementar um plano de melhoramentos para a cidade como um todo, tomando como diretriz de expansão física da capital, cuja base era a concentricidade, de acordo com planos de Victor da Silva Freire.

A Lei nº 1.788 foi específica na determinação do levantamento cadastral e topográfico da área localizada no interior do perímetro urbano e suburbano, enquanto para a área rural não previa nenhuma espécie de levantamento. A definição de centro – para Washington Luís – recuperou a visão simbólica de que o centro era a "cidade", pois ali estavam concentrados os serviços públicos necessários à vida da municipalidade. Representação esta que já se encontrava há muito presente na fala da população e que seria reproduzia ao longo dos anos.

Ela também definia os serviços que deveriam ser oferecidos pela municipalidade no perímetro urbano, entre eles a revisão de todos os nivelamentos e dos alinhamentos, como objetivo de corrigir os irregulares ou com larguras insuficientes; o calçamento de todas as ruas; construção de galerias de águas pluviais; e a dotação de iluminação, água e esgotos. Definiu, ainda, o arruamento ou loteamento *atrelado* à ocupação, num perímetro repleto

---

15   Lucia Noemia Simoni. *O arruamento de terras e o processo de formação do espaço urbano no município de São Paulo, 1840-1930*. São Paulo: Tese de Doutoramento; FAU, USP, 2002, p. 214.

16   Através da Lei nº 16, de 13 de novembro de 1891, que determinou a organização municipal e conferiu sua autonomia também permitiu ao estado transferir aos municípios, com mais de 1 mil habitantes, uma porção de terras delimitadas por um raio de 6 km a partir da praça central. Estas terras ficaram conhecidas como "reservadas". Lucia Noemia Simoni. *Op. cit.*, p. 112 e segs. e 207; Candido Malta Campos. *Op. cit.*, p. 221 e segs.

17   Lucia Noemia Simoni. *Op. cit.*, p. 214.

de vazios a ocupar, ao mesmo tempo em que também restringiu a abertura de novas ruas, condicionando-as a necessidade pública.[18]

Na área urbana também foi proibida a instalação de cortiços e ruas particulares. No geral, estavam postos os fundamentos que direcionariam a ocupação da região, o que não por acaso refletia os conceitos modernizantes almejados pelas elites no poder público. Estavam previstos melhoramentos que visavam a higiene, a comodidade e o conforto; a construção de tanques para lavagem de veículos e animais de tiro; fontes de embelezamento, bebedouros para animais; e a criação de piscinas para lavagem de roupas. O perímetro urbano só poderia se diferenciar do suburbano e rural se as atividades nele contidas tivessem espaços específicos e próprios de atuação, para tanto era prevista a construção de um mercado, ao mesmo tempo em que hortas eram proibidas, exceto as admitidas sob autorização do prefeito e nos limites extremos do perímetro.

De acordo com as determinações da Lei nº 1.788, a área considerada suburbana englobava os limites do Belenzinho, seguindo para o oeste limitado pelo rio Tietê passava por Perdizes, Pacaembu, Higienópolis e o loteamento do Jardim América, seguindo para o sul chegava quase à fronteira da Vila Clementino, englobava Paraíso, Cambucy, Brás, várzea do Carmo, Hipódromo até englobar novamente o Belenzinho. Neste perímetro deveriam existir galerias de águas pluviais, iluminação, água potável e esgotos. Suas ruas, no entanto, não precisariam ser calçadas, mas dotadas de guias com o objetivo de os proprietários de prédios e terrenos construírem os passeios, assim como era obrigatório nos perímetros urbano e central. Os capinzais eram possíveis de existir, inclusive em terrenos alagadiços, desde que drenados.

Já no perímetro rural, onde estava a maior parte das terras do território municipal, estavam os loteamentos da Vila Gomes Cardim, Vila Prudente; Ipiranga, Vila Deodoro, Saúde, Vila Clementino; Vila Mariana; Pompeia; Água Branca; Lapa; Vila Leopoldina; Vila Tietê, mesmo que muitos deles ainda em fase de projeção em 1914. Os serviços e melhoramentos previstos pela legislação ao perímetro rural se resumiam à estruturação viária, como a conservação e a construção de estradas, de pontes ou pontilhões, com o único objetivo de ligar aos outros perímetros e núcleos da cidade.

A instauração efetiva dos objetivos propostos pelas Leis nº 1.788 e nº 1.874, contudo, só foi possível com a promulgação do Ato nº 769, de 14 de junho de 1915, que regulamentou a Lei nº 1.666, de 14 de março de 1913. O Ato tratou da abertura de ruas em conjunto com o tema da viação, tornando possível montar o arcabouço jurídico sobre o uso das vias públicas no tocante à abertura de ruas, calçamentos, passeios, arborização etc., englobando-as à questão da viação pública municipal, a partir de então as vias públicas existentes e

---

18   *Ibidem*, especialmente o Tópico – O plano de melhoramentos e as diretrizes de crescimento urbano, 1914-1915.

as que seriam abertas deveriam estar integradas ao conjunto do sistema viário da cidade, em comunhão com as prerrogativas de cada zona da cidade. Por isso o Ato nº 769 também permitiu estabelecer as regras quanto à construção nos diferentes perímetros: para o central e o urbano a abertura de novas ruas somente seria autorizado em caso de necessidade pública (contemplando os planos de Victor da Silva Freire e Bouvard, para o descongestionamento do centro); no perímetro suburbano era destinado à extensão da área urbana; e no rural o objetivo era a constituição de pequenas propriedades agrícolas.

No que se refere aos serviços de água e de escoamento das águas residuais, especificamente, o Ato nº 769 não mencionava nem diferenciava entre os diferentes perímetros quais os tipos ou formas de se oferecer ou instalar os serviços de saneamento em cada uma delas. As regras estipuladas pelo Ato apenas indicavam como os loteamentos e suas respectivas ruas deveriam ser projetados e executados de modo a permitir o escoamento das águas residuais pluviais, a instalação de bueiros, pontilhões ou pontes.

Apenas no Artigo nº 64 do Capítulo IV, ao tratar dos passeios, estabelece que suas formas, materiais ou reformas, quando relacionado à infraestrutura de saneamento básico, deveriam tomar como pressuposto que as vias públicas estavam todas infraestruturadas com seus respectivos equipamentos sob o solo. Também se encontra enfaticamente destacado que as responsabilidades sob quaisquer problemas ou estragos nos passeios recairiam sobre os moradores, os quais deveriam zelar pelos equipamentos sob os passeios.[19]

A questão do saneamento básico, portanto, aparentemente era tratada pelo viés jurídico partindo da premissa de que ela era oferecida à totalidade da população; por outro lado, também é possível interpretá-la sob a ótica de que estando a via pública infraestruturada com os devidos equipamentos, cabia ao morador, individualmente, dotar sua residência dos equipamentos necessários para receber os serviços desta natureza, no interior da casa, já que a municipalidade teoricamente havia cumprido sua parte, e por isso em nada poderia ser responsabilizada se a residência não estivesse conectada à rede externa.

No que tocante às edificações, especificamente, a Lei nº 1.666 apregoava que no rural elas não precisariam de qualquer arruamento, alinhamento e nivelamento ou de aprovação de plantas, desde que as casas estivessem edificadas respeitando a metragem de 6 metros de frente da estrada ou caminho, e nas laterais e no fundo tivesse uma distância de 3 metros da construção vizinha. Estas medidas vigoraram até 1923.

No tocante a execução das obras que visavam os melhoramentos da cidade, Washington Luís retomou projetos e obras propostos por Bouvard e concluiu as avenidas São João, Conceição, dentre outras; prosseguiu com as obras no parque do Anhangabaú, que havia sido paralisada e deu início às obras de saneamento na várzea do Carmo, com a construção

---

19   AHMSP - Áto nº 769, de 14 de junho de 1915. In: Leis e Átos do Municipio de São Paulo do ano de 1915. São Paulo: Imprensa Oficial, 1934, p. 62.

de um parque no local. Empreendeu-se, assim, a construção do Parque D. Pedro II, obra que caracterizaria o mandato de Washington Luís à frente da prefeitura.

A proposta de construção do parque era antiga e com a conclusão das obras de retificação do Tamanduateí, em 1914, após 18 anos de obras, o destino a dar à região repercutiu ainda mais, de forma à incorporá-la ao conjunto da região central. Era o momento de dar uma funcionalidade "civilizada" à região, inclusive respaldada na tentativa de embelezar a área juntamente com o Anhangabaú, transformando-as num conjunto de obras que completaria o conjunto do centro civilizado. Por esta razão, o estado acatou a ideia de se construir uma avenida marginal ao rio e de edificar um prédio de exposições na região, o Palácio das Indústrias, em terreno cedido pela prefeitura. Na mesma área, também foi incorporada a proposta de construção de um novo Mercado Municipal, desativando o antigo, localizado na rua São João.

A construção do parque remontava às propostas de João Alfredo quando este esteve à frente da presidência da província (1885-1886), o qual também foi retomado por Bouvard na ocasião da reforma do Anhangabaú, de modo a conciliar as duas áreas distintas que circundavam a colina histórica, o Anhangabaú e a região industrial *além-Tamanduateí*.[20] Entre os objetivos da construção do parque – que se daria sobre a área de várzea devidamente saneada – estava a incorporação da região *além-Tamanduateí* ao conjunto da cidade, dando à área uma conotação de espaço agradável e civilizado, como parte do projeto de modernização, expulsando os indesejáveis que sobreviviam de expedientes temporários ao longo do rio e da várzea, entre eles prostitutas, negros, desocupados etc.; além, é evidente, de incorporar ao mercado imobiliário uma extensa área até então considerada marginal.

Em 12 de junho de 1914, por meio da Lei nº 1.793 foi aprovado o projeto para a criação do parque, "sendo previsto o arruamento de parte da área para posterior venda", assim como a construção de *"estadiumes de sports"*.[21] O objetivo era proporcionar ao centro da cidade serviços tipicamente urbanos que agregassem valor à região que estava sendo saneada com a retificação do rio.

A proposta aprovada foi apresentada por Francisque Cochet, arquiteto francês contratado pela prefeitura para sua construção, a qual retomava considerações de Bouvard apresentadas em 1911, entre as quais estava a ideia de alienação de parte dos terrenos adjacentes à área do parque como meio de financiar a obra. Nos debates para a aprovação do projeto, o parecer da Comissão de Justiça da Câmara foi favorável a esta possibilidade,

---

20   A "cidade" e o "lado de lá" do rio encontra-se como a primeira manifestação criada pelo imaginário popular sobre si mesma enquanto cidade moderna e industrial, argumenta Maria Célia Paoli. "São Paulo operária e suas imagens (1900-1940)". In: *Espaço & Debates*. São Paulo: Núcleo de Estudos Regionais e Urbanos, Ano IX, nº 33, 1991, p. 27.

21   Lucia Noemia Simoni. *Op. cit.*, p. 216; Benedito Lima de Toledo. *São Paulo: três cidades em um século*. 2. ed., São Paulo: Duas Cidades, 1983, p. 110.

mas destacou a necessidade de se uniformizar estas vendas conjugando-as ao projeto do parque, ao contrário do que se passava com os loteamentos privados realizados sem uniformidade ou planos, e sem respeito à topografia:

> ... É chegado, enfim, o momento de traduzirmos em realidade a velha aspiração de todos os municipes. Rectificado o curso do Tamanduatehy, aterrados os terrenos circumjacentes, impoz-se desde logo a idéa de arborizar-se e ajardinar-se a área de intercalada entre o centro urbano e os bairros operarios do Braz e da Moóca.(...) situação privilegiada permitte ligal-a, por um lado, acompanhando as avenidas marginaes do Tamanduatehy, aos jardins do Ypiranga, e, por outro lado, pela avenida Cantareira, á Ponte Grande, em cujas immediações implantará, segundo todas as probabilidades, o grande parque municipal.
>
> S. Paulo formou-se e cresceu desordenadamente, sem um plano que lhe disciplinasse a expansão. Os novos bairros têm sido creados pela iniciativa dos grandes proprietarios, que tudo envidam por augmentar a superficie alienável, reduzindo ao minimo a largura das ruas e refugindo á formação de praças e de largos. (...)
>
> Como o engenheiro Bouvard, suggere o architecto Cochet dois alvitres diversos: o primeiro consiste no ajardinamento de toda a área disponível, o segundo permitte a alienação de parte da varzea.
>
> A Commissão de Justiça opina pela approvação do segundo projecto, porque varias e ponderosas são as vantagens que elle apresenta.
>
> Antes de tudo, a alienação das faixas, que se interpõem entre o parque projectado, a rua 25 de Março e as ruas e viellas do Braz e da Moóca, terá como consequencia darmos ao parque a moldura adequada e condigna.
>
> Os prédios actuaes das ruas 25 de Março, Moóca e adjacencias destuariam por completo do logradouro publico, que vamos crear. Deixal-os em contiguidade com o parque seria comprometter irremissivelmente o effeito do conjuncto.
>
> Reservando-se a faculdade de alienar as nesgas em questão, a Municipalidade tratará de parcellal-as em lotes de configuração e dimensões appropriadas e terá o direito de impor aos adquirentes as condições que entender necessarias para o

aformoseamento do logar. A altura dos edificios, a sua destinação, o seu afastamento em relação aos predios convizinhos,
o estylo das fachadas, tudo isso póde ser em beneficio da es-
thetica desse trecho da cidade. No ponto de vista financeiro, a
operação proposta será certamente das mais fructuosas. Basta
que o executivo não precipite as alienações, guardando-se para
fazel-as á medida que se forem adeantando as obras projectadas. A área disponivel é de cerca de 30.000 m², que, na base
muito razoavel de 50$000, devem produzir 1.500:000$000. As
despesas estão orçadas em 1.527:000$000.

Dahi se vê que a venda das sobras será sufficiente para cobrir
o custo do emprehendimento. Releva notar que a construcção dos novos mercados nos terrenos municipaes da rua 25 de
Março proximos a rua Itoby e á estação da Cantareira, a que
abaixo nos referimos, permittirá a venda do grande terreno
em que está localizado o mercado actual. O producto dessa
alienação virá juntar-se aos lucros provenientes da venda das
faixas lateraes da varzea.

Não se diga que iremos assim desfalcar a extensão aproveitavel
para a arborização e o ajardinamento. O parque fica reduzido
de 33 a 30 hectares, mais ou menos, o que é mais que sufficiente para os espaços livres situados no coração urbano. Muito
menores são os jardins do Luxemburgo, o parque Monceau,
os Campos Elyseos.

A Commissão de Justiça acceita, portanto, o segundo anti-
projecto do architecto Cochet. Acceita-o com a variante
relativa á parte comprehendida entre as ruas 25 de Março,
a estação da Cantareira e a rua Itoby. A avenida Cantareira
irá terminar numa pequena praça atraz do terreno reser-
vado á nova estação do tramway, e o mercado central será
construido no paralelogrammo formado pelas avenidas
Cantareira, rua General Carneiro prolongada, e mais duas
ruas projectadas.

(...) A Câmara Municipal de S. Paulo decreta:

Art. 1º – É approvado o projecto n. 2 remettido pela
Prefeitura, para a formação de parque na Varzea do Carmo,
com a variante relativa á parte em que está situada a estação
da linha Tramways da Cantareira.

Art. 2º – Fica o Prefeito auctorizado a dividir em lotes as sobras dos terrenos situados na Varzea, devendo submetter

oportunamente á approvação da Camara a respectiva planta e as bases da concorrencia publica para a venda desses terrenos. Art. 3° – Revogam-se as disposições em contrario. – Alcantara Machado, A. Rocha Azevedo, J. Marra.[22]

A venda dos lotes para o financiamento das obras do parque, contudo, não corresponderam às expectativas, implicando em dificuldades para se obter o montante necessário para a obra.

Mesmo com dívidas herdades das administrações anteriores, o problema de caixa foi resolvido com a abertura de concorrência pública para as empresas interessadas em realizar a obra. Segundo o edital, a empresa vencedora receberia como pagamento três quartas partes em terrenos, a 30 mil réis o m² do terreno e o restante em títulos da municipalidade em três prestações anuais. Em 1916, Washington Luís assim declarou à Câmara sobre o melhoramento, que ainda partiria do projeto de Bouvard e Cochet:

> ...para a execução de um parque na varzea do Carmo, foi esta Secção incumbida de orçar a realização de taes obras, que constam de: revestimento das ruas carroçaveis e de jardim, desaterro para abertura dos lagos e aterro para conformação do parque, redes de agua e exgottos, além de dezesseis typos diversos de construcções, obras essas que estão calculadas n'um total de 2.276:705$386 réis.[23]

Ainda assim, em 1917 o tema voltou a ser discutido pela Câmara, retomando questões levantadas pelos pareceres das *commissões de justiça, obras e finanças*, sobre a Lei 1.793, de 12 de junho de 1914, que aprovou o projeto nº 2 de construção do Parque do Carmo, em 17 de fevereiro de 1917. Segundo o vereador Almeirinho Gonçalvez, nas obras deveriam ser excluídas as áreas destinadas ao tênis, ao *hockey*, ao *golf* e ao *polo*, e serem construídas áreas para a prática de esportes populares, pois, segundo ele, os ricos poderiam usufruir destes espaços nos clubes privados, ao contrario do povo... "Ao povo deem-se diversões eminentemente populares."

Logo depois, o centro da discussão mudou para o alargamento da Ladeira do Carmo, a qual deveria para dar vazão ao crescimento do tráfego entre o Brás e o centro da cidade,

22   Alesp – Annaes da Camara Municipal de São Paulo, 1914. Org. por Manoel Alves de Souza. São Paulo: 1914, p. 308-310; 339 e segs. A opção pela longa descrição se justifica pela riqueza de detalhes expostos por Alcântara Machado no que diz respeito tanto ao projeto em si, quanto a situação das construções na cidade, que balizam sua argumentação.

23   Alesp – Relatorio de 1916 apresentado á Camara Municipal de São Paulo pelo Prefeito Washington Luis Pereira de Sousa. São Paulo: Casa Vanorden, 1918, p. 48.

porém, esse alargamento foi rejeitado, pois alguns vereadores se basearam na falta de verba para a realização da obra naquele momento. Foi quando o vereador José Piedade argumentou que "não temos dinheiro, empresta-se. A Divina Providência velará por nós."

Já o vereador Marrey Junior, em seu discurso deixava entrever como as obras naquela área eram importantes do ponto de vista da incorporação ao conjunto da cidade, pois sua construção representava a junção de duas cidades divididas...

> (...) O melhoramento da varzea do Carmo é ha muito tempo desejado pelas administrações municipaes. A Camara Municipal, em legislaturas anteriores, tem dito, em pareceres e por occasião da discussão de projectos preliminares, que é indispensavel aproveitar-se essa parte da cidade, que 'constitue' (nunca seria mal repetir) um parenthesis no progresso da Capital...pois separa uma grande parte da cidade, onde estão accumuladas as populações mais nobres, da parte central, isto é, o Braz, abrangendo, como já se disse nesta sessão, tudo que fica além Tamanduatehy, da parte central da cidade.

Em seguida foi a vez do prefeito, Washington Luís, que com o afã de levar adiante a obra de melhoramento, oficiou minuciosamente à Câmara a origem do domínio municipal sobre os terrenos da várzea, sua extensão e a necessidade de ser executada a lei que autorizava a construção do parque, pois era o momento conveniente para a execução da obra, tendo em vista o valor dos referidos terrenos, que estava avaliado em bloco, não sendo aconselhável, portanto, fracioná-lo. Finalmente foi aprovada a venda dos terrenos em bloco, desde que a venda acontecesse após a conclusão do parque, caso contrário os valores atingidos seriam "irrisórios ou até mínimos", principalmente levando em conta que o projeto não autorizava a venda de todas as sobras e sim de parte dela, cujo resultado deveria unicamente ser suficiente para o pagamento de todo ou de grande parte do serviço.[24]

Para a execução das obras foi aberta concorrência pública para as empresas interessadas em realizá-la nos termos acima descritos. A empresa vencedora da licitação foi a Companhia Parque Várzea do Carmo, que assinou contrato com a Diretoria de Obras em 1918, o qual determinava um prazo de 20 meses para sua conclusão a partir da assinatura do contrato. A empresa foi constituída especialmente para esta finalidade em 25 de setembro de 1918, com o seguinte "objéto": "Construção do Parque da Várzea do Carmo – negócios imobiliários".[25]

---

24   AHMSP – Annaes da Camara Municipal de São Paulo de 1917. Org. por Manuel Alves de Souza. São Paulo: Typ. Piratininga, 1917, p. 128 e segs.

25   Jucesp – Registro de Sociedade Anônima na Junta Comercial do Estado de São Paulo. Companhia Parque da Várzea do Carmo.

O capital social da empresa, curiosamente, não é especificado com clareza no registro da empresa na Junta Comercial, estando registrado como de "500:000$000 – 2.000:000$000", ou seja, aparecendo em aberto. Já os membros da diretoria eram Bernardino Pinto de Fonseca, como presidente; Albertino Cardoso da Cunha, como tesoureiro; e Antonio de Almeida Braga, como gerente, os quais muito provavelmente também eram os proprietários da empresa. Em 1926, a empresa adicionou como objeto de seus negócios a "construção de obras públicas ou particulares."[26]

As obras na várzea do Carmo tiveram início ainda em 1918, com alguns percalços em função da epidemia de gripe espanhola que a atrasou, sendo reiniciada em 1920, durante a gestão de Firmiano de Morais Pinto, que administrou a cidade no período de 1920 a 1926.

A entrega do parque à população aconteceu em 1922, mesmo inacabado, durante as comemorações do Centenário da Independência, recebendo o nome de Parque D. Pedro II, e sua conclusão de fato aconteceu em 1925. Do projeto inicial, contudo, as propostas de inclusão de campos esportivos não se concretizaram e a companhia se limitou a plantar grama e árvores e a pavimentar as travessias, "o sonho de interação social configurado no projeto do Parque Dom Pedro II permaneceria, quase todo, no papel."[27]

O grande diferencial que marcou a construção do Parque D. Pedro II foi o fato de ela ter sido empreendida por uma empresa privada – a Companhia Parque Várzea do Carmo –, que conforme o contrato de construção firmado com a edilidade, receberia como pagamento pelas obras uma parcela dos terrenos localizados em sua redondeza, já devidamente saneados.

Mesmo sem ter atingido todos os objetivos propostos no projeto, a região passou por uma inevitável valorização, incorporando-se ao mercado imobiliário da cidade. Rapidamente, portanto, a Cia. Parque Várzea do Carmo tratou de parcelar a região circunvizinha ao parque colocando-a *a disposição do mercado*".

Antes mesmo da conclusão das obras de saneamento da região, já se previa a valorização das áreas adjacentes e a legislação que instaurou o Padrão Municipal de 1920 corroborou esse fenômeno, pois mesmo com as obras ainda em andamento, a mudança na lei de 1920 passou a tratar a região, no tocante ao alinhamento, pelos mesmos parâmetros que regulamentavam a construção na avenida Paulista, conforme determina o artigo 19°, que reza:

> nenhuma edificação poderá ser feita nas avenidas marginais do canal do Tamanduateí, na avenida Paulista e na avenida Independencia sem que haja entre o alinhamento do edificio e o das citadas vias a distancia minima de dez metros.[28]

---

26   Jucesp – *Ibidem*.

27   Candido Malta Campos. *Op. cit.*, p. 307.

28   AHMSP – Lei n° 2.332, de 9 de novembro de 1920. In: Leis e Atos do Municipio de São Paulo, do ano de 1920. São Paulo: Imprensa Oficial do Estado, 1934, p. 153.

O objetivo concreto da nova determinação de 1920 é difícil de afirmar, cabe, entretanto, especular que sua intenção tenha sido regular a circulação e o fluxo de negócios e pessoas que se pretendia para a região, quando incorporada ao conjunto da cidade, já que se esperava a criação de um novo ponto comercial na cidade, sendo ainda, o local considerado estratégico para a efetiva concretização dos melhoramentos do centro da cidade.

O primeiro empreendimento da Cia. Parque Várzea do Carmo foi o loteamento dos quarteirões localizados nas vizinhanças da área que abrigaria o futuro Mercado Municipal, na atual região da rua 25 de Março, já a partir de 1922. Segundo o anúncio de venda, a Companhia destaca que "transformou aquelle logradouro público, no vasto e magnifico Parque". Em 1924, a companhia continuava a anunciar o empreendimento, afirmando ser "os melhores terrenos no centro da cidade". A divulgação prossegue nos anos seguintes e, em 1927, a empresa chega a publicar a fachada do projeto do Mercado Municipal, procurando agregar valor à região, enfatizando o nome de Ramos de Azevedo como o construtor da obra. Da mesma forma que a planta da região é publicada mostrando a área e os lotes à venda.[29]

---

29   AESP – Jornal O Estado de São Paulo. 11 de junho de 1922, p. 1; Jornal O Estado de São Paulo. 2 de outubro de 1924, p. 1; Jornal O Estado de São Paulo. 24 de dezembro de 1927, p. 1; Jornal O Estado de São Paulo. 1 de janeiro de 1928, p. 5; Jornal O Estado de São Paulo. 10 de janeiro de 1928, p. 1.

Os lotes eram vendidos com prazo de 10 anos para o pagamento, sendo essencialmente direcionado ao comércio. Até 19 de janeiro de 1928, quando a companhia publicou os valores alcançados com a comercialização dos imóveis, a empresa havia totalizado
7.536:329$000 em vendas.[30] Vale atentar para este resultado, mesmo que parcial e bruto,
em contraposição ao orçamento inicial da obra do parque do Carmo, de 2.276:705$386,
a partir do qual é permissível supor que o empreendimento resultou num lucro bruto à
Cia. Parque da Várzea do Carmo na ordem de 5.259:623$614 (5 mil duzentos e cinquen-
ta e nove contos de réis).[31] Sem mencionar que a Cia. Parque Várzea do Carmo recebeu
como doação do setor de administração de jardins, da prefeitura municipal, em 1920,
cerca de 3.189 mudas de diferentes espécies, incluindo jacarandá mimoso, as quais foram destinadas ao ajardinamento da várzea do Carmo; enquanto outras 1.722 mudas de
jacarandá mimoso foram doadas à Cia. City.[32]

As vendas dos lotes da Companhia Parque Várzea do Carmo na região do Parque
D. Pedro II, em 1928, passaram a ser realizadas pela Empreza Brasileira de Terrenos
Ltda., que já estava encarregada da comercialização dos terrenos da Cia. Parque da
Mooca, no Parque da Mooca.

A Empreza Brasileira de Terrenos também intermediou outros dois loteamentos realizados pela Companhia Parque da Várzea do Carmo, um na já existente Villa Helena e
outro no Bosque dos Eucaliptos, ambos lançados em 1928. A Villa Helena estava situada
no planalto da Vila Mariana, margeada pela avenida Rodrigues Alves. Possuía serviços de
bondes, luz, água, com arruamento arborizado. Enquanto o Bosque dos Eucaliptos se situava em área vizinha à Vila Helena, com o diferencial de estar mais próxima da autoestrada
São Paulo-Santo Amaro, segundo o anúncio.[33]

O processo de incorporação pelo mercado imobiliário das terras localizadas nas adjacências do Parque D. Pedro II, depois de saneadas, demonstra inequivocamente a inter-
relação dos diferentes fatores que sustentavam a urbanização privada que caracterizou a
cidade de São Paulo: a valorização da terra com a devida expulsão dos indesejáveis, em
nome do saneamento físico e moral e da modernização do centro.

---

30   AESP – Jornal O Estado de São Paulo. 19 de janeiro de 1928, p. 1.

31   Em 29 de outubro de 1917, o prefeito municipal solicitou à Câmara, por meio do Ofício nº
      469, autorização para elevar em 20% os valores correspondentes às obras do Parque da várzea
      do Carmo, conforme consta nos Annaes da Camara Municipal de São Paulo de 1917. Org. por
      Manuel Alves de Souza. São Paulo: Typ. Piratininga, 1917.

32   Alesp – Annexos ao Relatorio de 1920 apresentado á Camara Municipal de São Paulo pelo pre-
      feito Dr. Firmiano de Moraes Pinto. São Paulo: Casa Vanorden, 1921, p. 174.

33   AESP – Jornal O Estado de São Paulo. 12 de abril de 1928, p. 1; Jornal O Estado de São Paulo. 29
      de abril de 1928, p. 1.; Jornal O Estado de São Paulo. 11 de agosto de 1928, p. 1.

Entre o início de seu mandato em 1914 e o início das obras do parque, em 1918, Washington Luís iniciou seu segundo mandato à frente da prefeitura, de 1917 a 1919, neste período também empreendeu eventos que expusessem a vida econômica da cidade, como a Primeira Exposição Industrial de São Paulo e o Congresso Paulista de Estradas de Rodagem, que aconteceram em 1917.

Mesmo diante das mudanças socioculturais que reavivaram e deram vida a movimentos nacionais em função da descrença na *belle époque* e a influência de Ricardo Severo e o estilo neocolonial na arquitetura, Washington Luís ainda manteve a ênfase dos melhoramentos urbanos fundados no estilo *haussmanniano*, entre as obras públicas oficiais, inclusive, com Firmiano Morais Pinto, que assumiu o cargo de prefeito em 1920 e cuja gestão foi até 1926.

Em seu primeiro ano de mandato, Firmiano Pinto promulgou o Padrão Municipal, através da Lei nº 2.332, de 9 de novembro de 1920. Com ele, a denominação de *perímetro*, até então usada como unidade de divisão territorial do município foi alterada para *zoneamento*, exceto para fins tributários.[34] Segundo a lei foram estabelecidos regras e limites para as construções particulares no município, assim como para a verticalização da cidade, que mesmo já aparecendo nas pautas de discussões desde 1911, somente neste ano foi efetivamente regulamentada.

Ao tratar do zoneamento, o Padrão restabeleceu as zonas, delimitando-as como "urbano (ou segunda zona) e rural (a quarta zona)", porém acrescentando a delimitação "de uma zona central (ou primeira zona) e de uma zona suburbana (a terceira zona)." Da mesma forma, a respectivas áreas correspondentes a cada zona também tiveram seus limítrofes redefinidos. À primeira zona correspondia, ao norte, ao limite imposto pelos trilhos da São Paulo Railway, englobando parte de Santa Efigênia; a oeste, chegava até os limites da Vila Buarque e da região da Consolação até chegar ao sul; na divisa com o Bexiga; enquanto a leste era delimitado por uma linha de norte a sul, na altura de São Bento, anterior à ladeira que leva à rua 25 de Março.

Em seguida, a partir destas limitações, tinha início a zona urbana, considerada a segunda zona, limitada ao norte pelo rio Tietê que, seguindo a oeste englobava o Bom Retiro, a Barra Funda e chegava até o início da Água Branca, tomando em seguida a direção sul, abarcando Perdizes até os limites do Pacaembu (que não era englobado), incluía toda a Consolação e a Bela Vista; seguia-se através dos limites da Vila América em direção ao sul, englobando a Vila Mariana. Neste ponto, a zona urbana contornava em direção ao norte abarcando Paraíso e parte da Aclimação; tomando a direção leste com leve desvio ao norte, pela fronteira do Cambuci (que não era englobado nesta zona) e incluía a Mooca; e a leste seguia englobando o Belenzinho abarcando o Pari.

---

34   AHMSP – Lei nº 2.332, de 9 de novembro de 1920. In: *Op. cit.*, 1934, p. 145 e segs.

A terceira zona, chamada suburbana, iniciava-se a partir da limitação da segunda zona e era limitada pelo bairro de Santana, ao norte, que seguindo para oeste caminhava pela fronteira da Vila Tietê até Nossa Senhora do Ó, margeando o rio Tietê e englobando sob seus limites a Vila Anastácio; seguia em direção a oeste começando a descer ao sul da cidade, e englobava a Bela Aliança e Vila Leopoldina; dando um leve retorno a leste, onde margeava as fronteiras do Alto da Lapa, da Vila Romana e da Pompeia para englobar em seguida a Vila Cerqueira César e Pinheiros; tomando como limite o rio Pinheiros, em direção ao sul da cidade englobava o Jardim Europa, o Jardim América e o Jardim Paulista; ao sul deste bairro a demarcação dava uma ligeira envergadura para leste e então seguia rumo ao sul novamente até o limite da Vila Helena, englobando Indianópolis; seguia para leste e abarcava a Vila Clementino; em seguida englobava Ipiranga, parte da Vila Prudente, a Vila Bertioga, o Alto da Mooca, a Vila Gomes Cardim e a Penha; e retornava em direção a oeste, através do rio Tietê, englobando a Vila Moreira e o Tatuapé; quando então seguia ao norte abarcando a Vila Maria, a Vila Guilherme e o Carandiru, até chegar novamente a Santana.[35]

Os bairros não incluídos nestes limites pertenciam à quarta zona, a rural, contida pela divisa do município, por um lado, e pela divisa da zona suburbana por outro: Bosque da Saúde, Americanópolis, Paraisópolis, Jardim Japão, Vila Pauliceia, Vila Pereira Barreto, Vila São Pedro, Jardim das Acácias, Vila Mascote, Vila Uberabinha, Vila São Rafael, Vila Friburgo, Jardim Petrópolis, Vila Jaú, Vila Queiroz, Jardim Matarazzo, Vila Vampré, Cidade Jardim, Vila Paulista, Alto da Boa Vista, Brooklyn Paulista, Perdizes, Butantã, parte de Indianópolis e parte da Vila Prudente.

Segundo as determinações constantes no Padrão de 1920, as zonas eram distintas com relação ao alinhamento – "sem recuo na zona central, recuo mínimo de 4 metros na urbana e suburbana, 6 metros de recuo nas avenidas Higienópolis, Angélica e Água Branca; de 10 metros na avenida da Independência, Paulista e canal do Tamanduateí"; enquanto às áreas de fundo deveriam conter "10% no triângulo comercial, 12% no restante da zona central e 15% na zona urbana"; já o alvará para construção deveria ser "obrigatório para todas as zonas, menos a rural quando as edificações estiverem a 6 metros da via pública".[36]

Quanto às formas de construção, o Padrão de 1920 incorporou as anteriores sobre o tema, também introduziu propostas dos engenheiros urbanistas municipais, como a diminuição do pé-direito, o cálculo 'científico' da insolação, a especificação de materiais e as questões relativas a verticalização, como elevadores, sobrecargas, concreto armado. Além

---

35 AHMSP – Planta da Cidade de São Paulo mostrando todos os arruamentos e terrenos arruados, 1924; Lei n° 2.332, de 9 de novembro de 1920. In: *Op. cit.*, 1934, p. 148-151.

36 AHMSP – *Ibidem*, p. 148 e segs.; Raquel Rolnik. *Op. cit.*, 2003, p. 48. O zoneamento voltaria a ser discutido somente em 1929.

de restringir a atuação no mercado de construção aos profissionais formados na área.[37] Quanto às construções particulares e à moradia urbana, onde quer que se localizassem na cidade deveriam estar dotadas de latrina ou banheiro:

> Art. 120 – toda a habitação particular deve ter, pelo menos, uma cozinha e um compartimento para latrina e banheiro.
>
> Art. 121 – em todas as habitações, sem exceção, o acesso de cada uma das camaras a cada um dos dormitorios, e a uma pelo menos das latrinas, deve poder ser realizado, sem ter que passar por qualquer dormitorio.

Mais adiante, há menção quanto aos compartimentos de banho e latrinas e suas formas de construção,

> Art. 143 – os compartimentos destinados exclusivamente para latrinas terão dois metros quadrados de área minima, quando no interior da habitação, e um metro e vinte decimetros quadrados, quando em anexo.[38]

Sobre aos serviços de água potável, esgotos, gás e eletricidade a lei estipula em cinco artigos os seguintes regulamentos:

> Art. 213 – toda a edificação em via publica, pela qual passe a canalização geral de esgotos, deve a ela ser ligada de acôrdo com os regulamentos especiais do Estado.
>
> Art. 214 – toda a edificação em via publica, em que haja canalização de agua, deve a ela ser ligada, para o necessario abastecimento de seus moradores.
>
> Art. 215 – os serviços de aguas e esgotos, essentamento de aparelhos, tipos dos mesmos, serão feitos e escolhidos de acôrdo com os regulamentos especiais do Estado.
>
> Art. 216 – em situações onde não haja rêde de esgotos podem ser usadas fossas de tipo aprovado pelo Serviço Sanitario do Estado.
>
> Art. 217 – os trabalhos de canalizações e colocação de aparelhos de gás para iluminação e outros misteres, bem como os de eletricidade, sómente poderão ser executados sob a responsabilidade

---

37   Raquel Rolnik. *Op. cit.*, 2003, p. 48.

38   AHMSP – Lei nº 2.332, de 9 de novembro, de 1920. In: *Op. cit.*, 1934, p. 184 e segs.

de indivíduos ou firmas que possuam certificados de idoneidade aceitaveis, a juizo da Diretoria de Obras.[39]

O Padrão Municipal de 1920, aparentemente, não toma como pressuposto a ideia de
que toda a cidade estaria aparelhada pelos equipamentos necessários ao saneamento básico, por isso sua redação sugere menos incisiva no tocante à aparelhagem no interior da residência; o que pode demonstrar uma relativa frouxidão na regulamentação da construção
civil, ou seja, um reflexo do que se processava no mercado imobiliário. Da mesma forma, a
Lei nº 2.611, de 20 de junho de 1923, nada reza sobre estas questões.

Originariamente apresentada pelo vereador Anhaia Mello em 1920, a Lei nº 2.611 foi
promulgada ainda durante a gestão de Firmiano Pinto, e substituiu a regulamentação de
1920 no que se referia à abertura de novas ruas ou loteamentos. Quanto ao zoneamento
e suas respectivas áreas limítrofes, elas só seriam alvo de nova alteração em 1929, com a
promulgação do Código Saboya.

Entre os melhoramentos no centro durante o mandato de Firmiano até o final da década de 1920 pode-se destacar a abertura de inúmeras avenidas, *boulevares* etc.; enquanto a
monumentalização continuava a dar o tom das obras e dos melhoramentos, como o alargamento da avenida São João, iniciada em 1912 e concluída em 1929; a sede dos Correios, em
1921; o monumento a Verdi, em 1922; as praças da Vitória (hoje praça Júlio de Mesquita),
concluída em 1920, do Patriarca (em 1926); o largo da Memória, remodelado entre 1918 e
1921; o monumento a Carlos Gomes, de 1922; a sede da Light, de 1924.

Na região da Sé foi construído o trecho da rua da Boa Vista, em 1922; o largo do
Palácio foi reformado, com a fundação do monumento à fundação de São Paulo, em
1925; em 1926 teve início a construção do Palácio da Justiça; ergueu-se o prédio da
Secretaria da Agricultura, atualmente Tribunal da Alçada Civil, em 1930. Em outro polo
da cidade, em direção à região leste da cidade, foi construído o Palácio das Indústrias,
inaugurado em 1922; e, em 1925, teve início a construção do atual Mercado Municipal.

Nas áreas periféricas...

Enquanto as obras visando o melhoramento da área central entravam na pauta
dos sucessivos governos municipais, os quais eram na maioria das vezes respaldados pelos
cofres do governo do Estado ou pela iniciativa privada, o problema da moradia salubre
destinado aos trabalhadores se tornava um tema cada vez mais recorrente, em meio a sua
carência enquanto a população aumentava exponencialmente.

39   AHMSP – *Ibidem*, p. 202.

Sua carência levou, inclusive, a ser usada estrategicamente como elemento mediador nas relações de produção, servindo como instrumento direto de exploração e controle do trabalho e do lazer, e desde "o início da acumulação industrial, atuaram no sentido de reduzir as reivindicações operárias, (...), pois o trabalhador temia entrar em greve e ficar sem o salário que lhe permitia pagar o aluguel."[40] É assim que se explica que no período de 1913 a 1916 a temática da moradia não tenha sido foco de discussão da imprensa operária, por exemplo, o que só voltou a acontecer com a eclosão da greve geral de 1917, que a incluiu entre as reivindicações, principalmente pelos jornais ligados à causa operária, como *A Plebe*, de tendência libertária.

> ... 4º) que os alugueis das casas, até 100$000, sejam reduzidos de 30% não sendo executados nem despejados por falta de pagamento os inquilinos das casas cujos proprietarios se opponham áquella reducção...[41]

Durante os dias de greve, em 1917, vários artigos trataram da problemática da moradia, e não somente pelo viés dos aluguéis, mas destacando também as más condições em que se encontravam esses imóveis:

> Operarios! Operarias! Vós sois os martyres da civilização e do progresso.
> Obreiros, productores de toda a riqueza social, ganhais salários que não bastam parar matar a fome de vossos filhos; viveis em miseráveis habitações, desprovidas de todo conforto e bem-estar que vossos braços cream...[42]

Após a greve de 1917, o tema habitação adquiriu destaque na pauta de luta dos operários. Entre os "Principios fundamentais" de luta dos operários, diz a Federação Operaria de S. Paulo, em agosto de 1917, os trabalhadores deveriam... "...i) lutar pelo barateamento dos alugueis das habitações, exigindo que estas offereçcam todas as condições de hygiene; (...)"[43]

---

40   Eva Alterman Blay. *Eu não tenho onde morar. Vilas operárias na cidade de São Paulo*. São Paulo: Nobel, 1985, p. 146.

41   AEL – Jornal *A Plebe*. 9 de julho de 1917, p. 3.

42   AEL – Jornal *A Plebe*. 21 de julho de 1917, p. 1.

43   AEL – Jornal *A Plebe*. 18 de agosto de 1917, p. 3.

A questão gradativamente tomou as páginas dos jornais dando fomento a uma angústia que refletia como os trabalhadores vivenciavam a questão em meio à necessidade de moradia e à carestia da vida cotidiana.

> O augmento crescente dos alugueis (...)
> Segundo declarações de inquilinos que residem à rua Teixeira de Freitas (villa), o proprietário José Soares Almeida aumentou em mais 5$000 os alugueis mensais.[44]

Os valores dos aluguéis não condiziam com o nível salarial dos trabalhadores. Para contribuir com o problema, havia um crescente aumento do valor fundiário, resultado do desenvolvimento econômico-industrial e urbano que o encarecia ainda mais, principalmente quando relacionada ao processo de ocupação do espaço com as dezenas de loteamentos lançados na cidade. Enquanto isso, num movimento contrário, a qualidade dessas moradias destinadas ao aluguel tomava sentido inverso, cada vez mais sem as mínimas condições de higiene e habitação. Nos meandros destes acontecimentos, o rendimento médio de um trabalhador assalariado em São Paulo era irrisório diante dos valores dos aluguéis, sendo o orçamento mensal de um trabalhador dividido da seguinte forma: em primeiro lugar vinham as despesas com alimentação, que consumiam em torno de 50% do salário; seguido pelos gastos com aluguel, de aproximadamente 25%; vestuário, de 15 a 16%; e, por último, os gastos com prestações de gêneros de primeira necessidade, compradas a prazo, em torno de 10%.[45]

As condições dos trabalhadores em suas moradias realmente beiravam o perigo, como foi o caso de 10 casas alugadas que desabaram na Vila Soares de Almeida, localizadas na rua Ipanema. De acordo com o jornal *A Plebe*, que noticiou o acontecimento, não houve vítimas, mas deveria ser tomada a providência cabível contra o proprietário do imóvel, cobrando-lhe toda a responsabilidade pelo fato.[46]

Nesse mesmo dia *A Plebe* criticava as autoridades públicas da opulência com que eram tratados os prédios públicos, que no seu entender nada valiam para edilidade e muito menos para os trabalhadores. O Teatro Municipal, a Penitenciária, o Palácio das Indústrias, o Palácio da Justiça etc., eram tidos como exemplos do desperdiço, enquanto a própria Câmara Municipal desembolsava 600$000 por dia, ou 18 contos mensais como despesa de aluguel. E tudo isso numa época em que ao trabalhador não restava casa para morar, nem de um cômodo sequer, segundo o artigo, tentando demonstrar as contradições da situação paulista.

---

44   AEL – Jornal *A Plebe*. 10 de setembro de 1919, p. 1.

45   Maria Auxiliadora G. de Decca. *A vida fora das fábricas: cotidiano operário em São Paulo (1927-1934)*. Campinas: Dissertação de Mestrado, IFCH, Unicamp, 1983, p. 22.

46   AEL – Jornal *A Plebe*. 13 de março de 1920, p. 2.

...Fazem-se, construem-se palacios mirabolantes, vistosos, custando rios de dinheiro e cujo fim principal é ostentar grandezas que não existem, emquanto o operario não tem onde se abrigue das intemperies, onde viva com a mulher e os filhos numa sã e racional higiene, e por um preço em conformidade com os seus ganhos.

Com o dinheiro empregado nesses grandes casarões, e cuja utilidade em alguns deles é nula, poder-se-ia construir milhares de casas que muito facilitariam a vida, a comodidade e o conforto dos trabalhadores, pondo por outro lado um entrave á exploração desenfreada dos senhorios, que num crescendo assustador de onzenice não trepidam em cobrar os alugueis pelo duplo ou triplo do que seria rasoavel. [47]

Num outro escopo da situação, houve o empreendimento de vilas operárias, as quais foram criadas por alguns empresários para abrigar os trabalhadores de suas indústrias, muitas delas eram localizadas sob os muros da fábrica, como extensão da linha de produção. Possuíam casas, mas também toda uma infraestrutura capaz de oferecer ao morador/trabalhador a segurança e os serviços necessários à vida cotidiana, retirando-lhe, inclusive, a necessidade de sair da vila para realizar qualquer serviço ou adquirir um bem ou lazer.

Estas vilas, contudo, parecem refletir muito mais do que a simples oferta de moradia para os respectivos funcionários das empresas. E enquanto forma de mediação nas relações produtivas, ela permite especular sobre como os empresários da época enxergavam a problemática e de que forma dela se utilizaram como alternativa de negócio, além de ser uma forma de submeter o trabalhador à lógica do capital.[48] Por outro lado, as vilas também se tornaram uma forma de se gerar renda sobre um capital empregado na aquisição dos terrenos, pois não deixava de ser uma diversificação dos investimentos na cidade. Enquanto isso, atuavam como forma de deixar o trabalhador à disposição da empresa, caso esta assim necessitasse.[49]

---

47   AEL – *Ibidem*, p. 2; Jornal *A Obra*. 10 de junho de 1920, s/p.

48   De acordo com Marcos Alberto Horta Lima. *Legislação e trabalho em controvérsias historiográficas: o projeto político dos industriais brasileiros (1919-1930)*. Campinas: Tese de Doutoramento, IFCH, Unicamp, 2005 aborda como as vilas operárias serviram como forma de submeter o trabalhador aos interesses da indústria, como resposta a uma possível interferência do Estado na relação trabalho *versus* capital, através de legislação trabalhista em discussão naquele momento.

49   Raquel Rolnik. *Op. cit.*, 2003, p. 119-120.

Jacob Penteado conta como a área localizada à margem do rio Tietê, entre a rua Catumbi e a avenida Celso Garcia, pertencentes ao Coronel Goulart, onde havia o velho pouso dos caipiras, foi vendida e ali erigida a Vila Maria Zélia, em 1916, pelo industrial Jorge Street. Eram casas "confortáveis para operários, a preços modicíssimos, ambulatório, assistência médica, odontológica, farmacêutica, creche, jardim de infância, escolas, teatro, igreja, etc. Foi um empreendimento que revolucionou o velho Belenzinho", prossegue Penteado. "Os tecelões faziam fila para conseguir vaga no recém-instalado estabelecimento fabril. A Vila Maria Zélia surgiu como uma autêntica cidade moderna, no bairro ainda meio atrasado. Frequentei muito suas festas, abrilhantadas por ótima orquestra, banda de música e corpo cênico, todos dali. Joguei, também, no clube de futebol da Vila."[50]

Para os trabalhadores, o fato de conseguirem se estabelecer em uma dessas casas representava a solução do problema da moradia. Mas esses "benefícios" dados aos trabalhadores pelos industriais era fruto de uma "... inspiração 'behaviorista', pela qual os operários passam a ser tratados como extensão da maquinaria, ou a um paternalismo autoconsciente – uma forma de exploração mais racional da força de trabalho", afirma Boris Fausto.[51]

Esses benefícios representavam uma suplementação a um salário inferior, assim como escolas, médicos, igrejas etc. Muitas vezes acompanhadas das condições mínimas de infraestrutura, essas casas custavam em média de 9 a 8 mil réis mensais, descontados de um salário médio de 88 mil réis mensais, a eletricidade mais 2 mil réis por lâmpada, e os serviços médicos eram deduzidos à razão de 2% do salário mensal.[52]

Ao envolver cálculos mais complexos, esses benefícios muitas vezes eram vistos pelos trabalhadores como efetivas vantagens. "De qualquer forma, a arregimentação nas 'modernas aldeias' resultou em fonte adicional de poder dos empresários sobre os trabalhadores, a ponto de alcançar sua vida privada. Street impunha o toque de recolher às nove horas e a abstinência de bebidas fortes. Na Votorantim, situada a quilômetros de Sorocaba, os gerentes impediam as uniões livres e obrigavam os operários a casar-se, sob pena de despedida. Eram frequentes os casos de revista por guardas armados ou o controle de pessoas que iam visitar os operários. (...) O fornecimento de casas de aluguel pela grande empresa – não restrito, aliás, ao ramo têxtil – acentuou também o grau de dependência dos trabalhado-

---

50   Jacob Penteado. *Belenzinho, 1910 (retrato de uma época)*. 2. ed., São Paulo: Carrenho Editorial/ Narrativa Um, 2003, p. 142.

51   Boris Fausto. *Trabalho urbano e conflito social (1890-1920)*. São Paulo/ Rio de Janeiro: Difel, 1976, p. 117.

52   Warren Dean. *A industrialização de São Paulo, (1880-1945)*. Trad., 4. ed., Rio de Janeiro: Difel, 1991, p. 166.

res. Em resposta às greves, eles foram com frequência desalojados de suas casas ou delas arrancadas à força e compelidos ao trabalho."[53]

Ao olhar de alguns na cidade, Jorge Street era um industrial adiantado e diferenciado, em função da visão que tinha do negócio, exemplificado pelas suas ações em relação aos trabalhadores, porém, os frutos que colheu não foram dos melhores. "Pôs refeitórios e ambulatórios e construiu casas operárias nas vizinhanças de sua fábrica de tecidos 'Maria Zélia'. Tudo aquilo era 'um despropósito'. Só servia para subverter o espírito dos operários. Aquela loucura havia de sair-se mal, os operários não reconhecem nenhum benefício. Saiu-lhe mal, 'quebrou' e teve que vender a casa", argumenta Jorge Americano, ao responsabilizar os trabalhadores pela derrocada do empresário.[54]

Os locais onde a maioria destas vilas foi construída, entretanto, eram áreas alagáveis, charcos e várzeas em cujos períodos chuvosos acabavam acarretando em sérios problemas aos moradores, ao passo que serviços como água, esgotos, luz etc., não existiam nas casas das vilas quando as mesmas foram construídas.[55]

Sobre as vilas construídas pelos industriais, os jornais operários enfatizavam constantemente a exploração implícita, em contrapartida, os trabalhadores muitas vezes desesperados e sem condições salubres de vida, tomavam-nas como uma forma de benevolência de seus patrões.

> A villas-feudo
> Ninguem se illude a esse respeito
> A Companhia Paulista esta tratando da construcção de uma villa operaria em Jundiahy e outra em Campinas.
> Esta iniciativa é por muitos recebidam com enthusiasmo, sem se lembrarem de que o seu fim é a maior escravização dos trabalhadores.
> As grandes empresas constroem essas villas-feudo para trazerem os trabalhadores á sua disposição, impondo-lhes tudo quanto lhes apraz, sob a ameaça continua de serem despejados em 24 horas.
> Ahi está o exemplo da Villa Maria Zélia, onde o infeliz trabalhador que lá habita é obrigado a ouvir sem pestanejar todos os arreganhos de um coroinha mal (...). Ai delle se protestar. Quem manda ali é a policia e o padre.[56]

53   Boris Fausto. *Op. cit.*, 1976, p. 117.

54   Jorge Americano. *São Paulo nesse tempo (1915-1935)*. São Paulo: Melhoramentos, 1962, p. 291.

55   Eva Alterman Blay. *Op. cit.*, p. 188.

56   AEL – Jornal *A Vanguarda*, 26 de fevereiro de 1921. p. 1

O processo de construção de vilas operárias foi um reflexo da hegemonia do capital privado na cidade que privatizou o solo urbano, sob a égide do estado. Enquanto isso, os trabalhadores, moradores dessas casas, viam-na sob dois focos diferentes. Existiam aqueles que consideravam-na como uma alternativa de habitação pela qual estavam indiretamente pagando e aceitavam o fato de terem de trabalhar a qualquer hora do dia ou da noite como um esforço para o pagamento da mesma. E, ainda, havia aqueles que encaravam o oferecimento da casa como um favor concedido pela empresa como um ato de humanidade e bondade do empregador. "A tendência predominante, porém, é a daqueles que, de alguma forma, avaliam o valor econômico da casa e o modo como, mesmo indiretamente, estavam pagando por ela."[57]

Independente do empreendimento das vilas operárias a falta de habitação prosseguiu, da mesma forma que o tema continuou sendo retratado como grave problema pela imprensa diária, principalmente pelos jornais operários, tanto que ao final da década de 1910, A Plebe traz um artigo enfocando a problemática e conclamando os trabalhadores a se unirem contra a exploração de que são vítimas. Desta vez, os argumentos parecem recrudescer-se em busca de novos descontentes com a situação. Ao problema dos altos valores e reajustes dos aluguéis, agora se associavam crescentemente às más condições em que os imóveis se encontram.[58]

---

57   Eva Alterman Blay. *Op. cit.*, p. 188.

58   AEL – Jornal *A Plebe*. 12 de setembro de 1919, p. 1. Cabe salientar que o discurso higienista não foi um monopólio dos interesses dominantes, pois no início do século XX este discurso também embasou largamente a questão social, argumenta Bairon. Bertucci também aponta o mesmo fenômeno e afirma que os trabalhadores adotaram concepções científicas originárias da saúde e da "burguesia" em prol de seus interesses. Esta adoção, explica a pesquisadora, em alguns momentos acabou reforçando o caráter burguês de dominação, mas em outros serviu como meio de conquista de objetivos, pois ao se apropriar de concepções tecno-científicas em sua faina por melhores condições de saúde, também as transformaram em instrumento imprescindível de denúncia contra a ordem burguesa e, mais importante, como forma de instigação para lutar contra ela. Enquanto isso, ao afirmar que a participação social e política dos moradores da cidade não se resumiu unicamente à esfera de atuação da política oficial, mas também à participação e discussão das melhores propostas encaminhadas às autoridades por meio de abaixo-assinados, requerimentos etc., Josianne Cerasoli também acaba por detectar o mesmo fenômeno e aponta que a utilização dos discursos científicos foram recorrentes a todos os envolvidos nos embates ocorridos na cidade. Sérgio Bairon. "Higiene Pública." In: *Memória*. São Paulo: Departamento de Patrimônio Histórico da Eletropaulo, jul.-dez. de 1993, ano V, nº 19, p. 55; Liane M. Bertucci. *Saúde: arma revolucionária. São Paulo – 1891-1925*. Campinas: CMU/ Unicamp, 1997, p. 178-179; Josianne F. Cerasoli. *Op. cit.*, p. 13 e segs. e Capítulo I – São Paulo: cidade aberta.

Diante do recrudescimento da situação, no início de outubro a discussão sobre habitação ganha especial destaque na imprensa, tanto na operária quanto na grande imprensa, com o anuncio de que o governo estadual iria doar dois mil contos de réis para a conclusão das obras da igreja matriz, pois ela era parte do projeto de melhoramentos do centro.

Diante da proposta, as organizações operárias passaram a argumentar que o montante seria ideal para a construção de moradias destinadas aos trabalhadores, em detrimento das obras da igreja. Segundo o artigo publicado pelo Jornal *A Plebe*, o montante seria suficiente para a construção de 20 mil casas operárias.

> Com dois mil contos se poderiam construir vinte mil casas operarias.
>
> Em S. Paulo é de publica notoriedade a escassez de casas e de casas de modestos alugueis.
>
> Os operarios especialmente se resentem dessa falta e vivem numa desoladora promiscuidade, em cortiços e mansardas que são verdadeiros focos de pestilências.
>
> De quanto em quando alguem fala da necessidade de se construirem casas operarias segundo os ditames da hygiene e cujo aluguel seja toleravel em vista da carestia (...)
>
> O Estado e o Municipio declararam que esse problema não pode ser resolvido com a vontade mas com dinheiro, com muito dinheiro.
>
> De facto, para se construirem 20 mil casas operarias que fossem casas e dotadas de todo o 'conforto' precisariam nada menos de 2.000:000$000.
>
> Dois mil contos! A quantia presisamente pedida pelos burguezes clericais para acabarem as obras da cathedral; a quantia que ao clero o governo concederá de toda boa vontade, para merecer o perdão de todos os seus crimes.
>
> Merecel-o de deus.. Do povo: não!
>
> Um pedreiro não livre, mas escravo do capital.[59]

A divulgação da doação gerou uma grande polêmica e nas edições seguintes de *A Plebe* a discussão avolumou-se. No dia 3 de outubro, *A Plebe* conclamou os inquilinos a se

---

59   AEL – Jornal *A Plebe*. 2 de outubro de 1919, p. 2.

unirem e a se movimentarem no sentido de pressionar o governo e os donos de imóveis a baixarem os aluguéis.[60]

É sabida a visão dos libertários sobre a religião, os quais a tomam como mais uma forma de dominação, utilizada para alienar e usurpar a capacidade criadora e libertária do trabalhador. E, neste caso, foi o estopim para as investidas contra a doação do montante em favor da igreja, "seita que os maiores damnos tem causado à humanidade".[61]

Os dois mil contos se transformaram em verdadeira munição nas mãos dos libertários, que além de relacioná-lo com a questão da falta de moradia também utilizaram-no para rebater e reivindicar outras questões na cidade, como a salubridade.[62] Os dias que seguiram explicitaram a luta travada entre os representantes dos trabalhadores, por meio dos jornais operários contra a doação.[63]

Em meio ao debate, uma série de artigos foi publicada no Jornal *O Estado de S. Paulo*, que mesmo assinados por instituições ou pessoas não ligadas ao periódico, acabou abrindo espaço e contribuindo para a ampliação do debate. Uma das instituições a questionar o pedido de doação foi o *Conselho das Egrejas Evangelicas do Estado de São Paulo* que, em um artigo de 29 de outubro, tornou público uma representação encaminhada ao Congresso Legislativo do Estado de São Paulo, na qual solicitou que a instituição se atente para a *imoralidade* que a doação representaria ao estado.[64] Cabe destacar, contudo, que o argumento central do Conselho se pautava no fato de que a instituição "religião" se encontrava separada do Estado e por isso a igreja não deveria receber o montante solicitado, pois com

---

60   AEL – Jornal *A Plebe*. 3 de outubro de 1919, p. 1. O episódio faz com que *A Plebe* destacasse algumas atitudes e posicionamentos dos chamados jornais burgueses frente ao episódio, entretanto, o destaque requerido visava o reconhecimento por parte deles da legitimidade de suas próprias reivindicações.

61   AEL – Jornal *A Plebe*. 29 de novembro de 1919, p. 1. Não somente neste caso *A Plebe* se manifestou contra a igreja. Em março de 1920, por exemplo, o jornal publicou um fato ocorrido na cidade de Sorocaba, quando dois operários foram contratados para a realização de obras de serraria na igreja matriz, pela importância de 1:000$000. Porém, quando o vigário, "provavelmente inspirado pelo Espirito Santo" foi pagar os trabalhadores, os mesmos foram surpreendidos com um desconto de 200$. Ao reclamarem a diferença, o padre lhes disse que os 200$ seria destinado às obras da matriz, como doação. "Indignado com esse ato arbitrario do atrevido sotaina, os operarios protestaram contra a extorsão de que eram vitimas, pois que não haviam autorizado o abusivo desconto, que assume a feição de um verdadeiro roubo. E é assim que a gente nefasta do Vaticano sempre procedeu com o fim de acumular a fortuna colossal de que as suas congregações se servem na obra de embrutecimento do povo. Canalha!" AEL – Jornal *A Plebe*. 20 de março de 1920, p. 1.

62   AEL – Jornal *A Plebe*. 7 de outubro de 1919, p. 1; *A Plebe*. 23 de outubro de 1919, p. 1.

63   AEL – Jornal *A Plebe*. 30 de outubro de 1919, p. 1

64   AESP – Jornal *O Estado de S. Paulo*. 26 de outubro de 1919, p. 10.

a República o Estado se tornou leigo. Em nenhum momento a instituição fez referências sobre um possível emprego social que poderia ser dado ao valor proposto. Entretanto, a representação não deixa de simbolizar como a sociedade, fossem elas leigas, religiosas, operárias etc. acompanhavam as ações e os atos públicos que pudessem beneficiar grupos ou instituições, mesmo diante de interesses específicos de cada uma delas.[65]

Enfraquecida a campanha diante da inevitável doação[66] dos dois mil contos à igreja, a luta retomava seus ares de denúncia, neste sentido os argumentos mudavam, mas sempre revelando uma realidade já bastante conhecida pelos trabalhadores: exploração do trabalho, precariedade e insalubridade das moradias e injustiças econômicas e sociais.[67]

Foi sob o signo desta movimentação que a Liga dos Inquilinos renasceu em 1920, após suas primeiras investidas em 1907 e 1912, quando o tema da habitação estava em pauta. No contexto de 1912, a movimentação não era partidária ou sindical, mas sim um movimento social, uma reação contra o alto custo dos aluguéis. Seu objetivo era lutar contra a desproporcional elevação dos aluguéis frente ao aumento de salários.[68] Em 1920, entretanto, a Liga ressurge também como necessidade de reação contra o aumento crescente e abusivo dos aluguéis em meio ao problema da carestia de vida que adquiria contornos alarmantes diante do achatamento da taxa salarial.

A iniciativa de se reativar a Liga foi ventilada pelo Jornal *O Combate*, num artigo intitulado A Carestia dos Aluguéis, pelo qual o jornal demonstrava também ser vítima do abuso dos proprietários no tocante a sua "ganancia". *A Plebe* aderiu a campanha de imediato.[69]

A campanha tomou força e nos dias subsequentes foram organizadas assembleias para reunir os inquilinos visando discutir maneiras de lutar contra a exploração, além de uma forte campanha nos jornais contra os proprietários.[70] Em 7 de agosto do mesmo ano, outro artigo conclama os inquilinos à reação contra a exploração pelo qual estavam submetidos nas mãos dos proprietários.[71]

---

65   AESP – Nas edições do Jornal *O Estado de S. Paulo* dos dias 29 de outubro; 2, 6, 8, 13, 16 e 30 de novembro de 1919 seguem um intenso debate sobre a doação dos 2 mil contos, entretanto, a partir de uma cruzada envolvendo católicos e evangélicos.

66   AEL – Jornal *A Plebe*. 29 de novembro de 1919, p. 1

67   AEL – Jornal *A Plebe*. 9 de outubro de 1919, p. 1

68   Eva Alterman Blay. *Op. cit.*, p. 133 e segs.

69   AEL – Jornal *A Plebe*. 17 de julho de 1920, p. 1. Nesse mesmo dia o jornal publica os locais onde aconteceriam as primeiras reuniões para a articulação do movimento. Eva Alterman Blay. *Op. cit.*, p. 147.

70   AEL – Jornal *A Plebe*. 31 de julho de 1920, p. 3.

71   AEL – Jornal *A Plebe*. 7 de agosto de 1920, p. 1.

Enquanto isso, na mesma edição, o jornal traz um artigo em que condena a propriedade privada, intitulado "A tirania da propriedade privada, corresponde á força da reacção popular", o que parece demonstrar a necessidade de se *ideologizar* a reação e responsabilizar *quem* ou *o quê* determinava a exploração do proletariado. No interior de toda a relação inquilino *versus* locatário não estava a problemática dos aluguéis em si, mas sim a instituição propriedade privada.[72]

Os primeiros informes sobre a assembleia aparecem na edição de *A Plebe* de 14 de agosto, no qual há uma explícita empolgação do jornal que diz que a reunião "excedeu á expectativa". Após um histórico de tudo o que estava acontecendo aos inquilinos, com descrição das carestias de vida, finalmente o autor, João Campos, chega ao assunto principal, a criação de núcleos nos bairros para a discussão do problema.[73] Entre as propostas aventadas estava a de que o inquilinato entrasse em greve, não pagando os aluguéis, entretanto, tal proposta não foi aceita até esta assembleia.

De qualquer forma, o movimento, segundo *A Plebe*, começou a incomodar outros setores da sociedade, tanto que em 21 de agosto, o jornal traz uma crítica dirigida ao Círculo Operário Católico Metropolitano, opositor da Liga, dizendo que as ratazanas das sacristias põem-se em campo com os seus torpes manejos, que

> ...por meio da intriga e da calunia procuram desvirtuar a sua iniciativa, emprestando-lhes intuitos criminosos e chamando para eles a atenção da polícia.[74]

Nessa mesma edição eram divulgados os comícios que aconteciam simultaneamente na Lapa, no Cambuci, no Bom Retido e no Brás, que eram organizados por meio dos sub-comitês criados para descentralizar a ação da comissão geral, estendendo-se por toda cidade.[75] Os comícios, porém, utilizados como forma de sensibilizar a opinião pública, logo foi alvo de um golpe da polícia, que proibiu toda e qualquer forma de manifestação pública, e sem nenhum aviso prévio à Liga. De acordo com D. Fagundes, em artigo intitulado "Reação burgueza", publicado em *A Plebe*, a proibição foi uma resposta motivada pela "retumbacia demagogica dos cantores da constituição... exposta aos eclipes policiais".[76]

---

72   Eva Alterman Blay. *Op. cit.*, p. 149.

73   AEL – Jornal *A Plebe*. 14 de agosto de 1920, p. 1.

74   AEL – Jornal *A Plebe*. 21 de agosto de 1920, p. 2.

75   AEL – Jornal *A Plebe*. 4 de setembro de 1920, p. 3.

76   AEL – Jornal *A Plebe*. 11 de setembro de 1920. p. 2.

A proibição gerou reclamações e inúmeros artigos na imprensa operária em nome da liberdade de expressão e dos direitos dos trabalhadores, mas sempre com a linha de argumentação baseada na exploração capitalista. Em 18 de setembro de 1920, João Pinto escreve um artigo sob o título "Urge a ação popular", no qual surgem os primeiros indícios de que a proibição aos comícios parece ter dado resultado, principalmente devido ao tom exasperador do texto. Segundo o autor,

> ... como se isso já não bastasse para o incitamento de vossa ação na luta pela vida, pelo bem-estar e pela liberdade, ainda os proprietarios de predios de aluguel – mancumunados com elementos reacionarios do clero e da burguezia, - favorecidos pelo Estado – tentam estrangular-vos com o peso enormissimo de um aluguel exageradamente desproporcional (...) dentro desses pardieiros, desses cortiços e casebres imundos, sem conforto, sem luz, sem ar e sem higiene, que são a maioria dos prédios de aluguel dos bairros operarios, em cujas vielas pululam crianças famintas e maltrapilhas, sem proteção nem escolas, além das que o acaso lhes possa oferecer no meio da miseria e do vicio em que vivem!...[77]

No mesmo dia, a Liga divulgou um balanço da movimentação ao mesmo tempo em que realizou um informe das deliberações de uma reunião com todas as comissões de bairros. Segundo a matéria assinada "Da Secretaria", a Liga havia contratado advogados para amparar seus membros para "opôr embargos aos mandatos de despejos", às ameaças realizadas pelos senhorios, impetrarem *habeas-corpus*, inclusive, que havia sido resolvido recorrer ao Supremo Tribunal Federal para impetrar um *habeas-corpus* visando o direito de realização dos comícios públicos.[78]

Entre as deliberações e orientações, há uma que merece destaque, a de que solicita aos inquilinos que sempre comuniquem à Liga os aumentos sofridos nos seus aluguéis, pois muitos inquilinos negavam o aumento aos "lançadores da prefeitura" por "insinuação dos senhorios", para que estes últimos não paguessem o proporcional aumento em impostos à edilidade.[79]

Na prática, essa denúncia de aumento que seria repassada à prefeitura visando um aumento nos impostos do senhorio podem até parecer um "certo" apoio ao governo, mas na essência, também indica uma estratégia de se abrir um canal de negociação com o próprio

---

77   AEL – Jornal *A Plebe.* 18 de setembro de 1920. p. 2.

78   *Ibidem*

79   *Ibidem*

senhorio na busca de soluções, mesmo que paliativas, em um movimento que já apresentava sinais de enfraquecimento.

Em outro aspecto, mesmo sendo um movimento que extrapolava as fileiras libertárias, e englobava muito mais a população dos bairros operários, parece um tanto quanto duvidosa e contraditória a aceitação dessa medida por parte dos membros anarquistas, pois além de utilizarem o próprio Estado nesta estratégia, não representava nenhuma possibilidade real de mudança no tocante à propriedade privada. Tal concepção fica patente ao se comparar o informe assinado "Da Secretaria" com o artigo "Urge a ação popular", assinado por João Pinto, no qual o próprio autor aponta que os senhorios são favorecidos pelo Estado, ambos publicados na mesma edição de *A Plebe*.

Essa relativa pluralidade talvez revele um caráter de *espontaneidade* do movimento, que em busca de melhorias nas condições de vida ou de trabalho, explica-se pela ausência de um sindicato ou de um órgão representativo isto é, uma organização de base encabeçando a movimentação. Tal situação, por sua vez, expressa unicamente o enfraquecimento que essas organizações institucionais apresentavam perante os trabalhadores.[80]

Em meio ao processo de ocupação do espaço citadino, tanto as ações públicas quanto as privadas acabaram dando à cidade aspectos socioeconômicos que definiam o lugar de cada um em seu interior, e nos meandros destes acontecimentos a cidade com um todo apresentava novas conotações que abarcavam a todos.

A cidade pretendida cada vez mais se diferenciava da cidade construída, permeada de mazelas, pobreza e sujeira. O único diferencial parece ter residido no fato de estas mazelas cada vez mais terem sido expurgadas do centro embelezado. Talvez por esta razão que o sr. Antonio, que se mudou para São Paulo em 1910, tenha expressado um sentimento particular de abandono que parece corroborar algumas lutas acima demonstradas. Segundo ele, "os legisladores brasileiros, de São Paulo e os municipais, não têm visão nenhuma do futuro de São Paulo. Se tivessem não estariam assim, cidade que odeia os paulistanos. Cidade odienta que não trata com benevolência os seus filhos. No tempo anterior à Primeira Guerra, a cidade era diferente. Cada vez mais São Paulo cresce: o que era uma célula, vai ser um novo bairro. Pinheiros era um matagal, agora é centro. Lapa é centro. Até Penha é centro. Entre o centro e Pinheiros havia uma estrada de terra, com chácaras na margem, portugueses plantando. A Vila Mariana era toda de chácaras de portugueses plantando suas hortaliças. Os bairros de habitação mais densa eram o Brás, Belenzinho, Mooca. Depois a Mooca foi avançando, o Brás foi se estendendo e formou-se esses gigantes, gigantes como Saturno que come seus filhos."[81]

---

80   Boris Fausto. *Op. cit.*, 1976, p. 122, 141,149 e 152.

81   Depoimento do Sr. Antonio [ele nasceu em Santa Rita do Passo Quatro, em 23 de agosto de 1904, e foi para São Paulo em 1910]. In: Ecléa Bosi. *Memória e sociedade. Lembranças de velhos*.

A observação do sr. Antonio, da mesma forma que outras vozes e lembranças sobre a cidade, destacam a forma como a cidade cresceu e, na maioria das vezes, afirmam que não esperavam um crescimento na proporção que tomou. Tampouco o crescimento dos problemas que acompanharam o "progresso" da urbanização, cuja percepção deixa entrever que também durante àqueles dias a população tinha noção do que representava este dinamismo.

Num processo muito mais de constatação, mas que em alguns momentos se esbarra no contraditório, o dinamismo referenciado vinha acoplado à noção de progresso, o que poderia representar a possibilidade de se perder espaços de sociabilidade em função do próprio progresso que chegava. O Sr. Amadeu, por exemplo, que nasceu no Brás em 1906, se reporta a este fenômeno quando lembra de perdas de espaços físicos na cidade, quando o campo de futebol deu lugar ao Parque D. Pedro II, ou ainda quando a região em que morava, cheia de italianos, portugueses, espanhóis se transformou, pois "chegou o progresso e as famílias se mudaram. Nossa casa foi derrubada para dar passagem aos ônibus da Água Rasa que vão para o largo do Paiçandu. Com essa abertura, a ruazinha ficou pela metade, toda de armazéns de cereais e casas de negócios".[82]

O progresso, contudo, também poderia incluir a perda de referências de vida, por isso visto com desconfiança de quem teme a destruição da própria história, como diz dona Alice, sobre o lugar em que viveu na juventude: "aquele bairro ficou horrível; quando passo por lá, naqueles Campos Elíseos, ai, dá uma dor no coração. Aquilo era maravilhoso, aquelas ruas quietas, aqueles jardins, aquela coisa... O quarto em que morei não deve existir mais, vou fazer setenta anos, aquilo com certeza já foi demolido."[83] Ou ainda, suscitar dúvidas sobre o que realmente significava progresso, como faz Juquinha ao interpelar o pai, Washington Coelho Penteado, quando este exaltava a ausência de carros de bois nas ruas da região do Parque do Carmo (Parque D. Pedro II), enquanto seu Chevrolet andava a 60 por hora e se perdia na poeira, na década de 1920, e o garoto, coçando os olhos afirma: "Pó quer dizer progresso!"[84]

Se o pó poderia ser progresso, as várzeas também poderiam ser o início do progresso, principalmente se ao progresso estivesse associado à dinâmica de uma cidade em ebulição. Conta o sr. Amadeu que existiam mais de mil campos de futebol espalhados pelas várzeas da cidade, nas várzeas existentes na Vila Maria, no Canindé, no Glicério e nelas existiam cerca de cinquenta campos de futebol. Já na Lapa e na Barra Funda existiam entre vinte e vinte e cinco campos; no Ipiranga, próximo à Vila Prudente, outros cinquenta campos; na Vila Matilde, mais vinte. "Agora tudo virou

---

10.ed., São Paulo: Companhia das Letras, 1994, p. 231.

82   Depoimento do Sr. Amadeu. In: Ecléa Bosi. *Op. cit.*, p. 132.

83   Depoimento de dona Alice. In: Ecléa Bosi. *Op. cit.*, p. 99.

84   "O patriota Washington (Doutor Washington Coelho Penteado). In: Antonio de Alcântara Machado. *Brás, Bexiga e Barra Funda/ Laranja da China*. São Paulo: Martin Claret, 2002, p. 87.

fábrica, prédios de apartamentos. O problema da várzea é o terreno. Quem tinha um campo de sessenta por 120 metros acabou vendendo pra fábrica".

A lógica dos campos de futebol, segundo a visão do sr. Amadeu extrapolava o contexto do esporte. Segundo ele, eram muitos os jogadores de futebol e como cada campo tinha um clube o resultado era muito jogador de futebol na cidade. Por esta razão a "maior parte dos campos eram dados pelos donos para o lugar progredir, popularizar. O dono é que pedia pra fazerem um campo nesses terrenos baldios. Quando tinha um clube, vinha o progresso, e começava o comércio, o progresso."

Segundo o sr. Amadeu foi uma estratégia dos donos de terrenos para dar visibilidade aos terrenos disponíveis na cidade, e foi justamente em decorrência da venda e posterior ocupação destes terrenos que o número de jogadores foi reduzindo em São Paulo, pois os espaços para os jogos foram cada vez mais escasseando. "O jogo da várzea era o que atraía a maior parte do público. De grande, havia o campo da Ponte Pequena, do Corinthians velho, e o campo do Sírio. (...) O Pacaembu veio mais tarde, acho que em 38 ou 40. Aí começou a massa, antes o pessoal estava espalhado nas várzeas e nos bairros, jogando mesmo."

O sr. Amadeu ainda recorda que não havia "preto" no Palestra, que era majoritariamente de italianos. As brigas, contudo, eram brutas, e relata o caso de um jogador chamado Neco, "um dos maiores jogadores do Corinthians", que uma vez tirou o cinto e correu atrás do juiz batendo nele o tempo todo. Quanto ao público de cada time, as elites torciam pelo Paulistano, enquanto o Palestra e o Corinthians tinham as maiores torcidas; mas era no Corinthians que estavam os pretos e os espanhóis.[85]

Em meio a esta dinâmica, em meados da década 1920 uma série de acontecimentos contribuiu para que a cidade vivenciasse um período de incertezas, mas que inegavelmente acabou refletindo na vida da população, principalmente daquela moradora na parte periférica da cidade. Ambas ocorreram em 1924, a primeira de ordem política e a segunda de ordem natural.

O primeiro acontecimento foi a movimentação que ficou conhecida como Revolução de 1924, que tinha como objetivo derrubar o governo de Arthur Bernardes, que incorporou a oposição aos tenentes. Encabeçadas pelo general Izidoro Dias Lopes, o movimento teve início em 5 de julho com a tomada de alguns quartéis e uma verdadeira batalha pelo controle de São Paulo e se seguiu até 27 de julho quando os dissidentes abandonaram a cidade. Durante estes dias o cotidiano da cidade foi totalmente alterado, paralisando a vida da população e a produção industrial e comercial. Uma das consequências da

---

85   Depoimento do Sr. Amadeu. In: Ecléa Bosi. *Op. cit.*, p. 138-139. Por volta de 1916, segundo o jogador de futebol Feitiço, o Ítalo-Lusitano era o melhor time de São Paulo e também estava localizado em uma várzea. "É interessante que, com o pouco que se ganhava, dava para comer e beber suficientemente." Depoimento de Luiz Matoso – 'Feitiço'. In: *Memória urbana: a grande São Paulo até 1940. Op. cit.*, p. 115.

movimentação foi o aumento da demanda por moradias, já que muitas foram destruídas em decorrência dos conflitos.

Durante os combates a população que tinha condições de fugir procurou abrigo em outras cidades ou até em bairros menos atingidos pelos conflitos, pois as balas e os bombardeios atingiam a todos indiscriminadamente. De acordo com o sr. Ariosto, naqueles dias "o povo andava escondido, fugindo para outros bairros. O povo do Brás fugiu para onde pôde fugir: Penha, Belenzinho, Lapa. Os aviadores tinham ordem de jogar bombas no Brás; diziam que a italianada estava a favor da revolução. Ficamos na rua da Mooca, 82; durante a noite ouvia o tiroteio, os soldados correndo, as ordens do tenente Cabanas, o barulho era infernal. Meu irmão Amleto, depois de uma discussão com papai, se uniu aos revoltosos e partiu."[86]

Os problemas decorrentes dos conflitos não se resumiram aos combates, após a movimentação a cidade viveu um verdadeiro caos socioeconômico que atingiu principalmente a população mais pobre e moradora das regiões periféricas. A carestia de alimentos foi uma das consequências diretas, o que levou o povo, inclusive, a "saquear" o Mercado Municipal. "O povo em geral. Eles saquearam não foi só o mercado mas os armazéns de bairro. Lá na Mooca. No Mercado Municipal tiraram tudo, até balanças e caixas registradoras. Na companhia do Matarazzo levaram todos os sacos de farinha do depósito. Quando terminou a revolução, os soldados não tinham condição de controlar o povo. Assaltaram, saquearam, fizeram de tudo. Foi geral, São Paulo inteiro, e durou quatro ou cinco dias. O roubo eles puniam. O saque, não, eles entendiam que era uma coisa da fome, não consideravam um crime, consideravam uma necessidade", relembra o sr. Amadeu.[87]

A mesma opinião sobre os acontecimentos tem o sr. Ariosto, que chama a atenção para o fato de a população sentir fome após a Revolução e não ter o que comer. "Nas igrejas davam mantimentos. As fábricas pararam muito tempo e os operários não tinham mais mantimento, não tinham nada nas suas casas, então começaram a saquear o Moinho Santista, o Matarazzo. Traziam sacos de farinha nas costas e levavam para os seus. Até armazéns saquearam. Depois a polícia foi de casa por casa buscar os mantimentos. Eles recuperaram os sacos de farinha para os moinhos. Até lá em casa bateram e quiseram entrar, e meu pai: 'aqui não tem nada, não somos saqueadores'. Mas quem saqueava é porque tinha fome."[88]

---

86   Depoimento do Sr. Ariosto [ele nasceu em 1900, na avenida Paulista, numa travessa chamada Antonio Carlos]. In: Ecléa Bosi. *Op. cit.*, p. 166-167.

87   Depoimento do Sr. Amadeu [ele nasceu em 30 de novembro de 1906, na rua Carlos Garcia, 26]. In: Ecléa Bosi. *Op. cit.*, p. 130-131.

88   Depoimento do Sr. Ariosto [ele nasceu em 1900, na avenida Paulista, numa travessa chamada Antonio Carlos]. In: Ecléa Bosi. *Op. cit.*, p. 166-167.

Já o segundo acontecimento de 1924 foi resultado de uma grande estiagem que assolou a região, cujos reflexos foram a grande baixa no nível das águas dos rios que serviam a capital, fenômeno que resultou no racionamento de energia elétrica, pois com o baixo nível dos rios as usinas da Light não tinham capacidade geradora e toda a população foi atingida. Em decorrência, a Light também retirou grande parte da frota de bondes das ruas com o objetivo de racionar energia elétrica.

Se para a Light a estiagem foi trágica, provocando perdas em função do racionamento que atingiu o serviço de bondes e o fornecimento de energia elétrica em geral, para outro setor foi a oportunidade para aproveitar um momento especialmente propício e tentar se consolidar no mercado, aliado à fase de expansão da cidade: eram os veículos automotores, dentre eles os ônibus.

Como a seca contribuiu para a retirada dos bondes em circulação, os proprietários de ônibus acabaram ocupando parte desta lacuna na cidade, chegando, inclusive, a ligar pontos de expansão que mesmo antes da estiagem não eram servidas por linhas de bondes. Como a cidade estava cada mais dispersa, também empreenderam ligações entre os arrabaldes da cidade e entre bairros periféricos e suburbanos, contribuindo ainda mais para a ocupação rarefeita.[89]

Segundo a visão do prefeito, Firmiano de Moraes Pinto, os abalos de 1924 atingiram em cheio o setor de construção da capital que vinha se recuperando após um período de incertezas provocado pela epidemia da gripe espanhola:

> ...lento e inconstante crescimento da cidade até 1908; entre 1908 e 1913 tornou-se vertiginoso; entre 1913 e fins de 1915, a quéda da actividade constructiva foi verdadeiramente alarmante; em 1916 e 1917 a pujança da cidade já reagia, quando, em 1918, (anno da epidemia de grippe) nova quéda se manifesta. De 1919 em deante as condições tendem a melhorar, até que, em 1921, recomeça a ascenção rápida da linha do diagramma. Em 1924 novo amortecimento no desenvolvimento da cidade se nota em virtude dos acontecimentos de julho.[90]

89   Maria Ruth Amaral de Sampaio. "O papel da iniciativa privada na formação da periferia paulistana". In: *Espaço e Debates*. São Paulo: Núcleo de Estudos Regionais e Urbanos, Ano XVII, nº 37, 1994, p. 23; Richard Morse. *Formação histórica de São Paulo. Da comunidade à metrópole*. Trad., São Paulo: Difel, 1970, p. 374. Sobre o impacto dos veículos na cidade ver Nicolau Sevcenko. *Orfeu extático na metrópole. São Paulo: sociedade e cultura nos frementes anos 20*. São Paulo: Companhia das Letras, 1992, p. 73 e segs.; Raquel Rolnik. *Op. cit.*, 2003, p. 156 e segs.; Candido Malta Campos. *Op. cit.*, p. 199 e segs.

90   Alesp – Annexos ao Relatorio de 1924 apresentado á Camara Municipal de São Paulo pelo prefeito Dr. Firmiano de Moraes Pinto. São Paulo: Casas Vanorden, 1925, p. 311.

O referencial básico do prefeito remete à tendência negativa imposta pelos acontecimentos de 1924. De qualquer forma, cabe destacar que mesmo nos momentos de desenvolvimento crescente no setor da construção, os órgãos públicos foram incapazes de oferecerem à totalidade da população os serviços públicos básicos destinados às condições mínimas de vida. Porém, foi neste contexto que os serviços públicos, entre eles os serviços de limpeza urbana e de abastecimento de água e coleta de esgotos, na maioria das vezes, adquiriram o caráter de bem privado, de mercadoria, os quais agregavam valor às regiões e aos imóveis comercializados pelas empresas do ramo, "não apenas dos mercados ricos, mas também dos populares",[91] que por sua vez permitem entender a convergência com os problemas ligados à questão da falta de moradias nas áreas periféricas, por extensão, da carência de moradias populares salubres.

Por fim, um caso um tanto emblemático, e por isso mesmo merecedor de atenção, revela como as áreas periféricas estavam à mercê de obras de melhoramentos que focavam o centro da cidade. O episódio, contraditoriamente, envolveu o Monumento da Independêndica e Museu Paulista, símbolo do poder econômico expresso pela dimensão sociocultural, e a impossibilidade de a população visitar seu acervo, em fevereiro de 1927.

O fato se tornou público quando foi publicada uma nota num jornal da cidade em que se reclamava que o Museu encontrava-se fechado num determinado dia em que deveria funcionar normalmente. Em resposta ao reclamante, o diretor do Museu, Affonso Taunay, afirmou que o Museu tinha fechado suas portas devido às grandes chuvas que assolaram a região no período.

Sua argumentação se baseava nas disposições do Regulamento do Museu, que determinava o fechamento da instituição para visitação pública nos dias de chuvas, em função de a região não estar calçada, o que gerava muita lama nas ruas vizinhas ao "Palacio do Ipiranga", e que poderia provocar estragos no referido prédio. Estas disposições, dizia,

> datam da fundação do Instituto, tendo sido approvada, sabiamente, pelo então secretario do Interior, dr. Cesario Motta Junior e mantida até os dias de hoje como medida do mais elementar critério.
>
> Qualquer pessoa que venha ao Ipiranga notará que ha, nas ruas que dão acesso ao Museu, uns 500 metros de via, sem calçamento algum, e que se transforma em verdadeiro tremedal com qualquer chuva.

---

91   Raquel Rolnik. *Op. cit.*, 2003, p. 130.

Ao prosseguir em seus argumentos, Taunay afirmava que o Museu recebia mais de 3 mil visitantes aos domingos, e tal população, trazendo lama em seus pés provocaria sérios estragos no interior do Museu.

> ...Sabe v. exa. como é rica a nossa escadaria monumental, de marmores brancos, deixal-a que se manche com a terra vermelha do Ipiranga será condemnal-a a ser frequentemente lavada com productos chimicos para poder readquirir o asseio exigido pelo decoro do Museu.[92]

Em 1929, segundo outra matéria arquivada por Taunay, sobre a frequência ao Museu no período de 1925 a 1929, ele volta a citar o problema da lama nas ruas adjacentes ao Museu, denotando-lhe a responsabilidade pela baixa frequência registradas na visitação, e novamente a razão eram os altos índices de chuvas.

> Devia o Museu abrir-se ao publico em 160 dias de 1929 e, no entanto, esta abertura só pôde ser effectuada em 140 dias. (...)
> No ultimo anno melhoraram as condições de accesso ao nos-so edificio com o calçamento no trecho da rua Bom Pastor, Xavier Curado, executado pelo sr. dr. J. Pires do Rio, prefei-to municipal, attendendo a um pedido do sr. Presidente do Estado, tendo-se em vista a grande parada de 15 de novembro. Ainda assim ha largas areas descobertas, em deploravel esta-do, que se reflecte penosamente sobre o Museu, pois provoca o transporte de enorme quantidade de lama e barra para as nossas salas...[93]

O que os fatos em si demonstram é a precariedade da região – do Ipiranga e adjacên-cias, nas redondezas do Museu –, que não possuía o calçamento necessário para amparar nem mesmo sua visitação, mesmo sendo ele um dos grandes símbolos da representati-vidade da riqueza de São Paulo. Vale lembrar que o Monumento e o Museu faziam parte do conjunto de obras e melhoramentos da capital, os quais deveraim estar incorporados, através das vias ao longo do Tamanduateí retificado e do Parque D. Pedro II concluído, ao centro da cidade, compondo o cinturão embelezador da colina histórica.

---

92   MP – Cadernos de memórias e recortes de matérias de jornais do arquivo pessoal de Affonso d'Escragnolle Taunay, de 1927. Tremedal, segundo o Dicionário Aurélio, significa pântano.

93   MP – Cadernos de memórias e recortes de matérias de jornais do arquivo pessoal de Affonso d'Escragnolle Taunay, de 1929.

Neste caso, mesmo indicando uma relativa melhoria em 1929, o problema de 1927 ainda se repetia dois anos depois, ou seja, ainda não havia sido realizado o calçamento em toda a região do Ipiranga. E quem sofria os reflexos do problema era, contraditoriamente, quem deveria estar à margem destes problemas, dado ao contexto e aos aspectos sócio-culturais que simbolizava.

O Serviço Sanitário sob novas bases

Ao longo da década de 1910, a questão sanitária também foi abarcada pela tendência que tentava retomar aspectos nacionais, a partir dos quais buscou-se reabilitar o brasileiro do estigma de doente e marcado pela falta de higiene. Esta preocupação embasou uma corrente nacionalista preocupada com a situação, a Liga Pró-Saneamento, que explicava o atraso econômico e social do país como decorrência direta das péssimas condições sanitárias da população.[94]

Entre os precursores desta linha nacionalista estava Belisario Penna, natural de Barbacena e médico formado em 1890 pela Faculdade de Medicina da Bahia. Foi vereador em Juiz de Fora e, após 1903, foi para o Rio de Janeiro, onde assumiu o cargo de inspetor sanitário da Diretoria Geral de Saúde Pública. Em 1905, foi designado para trabalhar na Inspetoria de Profilaxia da Febre Amarela, realizando vários estudos sobre o mosquito transmissor da doença e incorporando-se à campanha chefiada por Oswaldo Cruz para a sua erradicação no Rio de Janeiro.

A partir de então, Belisario passou a se dedicar ao combate das endemias rurais em várias regiões do país. Em 1912, participou junto com Arthur Neiva de uma longa expedição promovida pelo Instituto Oswaldo Cruz para examinar as condições sanitárias de vários estados do norte e nordeste do país. Como resultado da expedição, publicou os relatos de viagem em diversos artigos editados pelo jornal Correio da Manhã, e em 1916 iniciou uma campanha intensiva pelo saneamento rural do país, o que o levou a criar em 1918 a Liga Pró-Saneamento do Brasil, entidade que institucionalizou o movimento e que reuniu médicos, cientistas, intelectuais e políticos numa ampla mobilização pública em prol da reforma dos serviços de saúde pública no Brasil.

Um dos mais significativos desdobramentos desse movimento foi a figura do Jeca Tatu, personagem criado por Monteiro Lobato, no conto Urupês, em 1914, como a

---

94   Belisario Penna. *O saneamento no Brasil. Sanear o Brasil é povoal-o; é enriquecel-o; é moralisal-o.* 2. ed., Rio de Janeiro: Jacintho Ribeiro dos Santos, 1923. Sobre a questão da eugenia tão em voga nas primeiras décadas do século XX, consultar as obras de Lilia Moritz Schwarcz. *O espetáculo das raças.Cientistas, instituições e questão racial no Brasil, 1870-1930.* São Paulo: Companhia das Letras, 1993; Tania Regina de Luca. *A Revista do Brasil. Um diagnóstico para a (N) ação.* São Paulo: Fundunesp, 1999.

representação do trabalhador cansado e afeito à preguiça em função de estar tomado por doenças, vermes etc. Era uma reação à representação regionalista do caipira paulista, elaborado principalmente na obra de Almeida Júnior, na qual ele era forte, cheio de energia e com disposição para o trabalho. Em contraposição, o Jeca era a expressão da condição em que se encontrava o trabalhador brasileiro: "incapaz de evolução e impenetrável ao progresso, arredio à civilização, vegetando no seu isolamento e ignorância, indisciplinado e refratário ao trabalho árduo e contínuo de que tanto necessitava o país, reafirmava, agora pela via literária, o rol de estigmas que pesava sobre a maioria da população brasileira, corroída por uma inferioridade primordial".[95]

As observações de Maria Paes de Barros, matriarca de uma das famílias mais tradicionais de São Paulo, também revelam a mesma faceta, quando relembra que as casas dos imigrantes eram limpas e bem arrumadas, com as camas em ordem e a mesa de jantar "conservada bem lavada", contrastando com as habitações "dos pequenos lavradores de então! O nosso caipira não possuía a menor noção de higiene".[96]

A questão posta por Belisario Penna era a necessidade de educação higiênica, que somente através dela "nosso povo [terá] a sua incorporação real á civilização, só se fará, não quando elle souber ler e escrever, e puder ser eleitor, mas quando for obrigado a construir a sua habitação, obedecendo ás prescriptões hygienicas, aprender a beber agua limpa e souber destruir, ou affastar d'ellas, os insectos e parasitos, causadores de molestias transmissiveis e prejudiciaes á collectividade. Nesse sentido muito se tem conseguido já nesta Capital, em S. Paulo, em Bello Horisonte e outras capitaes de Estados, e varias cidades do interior, onde já se executam com relativo rigor leis relativas á construcção dos predios, á situação das fabricas, e já existem canalisações de agua potável, rêdes de esgotos, serviço de remoção de lixo, etc."[97] Em outras palavras, quando a população estiver assistida por serviços públicos destinados à salubridade individual e coletiva, tanto nas moradias quanto no conjunto da cidade.

---

95 Sobre esta discussão ver especialmente as p. 188 e segs. de Maria Alice R. Ribeiro. *História sem fim... Inventário da saúde pública. São Paulo – 1880-1930*. São Paulo: Edunesp, 1993; Rodolpho Telarolli Júnior. *Poder e saúde: as epidemias e a formação dos serviços de saúde em São Paulo*. São Paulo: Edunesp, 1996, p. 235; Tania Regina de Luca. *Op. cit.*, 1999, p. 202 e segs.; Lília Moritz Schwarcz. *Op. cit.*, p. 248 e segs. A ideia de inferioridade neste caso estava associada à falta de condições salubres de se viver, ao contrário do que postulava o darwinismo social, então em voga na virada do século XIX ao xx. O tema da raça e da miscigenação como responsável pela degeneração do brasileiro e por isso a indolência ao trabalho era então largamente difundido. Esta problemática, inclusive, foi um dos motivos que levou Gilberto Freyre a repensar o determinismo racial, dando origem à obra Casa-Grande & Senzala.

96 Maria Paes de Barros. *No tempo de Dantes*. 2. ed., São Paulo: Paz e Terra, 1998, p. 93.

97 Belisario Penna. *Op. cit.*, 1923, p. 179-180. As ilustrações a seguir também fazem parte desta obra de Belisario Penna.

Restava ao estado, portanto, ordenar os meios necessários para que a população representada pelo Jeca Tatu recebesse os mesmos serviços já realizados às áreas urbanas. No estado de São Paulo, este tema foi incorporado pelas alterações no Serviço Sanitário do Estado de São Paulo por volta de 1917-1918, período também marcado pela gripe espanhola,[98] quando Arthur Neiva colocou em pauta a discussão da necessidade de sanear a zona rural. Esta reforma – que incluiu a criação do Código Sanitário Rural – estendeu o atendimento sanitário à população rural, até então marginalizada do escopo sanitário. A partir desta reforma, foram criados os serviços ambulatoriais, e as endemias e a saúde do trabalhador rural receberam maior atenção.

Foi neste sentido que caminhou a reforma de 1918, com as atenções também se voltando para o interior do estado, mas sem relegar as áreas urbanas, ao contrário, elas permaneceram alvo de preocupações das autoridades públicas, com regulamentações que se estendiam, como antes da reforma, às construções de casas higiênicas, serviços de abastecimento de água e coleta de esgotos, fábricas etc.

---

98   Sobre a gripe espanhola, especificamente, consultar os trabalhos de Claudio Bertolli Filho. *A gripe espanhola em São Paulo, 1918: epidemia e sociedade*. São Paulo: Paz e Terra, 2003; Liane M. Bertucci. *Op. cit.*, 1997, e da mesma autora, *Influenza, a medicina enferma: ciência e práticas de cura na época da gripe espanhola em São Paulo*. Campinas: Edunicamp, 2004.

Da mesma forma, em 1918, a atuação metodológica por meio da coerção no trato das intervenções foi mantida, personificada na representação da polícia sanitária. Cabia à policia sanitária, caso necessário, a intervenção direta em todas as habitações e propriedades visando inspecionar condições sanitárias, qualidade da água, esgotos, bueiros etc. Seus poderes se legitimavam no "entrar, vasculhar, intimar e multar".[99]

O Código Sanitário Rural determinou como proibitiva a utilização das fezes humanas como adubo, assim como a instalação de fossas e a defecação próximas às habitações e mananciais. As fazendas e demais instalações agrícolas com mais de 100 trabalhadores deveriam obrigatoriamente oferecer assistência médica a todos os empregados. Em comparação à regulamentação de 1911, além da institucionalização do Código Sanitário Rural e da Inspetoria dos Serviços de Profilaxia Geral, também houve a encampação por parte do governo do Estado, do Instituto Pasteur, entidade privada que produzia soros e vacinas para o tratamento de ataques de animais peçonhentos. As antigas comissões e inspetorias foram transformadas em Delegacias de Saúde, de modo a atuarem junto aos municípios.

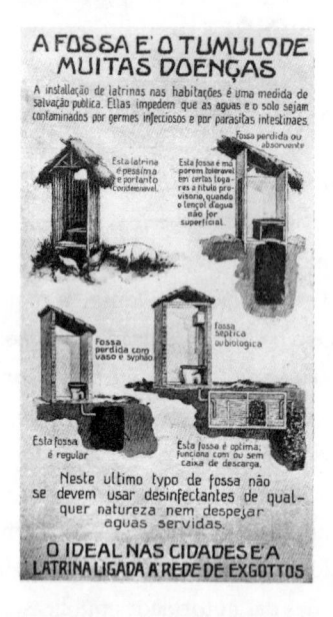

Quanto ao doente Jeca Tatu nascido em 1914, anos depois, em 1918, já sob os encalços do saneamento pelo qual foi submetido, receberia de seu criador o devido pedido de desculpas pelo reconhecimento de que sua situação de precariedade e de falta de vontade para o trabalho era oriunda das péssimas condições de saneamento e de saúde. Nascia então o Jeca Tatu – da Ressurreição – trabalhador disciplinado, com iniciativa, espírito progressista e devidamente ajustado às práticas civilizadas. Era como se a sociedade brasileira tivesse

---

99   Maria Alice R. Ribeiro. *Op. cit.*, p. 202 e segs.

galgado barreiras enormes e finalmente conquistado a modernidade imaginada, ou como afirma Maria Alice Ribeiro, "a ressurreição expressava mais a sociedade ideal do escritor do que as reais condições da sociedade brasileira".[100]

O Jeca Tatu também foi submetido – logo depois de curado – a uma série de representações que possibilitaram sua associação às conquistas materiais expressas, num primeiro momento, aos serviços de saúde, mas também às conquistas econômicas que, partindo da cidade, a partir de então tinham chegado ao campo e, com isso, a reprodução do capital estaria assegurada. Não é em vão que o Jeca se tornou a personagem da peça publicitária do fortificante Fontoura, com o Jeca-Tatuzinho, nas páginas da Revisa do Brasil.[101] Paulatinamente era arraigada a noção de que os serviços de saúde, enquanto interventoras do espaço, urbano ou rural, estavam transitando para uma fundamentação médico-sanitária que, aliás, era o processo que se concretizaria na reforma sanitária seguinte, em 1925, sob a direção geral de Geraldo Horácio de Paula Souza.

A prerrogativa de Paula Souza se pautava na crença de que a saúde pública deveria se dar por meio da profilaxia, e não através da eventualidade no trato das questões de saúde, pois somente por meio da profilaxia seria possível garantir o desenvolvimento econômico e social:

> Em um meio novo, com numerosos problemas de saneamento, de cuja solução dependem estreitamente o seu povoamento e surto economico, nenhum serviço mais se impõe aos cuidados da administração do que o da prophylaxia geral.[102]

Essa preocupação foi expressa pelo diretor geral do Serviço Sanitário do Estado de São Paulo, durante sua conferência realizada no 1º Congresso de Hygiene, realizado na cidade do Rio de Janeiro, em outubro de 1923. Na ocasião, Paula Souza discursou sobre a necessidade de ampliação dos serviços de profilaxia, tanto no estado quanto na capital paulista, afirmando que o progresso econômico da região estava diretamente subordinada à saúde de sua população e à salubridade das cidades e, nesse contexto, nada mais prático e racional do que concentrar o trabalho do Serviço Sanitário na profilaxia.

Para tanto, o médico apresentou a proposta de ampliação do serviço de profilaxia para todo o estado, mas, sintomaticamente, a cidade de São Paulo continuaria a receber especial atenção por sua situação e em função de abrigar institutos e repartições

---

100   Maria Alice R. Ribeiro. *Op. cit.*, p. 208 e segs.

101   Tania Regina de Luca. *Op. cit.*, 1999, p. 219.

102   FSP – Geraldo H. de Paula Souza. "O Estado de São Paulo e alguns dos seus serviços de saude publica." In: *Annaes Paulistas de Medicina e Cirurgia*. São Paulo: Anno XI, nº 12, dezembro, 1923, p. 171.

ligadas à área de saúde pública, como Butantã, Faculdade de Medicina, Instituto Pasteur etc.[103] A posição apresentada refletia diretamente a crise pela qual a cidade de São Paulo atravessava em termos urbanísticos no que se refere à saúde da população e à salubridade da cidade, mesmo abrigando importantes instituições de caráter científico e higiênico, o que demonstra, claramente, a precária situação da condição de saúde da população naqueles anos.

O problema refletia uma situação que desde o final do século XIX vinha chamando a atenção das autoridades médicas e de especialistas urbanos, mas nunca resultando num devido planejamento urbanístico de ocupação do solo, o que transformou a problemática numa *bola de neve* frente ao volumoso processo de urbanização, como ainda hoje é possível verificar nas ruas da cidade. Neste aspecto, os serviços de limpeza pública e os serviços de água e esgotos representam muito bem essa dimensão vivida pelos moradores da cidade.

Foi sob a ótica científica da microbiologia e da ação médico-sanitário que se procedeu a reforma do Serviço Sanitário do Estado de São Paulo em 1925. Sob a direção de Paula Souza desde 1922, as reformas refletiram sua formação intelectual vivenciada na John Hopkins University, onde concluiu seu doutorado, além da Fundação Rockefeller.[104] A atuação diante do problema sanitário ganhava novo escopo e deixava de ter o caráter da eventualidade – como preconizava o campanhismo-policial – recebendo atenção permanente enquanto forma de se controlar problemas sanitários. Transitava-se, portanto, da perspectiva bacteriológica, cujas ações sanitárias visavam vigiar e controlar o meio externo, por intermédio da coerção (campanhismo-policial), para a atuação médico-sanitária, que visava incutir na consciência dos indivíduos através da educação sanitária sua responsabilidade pela saúde, mesmo sob um cunho ainda impositivo.[105]

Como o diferencial desta reforma residiu na introdução da educação sanitária, o indivíduo passou a ser o foco das ações do Serviço Sanitário, como forma de implementar saúde, era o "policiar e persuadir". No tocante à atuação da polícia sanitária coube a ela a separação em quatro inspetorias: trabalho industrial, domicílios, alimentos e exercício da saúde (incluindo área médica, farmacêutica, laboratórios, drogarias etc.), também se tornou obrigatória a notificação da emergência de doenças ligadas ao trabalho.

---

103 Sobre estes institutos ver as obras de Jaime Larry Benchimol; Luiz Antonio Teixeira. *Cobras, lagartos & outros bichos. Uma história comparada dos institutos Oswaldo Cruz e Butatan*. Rio de Janeiro: Editora UFRJ, 1993; Luiz Antonio da Teixeira. *Ciência e Saúde na terra dos bandeirantes. A trajetória do Instituto Pasteur de São Paulo no período de 1903-1916*. Rio de Janeiro: Fiocruz, 1995.

104 Cristina Campos. *São Paulo pela lente da higiene. As propostas de Geraldo Horácio de Paula Souza (1925-1945)*. São Carlos/ São Paulo: Rima/ Fapesp, 2002, p. 50 e segs. Ressalte-se que esta obra trata especificamente das ações de Geraldo Horácio Paula Souza em São Paulo.

105 Emerson Elias Merhy. *O capitalismo e a saúde pública: a emergência das práticas sanitárias no Estado de São Paulo*. 2. ed., Campinas: Papirus, 1987, p. 103.

A criação do Instituto de Hygiene, em 1918, respondeu aos anseios expressos nas pre-ocupações sanitárias de 1918, segundo os parâmetros norte-americanos e como resultado de um acordo entre o governo do Estado de São Paulo e a Fundação Rockefeller. Seu papel, contudo, foi fundamental na política sanitária adotada em 1925, calcada na "consciência sanitária", educação sanitária, e por isso chegou às escolas, de modo a abarcar desde a for-mação das professoras primárias até a formação dos agentes de saúde, chegando aos alunos e à sociedade como um todo.[106]

No geral, a reforma eliminou a proibição de mulheres e menores de trabalharem, reforçou o policiamento nas fábricas por meio da engenharia sanitária, objetivando a segu-rança do trabalhador junto às máquinas e doenças profissionais; reforçou o papel da higie-ne dos trabalhadores, por meio de palestras, conferências, exibições de filmes, publicações etc., inclusive tocando no assunto acidente de trabalho. Ao mesmo tempo, entretanto, a reforma continuou a tratar das questões ligadas ao abastecimento de água e coleta de esgo-tos, e aos demais problemas das cidades.

Paula Souza permaneceu no cargo até 1927, quando assumiu Waldomiro de Oliveira, que mesmo tendo sido o responsável pela Inspetoria de Educação Sanitária durante a ges-tão de Paula Souza, não seguiu rigorosamente a linha de seu antecessor, adotando uma postura mais tecnoassistencial, que adentraria a década de 1930.[107]

O que os diferentes códigos e suas respectivas reformas demonstram encontram-se inter-relacionados e, se explicam, com a situação urbana em que se encontravam as ci-dades que cresciam e se adensavam. Neste contexto, a capital do estado apresentava os maiores problemas que, associando adensamento populacional a um espaço em constante mutação, cada vez mais colocava em relevo as mazelas tipicamente urbanas, sintoma dire-tamente explicável pela ineficiência no atendimento da demanda pelos serviços públicos, moradias, salubridade etc., que cresciam de forma exponencial. E o resultado não poderia ser outro senão a eclosão de uma cidade fragmentada e heterogênea no tocante ao acesso às mínimas condições de vida – aos serviços de saneamento básico, à salubridade das mo-radias e aos valores dos aluguéis. Por isso as inúmeras reformulações nos Serviços e nos Códigos Sanitários refletem as mudanças que se processavam econômica e socialmente, revelando uma legislação que tentava dar conta dos problemas que se avolumavam, mas não conseguiam.

---

106 Estes profissionais, mais uma vez prosseguirão no mesmo caminho antes adotado pelas elites, "ávidos por fazer da cidade um espaço civilizado", por isso, "procurarão produzir um modo de vida cuja legitimação contará com a desqualificação dos hábitos e costumes assumidos pela maioria da população." Heloísa Helena P. Rocha. *A higienização dos costumes. Educação escolar e saúde no projeto do Instituto de Hygiene de São Paulo (1918-1925)*. Campinas/ São Paulo: Mercado de Letras/ Fapesp, 2003, p. 13 e segs.

107 Cristina Campos. *Op. cit.*, p. 120.

Serviços públicos: limpeza pública e água e esgotos

Como um dos quesitos básicos na constituição da salubridade da cidade, a limpeza urbana abarcava vivos debates na Câmara Municipal no tocante a sua eficiência. Por volta de 1911, o Prefeito Raymundo Duprat demonstrava preocupação com a precariedade do serviço levado a cabo pela iniciativa privada e tal constatação o levava a sugerir sua encampação como meio de minimizar o problema.

Nas entrelinhas da proposta, contudo, também estava o interesse de se gerir uma receita que seria gerada com a criação da Taxa Sanitária, originalmente promulgada para financiar o serviço de limpeza pública na cidade, conforme dispunha a Lei nº 1.413, de 20 de abril de 1911, que autorizava a arrecadação de uma taxa sanitária e outras providências sobre o serviço de limpeza pública e particular; e o Ato nº 402, de 24 de maio de 1911, que regulamentava a cobrança e a arrecadação da taxa.[108]

Para Duprat, o argumento principal para a encampação dos serviços residia na sua ineficiência dos serviços prestados durante os anos de 1892 a 1908, sob a responsabilidade de Myrtill Deutsch e Fernando Dreyfus, até que repassaram a execução dos serviços à firma Francisco A. Pedroso & Filho, em 1908.[109] Nestes anos, em meio à ineficiência também houve um aumento considerável nos custos para a Municipalidade, sendo que os materiais e os "demais elementos" necessários ao andamento do serviço continuavam os mesmos. A constatação da ineficácia dos serviços, além de remeter aos interesses para se gerenciar uma nova fonte de receita, também demonstra o aumento da demanda pelos serviços na cidade. Ao mesmo tempo, o prefeito parecia realmente acreditar na possibilidade de se resolver o problema da limpeza urbana com a instauração da taxa sanitária e a encampação dos serviços, como revela em seu relatório à Câmara, em 1911:

> ...Foram attendidos, no anno findo, 1.082 pedidos para remoção de podas de jardins. Os defeitos e lacunas que o serviço de limpeza publica e particular apresenta só desapparecerão quando estiver em vigor o novo contrato, o que no anno de 1912 será uma realidade, visto a Prefeitura contar com os re-

---

108 Alesp - Relatorio de 1911 apresentado á Camara Municipal de São Paulo pelo Prefeito Raymundo Duprat. São Paulo: Casa Vanorden, 1912, p. 33 e 39.

109 Maria Alice R. Ribeiro. *Op. cit.*, p. 144.

cursos necessarios para esse fim, provenientes da arrecadação da taxa sanitaria.[110]

A encampação do serviço aconteceu em 1913, com a promulgação da Lei nº 1.656, de 7 de março de 1913, lavrada nas Notas do 6º Tabelião, na qual foi registrada a aquisição dos materiais da empresa, os domínios, os terrenos destinados aos depósitos, as cocheiras e demais dependências da empresa.[111] A encampação só se efetivou, entretanto, em 13 de janeiro de 1914, pelo valor de 2.755:476$430, a qual incluiu não só privilégio pelo serviço, como todos os móveis, semoventes e imóveis que pertenciam à antiga empresa, e os serviços incluíam...

> a varredura completa das vias publicas e a remoção do seu producto, a irrigação e a lavagem das ruas; a hygiene dos vehiculos, boccas de lobo, pontos de estacionamento, bebedouros de animaes; a capinação das vias publicas e a remoção do respectivo producto, bem como o das podas da arborização municipal; a remoção de animaes mortos. E a do lixo lançado clandestinamente nos terrenos em aberto, publicos e particulares; a remoção do lixo domiciliar e o destino final do lixo.[112]

Com a devida instauração e cobrança da taxa sanitária, o município passou a contar com uma receita que, teoricamente, deveria ser toda dirigida a este serviço, pois conforme se acreditava, com o crescimento da cidade também ocorreria o aumento da receita.

Ao se comparar a receita anual da Municipalidade com a arrecadação da referida taxa sanitária é possível captar a importância que a mesma adquiriu aos cofres municipais, como mostra a tabela a seguir.

---

110 Alesp – Relatorio de 1910 apresentado á Camara Municipal de São Paulo pelo Prefeito Raymundo Duprat. São Paulo: Casa Vanorden, 1911, p. 24-25. Cabe destacar que a cobrança da taxa foi alvo de reclamações registradas nos jornais da cidade, onde os locadores reclamavam do aumento dos impostos que recaíam sobre eles, além de questionarem o porquê da taxa não ser dirigida aos locatários e sim aos proprietários dos imóveis. AESP – Jornal *O Estado de S. Paulo*. 26 de abril de 1911, p. 7.

111 Alesp – Relatorio de 1912-1913 apresentado á Camara Municipal de São Paulo, pelo Prefeito Raymundo Duprat. São Paulo: Casa Vanorden, 1914, p. 5 e 28-29.

112 Alesp – Relatorio de 1914 apresentado á Camara Municipal de São Paulo pelo Prefeito Washington Luis Pereira de Sousa. São Paulo: Casa Vanorden, 1916, p. 12.

Tabela 4 – Percentual da taxa sanitária perante o total da receita, 1911-1924 (em mil réis)			
Ano	Receita total	Taxa sanitária arrecadada	Percentual perante a receita total
1911	6.921	254	3,67
1912	8.411	571	6,79
1913	9.552	737	7,72
1914	9.125	809	8,87
1915	9.210	841	9,13
1916	9.746	876	8,99
1917	10.118	890	8,80
1918	10.926	948	8,68
1919	11.838	979	8,27
1920	18.517	1.281	6,92
1921	19.394	1.907	9,83
1922	20.343	2.012	9,89
1923	26.051	2.388	9,17
1924	26.042	2.619	10,06

Fontes: Alesp - Annaes da Camara Municipal de São Paulo de 1920. Org. por Manuel Alves de Souza E Gustavo Milliet. São Paulo, 1920, p. 604-605; Annexos ao Relatorio de 1921 apresentado á Câmara Municipal de São Paulo pelo Prefeito Dr. Firmiano de Moraes Pinto. São Paulo: Casa de Vanorden, 1922, p. 45; Annexos ao relatorio de 1922 apresentado a Camara Municipal de São Paulo, pelo Prefeito Firmiano de Moraes Pinto. São Paulo: Casa Varnoden, 1923, p. 49; Annexos ao Relatorio de 1923 apresentado à Camara Municipal de São Paulo pelo Prefeito Dr. Firmiano de Moraes Pinto. São Paulo: Casa Vanorden, 1924, p. 17; Annexos ao Relatorio de 1924 apresentado á Camara de São Paulo pelo Prefeito Dr. Firmiano de Moraes Pinto. São Paulo: Casa Vanorden, 1925, p. 15.

A arrecadação da taxa sanitária nos anos citados indica sua relativa importância econômica se comparada ao total arrecadado, quase sempre representando algo em torno de 10% do total da receita, o que comprova o interesse despertado em gerir tal montante através da encampação do serviço pela prefeitura. E, ainda, se comparada com a previsão de arrecadação elaborada pelo orçamento, fica patente o quanto esta nova taxa simbolizava aos cofres da edilidade, conforme demonstra a próxima tabela que mostra a previsão de arrecadação perante o valor real arrecadado.

Tabela 5 – Montante arrecadado com a taxa sanitária em relação ao orçado, 1911-1924 (em réis)		
Anos	Receita arrecadada	Situação perante a receita orçada
1911	254:000$000	(45:903$800)
1912	571:875$370	71:875$370
1913	737:031$000	208:497$019
1914	809:409$600	237:534$230
1915	841:876$620	141:876$620
1916	876:191$600	56:191$600
1917	890:156$500	70:156$500
1918	948:142$560	48:142$560
1919	979:563$490	79:563$490
1920	1.281:570$316	-
1921	1.907:759$268	(92:240$732)
1922	2.012:622$570	-
1923	2.388:154$600	-
1924	2.619:214$440	-

Fontes: Alesp - Relatorio de 1914 apresentado á Camara Municipal de São Paulo, pelo Prefeito Washingotn Luis Pereira de Sousa. São Paulo: Casa Vanorden, 1916, p. 5; Annexos Ao Relatorio de 1924 apresentado á Camara Municpal de São Paulo pelo Prefeito Dr. Firmiano de Moraes Pinto. São Paulo: Casa Vanoreden, 1925 Casas Vanorden, 1925, P. 12; Relatorio de 1916 apresentado á Camara Municipal de São Paulo pelo Prefeito Washington Luis Pereira de Sousa. São Paulo: Casa Vanorden, 1918, p. 275; Annexos Ao Relatorio de 1919 apresentado á Camara Municipal de São Paulo pelo Prefeito Dr. Firmiano de Moraes Pinto. São Paulo: Casa Vanorden, 1920, p. 11-12; Relatorio De 1918 apresentado á Camara Municipal de São Paulo pelo Prefeito Washington Luis Pereira de Sousa. São Paulo: Casa Vanorden, 1919, vol. II, p. 623; Annexos ao Relatorio de 1921 apresentado á Camara Municipal de São Paulo pelo Prefeito Dr. Firmiano de Moraes Pinto: Casa Vanorden, 1922, p. 11. * Até 1914 a conta era denominada como "Taxa do serviço da limpeza particular".

Neste caso, os dados indicam que a taxa sanitária – chamada de taxa do serviço da limpeza particular, até 1914 – apresenta na maioria dos anos, com exceção de 1911 e 1921, uma arrecadação maior que a prevista, também demonstrando sua importância perante o total da receita. Mesmo assim, ao se considerar os gastos realizados com limpeza pública entre os anos 1911 e 1922, como mostra a tabela a seguir, é possível verificar que em nenhum ano a arrecadação gerada com a taxa sanitária foi capaz de corresponder aos gastos registrados pelos serviços. Sendo que o déficit mais baixo se deu em 1922, de 45,03% em relação à taxa arrecadada, e o mais alto em 1913, de 149,93%.

Tabela 6 – Gastos com limpeza pública em relação à receita total e à taxa sanitária, 1911-1924*

Anos	Receitas (em mil réis)			Despesas (em mil réis)				
	Total	Taxa sanitária	%**	Total	Limpeza urbana	%***	Déficit****	% do défi-cit*****
1911	6.921	254	3,67	9.089	-	-	-	-
1912	8.411	571	6,79	19.481	-	-	-	-
1913	9.552	737	7,72	24.959	1.842	7,38	1.105	149,93
1914	9.125	809	8,87	10.928	1.735	15,88	926	114,46
1915	9.210	841	9,13	14.499	2.002	13,81	1.161	138,05
1916	9.746	876	8,99	13.079	1.907	14,58	1.031	117,69
1917	10.118	890	8,80	12.394	1.968	15,88	1.078	121,12
1918	10.926	948	8,68	15.597	2.034	13,04	1.086	114,56
1919	11.838	979	8,27	12.340	2.226	18,04	1.247	127,37
1920	18.517	1.281	6,92	21.334	2.581	12,10	1.300	101,48
1921	19.394	1.907	9,83	25.973	3.108	11,97	1.201	62,98
1922	20.343	2.012	9,89	37.041	2.918	7,88	906	45,03
1923	26.051	2.388	9,17	37.963	-	-	-	-
1924	26.042	2.619	10,06	36.269	-	-	-	-

Fontes: Alesp – Annexos ao Relatorio de 1910 apresentado á Camara Municipal de São Paulo pelo Prefeito Raymundo Duprat. São Paulo: Casa Vanorden, 1911, p. 31; Annexos ao Relatorio de 1914 apresentado á Camara Municipal de São Paulo pelo Prefeito Washington Luis Pereira de Sousa. São Paulo: Casa Vanorden, 1911, p. 19; Annexos ao Relatorio de 1916 apresentado á Camara Municipal de São Paulo pelo Prefeito Washington Luis Pereira de Sousa. São Paulo: Casa Vanorden, 1917, p. 319, Anexxos do Relatorio de 1917 apresentado á Camara Municipal de São Paulo pelo Prefeito Washington Luis Pereira de Sousa. São Paulo: Casa Vanorden, 1918, p. 545; Annaes da Camara Municipal de São Paulo de 1920. Org. por Manuel Alves de Souzae Gustavo Milliet. São Paulo, 1920, p. 604-605; Annexos ao Relatorio de 1921 apresentado á Camara Municipal de São Paulo pelo Prefeito Dr. Firmiano de Moraes Pinto. São Paulo: Casa de Vanorden, 1922, p. 45; Annexos ao relato-rio de 1922 Apresentado a Camara Municipal de São Paulo, pelo Prefeito Firmiano de Moraes Pinto. São Paulo: Casa Varnoden, 1923, p. 49; Annexos ao Relatorio de 1923 apresentado à Camara Municipal de São Paulo pelo Prefeito Dr. Firmiano de Moraes Pinto. São Paulo: Casa Vanorden, 1924, p. 17; Annexos ao Relatorio de 1924 apresentado á Camara de São Paulo eplo Prefeito Dr. Firmiano de Moraes Pinto. São Paulo: Casa Vanorden, 1925, p. 15.* Inclui pessoal e custos de limpeza por metro quadrado. ** Perante a receita total. *** Perante o total das despesas.**** Considerando as despesas efetuadas e o valor arrecadado com a taxa sanitária. ***** Em relação à receita com a taxa sanitária.

Resta saber, contudo, se estes gastos – maiores que a arrecadação – foram capazes de responder à demanda gerada na cidade. As indicações existentes nos jornais revelam um cotidiano que sugere uma cidade com sérios problemas no tocante aos serviços de limpeza pública.

Em um artigo de 1915, por exemplo, intitulado "A quebradeira na Prefeitura", o Jornal *O Combate* trata da demissão de 50 trabalhadores da limpeza pública, o que provocaria, segundo o periódico, além do desemprego, um considerável acúmulo de trabalho para os operários do turno da noite, além de consequências insalubres e nefastas à cidade.

As zonas da cidade que mais sofreriam com a falta dos trabalhadores eram aquelas dotadas de serviços públicos, com bueiros por exemplo, responsáveis pela captação das águas –, podação de árvores, varrição etc., o que remete às regiões privilegiadas da cidade, que possuíam estes serviços, ou seja, a região central e a região localizada nas imediações da Paulista, que receberam as obras de embelezamento de Duprat.

> É preciso notar que taes operarios [da noite] ganham apenas 2$666 reis por dia, estão sujeitos a faltas e multas e soffrem, agora, o desconto do fardamento.
> De modo que esses pobres homens terão de trabalhar dobrado, ganhando um salario miseravel, porque a limpeza das feiras livres termina á 1 e 2 horas da tarde.[113]

A linha de argumentação do artigo também segue reclamando os direitos dos trabalhadores do turno da noite, os quais iriam trabalhar em dobro para responderem ao serviço deles e dos outros 50 trabalhadores, que foram demitidos. O ponto principal exposto pelo jornal revela a preocupação com a demanda existente na região, e, em segundo plano, com o problema dos desempregados. Neste sentido, haveria os trabalhadores de conseguir realizar o dobro de suas tarefas normais para resolver o problema em questão.

Em outro periódico, o Jornal *O Estado de S. Paulo*, o tema da limpeza pública também é destacado cotidianamente no tocante a reclamações, enfocando às más condições de salubridade da cidade. Sob o título de "Queixas e Reclamações", as sucessivas edições expressam o descontentamento da população diante da limpeza da cidade.

Em uma reclamação publicada pelo *O Estado de S. Paulo* em 9 de dezembro de 1912, por exemplo, o item reclamando era a água que ficava estagnada nas ruas – já calçadas

---

113 AEL – Jornal *O Combate*. 11 de setembro de 1915, p. 1.

– localizadas entre a 21 de Abril e a Uruguaiana, provocado pela passagem dos veículos. Reclamações coletivas também eram comuns nos jornais. Em novembro de 1912, uma reclamação em nome dos moradores da Bela Vista solicitava providências quanto ao mau cheiro existente na região:

> O bairro da Bela Vista está repleto de cocheiras. Nestes dias de calor, o mau cheiro que dali parte é insuportavel. Junta-se a isto uma legião infinita de môscas que invadem os domicilios tornando-se um inferno vivo dos respectivos moradores.
> O saneamento de uma cidade deve começar pelo afastamento dos focos de infecção. Infelizmente, vê-se que não se observa á risca ésse procedimento de higiene, tanto assim, que os moradores da Bela Vista nos dizem em carta achar-se aquelle bairro completamente desprovido de higiene.
> Chamamos para este facto a atenção dos poderes competentes.[114]

Numa reclamação de 5 de março de 1913, oriunda da periferia da cidade, a queixa se referia à falta de calçamento, situação esta que provocava muita poeira com consequências nefastas à saúde de seus moradores.[115] Alguns dias depois, outra reclamação se referia aos imundos terrenos existentes em Higienópolis.[116] Em outro caso a reclamação recaía sobre as águas estagnadas nas imediações da avenida Paulista:

> Pedem-nos chamemos a attenção da Prefeitura para o mau estado em que se acha a rua Peixoto Gomide, no trecho comprehendido entre a rua Frei Caneca e Avenida Paulista.
> As aguas pluviaes não encontram exgottamento e, por essa razão, formam um terrivel lamaçal que muito difficulta o transito aos moradores dequella rua.
> Não ficaria muito dispendiosa, parece, a collocação de quias naquelle trecho, melhoramento reclamado pelo progresso daquella zona.[117]

Em 1917, eram os moradores da rua Alegria que reclamavam pelo serviço inacabado deixado pelos funcionários, os quais não concluíram o corte das árvores da referida rua. O

---

114   AESP – Jornal O Estado de São Paulo. 24 de novembro de 1912, p. 4.

115   AESP – Jornal O Estado de São Paulo. 5 de março de 1913, p. 5.

116   AESP – Jornal O Estado de São Paulo. 25 de abril de 1913, p. 6.

117   AESP – Jornal O Estado de São Paulo. 15 de janeiro de 1913, p. 4.

problema, segundo registra a reclamação, era a temperatura da rua que ficara muito baixa em função das copas que cresceram novamente. Ou em outro caso em que os moradores da Vila Mariana reclamam providências da edilidade quanto à situação da limpeza pública no bairro, devido ao lixo que acumulava nas imediações da rua Padre Machado, o que estava provocando emanações fétidas; e, ainda, chamando a atenção, inclusive, do Serviço Sanitário para o fato de moradores criarem porcos numa área considerada urbana.[118]

As reclamações quanto às condições da cidade registradas pelos diferentes jornais, por sua vez, devem ser percebidas em direta relação com a região de origem, segundo o bairro, se este possuía os serviços públicos e assim por diante. Por isso mesmo, a intensidade e tipo de reclamação apresentavam diferentes variações em termos de gravidade, porém, de qualquer forma, todos remetiam a um problema de limpeza a ser saneado. E os diversos exemplos citados demonstram que mesmo diante da receita gerada com a cobrança da taxa, que os serviços não correspondiam à demanda e às expectativas da população, estivessem onde estivessem no interior da cidade.

As manifestações de descontentamento, reclamações, solicitações etc., também eram endereçadas à Câmara Municipal e chegavam sob diferentes formas, como reclamações individuais, em grupo, acompanhadas ou não de abaixo-assinados, requerimentos, cartas de grupos organizados etc. Eram apresentados por intermédio de algum vereador, que o apresentava em sessão com o objetivo de registrar nos Anais da Câmara, tornando a manifestação oficial.

Sempre que possível, como no caso dos serviços correspondentes ao abastecimento de água e coleta de esgotos, a Câmara rechaçava as reclamações recebidas, sob o pretexto de que não competia a ela a resolução do problema, remetendo-as ao órgão responsável pelas obras, a Repartição de Água e Esgotos, ligada ao governo do Estado. Já os assuntos e temas eram os mais diversos, indo da falta d'água e sua má qualidade, passando pela sujeira da rua, pela água estagnada, pela falta de bocas de lobo, bueiros, enchentes etc. até a falta de moradia e suas condições.

> ... numero se é excedido pelo de galerias de vários typos e pelo de boccas de lobo, que diariamente são reclamadas para todas as zonas da cidade, reclamações essas que (...) foram attendidas na medida do possivel, pois se trata de trabalhos que exigem acurado estudo e para cuja realização são necessarias despezas não pequenas.

---

118 AESP – Jornal O Estado de São Paulo. 7 de novembro de 1917, p. 7; 11 de fevereiro de 1925, p. 4.

> Demais, são taes obras de competencia da Repartição de Aguas e Exgottos, á qual todos os pedidos nesse sentido deveriam ser dirigidos.[119]

O tema das águas era um sério problema enfrentando pela população há anos e invariavelmente estava entre as notas de reclamações impressas diariamente pelos periódicos, além das pautas da Câmara. E inúmeros são os exemplos neste sentido, como mostra uma reclamação de falta d'água, também de 1915, devido aos dias de calor na cidade:

> O problema da agua
> Para as 'manobras' do sr. Dr. Arthur Motta só a Divina Providencia
> Hontem, porém, a ausencia do precioso liquido foi sentida em quase toda a cidade, o que reforçou o digno director da Repartição de Aguas a communicar á imprensa que continnuando a intensa estiagem, que reduziu extraordinariamente a capacidade dos mananciais, a Repartição vê-se na contingencia de fazer manobras afim de poder armazenar alguma agua nos reservatorios.[120]

Nestes mesmos anos, a Secretaria da Agricultura justificava o problema do abastecimento de água em função de vários problemas que fugiam ao controle do órgão, entre eles estava um longo período de estiagem que assolou a cidade, provocando segundo as palavras do relatório oficial "verdadeira calamidade e prejudicou extraordinariamente o serviço de abastecimento d'agua á cidade..." cujo problema também foi agravado por outros fatores, reconhece:

> o accrescimo espantoso da população, verificado pelo sensível augmento de construcções de predios em S. Paulo e a insufficiencia e defeitos da rêde de distribuição, cujos effeitos perniciosos se accentuam em uma cidade accidentada como a nossa.[121]

---

119 Alesp – Relatorio de 1916 apresentado á Camara Municipal de São Paulo pelo Prefeito Washington Luis Pereira de Sousa. São Paulo: Casa Vanorden, 1918, p. 48. As indicações são recorrentes nos Anais da Câmara Municipal.

120 AEL – Jornal *O Combate*. 17 de setembro de 1915, p. ?.

121 Alesp – Relatorio apresentado ao Dr. Francisco de Paula Rodrigues Alves, Presidente do Estado pelo Dr. Paulo de Moraes Barros Secretario da Agricultura – 1914. São Paulo: Typ. Brasil

O problema das águas não se circunscreviam apenas a ineficiência e no seu fornecimento à população, mas também à qualidade das que eram servidas. Nos anos 1914 e 1915 uma epidemia de febre tifóide com agravantes no aparelho digestivo assolou São Paulo, atingindo em 15 dias a população do Belenzinho. Neste caso a água contaminada foi reconhecida como o agente causal da epidemia e os alimentos, em geral, apareceram como responsáveis secundários pela doença. "Desde 1894, a relação entre a qualidade das águas fornecidas à zona baixa da cidade, ou seja, aquela com menos de 735 metros de altitude, representada pelos bairros da Barra Funda (parte baixa), Bom Retiro, Luz, Pari, Brás, Belenzinho, Mooca e Cambuci, e os óbitos do aparelho digestivo, foi motivo para muitas discussões entre médicos e sanitaristas de São Paulo."[122]

Um dos agravantes da carência deste tipo de serviço urbano ou de sua má qualidade era a alta taxa de mortalidade registrada no período, como registrou Jorge Americano, quando afirma que a falta de cloração da água foi responsável pela incidência da tifo até mais ou menos 1922.[123]

Entre 1890 e 1920, o índice de mortalidade estava diretamente ligado às más condições de vida da população, representando a segregação inerente da cidade e o baixo nível das condições de vida em dados bairros, e a qualidade da água era um dos principais causadores das doenças que resultavam no alto índice de óbitos entre as crianças.

Tabela 7 – Mortalidade infantil na cidade de São Paulo, 1894-1920 (por mil nascimentos*)		
Anos	Coeficiente de mortalidade	% de mortalidade geral
1894	175,3	24,2
1895	198,5	25,2
1896	198,2	25,0
1897	182,9	26,9
1898	164,0	26,7
1899	120,5	24,5
1900	113,5	22,8
1901	130,8	24,0

de Rothschild & Cia., 1916, p. 240.

122 Entre as principais doenças registradas nos obituários estavam as do aparelho digestivo: enterites, enterocolites, diarreias, gastroenterites, febres gástricas, parasitas intestinais, dentre outras. Em segundo lugar estavam as doenças infecto-contagiosas e parasitárias. Suzana P. Pasqua. *Mortalidade e população no processo de urbanização da cidade de São Paulo (1890-1920) – o caso do Brás*. São Paulo: Dissertação de Mestrado, FFLCH, USP, 1998, p. 119, 125 e segs. e 155.

123 Jorge Americano. *Op. cit.*, 1962, p. 63.

1902	131,1	22,6
1909	177,8	32,4
1910	173,1	31,8
1911	201,9	36,1
1912	213,5	33,9
1913	206,0	34,7
1914	182,6	34.6
1915	160,6	33,2
1916	164,2	34,1
1917	158,1	33,1
1918	236,4	26,8
1919	192,1	30,5
1920	186,8	32,9

Fonte: Rodolfo Telarolli Jr. Poder e saúde. As epidemias e a formação dos serviços de saúde em São Paulo. São Paulo: Edunesp, 1996, p. 56. * Óbitos de crianças com menos de 1 ano.

Segundo os números acima é possível apreender como a carência de serviços públicos, como água tratada, por exemplo, contribuíam para as altas taxas de mortalidade. Na relação dos bairros com os respectivos surtos epidêmicos, de 1894 a 1913, o risco de se morrer no Brás, em comparação ao restante do município era 9,52% maior. Ao passo que, de 1913 a 1920, o Belenzinho apresentou, em média, um risco 26,31% maior de se morrer em comparação com o restante da cidade. Já no período da gripe espanhola, tanto o Belenzinho quanto o Brás e a Mooca registraram altos índices de mortalidade, respectivamente 34,71%, 33,55% e 31,23%, enquanto o município registrou 27,93%, e tais índices estavam ligados à qualidade da água.[124]

Num outro caso, durante o surto epidêmico da gripe espanhola em São Paulo, os serviços de limpeza pública e varrição da cidade também sofreram abalos em sua execução à medida que a população e, consequentemente, os trabalhadores responsáveis por ela iam adoecendo,

> ...sem ser possivel substituil-o[s], a capinação de ruas, a remo-
> ção de folhagem, tendo sido adiada a poda das arvores, por
> ordem dada á Administração dos Jardins, a limpeza de canaes
> e a varrição das ruas afastadas. (...)
> A epidemia atacou indistinctamente os cocheiros dos carros
> fúnebres, os carpinteiros e forradores de caixões, como a qua-
> esquer outros, e o augmento do serviço foi de mais de 900%
> e até de 1.100%, de modo, se não a desorganizar o serviço a

124   Suzana P. Pasqua. *Op. cit.*, p. 155.

dar-lhe falhas e deficiencias que, embora, notadas, teriam que ser toleradas nos tempos de calma.[125]

Estas observações permitem rechaçar a tese que confere à doença o caráter de democrática, à medida que não negligenciariam diferenças de classe ou etnia em momentos de contágio ou disseminação. Se num momento avançado de uma dada epidemia a afirmação pode ser verdadeira, nos momentos iniciais ela não corresponde necessariamente à realidade.

Ao se tomar como exemplo o caso da gripe espanhola, vale mencionar que muitos dos que tiveram condições e oportunidades acabaram se refugiando em sítios, fazendas ou outras cidades etc., longe da capital, na tentativa de se isolar, enquanto a maioria da população sem a mesma opção continuou a faina diária. Como dona Jovina, que conta que sua família atravessou 1918 sem ninguém contrair a gripe em sua casa. Mesmo assim, o temor era grande, principalmente porque sua mãe era doente. Segundo ela, "se mamãe pegasse a gripe não resistiria. Papai ficou desatinado de medo. Abriu um mapa do estado em cima da mesa para ver para onde se podia fugir; pensava num lugar. Mas a gripe já tinha chegado lá! Nos isolamos em casa. Diziam que quem comesse um dente de alho misturado na comida se salvava; comíamos todo o almoço um dente de alho. Mamãe usava um patuá de alho na mão para cheirar. Uma senhora substituiu o colar de pérola por um colar de alhos. Na nossa rua, não morreu nenhum vizinho. Pouco distante de nós morreram dois rapazes forte, dois latagões."[126]

Em outro aspecto, os trabalhadores das ruas ou das fábricas estavam mais expostos a contágios de toda sorte, isso sem mencionar as condições insalubres que muitas vezes estes mesmos trabalhadores estavam sujeitos em suas moradias e no dia-a-dia. De tal forma que a tese da democracia conferida às doenças parece ofuscar diferenças crucias no âmbito da vida cotidiana que marcavam justamente as diferenças socioeconômicas. Como pode ser percebido pela falta de trabalhadores nos serviços de limpeza pública, durante a gripe espanhola.

Moradias mal iluminadas, sem higiene, águas contaminadas, paredes negras de fumaça, leite contaminado etc., são inúmeros os motivos que enfraqueciam e condicionavam a saúde e, muitas vezes, levavam crianças à morte prematura; mas em quase todas elas a origem estava nas más condições de vida. Em 1919, o Jornal *A Plebe* traz uma nota na qual a questão das doenças relacionadas ao aparelho digestivo ganha especial destaque entre os obituários que os periódicos publicam:

---

125   Alesp – Annexos ao Relatorio de 1918 apresentado á Camara Municipal de São Paulo pelo Prefeito Washington Luis Pereira de Sousa. São Paulo: Casa Vanorden, 1919, vol. I, p. 89-90.

126   Depoimento de D. Jovina [nascida em 7 de agosto de 1897, em Ribeirão Preto; foi para São Paulo em 1903]. In: Ecléa Bosi. *Op. cit.*, p. 288-289.

A demografia sanitaria
As quintas-feiras ella apparece no noticiário dos vespertinos, é sombria, ás sextas encabeça nos écos dos jornalões de manhã, é lugubre.
Sombria e lúgubre, sim, porque nós sabemos que as parcellas mais tristes do obituario são constituídas por aquelles que habitam casas infectas, trabalham em fornas e comem alimentos deteriorados... somos nós... os plebeus.[127]

...Consentiras que se consumme semelhante patifaria quando nos debatemos contra os horrores da carestia de vida; quando, dia a dia, sobe a cifra do obituario dos alimentos que ingerimos e da nojenta agua que bebemos?
Consentiras, quando ha por ahi innumeras ruas que necessitam urgentemente de serem calçadas, porque o p'que dellas se desprende é um attentado á nossa saúde?...[128]

Em contrapartida, o governo do Estado se justificava com o argumento de insuficiência de recursos, mesmo diante da constatação de que as águas destinadas ao consumo humano muitas vezes eram as mesmas que recebiam os esgotos.

Não foram ainda concedidos recursos sufficientes, para se enfrentar, com maior actividade, o serviço de correcção da antiga rêde de exgottos, permanecendo ainda graves defeitos, entre os quaes o lançamento in natura do effluente, no rio Tieté.[129]

A importância das águas do Tietê, enquanto bem vital à vida da população, é destaque nas memórias de Jacob Penteado, que mostra como o rio fornecia o alimento para a sobrevivência de sua família durante os momentos de carestia que atravessaram na década de 1910. "Os camarões constituíam um pitéu de primeira classe. Muito menos cascudos do que os marinhos, mergulhavamo-os, inteiros, na gordura bem quente e, a seguir, atiravamos-lhes

127   AEL – Jornal *A Plebe*. 19 de setembro de 1919, p. 3.

128   AEL – Jornal *A Plebe*. 7 de outubro de 1919, p. 1.

129   Alesp – Relatorio apresentado ao Dr. Washington Luis, Presidente do Estado pelo Dr. Heitor Teixeira Penteado, Secretario da Agricultura, Commercio e Obras Publicas – 1920. São Paulo: 1921, p. 116.

em cima de ovos bem batidos. Com isso, fazia-se uma omelete de criar água na boca. No tempo das vacas magras, quantas vezes eles nos serviram de almoço e jantar!"

Da mesma forma, nas entrelinhas de suas memórias também se encontram os primeiros indícios do processo de deterioração das águas do Tietê, ao descrever o abandono do hábito de ser comer os chamados "camarões de água doce", que apanhavam "entre as raízes das árvores, do outro lado do rio ou debaixo de pedras, sapatos velhos, pedaços de pau, objetos onde, em geral abrigavam-se os caranguejos."[130]

Por volta de 1920 as graves crises de abastecimento ainda se repetiram e, não em vão, também as reclamações quanto à sua falta continuaram a permear as páginas dos jornais, principalmente quando agravadas pelos períodos de seca. Reveladora da situação de ineficiência do serviço de abastecimento de água é uma nota do Jornal *A Plebe*, de 1 de outubro de 1919, que traz a questão relacionando-a diretamente ao serviço prestado em diferentes regiões da cidade.

> Falta de água na Mooca:
> Agua!
> A secca no alto da Moóca
> Os moradores do alto da Moóca queixam-se de que ha mais de uma semana estão soffrendo os horrores da 'secca do norte'.
> Essa queixa é velha e apparece todos os annos com a estação calida, provando assim que as providencias tomadas pela Secretaria da Agricultura ficam sempre em promessas, como as dos vereadores que no periodo eleitoral promettem a solução do problema das porteiras do Braz.
> Mas porque os queixosos do alto da Moóca não se mudam para os palacetes do alto da Avenida?
> Lá nunca falta agua...[131]

Mas será que essa falta de água atingia a todos os habitantes indiscriminadamente? Segundo a maioria dos pesquisadores que se preocuparam com a questão, e também os jornais analisados, essa carestia de água – e de qualidade – se verificava especialmente nos bairros que abrigavam os trabalhadores, localizados nas partes mais baixas da cidade. A problemática não excluía o fato de as diferentes regiões da cidade, inclusive levando em conta os diferentes níveis socioeconômicos, estarem constantemente nas páginas dos jornais reclamando da falta do líquido. Contudo, também é revelador que a maioria destas reclamações eram originárias dos bairros pobres, baixos e distantes do centro da cidade.

---

130   Jacob Penteado. *Op. cit.*, p. 146.

131   AEL - Jornal *A Plebe*. 2 de outubro de 1919, p. 2.

A situação das águas servidas à população extrapolava os limites do debate sanitário, de modo que até os anúncios de variados produtos acabaram incorporando e se utilizando, ironicamente, da precariedade das águas servidas à população. Era o que pregava a propaganda do Guaraná Espumante, publicada no Jornal O Estado de São Paulo em abril de 1921, na qual o diretor da Repartição de Águas e Esgoto sugere aos reclamantes, entre ricos e pobres, que deveriam proceder como ele, tomar o refrigerante em substituição à água, aludindo para o fato de que àquelas águas realmente não apresentavam condições para o consumo humano. No ano seguinte a prefeitura decretaria a Lei nº 2.543, de 4 de outubro de 1922, que determinava que as águas servidas em hotéis, casas de pasto e botequins fossem todas filtradas, de acordo com as especificações de filtros e qualidade aprovados pelas autoridades competentes.[132]

Por volta de 1922, a extensão da rede de água, segundo dados de Aroldo de Azevedo, era de 660 mil metros de extensão, um crescimento de 10,4% em relação aos 598 mil metros registrados em 1916/1917. Enquanto a extensão da rede de esgoto, em 1916/1917 era de 1,6 milhão, com um crescimento de 44,9% em relação aos 1,1 milhão de metros registrados em 1911.

132 Alesp – Leis e Actos do Municipio de S. Paulo do anno de 1922. São Paulo: Casa Vanorden, 1923, p. 139-140.

Tabela 8 – Extensão da rede de água e esgotos em São Paulo, 1911-1916/1917-1922 (em metros)		
Anos	Água	Esgoto
1911	449.793	1.144.300
1916/1917	598.414	1.657.644
1922	660.899	-

Fonte: Aroldo de Azevedo (dir.). A cidade de São Paulo. Vol. II. In: Memória Urbana: a grande São Paulo até 1940. São Paulo: Arquivo do Estado, Imprensa Oficial, Emblasa, 2001, p. 107.

De acordo com as plantas da cidade sobre a oferta dos serviços de abastecimento de água e coleta de esgotos a seguir, em 1900 o serviço de distribuição de água estava majoritariamente concentrado na região em torno da Avenida Paulista, Higienópolis etc. seguindo rumo ao oeste e em algumas áreas da região leste, além-Tamanduateí, da mesma forma que a rede de coleta de esgotos, objeto das plantas seguintes.

Segundo o relatório da Secretaria de Agricultura do Estado de São Paulo de 1912, as obras da rede de captação de esgotos estavam em andamento na cidade, mas ainda havia muito a fazer, revelando quais regiões estavam recebendo primeiramente esta infraestruturação:

> Além dessa medida imperiosa [de transformar a rede existente para o sistema de separador absoluto], convem a construcção de novas rêdes de exgottos, já obedecendo ao systema separador absoluto, para os arrabaldes novos.
> Durante os annos de 1910 e 1911 foram construidas as rêdes do Belemzinho, da parte do Cambucy, tributaria do Valle do Jardim da Acclimação, de parte do arrabalde de Villa Marianna, situada na vertente do Tamanduateí e de parte do bairro da Moóca, estando em elaboração o projecto para o Ypiranga e Villa Prudente.
> O que se fez para os tres arrabaldes citados deve ser feito para outros que ainda permanecem privados desse poderoso factor de saneamento, taes como: Ypiranga, Villa Prudente, Penha, parte do Bom Retiro e Barra Funda, Villa Marianna (vertente Pinheiros), Villa Clementino, Villa

Cerqueira Cezar, Villa América, Perdizes, Agua Branca, Lapa e Villa Sophia. [133]

Ao final de 1911, segundo o relatório, o número de prédios ligados à rede de esgotos na capital era de 32.444, dos quais 27.120 foram ligados até 1909; 2.651, em 1910; e 2.673, em 1911. Já a extensão total da rede de esgotos chegava a 1.144.300 metros, em 31 de dezembro de 1911, dado também apontado por Aroldo de Azevedo. Ao passo que ao final de 1914 a extensão total da rede esgotos havia chegado a 1.516.381 metros; em 1917, chegou a 1.657.644 metros; e em 1918 totalizou 1.681. 473 metros.[134]

Em fins da década de 1920, inegavelmente, esses serviços tinham sido ampliados por meio do aumento da extensão da rede de distribuição de água e de coleta de esgotos. Mesmo assim, eles eram ultrapassados pela demanda, que crescia rapidamente. Por outro lado, a extensão de ambas as redes não implicava obrigatoriamente uma relação direta de que os serviços também chegariam a todas as residências localizadas na sua área de abrangência, pois os proprietários dos imóveis deveriam providenciar a ligação desses serviços às suas residências. O problema era que muitas vezes o custo destas ligações inviabilizava o acesso aos serviços.[135]

Por isso as ligações realizadas durante o ano eram objeto de quantificação por parte das secretarias e órgãos encarregados dos serviços de saneamento básico em São Paulo, de modo a demonstrar o andamento das obras de extensão da rede e o quanto esta extensão representava em termos de ligações prediais. Em 1918, o número de prédios ligados à rede esgotos era de 48.815; em 1920, outros 1.079 prédios foram ligados à rede; enquanto o número de prédios ligados à rede de água, em 1911 era de 35.502 prédios; em 1920 chegou a 51.825; em 1921, a 53.875; e, em 1926, a 71.792 ligações prediais, conforme indicam os dados da Secretaria da Agricultura.

133 Alesp – Relatorio apresentado ao Dr. M. J. de Albuquerque Lins, Presidente do Estado pelo Dr. Antonio de Paula Salles, Secretario da Agricultura – 1910-1911. São Paulo: Typ. Brasil de Rothschild & Cia., 1912, p. 200-201.

134 Alesp – Relatorio apresentado ao Dr. Francisco de Paula Rodrigues Alves, Presidente do Estado pelo Dr. Paulo de Moraes Barros Secretario da Agricultura – 1914. São Paulo: Typ. Brasil de Rothschild & Cia., 1916, p. 248; Relatorio apresentado ao Dr. Altino Arantes, Presidente do Estado pelo Dr. Candido Nazianzeno Nogueira da Motta, Secretario da Agricultura, Commercio e Obras Publicas – 1917. São Paulo: Typ. Brasil de Rothschild & Cia., s/d., p. 226; Relatorio apresentado ao Dr. Altino Arantes, Presidente do Estado pelo Dr. Candido Nazianzeno Nogueira da Motta, Presidente do Estado, Commercio e Obras Publicas – 1918. São Paulo: Typ. Brasil de Rothschild & Cia., s/d., p. 280.

135 Vale lembrar que quando o serviço de abastecimento de água começa a ser ampliado na cidade, paralelamente os chafarizes também começaram a ser desativados como forma de obrigar a população a realizar a ligação residencial à rede externa.

Já a rede de distribuição de água, em 1917, havia sido expandida em 6.749 metros, contra 27.864 em 1916, o que totalizava, em 1917, 605.163 metros de rede, segundo dados da Secretaria da Agricultura (e diferente dos números apresentados por Aroldo de Azevedo). Enquanto isso, em 1918, houve uma extensão de 5.689 metros na rede de distribuição, totalizando 610.852 metros de rede; em 1920, esse total chegou a 635.226 metros; e, em 1921, a 645.874 metros.

As plantas a seguir indicam como os serviços de água e esgotos da cidade foram empreendidos ao longo dos anos e fornecem indicativos de como sua implementação e extensão não foram capazes de responder à demanda crescente posta por seus habitantes.

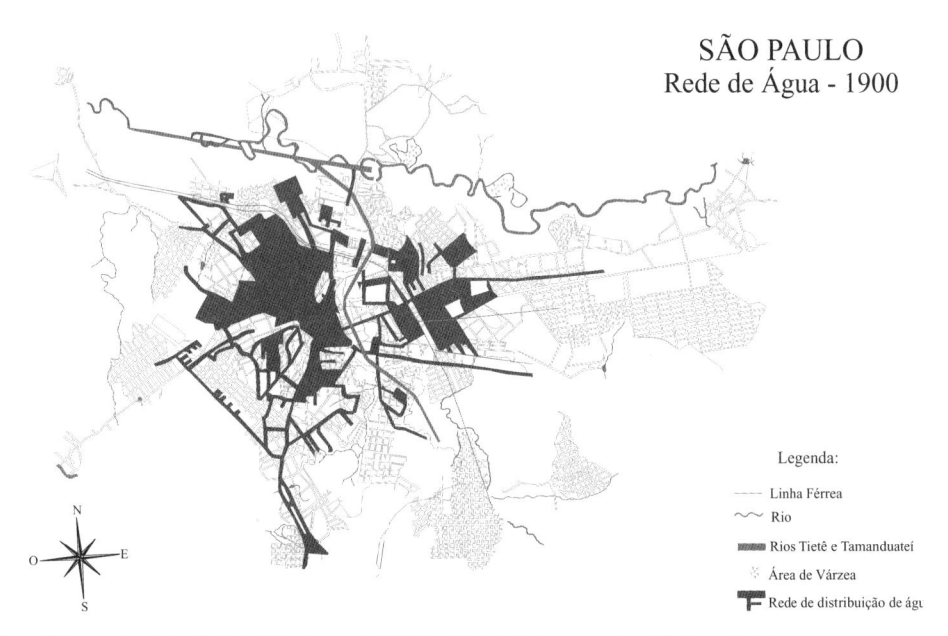

SÃO PAULO
Rede de Água - 1900

Legenda:

---- Linha Férrea

~~ Rio

▬▬ Rios Tietê e Tamanduateí

⸭ Área de Várzea

⊤ Rede de distribuição de águ

Fontes: Biblioteca Municipal de São Paulo Mário de Andrade, 1900; Raquel Rolnik. *Cada um no seu lugar! São Paulo, início da industrialização: geografia do poder*. São Paulo: Dissertação de Mestrado, FAU, USP, 1981.
Desenho: Marcia C. Zabotto, 2005.
Organização: Fábio A. dos Santos, 2005.

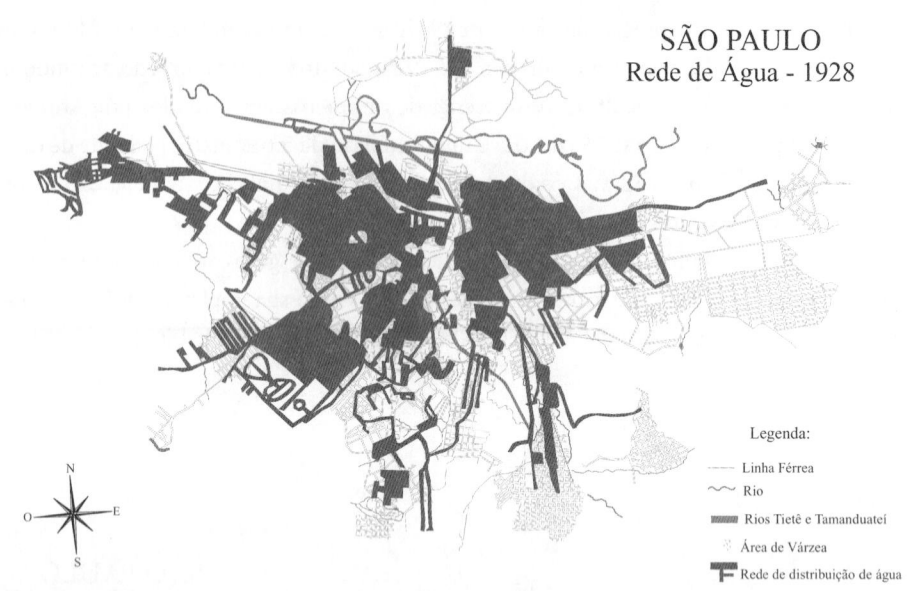

SÃO PAULO
Rede de Água - 1928

Legenda:

- - - Linha Férrea
~~~ Rio
▬▬ Rios Tietê e Tamanduateí
Área de Várzea
⊤ Rede de distribuição de água

Fonte: Biblioteca Municipal de São Paulo Mário de Andrade, 1929; Raquel Rolnik. *Cada um no seu lugar! São Paulo, início da industrialização: geografia do poder*. São Paulo: Dissertação de Mestrado, FAU, USP, 1981.
Desenho: Marcia C. Zabotto, 2005.
Organização:Fábio A. dos Santos, 2005.

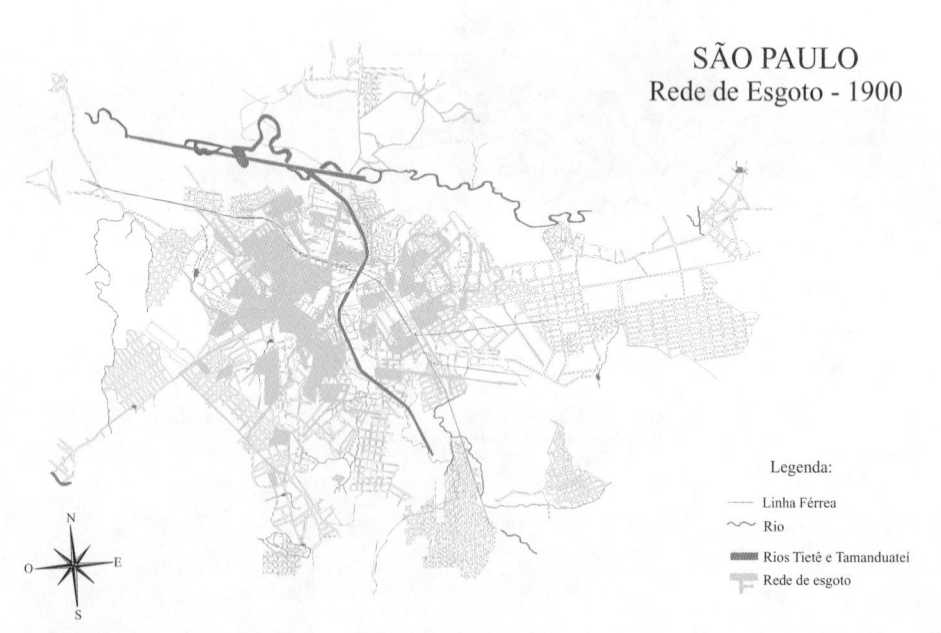

SÃO PAULO
Rede de Esgoto - 1900

Legenda:

- - - Linha Férrea
~~~ Rio
▬▬ Rios Tietê e Tamanduateí
⊤ Rede de esgoto

Fontes: Biblioteca Municipal de São Paulo Mário de Andrade, 1900; Raquel Rolnik. *Cada um no seu lugar! São Paulo, início da industrialização: geografia do poder*. São Paulo: Dissertação de Mestrado, FAU, USP, 1981.
Desenho:Marcia C. Zabotto, 2005.
Organização: Fábio A. dos Santos, 2005.

SÃO PAULO
Rede de Esgoto - 1928

Legenda:

— Linha Férrea

∿ Rio

▬ Rios Tietê e Tamanduatei

Rede de Esgoto

Fontes: Biblioteca Municipal de São Paulo Mário de Andrade, 1929; Raquel Rolnik. *Cada um no seu lugar! São Paulo, início da industrialização: geografia do poder*. São Paulo: Dissertação de Mestrado, FAU, USP, 1981.
Desenho: Marcia C. Zabotto, 2005.
Organização: Fábio A. dos Santos, 2005.

Capítulo 7   As águas na cidade

Além do problema da ineficiência e da má qualidade das águas servidas, que refletiam seus efeitos diretamente sobre a saúde da população, sua utilização ao longo dos anos cada vez mais abarcava uma multiplicidade de finalidades, incluindo a necessidade de utilizá-las como meio de afastamento de águas residuais, fossem domésticas ou pluviais, e a geração de energia elétrica, através das usinas hidrelétricas.

Neste quadro, o que antes fora motivo de grande relevância para a formação do povoado e seu desenvolvimento – os rios e suas águas – gradativamente suas funcionalidades passavam por alterações, ora se tornando empecilhos naturais ora objetos de disputas pela sua utilização, mas em ambas as situações sempre sofrendo algum tipo de intervenção que a "agredia" de alguma forma, independente da finalidade a que se prestava.

Cada vez mais os rios e as águas insurgiam no conjunto da cidade como simples elementos assessórios de um processo maior – a expansão urbana – que não os contemplavam como parte da cidade. Este caráter assessório resultava cada vez mais em funções e atributos que os colocavam em situação de constante agressão, processo pelo qual já estavam submetidos desde que sua presença começou a ser tornar um obstáculo ao conjunto da cidade, em meados do século XIX, fosse pelos despejos de resíduos domésticos e industriais em suas águas, fosse pelas sucessivas intervenções pelas quais passaram (e ainda passariam), fosse pela expulsão de moradores e frequentadores de seus cursos ou de suas águas.

Em termos de utilização de suas águas, muito já foi aqui indicado sobre como elas conferiram oportunidades de geração de trabalho e renda, ao longo de suas várzeas, com as lavadeiras, pescadores, barqueiros etc., que gradativamente foram sendo expulsos destas regiões à medida que iam sendo saneadas e incorporadas à cidade. As práticas de lazer também foram largamente afetadas por estas agressões às suas águas, se antes eram largamente frequentadas pelos estudantes da Faculdade de Direito, por exemplo, ao final do século

XIX e primeiras décadas do seguinte, também havia aqueles que se dedicavam à prática da natação nas águas do Tietê e do Tamanduateí. Clubes aquáticos foram fundados, englobando em suas práticas esportivas a natação, o remo e o polo aquático. Muitos clubes se estabeleceram ao longo dos rios, principalmente dos rios Tietê e Pinheiros.[1]

Da mesma forma, os constantes despejos de esgotos em seus cursos sempre foram uma realidade, e se recrudesceram ao longo do adensamento populacional, ao passo que grande parcela das áreas consideradas várzeas eram incorporadas ao mercado imobiliário. Havia ainda outro fator essencial para o entendimento destas agressões que as envolviam, era o uso compartilhado da água tanto para consumo humano e para despejo de resíduos quanto para a geração de energia de elétrica. Entre estes fatores, contudo, inexistia qualquer tipo de planejamento de conjunto para seu uso racional, por esta razão o resultado foi uma crescente agressão às águas, que mesmo sendo imprescindíveis à vida cotidiana, também lhes eram imputadas o caráter de obstáculo ao conjunto da cidade. Nestes momentos, as intervenções – nem sempre positivas – foram empreendidas.

Em função dos despejos de esgotos realizados sem nenhum tipo de critério, quiçá de tratamento, ao longo das águas dos rios, o tema do saneamento do Tamanduateí ganhou novo escopo ao longo da década de 1920, principalmente após a conclusão do Parque D. Pedro II, pois tanto os esgotos quanto as águas pluviais da região eram para o rio Tamanduateí encaminhados.

Neste caso, aspectos técnicos se revelam de suma importância para o entendimento do processo, pois se de um lado os leitos dos rios deveriam estar tecnicamente adaptados para o recebimento das tubulações e com capacidade de recebimento destas águas evitando a extravasão de águas contaminadas, por outro, se fazia necessário acabar com as fossas existentes nos quintais, com as ligações clandestinas existentes na região, atingindo ainda as ocupações irregulares, os cortiços etc.

Uma das primeiras indicações desta questão encontra-se no *Relatorio de Obras do Saneamento de 1927*, que cita, dentre um conjunto de empreendimentos que deveriam ser realizadas naquele momento, ao longo do Tamanduateí, a urgente realização dos serviços de construção das galerias de drenagem e escoamento das águas pluviais da região do Brás, os quais já tinham sido alvos de intervenções por volta de 1892 e 1893 (antes da obras de retificação do rio), assim como a construção dos interceptores nas margens do Tamanduateí.

Segundo o relatório, na última década do século XIX foram realizados estudos e colocadas em prática a canalização e a retificação dos rios Tamanduateí e Tietê, e foram construídas galerias de drenagem nos bairros de Vila Buarque, Santa Cecília, Santa Ifigênia, Bom Retiro e Anhangabaú, mesmo assim,

---

1   Nicolau Sevcenko. *Orfeu extático na metrópole. São Paulo: sociedade e cultura nos frementes anos 20*. São Paulo: Companhia das Letras, 1992, p. 110 e segs.; Janes Jorge. *O rio que a cidade perdeu. O Tietê e os moradores de São Paulo, 1890-1940*. São Paulo: Tese de Doutoramento, FFLCH, USP, 2005, p. 106 e segs.

> As galerias do Braz não foram construidas mas convem salientar que ha mais de 30 annos já se fazia sentir a necessidade de dar mais escoamento ás aguas pluviaes que ainda hoje, nas grandes chuvas, inundam aquelle bairro. E, actualmente, ainda é mais grave a situação, pois, pelo desenvolvimento que tomou aquele bairro, com o numero crescente de construcções, com a pavimentação das ruas e consequente impermeabilização da superficie e menor absorção pelo sólo, augmentou o volume a escoar e tornaram-se maiores os damnos causados pela falta de conductos destinados á remoção prompta das aguas meteoricas.[2]

A importância da substituição das galerias existentes e a construção das novas resolveriam, aparentemente, o problema da coleta das águas pluviais na região, pois estas estariam baseadas no *sistema separador absoluto* em detrimento do *sistema misto*. Segundo o sistema separador absoluto, as águas residuais domésticas seriam captadas por um sistema de escoamento diferente daquele para onde afluiriam as águas pluviais, oriundas das chuvas. Seriam duas redes diferentes e separadas, que evitariam a mistura das águas e a extravasão dos esgotos domésticos misturados às águas pluviais em casos de enchentes, muito comuns na região. Pelo separador absoluto, o volume de água a ser elevado rumo ao coletor interceptor também seria menor se comparado ao volume presente no sistema misto, o que também minimizaria possíveis contatos da população com águas contaminadas nos casos de enchentes e potencializaria o serviço de recolhimento das águas residuais.[3]

> Com o systema mixto adoptado primitivamente em S. Paulo e que ainda vigora nesta zona, é excessivo o volume a elevar por occasião das chuvas. Dá-se, então, o reprezamento do effluente na rêde de esgotos que trabalha sob pressão, com fatal prejuizo para a integridade dos conductos.
> D'ahi a necessidade de se eliminar, no mais breve prazo possivel, a contribuição de aguas pluviaes para os collectores.
> A construcção do emissario da margem direita do Tamanduatehy e do collector interceptor do Braz que delle é tributario, virá alliviar a estação elevatoria de boa parte do volume hoje elevado e

---

2   IEB – Relatorio da Commissão de Obras do Saneamento da Capital apresentado ao Dr. Gabriel Ribeiro dos Santos, Secretario da Agricultura, Commercio e Obras Publicas pelo Dr. Teodoro A. Ramos, Engenheiro Chefe da Commissão. São Paulo: Typ. Brazil de Rothschild & Co., 1927, p. 67-68.

3   Fábio Alexandre dos Santos. *Análise Setorial. Coleta e tratamento de esgotos*. São Paulo: Panorama Setorial, Gazeta Mercantil, 2001, vol. I, p. 140.

que será conduzido por gravidade para o emissario do Tieté. O collector interceptor do Braz receberá grande parte da contribuição que verte actualmente para o rio Tieté e encaminha-se para a estação elevatoria de Ponte Pequena. Por esta forma, dos 1300 hectares de area, cujo effluente é hoje elevado, 832 hectares serão esgotados directamente, sem o onus da elevação.

Os projetos de emissario do Tamanduatehy e do colletor do Braz foram elaborados pela Secção Techina da Commissão de Saneamento.[4]

Ao tratar o problema da descarga de esgotos no Tietê, o *Relatório da Comissão de Melhoramentos de rio Tietê*, de 1926, segundo dados do Eng. João Ferraz, membro da Comissão, também aponta a problemática do sistema misto, adotado na região, por meio do qual todas as águas acabam "afluindo para os collectores de esgotos as aguas pluviaes de telhados e quintaes."

De acordo com o mesmo relatório, a opção pelo sistema misto foi conservado pelo estado quando este encampou os serviços de água e esgoto, em 1892, confirmando o processo de expansão da rede de esgotos depois que o serviço ficou a cargo da administração pública.

Mesmo na zona baixa da cidade, formada pelos bairros do Braz, Moóca e Belenzinho, as aguas de chuva dos quintaes eram encaminhadas para os collectores de esgotos, fazendo augmentar extraordinariamente o volume a elevar por occasião das chuvas. Este systema proseguiu até 1912, quando ficou resolvido adoptar nos novos bairros o systema separador completo.

Os bairros mais antigos da cidade, (...) são esgotados ainda hoje [1926] pelo systema mixto; as demais zonas sapo servidas, onde existe rêde, pelo systema separador completo.

Todos os collectores principaes da antiga rêde estão em mau estado de conservação, devido ao excesso de carga após as grande (sic) chuvas; os collectores de alvenaria de tijolo não supportam a carga excessiva a que ficam sujeitos.

Está em construcção o emissário ao longo do canal Tamanduatehy para melhorar as condições de vazão do collector Cantareira e receber a contribuição de toda a vertente da margem esquerda do rio Tamanduatehy, contribuição esta que, da rua Glycerio para montante, atravessava o Tamanduatehy em diversos pontos para descarregar na rêde do Braz, aggravando ainda mais

---

4   IEB – Relatorio da Commissão de Obras do Saneamento da Capital. *Op. cit.*, p. 63-64. Também é deste Relatorio a Planta "Galerias Principaes".

as condições já precarias desta rêde e augmentando considera-velmente o volume a elevar na usina da Ponte Pequena, com a contribuição de zonas altas da cidade.[5]

O problema da adoção inicial do sistema misto nas regiões mais antigas, quando conjugado com o problema da insalubridade, colocava novamente a problemática da água como centro da discussão ao imputá-la como a responsável pela disseminação de doenças; e, mais importante, deixava estas regiões (mais antigas), à mercê do processo de valorização imobiliária dado a existência do problema, mesmo com suas áreas saneadas.

A referência às "Galerias Principaes", que deveriam ser construídas no Brás, Mooca e Belenzinho, reproduzida do Relatorio de 1927, indica o perímetro de abrangência das diferentes tubulações necessárias ao escoamento das águas, mas também fornece o destino para onde as águas seriam escoadas: no "canal do Tamanduateí", circundado pela atual avenida do Estado (próximo às indicações 1, 2, 3, 4, 5 e 6 da planta a seguir), ou diretamente no rio Tietê (próximas às indicações números 7, 8 e 9 da mesma planta).

5   AHMSP - Melhoramentos do rio Tieté em São Paulo. *Op. cit.*, 1926, p. 180.

Diante da mudança técnica, que incorporava à área a infraestrutura da região e agregava valor ao seu solo, havia outra dimensão em que estas transformações refletiriam: na sociocultural, na qual o Tamanduateí deixava de ser uma extensão residual da casa, como local do despejo dos resíduos e se transformava no espaço civilizado, onde as práticas da "sujidade" não mais seriam aceitas.[6] Mesmo assim, cabe destacar, as águas residuais despejadas nos rios Tamanduateí e Tietê continuariam desprovidas de qualquer tipo de tratamento, sendo apenas afastadas.

Em março de 1923, por exemplo, após outro período de chuvas encerrando o verão, a situação das enchentes voltava a incomodar a cidade. Neste ano, o Jornal *O Estado de S. Paulo* destaca a situação nos bairros do Bom Retiro, Sant'Anna, na rua Barra do Tibagy se referindo à necessidade de se concretizar as obras de retificação do rio Tietê:

> Enquanto se não decidirem os poderes públicos de S. Paulo a promover a retificação do Tieté no trecho em que este atravessa a zona povoada do municipio da capital hão de sucitar-se periodicamente as dolorosas consequencias que as enchentes determinam. (...) Sempre que algumas chuvas mais prolongadas lhe augmentam o volume das aguas a montante da cidade (...) os habitantes das varzeas, que não são poucos, aboslutamente veem todos os annos crescerem as aguas do rio, ameaçando invadir-lhes as casas e as plantações.[7]

A solução parecia estar próxima para a região ao longo das margens do rio Tamanduateí, dada a retificação do rio, o saneamento das áreas de várzeas que compunham o conjunto da região do Carmo e a troca do antigo sistema misto pelo sistema de separador absoluto da região, juntamente com a instalação dos equipamentos necessários ao escoamento das águas ao longo do rio (interceptores), como sugere o Relatorio de 1927, pelo menos tecnicamente. Porém, a partir de então, a retificação do rio Tietê voltou à tona, como obra complementar aos problemas das enchentes na região, pois o Tamanduateí é um de seus afluentes.

O rio Tietê

A reboque dos problemas de saneamento do Tamanduateí uma antiga discussão que propunha a retificação do rio Tietê voltou à cena. Entretanto, suas primeiras propostas neste

---

6   A ideia de extensão da casa dado ao Tamanduateí, como espaço de descarte residual parte das considerações apresentadas por Fraya Frehse. *O tempo das ruas na São Paulo de fins do Império.* São Paulo: Edusp, 2005, p. 170-171, que argumenta, ainda, que antes da incorporação destas áreas ao conjunto da cidade, a rua era tratada como lugar residual, menor em relação à casa.

7   AESP – Jornal *O Estado de S. Paulo*, 18 de março de 1923, p. 5.

sentido eram antigas, remontando a 1893, quando foi solicitado um primeiro estudo sobre a necessidade e viabilidade da obra, sob a direção do Engenheiro João Pereira Ferraz, mas não houve sucesso. Em 1894, novos estudos foram realizados, mas também sem nada concretizar, o que resultou na extinção na Comissão de Melhoramentos do Tietê em 1898. Em 1911, nova tentativa ocorreu na tentativa de reativar a Comissão, mas novamente não houve sucesso.

Foi com o governo do Estado, por meio da Secretaria da Agricultura, que o Tietê entrou em cena novamente, e se retomou a discussão do tema das águas, especialmente no que se referia ao problema dos despejos de esgotos, inseridos na órbita do debate sobre os melhoramentos necessários à cidade.

> A obra de rectificação do curso do Tieté, dentro do perimetro da cidade, se impõe. O effluente dos exgottos já prejudica as aguas do rio, ressaltando ainda o inconveniente dos depositos nas curvas e de estagnação em certos pontos ao longo das margens, onde os oleiros fazem extracção de argilla para fabricar tijolos.
>
> A rectificação acarretará tres vantagens: rapido afastamento dos despejos de aguas fecaes, defesa contra as inundações periodicas da varzea e apreciavel embellezamento da cidade.[8]

Entre as vantagens, segundo a visão oficial da Secretaria, estavam outros dois pontos importantes a considerar, as "inundações" e o "embelezamento", os quais viriam a reboque do objetivo principal. O fundamental deste ponto de vista reside no fato de que a compreensão do processo de retificação dos rios não se esgota por si própria, por isso se faz necessária observá-las em comunhão com inúmeros outros fatores, como as questões estéticas e econômicas, que se refaziam à medida que obras destinadas à salubridade iam sendo executadas na cidade, fossem elas públicas ou privadas, que se inter-relacionavam nos meandros dos acontecimentos diários.

Em 1922, Fonseca Rodrigues apresentou outro projeto de retificação a pedido da Diretoria de Obras da Prefeitura, durante a administração do prefeito Firmiano Morais Pinto (1920-1926). O projeto, contudo, foi recusado por Victor da Silva Freire, mas em 1923 a proposta foi substituída por um novo projeto, agora do engenheiro Ulhôa Cintra. Neste ano, o vereador Paiva Meira, se manifestou sobre a necessidade da obra, afirmando que era um problema e *"maximo do municipio (...) factor maximo de hygiene, uma fonte fatal de abastecimento de aguas. E ainda, por uma coincidencia notavel, é o alimentador da*

---

8   Alesp – Relatorio apresentado ao Dr. Altino Arantes, Presidente do Estado pelo Dr. Candido Nazianzeno Nogueira da Motta, Secretario da Agricultura, Commercio e Obras Publicas – 1918. São Paulo: Typ. Brasil de Rothschild & Cia., s/d., p. 278.

energia elétrica de S. Paulo."[9] motivando a proposta de se retomar a comissão dedicada à realização de estudos visando à retificação do Tietê. Mas somente em 1924 ocorreria o restabelecimento da Comissão de Melhoramentos do Rio Tietê, através da Lei Municipal nº 2.644 de 30 de agosto de 1923 e do Ato de 26 de janeiro de 1924, sob o encargo do engenheiro sanitarista Saturnino Rodrigues de Brito.

No projeto apresentado ao prefeito Firmiano, Saturnino de Brito revelava a importância que a obra possuía numa cidade que parecia demonstrar um futuro promissor no que tange à sua vitalidade urbana, mas também com seus problemas decorrentes. Quando assumiu a Comissão de Melhoramentos do Rio Tietê, Saturnino tinha como finalidade sanear e promover o combate às inundações da várzea do rio Tietê, possibilitando que a área fosse edificada; que promovesse a navegação no rio; e o afastamento para jusante das descargas dos esgotos que eram ali lançados sem depuração. A Comissão se encarregou do estudo e do levantamento dos aspectos técnicos, e sempre fundada na visão da engenharia sanitária.

> Com os technicos dedicados a outras especialidades, os engenheiros sanitarios estudam os problemas de drenagem dos baixos pantanosos e das terras malsãs, o regime das chuvas e das aguas correntes; a uns interessa tirar proveitos para a lavoura, para a pecuaria, para a navegação, para as explorações hydroeletricas; ao engenheiro sanitario interessa obter elementos para a organização dos projectos das obras de esgotamento pluvial, abastecimento de agua, descarga dos esgotos nos rios, defesa contra as inundações das cidades e dos campos, passiveis de insalubridade após as enchentes.[10]

O relatório dedica especial atenção aos problemas das inundações, conforme as ilustrações seguintes permitem visualizar, e as relacionam aos problemas de salubridade ad-

---

9   Alesp – Annaes da Camara Municipal de São Paulo de 1923. Org. por Manuel Alves de Souza e Gustavo Milliet. São Paulo: Typ. Piratininga, p. 66.

10   AHMSP - Melhoramentos do rio Tieté em São Paulo. Relatorio apresentado ao sr. Dr. Firmiano Ponto, Prefeito de São Paulo, por F. Saturnino Rodrigues de Brito, Eng. Civil, Consultor. São Paulo: Secção de Obras d'O Estado de S. Paulo, 1926, p. 10. Já em 1950, segundo o relatório da *Comissão de Melhoramentos do rio Tietê. Relatório apresentado pelo Engenheiro Lysandro da Silva, chefe da Comissão de Melhoramentos dos rios Tietê e Tamanduateí, ao Secretário de Obras da Prefeitura de São Paulo, compreendendo os estudos e os trabalhos realizados até 1 de janeiro de 1950.* São Paulo: Prefeitura do Município de São Paulo, 1950, p. 1, a obras tinham como principal objetivo urbanizar a extensa área de várzea do rio, situada dentro da cidade, "constituindo terreno muito aproveitável para a edificação, o que, em virtude das inundações, não se poderia fazer."

vindos da extravasão das águas residuais que acabavam invadindo moradias e colocando a população em contato com águas contaminadas.

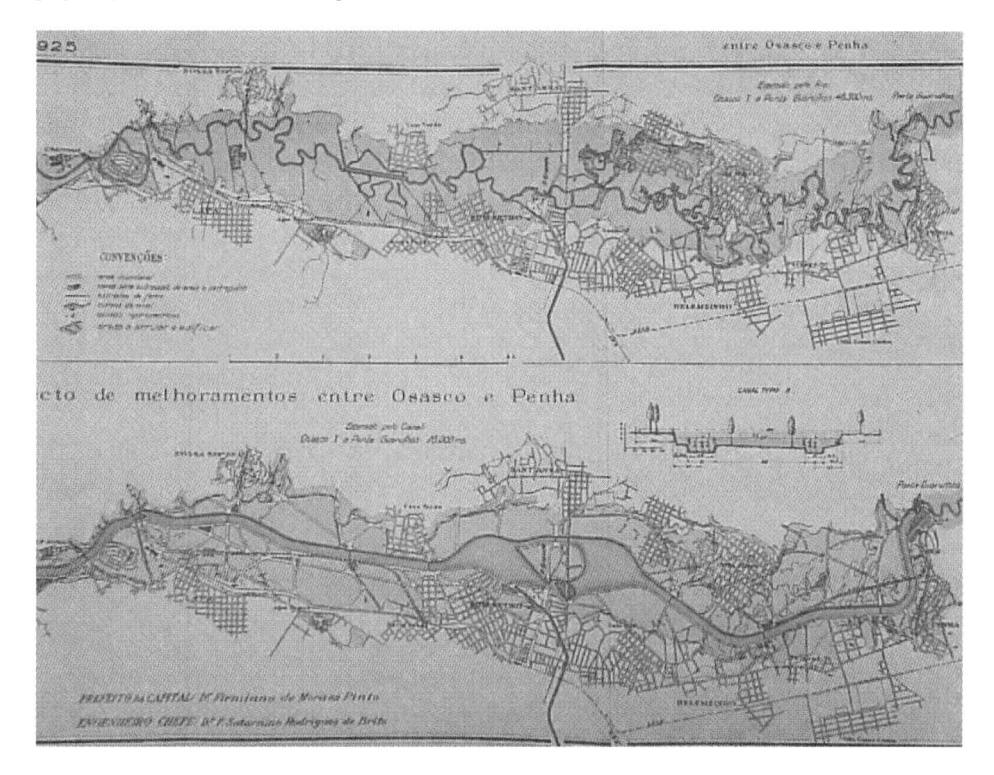

Segundo levantamento técnico apresentado pelo relator, as superfícies inundáveis localizadas entre o bairro da Penha e Osasco apresentavam uma grande extensão e ao se considerar estas extensões sem descontar a faixa ocupada pela proposta de regularização do rio nem o seu leito atual havia um total de 4.747 hectares a sanear, assim distribuída:

– da Penha á Ponte Grande...1.431 hec.
– da P. Grande á P. da S. P. Railway...........................1.369 hec.
– da P. S. P. Railway a Osasco ....499 hec.
              Somma...3.299 hec.
– do rio Pinheiros ....1.448 hec.
              Total ....4.747 hec.

Descontando 868 hect. occupados pela faixa destinada á regularização, inclusive avenidas lateraes, restam 3.879 hectares.

A valorização proveniente das obras em projecto não se restringe apenas á enorme superficie de 38 milhões de metros quadrados; della participa toda a cidade, em menor percentagem, e especialmente as zonas que ficam nas proximidades do rio.[11]

A lei que criou a Comissão de Melhoramentos do Rio Tietê, por Firmiano Pinto, tinha como prerrogativas um programa de obras contra inundações, de navegação e descarga de esgotos. Saturnino, contudo, ampliou seu projeto, propondo o controle público de toda a bacia hidrográfica à montante de Parnaíba e o uso de suas águas, coordenando os interesses envolvidos na sua utilização; obras de retificação, ampliação da calha do rio, barragens, reservatórios, aterros e recomendando um plano de arruamentos e a parceria entre município e estado; propunha ainda a preservação de trechos de várzea como reguladores naturais da vazão do rio, replantio de mata ciliar; dois grandes lagos na altura da Ponte Grande, para fornecer material para aterros e para uso recreativo; além de parques e jardins ao longo do rio, como um na confluência do Tietê com o Pinheiros.[12]

No tocante às descargas dos resíduos domésticos nas águas do Tietê, o projeto de Saturnino apresentava uma preocupação especial sobre o tema, deixando claro, entretanto, que tal responsabilidade não competia à Comissão, e chamando a atenção da Repartição de Águas e Esgotos, de responsabilidade estadual, para o problema:

> ...*A descarga dos esgotos*, feita actualmente sem depuração e em frente da cidade, sendo mal assaz conhecido e tem condemnado, terá de ser removido pela Repartição do Estado que o criou e tem mantido; a Comissão, obedecendo ao programa que lhe foi determinado, terá apenas de ser pronunciar sobre a questão, esperando a Repartição de Aguas e Esgotos o projecto que lhe cabe organizar.[13]

Ao analisar a situação dos instrumentos necessários à coleta dos resíduos naquela área e relacioná-la com a insalubridade provocada pelas inundações, o projeto fornecia subsídios para o entendimento da relação dessas intervenções com a consequente valorização do solo da região. Em 1925, explicita o projeto, o coletor ao longo do Tietê encontrava-se em péssimas condições, provocando extravasões de efluentes durante as grandes chuvas. Já as bombas elevatórias de efluentes, em épocas de estiagem, uma bomba elétrica com capacidade para 650 litros por segundo, era suficiente para elevar a carga de toda a zona, mas nas épocas de chuvas, eram necessários mais 3 bombas, para elevar a capacidade para 3.050

---

11   AHMSP – Melhoramentos do rio Tieté em São Paulo. *Op. cit.*, 1926, p. 129.

12   Janes Jorge. *Op. cit.*, 2005, p. 49.

13   AHMSP – Melhoramentos do rio Tieté em São Paulo. *Op. cit.*, 1926, p. 84-85, grifo no original.

litros por segundo. No total eram 16 pontos de descargas de esgotos ao longo do rio Tietê, entre a Ponte Grande e a Lapa, servindo aos bairros do Braz, Belenzinho, Mooca, Ypiranga, Cambucy, Villa Marianna, Liberdade, Bela Vista, Bom Retiro, Santa Efigênia, Santa Cecilia, Consolação, Barra Funda, Pacaembu, Perdizes, Água Branca, Lapa e Santana, com... "...os volumes médios elevados em 24 horas (...) em estiagem 40.000 m. cubicos; por occasião de chuvas 150.000 m. cubicos."

Eram mais de 51.200 casas despejando esgotos ao longo do Tietê, preocupa-se o relator, entre a Lapa e a Ponte Pequena, correspondendo a descarga de uma população de 350 mil almas aproximadamente, o que totalizava um volume de 1.120 litros por segundo nas horas máximas. Mas nem todos os bairros estavam dotados de serviços de coleta de esgotos, como os localizados à montante da Ponte Grande, os da margem direita do Tietê e os do vale do rio Pinheiros.[14]

A situação referente à descarga de resíduos domésticos no Tietê é descrita pelos relatores como bastante crítica, principalmente quando eles consideravam o levantamento sobre as áreas da região do rio Tietê, atendidas pelos serviços de coleta de esgotos, por volta de 1925, com as previsões de especialistas sobre o adensamento urbano para os próximos anos levando em conta a estrutura existente,

> districtos considerados como esgotados occupam uma superficie de quase 10.000 hectares; desta superficie pouca mais da metade está edificada e nella existem cerca de 340 km de collectores; mas ha capacidade para cerca de 1.500 km de ruas já esgotadas e das esgotaveis no futuro; suppondo 200.000 casas, a população futura será de 1.200.000 habitantes; o volume de descarga dos esgotos será proximamente de 200.000 m.c por dia; *a descarga do rio, em estiagem, será então apenas quatro vezes a dos esgotos.*
>
> Tomando 100 gr. de materia organica, em solução e em suspensão, por habitante e por dia, teremos a cara nociva de 120 toneladas, no futuro, para 1.200.000 habitantes. Presentemente, será de 35 tons. a quantidade de *materia organica*, em suspensão e em *solução*, que a rêde dos esgotos descarrega no Tietê. Excluidas as mateiras em solução, que constituem a maior parte, e tomando só as materias em solução, que constituem a maior parte, e tomando só as materias *fluctuantes em suspensão* (materia fecal, papeis, etc.) póde-se avaliar a contribuição diaria por habitante em 72 gr. (excluidas as areias), o que

---

14   AHMSP – *Ibidem*, p. 181 e segs.

> dará 25 tons. para a descarga actual, em materia sólida, que se deposite no fundo e nas margens.
>
> Estas avaliações, feitas *grosso modo*, têm apenas por fim mostrar que os inconvenientes agora notados nesta descarga, por occasião da estiagem, em breve augmentarão e tornarão a situação intoleravel.

Ao apresentar estas conclusões, o engenheiro sanitarista Saturnino de Brito apontava explicitamente como o descaso dos poderes públicos gerou o problema em questão, afirmando que a situação era resultado da falta de planejamento urbano de conjunto para os destinos dos dejetos:

> ... Infelizmente, as extensões da rêde fizeram-se e fazem-se sem plano de conjuncto, sem a preoccupação do destino definitivo a dar ao volume crescente dos despejos.

Neste sentido, a Repartição de Águas e Esgotos era responsabilizada, segundo seu parecer, pelo estado em que se encontrava a região,

> Compete á Repartição de Aguas e Esgotos providenciar sobre o projeto do destino final dos despejos, desviando-os do rio Tieté, em frente á cidade; allega o Sr. Director da Repartição ter relatado ao Governo do Estado a necessidade deste desvio e projectado um emissario entre Ponte Grande e Anastacio para a collecta e descarga dos despejos acima da confluencia do rio Pinheiros. A Commissão de Melhoramentos, attendendo ao que vem de referir, obteve da Repartição que locasse na planta desse trecho de emissario, o que foi feito; a Commissão propoz algumas pequenas alterações. (...)
>
> A questão da descarga dos esgotos foi, portanto, entregue a quem póde e deve resolvel-a; por se manter esta attribuição de encargos, não será agora attendida esta parte do programma da Municipalidade. Mas tão importante é chegar-se á sua solução, pela qual todos clamam, que o Governo do Estado sem duvida tomará a respeito uma resolução satisfatoria.[15]

Outro ponto relevante a notar na proposta é a forma como Saturnino de Brito sugeria a utilização racional do material retirado ao longo do rio, como pedregulho, argila (que

---

15   AHMSP – *Ibidem* , p. 180-187, grifos no original.

serviria para a produção de tijolos, por exemplo), para que fosse comercializado e a renda revertida ao custeio de parte das obras de retificação, fato que, segundo ele, também poderia resolver o problema da busca de um local apropriado para a destinação final desses materiais, já que obrigatoriamente o rio seria dragado, considerando, ainda, os aspectos econômicos dela advindas...

> ... as jazidas de areia e pedregulho têm sido de relevante prestimo para obras publicas e particulares; a areia vende-se de 17$000 a 20$000 e o pedregulho a 35$000 por m. cubico; o milheiro de tijollos a 100$000.[16]

O projeto chegava até a considerar os interesses da The São Paulo Tramway, Light & Power Company Limited, que dependia da vazão do rio para a geração de energia elétrica, em suas usinas instaladas à jusante de São Paulo. Por outro lado, a empresa canadense também estava atenta à defesa de seus interesses em toda discussão sobre a retificação do rio. Segundo Saturnino, no projeto, a Light

> tem feito observações de alturas de escalas na ponte do Limão e na do rio Pinheiros e procedido a varias medições de descarga nestes pontos; na barragem de Parnahyba, a jusante de São Paulo, faz medições diarias desde 1906, avaliando a agua que passa nas turbinas e no vertedores da barragem, e registrando os valores em diagrammas...

Mas o relatório também chama a atenção para o fato de ser

> ...preciso levar em conta os intuitos desta empresa, as situações em que faz as medições nas pontes do Limão e na do rio Pinheiros e as condições em que as faz: - preoccupa-a a estiagem, de modo que se desinteressa pelas medições desde que excedam cerca de 50 m.c.p segundo.[17]

---

16 Dentre os materiais que poderiam ser produzidos a partir da matéria-prima retirada do rio estavam a argila,utilizada na produção de tijolos; e a areia e o pedregulho para as argamassas e principalmente para as obras de cimento armado. Fábricas de condutos cerâmicos (manilhas) e de vidro já extraiam este tipo de material da várzea do rio Tietê, destaca o engenheiro. AHMSP - *Ibidem*, 1926, p. 89.

17 (m.c.p.) metros cúbicos por segundo.

Além de a Light utilizar as águas para geração de energia elétrica, o que por si só já justificava sua atenção quanto aos fins dados às águas do Tietê, neste exato momento outro fator a obrigava a defender ainda mais seus interesses. Nestes anos tanto ela quanto a cidade vivenciavam os efeitos decorrentes da grave crise gerada pela estiagem de 1924-1925, que reduziu drasticamente o nível das águas da bacia hidrográfica do Tietê, e junto com ela também se reduziu a capacidade de geração de energia elétrica, provocando, inclusive, racionamento de energia elétrica na cidade. Foi neste momento que convergiram as discussões sobre a retificação do rio Tietê com as propostas da Light para a ampliação da geração de energia em função da estiagem.

Foi um momento sintomático e revelador do poder da empresa diante dos órgãos públicos, que sob o argumento de enfrentar a crise energética, acabou obtendo inúmeras concessões "privilegiadas" que resultaram na construção da usina em Cubatão e, mais tarde, na retificação do rio Pinheiros e no domínio das águas do rio Pinheiros e Tietê. Enquanto isso, em meio a pressões dos órgãos públicos, da população e da imprensa diante do racionamento imposto à cidade, a Light inaugurou a usina de Rasgão, em novembro de 1925, após 11 meses de obras.

Construída à 6 km de Pirapora do Bom Jesus, a usina de Rasgão tinha capacidade de fornecimento de energia elétrica de 23,6 MW, o que permitiu por um fim ao racionamento em dezembro deste ano (1925). Além de Rasgão, também forneciam energia para a cidade de São Paulo as usinas de Sorocaba, de Parnaíba e da Companhia Campineira. Sua inauguração, contudo, foi uma medida paliativa diante da calamitosa situação que se estabeleceu na cidade, atingindo a produção industrial.

Enquanto isso, em 1926, logo após a apresentação e publicação dos estudos e do projeto de Saturnino de Brito para a retificação do Tietê, novamente a Comissão foi extinta, neste momento pelo novo prefeito, José Pires do Rio (1926-1930), que acabara de tomar posse. A Comissão foi restabelecida no ano seguinte a sua posse, em 1927, porém, sob nova direção. A nova Comissão passou a ser chefiada por Ulhôa Cintra, que reformulou todo o projeto de Saturnino, conferindo-lhe nova "cara", abandonando a ideia de parques e reservatórios naturais; além disso, sua linha urbanística atrelava o projeto de retificação às obras viárias da cidade, vinculando-o a um projeto que elaborou em 1922 em parceria com Prestes Maia (o mesmo que realizaria em 1930 o "Projeto das Grandes Avenidas").[18]

Diante do debate instalado sobre o projeto de Ulhôa Cintra em contraposição ao de Saturnino de Brito, entrava em jogo ainda os interesses da empresa canadense sobre a utilização das águas com vista à geração de energia. No projeto de Saturnino, o controle de vazão seria um meio de conter as enchentes que assolavam São Paulo, através

---

18   Candido Malta Campos. *Os rumos da cidade. Urbanismo e modernização em São Paulo.* São Paulo: Senac, 2002, p. 295 e segs.; Janes Jorge. *Op. cit.*, 2005, p. 49-50.

do represamento dos formadores do Tietê, nas proximidades de Mogi das Cruzes, que regularizaria a descarga do rio mediante a construção de pequenas barragens escaladas em degraus, amparada por pequenos açudes nos cursos dos ribeirões Beritiba, Jundiaí, Vargem Grande, Taiassupeba, Paraitinga e Tietê Superior. Com o controle da vazão e o fim das enchentes, também seria possível, segundo sua proposta, promover a navegação e ainda utilizar estas águas como fonte de água potável para o abastecimento da cidade.[19]

O problema, do ponto de vista da Light, era que neste momento a empresa colocava em execução os planos para a ampliação de sua capacidade geradora com a construção de outra usina hidrelétrica, como solução definitiva ao problema daqueles anos, até então resolvido paliativamente com a inauguração de Rasgão. Para tanto, a Light retomou um projeto de 1913, que era construir a usina no Itapanhaú, através da inversão dos rios da bacia do Alto Tietê. De acordo com este projeto, as águas do Tietê seriam invertidas por meio de um canal de 1.700 metros, desviando-as para o Ribeirão Grande, afluente do Itapanhaú. Neste ano (1913), baseado em estudos preliminares, a Light chegou a comprar inúmeras áreas nas imediações da Cachoeira do Itapanhaú, na Serra do Mar, próximas a Mogi das Cruzes.

O projeto não foi adiante, mas inspirou novos estudos na Serra do Mar em meio à urgente necessidade de se ampliar a oferta de energia. Foi o início do projeto que seria efetivamente aprovado e executado. Sob o comando de Asa White K. Billings foi designado para o trabalho de escolha do novo local para a obra o engenheiro F. S. Hyde, que sugeriu a inversão das águas do rio Grande – denominação do curso d'água do rio Pinheiros entre a nascente e a foz do Guarapiranga – para o rio das Pedras, que deságua no rio Cubatão, cuja topografia acidentada da região seria favorável à geração de energia, aproveitando uma queda de mais ou menos 720 metros. Logo na sequência a empresa canadense adquiriu as terras necessárias à execução das obras. Em seguida, complementando o projeto, a Light solicitou autorização para a construção de barragens no Alto Tietê, de modo a conduzir as águas dali provenientes para seus reservatórios no rio Grande (Billings).

A Light obteve rapidamente as concessões necessárias dos órgãos públicos para sua execução, cuja perspectiva era gerar cerca de 1 milhão de kW quando concluída integralmente. Na solicitação da concessão, a Light fundamentou seu pedido inserindo propostas para a solução das inundações no Tietê e para a implementação de um sistema de transporte de cargas entre a serra e a Baixada Santista. Estas propostas jamais saíram do papel.[20]

---

19   Catullo Branco; Paula Beiguelman. "Enchentes em São Paulo." In: *História & Energia*. São Paulo: Departamento de Patrimônio Histórico da Eletropaulo/ Eletropaulo, 1995, nº 5.

20   Em 1927 foi formado o reservatório Billings por meio do represamento do rio Grande interligando-o ao reservatório do rio das Pedras, promovendo um aumento na capacidade de armazenamento de água do sistema. O reservatório do rio das Pedras, construído em 1926, no início era alimentado pelas águas de sua bacia e foram elas que movimentaram as primeiras

Segundo o projeto havia previsão de represamento na cabeceira do Pinheiros no atual reservatório Billings e a precipitação das águas rumo à vertente marítima da Serra do Mar. A usina Cubatão, como foi designada, foi inaugurada em 1926, com capacidade instalada de geração de 28 MW, que ao longo do tempo passou por várias ampliações até chegar em 1961 com capacidade de geração de 914 MW.

Com a entrada em operação da usina se estabeleceu um marco na geração de energia elétrica, pois a partir de então a oferta se libertou das limitações geográficas que, associado a inovações técnicas, permitiu instaurar transmissibilidade e divisibilidade no uso da energia (por meio do uso descentralizado oriundo de diferentes tomadas elétricas instaladas nos prédios ou residências), permitindo instalações de plantas industriais em diferentes escalas. Enquanto isso, pelo lado das empresas geradoras, entrou em processo uma tendência de oligopolização, ao mesmo tempo em que eram introduzidas novas formas de usos e aplicações para a energia elétrica, fomentando a indústria instalada na capital.[21] Em 1954, Aureliano Leite enfatizaria que a "empreitada (...) salvaria São Paulo de verdadeiro colapso econômico".[22] Dez anos depois, em 1964, a usina passaria a se chamar usina Henry Borden.

Foi exatamente sob o contexto de se aumentar a capacidade de geração de energia elétrica, através da construção da usina Cubatão, que o rio Pinheiros adquiria cada vez mais importância estratégica nos planos da Light.

Segundo suas pretensões, as águas eram essenciais para complementar a geração de energia da usina de Cubatão, e por esta razão a empresa pleiteou ao governo estadual em 1927 a autorização para descarregar no reservatório do rio Grande as águas do reservatório do Guarapiranga, por meio de leitos beneficiados dos rios Grande e Guarapiranga, e, mais importante, também utilizando as águas excedentes do rio Tietê, captando-as na foz do rio Pinheiros, que seria canalizado e retificado, tendo seu curso invertido. A autorização foi outorgada pelos órgãos públicos estaduais neste mesmo ano.

Deste modo compreende-se como e quais os motivos que levaram a Light a estar atenta ao projeto que seria aprovado para a retificação do Tietê, pois a ele estava vinculado sua capacidade de geração de energia, particularmente num momento chave de expansão dos negócios. Por esta razão, cabia à Light defender seus interesses, o que pressupunha a oposição à proposta de Saturnino de Brito de controle da vazão do rio Tietê à montante de

---

turbinas. Atualmente o sistema encontra-se dividido em dois compartimentos, o do Anchieta e o do rio Grande.

21   Helena Carvalho de Lorenzo. "Eletricidade em São Paulo na década de 1920." In: Helena Carvalho de Lorenzo; Wilma Peres Costa (orgs.). *A década de 20 e as origens do Brasil moderno*. São Paulo: Edunesp, 1997, p. 175.

22   Aureliano Leite. *Subsídios para a História da Civilização da Paulista*. Edição monumental comemorativa do IV centenário da cidade de São Paulo. São Paulo: Edição Saraiva, 1954, p. 299. A abordagem do autor reflete o caráter desbravador do espírito paulista, típico da locomotiva da nação.

São Paulo. Curiosamente, no projeto de Ulhôa Cintra, as propostas de controle de vazão foram descartadas.

As obras aprovadas resultaram na retificação do rio Pinheiros que teve seu curso invertido para dar vazão o suficiente para a usina Cubatão gerar a energia elétrica pretendida, mesmo só atingindo sua potência total décadas depois da crise de 1924-1925. De qualquer maneira, coube à empresa canadense o domínio das águas do Pinheiros e também do rio Tietê, onde foi construída a estação elevatória com o objetivo de desviar suas águas à Serra do Mar, em direção a Cubatão.

Não somente a Cia. Light se apressava em defender seus direitos. O projeto também chamava a atenção das autoridades para o simples fato de que com o restabelecimento da Comissão de Melhoramento visando à retificação do Tietê, inúmeros deslocamentos de cercas começaram a acontecer nas áreas pretendidas à desapropriação. Por mais que este estudo seja datado de 1926, e seja um projeto, tal fato reforça sobremaneira a hipótese de que as intervenções determinavam largamente a valorização de dadas regiões atingidas por elas. De acordo com o relatório:

> Diz-se que, com a noticia dos melhoramentos projectados, já se deslocam cercas...
>
> É preciso agir antes que as cousas se compliquem mais e a Municipalidade tenha notavelmente diminuido o seu patrimonio.

Já que, recomendam os relatores:

> Por lei, (...) são destinados a uso publico o actual leito do rio, bem como uma faixa de 15,40 m. em cada margem; então, nos trechos aterrados, terá a Municipalidade uma faixa de 75 a 80 m.de largura, para venda ou permuta de terreno com os proprietarios das faixas a occupar com as obras de regularização. Esta faixa do logradouro fluvial, ao longo do Tietê, de Guarulhos a Osasco, nos trechos que ficam fóra da nova faixa de regularização, mede cerca de 2.300.000 m. quadrados; dentro da faixa de regularização ella mede 1.174.000 m.q. (total da faixa de logradouro fluvial, presentemente, 3.474.000 m.q.). de sorte que, sendo a faixa de regularização 8.035.500 m.q., inclusive ruas lateraes e os lagos, a superfície a desapropriar para a faixa será de 6.861.500 m.q. Se descontarmos a área de 2.300.000 m.q., do logradouro fluvial fóra

> da faixa de regularização, teremos apenas 2.886.000 m.q. de área cujo valor vae onerar o serviço de regularização projectado. Dentro da faixa de regularização devem existir outros tractos de terrenos do patrimonio municipal ou estadual, além do correspondente ao logradouro fluvial, já levado em conta; é o que será verificado pelo levantamento cadastral.[23]

Nestes termos, ao findar suas propostas iniciais para a execução das obras, Saturnino de Brito chamava a atenção das autoridades para o fato de quem levaria adiante as referidas obras, o que para ele significaria muito no processo de desapropriação e valorização. Assim, pergunta o engenheiro:

> Deverá a Municipalidade expropriar grandes áreas na zona inundavel em que tenha de fazer as obras, para livremente as executar, aterrar as áreas edificaveis e depois vender as sobras do terreno?
> Fará as obras, desapropriando apenas o necessario...?
> Entregará a uma empresa o commettimento com as vantagens delle resultantes?

O projeto aprovado, contudo, contemplou a proposta de retificação inserida nas linhas do sistema viário, no qual o rio teria sua profundidade aumentada, a largura reduzida (para abrigar as avenidas em suas laterais), com a extinção dos canais laterais como forma de conter a extravasão das águas. Era o que interessava à Light, enquanto também se colocavam os fundamentos que ulteriormente resultariam na atual marginal Tietê. O projeto foi aprovado pela Câmara e sancionado pelo prefeito Pires do Rio em julho de 1927. Em dezembro do mesmo ano, a Light receberia a autorização do governo estadual para a reversão do curso do rio Pinheiros e sua retificação.

Com a aprovação do projeto, coube ao município tratar de um dos maiores problemas postos por qualquer um dos projetos: o problema das áreas necessárias às obras e as desapropriações. O novo projeto sugeriu a demarcação inicial das áreas públicas e privadas para posterior apreensão das valorizações, que por seu turno nada mudou em relação às outras propostas, pois também resultou em especulação, como revela um relatório de 1930, apresentado pelos Engenheiros João Baptista de Almeida Prado e Antenor de Azevedo Soares, ao Prefeito Pires do Rio.

Segundo o projeto aprovado, deveria haver uma interação entre a criação e ampliação do sistema viário da cidade em relação às áreas requeridas para as avenidas marginais,

---

23   AHMSP – Melhoramentos do rio Tieté em São Paulo. *Op. cit.*, 1926, p. 221 e segs.

os terrenos adquiridos e as aquisições necessárias à obra. De acordo com o relatório, até 31 de dezembro de 1929 foram concretizadas as aquisições de 150 terrenos necessários à execução das obras,

> a maioria das quaes por escripturas de compra e venda e diversas por permutas, em que a Municipalidade figura transferindo, em troca das areas adquiridas, bens de seu patrimonio, ora representados pelas faixas de servidão publica ás margens do rio, ora pelo leito actual deste, ora por terrenos situados em outros pontos da cidade, como 'Villa Clementino'.

De acordo com o projeto seria necessário um total de 5.097.029 metros quadrados para a execução da retificação, dos quais 194.210 m² eram de propriedade do estado; 719.000 m², de propriedade da municipalidade; outros 800.000 m² faziam parte do leito do rio em 1929; outros 410.458 m² eram faixas de servidão pública; 59.715 m² compunham o leito de ruas, praças, etc., totalizando 2.183.383 m². O restante necessário, cerca de 2.923.646 m² eram originariamente compostos de terrenos particulares, os quais deveriam ser adquiridos.[24]

Os trabalhos de aquisição tiveram início em princípios de 1928, e os valores eram estipulados segundo critérios que abrangiam a proximidade do centro urbano; seu nível perante o rio; sua acessibilidade; e a natureza do material que o formava. Já os preços com que foram adquiridos já refletiam as valorizações, admite o relator, porém foram considerados "plenamente" satisfatórios,

> oscillando entre um e trinta e cinco mil réis, o metro quadrado foi, em media, de 5$900, estando nesse valor incluido o preço das indemnisações pagas por bemfeitorias.
>
> Tendo em vista, alem disso, que foram feitas permutas de terrenos em condições vantajosas para o Municipio; que nessas permutas entrou o leito do rio aterrado, para ser entregue, quando forem executadas as obras; que *houve tambem vantagens resultantes de approvação de arruamentos, permittindo acquisições não retribuidas, conclue-se que esse*

---

24   AHMSP – *Relatorio apresentado pelos engenheiros João Baptista de Almeida Prado e Antenor de Azevedo Soares, relativo aos exercicios de 1928 e 1929, sobre a locação geral do novo canal do rio Tieté e avenidas marginaes; terrenos adquiridos; e acquisições entaboladas, ao Prefeito Pires do Rio.* São Paulo: Prefeitura Municipal de São Paulo, 1930, p. 7-11. Cabe ressaltar que a soma do total necessário à obra apresentada pelo relatório apresenta uma diferença de 100 mil metros quadrados a menos do que a soma aqui realizada.

preço medio do metro quadrado só dá um ideia approximada dos negocios realizados.[25]

Com as áreas adquiridas até o final de 1929, a municipalidade despendeu a importância de 7.970:257$733, pagos da seguinte forma: em dinheiro, 5.782:259$796; sob a forma de permuta, outros 2.209:530$000; totalizando um total de 7.991:789$796; porém, incluindo no total o valor de 1.180:725$000 correspondente à indenização paga por benfeitorias existentes nos terrenos. Enquanto isso, a previsão de gastos com o restante das terras a serem adquiridas era de 6.400 contos de réis, para uma área de quase 2 milhões de metros quadrados.

O relatório traz a lista das negociações envolvendo os terrenos necessários à obra que foram realizados até aquela data e ainda daqueles que seriam alvo de negociações, assim como seus vendedores, a área vendida e seus respectivos valores, acordos e contratos, além das plantas das áreas adquiridas e a adquirir. Neste caso, deve-se destacar que entre os proprietários envolvidos nas negociações estava a Cia. Light que, além de estar diretamente ligada aos interesses pelas águas do rio, como mencionado anteriormente, ela também utiliza suas propriedades como forma de barganha em favor de seus interesses. Afinal, eram 25 km de várzeas ao longo do rio Tietê, cujas larguras variavam em torno de 1,5 a 2,5 km em sua extensão.[26]

As obras, contudo, esbarraram em diversos fatores que a paralisaram, cujo marco inicial foi a crise de 1929 e a consequente desestabilização econômica, seguida pela instabilidade política, que assolou o país. Somente em 1938, quando Prestes Maia assumiu a prefeitura, foi que o rio Tietê se tornou prioridade, juntamente com a proposta de abertura das avenidas marginais, cujas obras foram concluídas em 1957.

Mesmo diante das obras de retificação do rio Tietê ter ocorrido em um momento que foge ao período aqui em análise, é inegável que deixaram marcas indeléveis sobre a ocupação e incorporação da terra urbana, já nos momentos de planejamento. Assim como no caso do Tamanduateí, após sua conclusão extensas faixas de terras foram incorporadas ao mercado imobiliário.

Em qualquer um deles a cidade acabou diante de grandes interesses privados que, se tivessem sido tratados pelos órgãos públicos competentes de forma clara e, mais importante, sob o ponto de vista coletivo, possivelmente teriam dado à cidade condições de se evitar os diversos problemas tão bem conhecidos pela população paulistana, como as enchentes e os sucessivos racionamentos de água, por exemplo.

---

25   AHMSP - *Ibidem*, 1930, p. 11-13, grifo nosso.

26   Aziz Nacib Ab'Sáber. "O sítio urbano de São Paulo." In: Aroldo de Azevedo. *A cidade de São Paulo. Estudos de geografia urbana*. São Paulo: Companhia Editora Nacional, 1958, p. 210 e segs.

De qualquer modo, na raiz de obras como a retificação do Tietê havia a justificação de que o crescimento da cidade impunha tal intervenção, pois se fazia necessário a produção de energia, enquanto as várzeas deveriam se tornar espaços de circulação de mercadorias.[27] Também como resultado de fatores técnico-científicos, conjugados a interesses mercantis e financeiros, a partir dos quais seriam resolvidos os problemas com salubridade, inundações e várzeas – mesmo que nunca tenham sido resolvidos –, mas com a incorporação de extensas áreas de terras ao mercado imobiliário.[28]

A Light e a valorização da terra urbana

Ao se instalar em São Paulo em 1899, a São Paulo Light, Tramway & Power Ltd. tinha como objetivo principal atuar no setor de transporte urbano, em seguida, porém, também passou a atuar no setor de geração de energia elétrica, por meio das águas para sua produção, ao mesmo tempo, porém, a empresa canadense também teve importante papel na ocupação do solo urbano, contribuindo para a valorização dos espaços da cidade.

Como os setores em que atuava eram essencialmente ligados ao mundo urbano e à sua expansão, a simples possibilidade de implementação de linhas de bondes numa dada região, ligando-a ao conjunto da cidade e, consequentemente, levando infraestrutura para o fornecimento de energia elétrica, já configuravam elementos suficientes para a promoção da valorização das terras adjacentes a elas.

Segundo o relatório anual da empresa de 1912, dirigido aos seus acionistas, a empresa cada vez mais investia na expansão das linhas de bondes, saltando em 1909, de 161,8 quilômetros (km) ou 100,5 milhas, para 180,4 km ou 112,1 milhas, em 1911; e para 202,9 km ou 126 milhas, em 1912.[29]

O direcionamento das linhas de bondes e suas expansões seguiam critérios diretamente ligados aos interesses do grupo Light, é evidente; mas estes, por sua vez, estavam coadunados com os interesses dos homens ligados à cafeicultura, aos poderes públicos, e a outras companhias privadas interessadas em valorizar determinadas áreas da cidade.

---

27 Odette Carvalho de Lima Seabra. "Enchentes em São Paulo. Culpa da Light?" In: *Memória*. São Paulo: Departamento de Patrimônio Histórico da Eletropaulo, ano 1, nº 1, p. 22; Odette Carvalho de Lima Seabra. *Os meandros dos rios nos meandros do poder. Tietê e Pinheiros: valorização das várzeas na cidade de São Paulo*. São Paulo: Tese de Doutoramento, FFLCH, USP, 1987, p. 150.

28 Janes Jorge. "Rio e várzeas na urbanização de São Paulo." In: *Revista Histórica*. São Paulo: Arquivo do Estado de São Paulo/ Imprensa Oficial do Estado, nº 11, jun.-ago., 2003, p. 10 e segs.; Janes Jorge. *Op. cit.*, 2005.

29 FPHESP - *Annual Report*. The São Paulo Tramway, Light & Power Company, Limited. 1912, p. 30.

Por volta de 1910, a Light já possuía inúmeros terrenos em vários pontos da cidade, além de terras desapropriadas ao longo dos rios Tietê e Pinheiros. Vale destacar que a empresa tinha a prerrogativa, até 1925, de solicitar desapropriações de seu interesse, em áreas e prédios necessários à execução de seus serviços, ou seja, "a título de utilidade pública". Estas áreas e prédios deveriam ser utilizados como depósitos de materiais de instalação, estacionamento de carros, colocação de postes etc. Porém, multas e impostos da prefeitura sobre a Light por causa de falta de muros, prédios inutilizados sugerem que muitas das áreas desapropriadas não foram utilizadas, ficando relegadas a valorizações, num mercado especulativo de reserva.

Assim sendo, pela lógica da expansão dos bondes a empresa valorizava suas áreas e dos outros agentes a ela associados. O processo se dava em vários níveis, num primeiro momento ocorria o assentamento de pequenos trechos, dando margem ao início de uma demanda por imóveis enquanto a área se valorizava. Logo em seguida, a Light completava a linha. Os terrenos da Light valiam muito mais.[30]

A atuação da Light é reveladora das transformações em curso em São Paulo. Se nos marcos iniciais da ocupação que resultaria na cidade de São Paulo as águas foram primordiais; em seguida, nos primeiros momentos da grande expansão urbana, a partir do último quartel do século XIX, foi a vez dos trilhos dos diferentes ramais ferroviários, seguida pelas instalações fabris a se somar ao conjunto destes fatores. Ao irromper os primeiros anos do século XX se somaram ainda os trilhos de bondes da Light que também passaram a contribuir para a valorização, ou não, de determinadas áreas do tecido urbano.

A forma de atuação da Light não seguia um padrão predefinido de ação econômica sobre a cidade, com vistas a ser lucrativa. Numa carta endereçada a Alexander Mackenzie, em 1909, por exemplo, o superintendente chama a atenção para uma área localizada nas proximidades do rio Pinheiros, afirmando que a mesma deverá, em breve, se valorizar, por isso cabia à Light realizar os melhoramentos ali necessários e alugá-la ao Clube de Golf, ao invés de vendê-la.

Em um levantamento sobre as áreas em posse da Light, de 1901 a 1910, estavam as avenidas Celso Garcia, São João, Intendência; ruas Augusta, Major Sertório, Lavapés, Barão de Campinas, Barão de Limeira, Imigrantes, Helvetia, José de Alencar, Alfândega; Alameda Glette; além das áreas ao longo dos rios Tietê e Pinheiros. "Pode-se considerar que até mesmo a compra do Teatro São José, efetuada pela Light em 1919 para sua futura sede, reflete a

---

30   Maria Luisa N. de Almeida Paschkes. "Bondes, terrenos e especulação." In: *História & Energia*. São Paulo: Departamento de Patrimônio Histórico da Eletropaulo/ Eletropaulo, Maio de 1986, p. 41 e segs.; Nicolau Sevcenko. *Op. cit.*, 1992, p. 123 e segs.; Helena Carvalho de Lorenzo. *Op. cit.*, p. 177-178; Roniwalter Jatobá. "A trajetória do bonde elétrico em São Paulo, da chegada, em 1900, à completa extinção nos anos 60". In: *Memória*. São Paulo: Departamento de Patrimônio Histórico da Eletropaulo, Jul.-Ago. de 1992, ano IV, nº 15, p. 47.

participação da Companhia nos negócios imobiliários, à medida que a região da rua Xavier de Toledo, do viaduto do Chá e da rua Formosa passaria posteriormente a representar o novo ponto nevrálgico da cidade."[31]

Cabia à Light poderosos instrumentos de valorização da terra urbana, e a empresa percebeu muito bem esta vantagem estratégica. Se de um lado se utilizou da possibilidade de valorizar áreas por meio dos transportes urbanos (dos bondes), por outro, também se utilizou largamente do serviço de distribuição de energia elétrica que, juntos, lhe deram os mecanismos perfeitos para a manipulação do valor da terra. Não foi à toa que a empresa passou a atuar no mercado de terras, através da formação de áreas de reserva na cidade.

No relatório anual da empresa de 1914, a diretoria local da Light relata aos seus acionistas a aquisição de terras realizadas naquele ano. Num item denominado Terras Adquiridas (*Lands Purchased*) há a descrição da aquisição de terras da Companhia Suburbana, cuja área havia sido "requerida para o Terminal de Osasco pelo valor de 4:000$000", o que revela sua atuação no mercado de terras da cidade, visando à venda posterior da mesma.[32]

Sua atuação e muito do sucesso alcançado tiveram origem no aparato técnico e econômico, mas também na sua capacidade política de se articular com o sistema oligárquico vigente na Primeira República, principalmente devido ao fato de a empresa estar próxima dos centros decisórios e de seus homens dirigentes nos estados e municípios, num momento ainda recente de descentralização política e administrativa. Neste meio, a empresa atuou de forma a conciliar os interesses de todos os envolvidos, utilizando-se, inclusive, do voto de cabresto de seus trabalhadores, que chegavam a receber a cédula com o nome do candidato a votar. Assim, se em dados momentos a empresa obtinha facilidades contratuais, em outros utilizava pressões e barganhas políticas, mas sempre mantendo a eficácia do equilíbrio posto pelos interesses em jogo. Sua atuação perpassava os corredores dos órgãos municipais e estaduais e não raro os jornais estampavam as condições e as ações da companhia sobre os poderes públicos visando atingir suas metas.

Os acordos, entretanto, não se resumiam ao escopo das repartições públicas para a manutenção dos monopólios, privilégios ou o fornecimento dos serviços de bondes ou de energia elétrica, elas também se estendiam a acordos e contratos com outras companhias privadas, às quais solicitavam a infraestruturação de loteamentos, bairros etc., com o intuito de valorizá-los, numa relação comercial de caráter privado com objetivo claro de agregar valor em locais de interesse comercial.

A planta a seguir demonstra como os caminhos dos trilhos de bondes da Light acompanharam ao mesmo tempo em que influenciaram e valorizavam a ocupação do tecido urbano. São dois momentos, se comparadas com os trilhos registrados pela companhia em

---

31   Maria Luisa N. de Almeida Paschkes. *Op. cit.*, p. 45.

32   FPHESP - *Annual Report.* The São Paulo Tramway, Light & Power Company, Limited. 1914, p. 137.

1914 (destacados em preto) com os de 1925 (destacados pelas linhas pontilhadas verme-
lhas) é possível apreender o quão pouco os trilhos foram prolongados entre estes anos (9
anos), mesmo considerando momentos de retração econômica, como durante a 1ª Grande
Guerra. Mesmo assim, cabe ressaltar que dentre as poucas extensões realizadas pela Light
neste período, encontra-se a extensão em direção à várzea de Pinheiros – através da Rua
Augusta – justamente o caminho para se chegar ao Jardim América, loteamento da Cia.
City. Enquanto a outra extensão de relativo vulto seguia rumo ao sul, em direção a Santo
Amaro, região que começava a ser loteada na década de 1920.

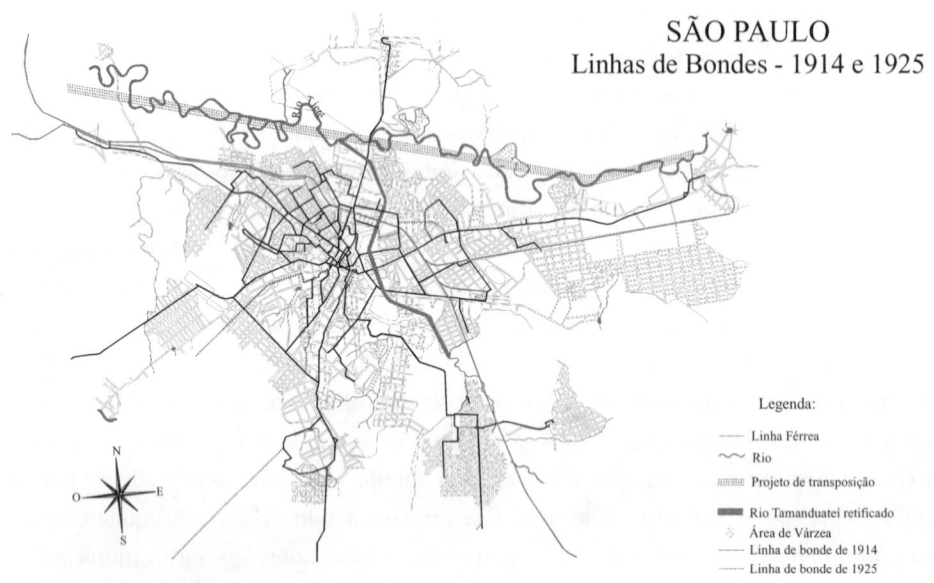

SÃO PAULO
Linhas de Bondes - 1914 e 1925

Legenda:

—— Linha Férrea
〜 Rio
▓▓ Projeto de transposição
▇▇ Rio Tamanduateí retificado
Área de Várzea
—— Linha de bonde de 1914
····· Linha de bonde de 1925

Fontes: Planta geral da cidade de São Paulo, com indicações diversas, 1914 e Revista Ligação - Saneamento, Meio Ambiente e
Desenvolvimento Sustentável. Sabesp, Set/Out. 2000.
Desenho: Marcia C. Zabotto, 2005.
Organização:Fábio A. dos Santos, 2005.

O relatório anual de 1924 da Light, por sua vez, afirma peremptoriamente como se
processou a extensão rumo à várzea do rio Pinheiros, mostrando como as poucas extensões dos trilhos de bondes realizados no intercurso de 9 anos foram, na maioria das vezes,
resultado de negociações entre empresas privadas interessadas no setor imobiliário.

O primeiro contrato citado pelo relatório foi fechado com a Companhia de Immoveis
e Construções, que resultou no aterramento de 2.883 metros de trilhos de bondes ligando
o Jardim Paulista ao restante do ramal de bondes, através da rua Augusta, em 7 de abril de
1923, ao um custo de 250:000$000.

O segundo contrato se refere à linha Jardim Paulistano, cujo contrato foi realizado
com Mahfuz Irmãos, com a inauguração do trecho ocorrido em 29 de abril de 1923, a um

custo de 200:000$000. Estas duas linhas, destaca o relatório, ligavam regiões recentemente ocupadas por loteamentos e, por isso, ainda operavam abaixo da receita mínima esperada. Mesmo assim, de acordo com as expectativas da Light, acreditava-se no breve estabelecimento da receita prevista, conclui o relatório. Num terceiro contrato consta o prolongamento da linha Jardim Japão, na extensão da linha Villa Maria, firmado com a Companhia Paulista de Terrenos, a qual foi aberta ao tráfego em dezembro de 1924. Foram 700 metros a um custo de 70:000$000.[33] Esta última extensão, contudo, não consta na planta acima citada; ela só vai aparecer na planta da estrutura viária da Light no *Annual Report 1928*, a seguir, assinaladas em preto, na região norte da cidade de São Paulo, nas proximidades do rio Tietê, logo acima do Belenzinho.

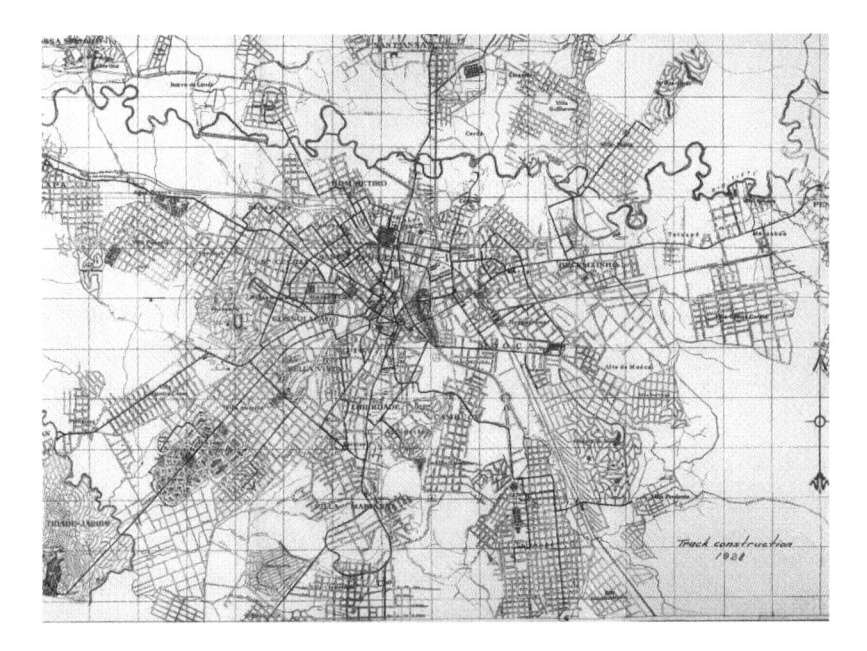

É válido ressaltar como os serviços de infraestruturação de "determinados" loteamentos e bairros recém-lançados na cidade eram tratados na órbita privada, deixando nítido a ausência dos poderes públicos no tocante à implementação do transporte urbano. Da mesma forma, os casos citados demonstram inequivocamente como estes agentes privados davam conta da urbanização em áreas privilegiadas em detrimento de outras regiões, economicamente não atraentes.

---

33 FPHESP – *Annual Report*. The São Paulo Tramway, Light & Power Company, Limited. 1924, p. 14-15. AHMSP – O Relatorio de 1924 apresentado á Camara Municipal de São Paulo pelo Prefeito Dr. Firmiano de Moraes Pinto. São Paulo: Casa Vanorden, 1925, p. 61, reporta à Câmara sobre estas extensões nas linhas de bondes, firmadas no âmbito privado, entre a Light e as diferentes empresas imobiliárias.

Este último aspecto aparece retratado no mesmo relatório, que demonstra claramente como a Light se recusava a promover a extensão ou construção de linhas em regiões que não fossem economicamente viáveis, mesmo com o pagamento privado da extensão, pois, segundo sua avaliação, eram obras que estavam condicionadas ao aumento das passagens dos bondes, cujos aumentos deveriam ser autorizados pela municipalidade, já que as mesmas estavam congeladas. De acordo o relatório,

> a Companhia [Light] recebeu várias outras propostas de proprietários de bens imobiliários, os quais ofereceram pagamento integral dos custos das obras até suas terras. A Companhia, tem recusado, esperando primeiro obter da Municipalidade o aumento das passagens.[34]

Outras extensões também foram solicitadas à Light. Em uma delas foi acordado a ampliação da linha em direção ao Bosque da Saúde, com um custo estimado em 305:000$000, e extensão prevista em 1.350 metros. A obra, porém, estava atrasada por várias razões que não estão especificadas pelo relatório, mas deixando claro que ao final daquele ano ela seria iniciada.

Em outra contratação aparece a linha rumo à Cidade Jardim, cuja extensão foi contratada por Horácio Belford Sabino, em nome da Companhia Cidade Jardim, em outubro de 1923, totalizando 4.500 metros. Porém, segundo o relatório da empresa, a Light se encontrava à espera da decisão de construção da ponte sobre o rio Pinheiros, necessária à transposição do rio. Esta extensão estava custeada em 360:000$000. A extensão dos trilhos teve que aguardar até 1927, quando a prefeitura construiu a ponte sobre o rio Pinheiros. (Esta extensão também pode ser visualizada na planta de 1928).

A empresa reconhecia, em 1923-1924, a necessidade de promover estudos para a expansão do sistema de bondes na cidade, com especial atenção ao prolongamento das linhas e rotas duplas. Já sobre os trabalhos de reconstrução, o relatório informa que foi finalizado ao longo daquele ano o aterramento de linhas troncos no sistema, aumentando-a em 11.906,6 metros, a um custo de 113:643$000 por km.[35]

Um dos argumentos da empresa para o não prolongamento ou construções das linhas na cidade residia no congelamento das passagens, que a empresa pleiteava há tempos à prefeitura.[36] Pelo lado dos trabalhadores a passagem era cara, o que deu sentido à colocação nas ruas, a partir de 1916, de um bonde que custava a metade do preço, um "serviço de

---

34 FPHESP – *Annual Report*. The São Paulo Tramway, Light & Power Company, Limited. 1924, p. 15.

35 FPHESP – *Ibidem*, p. 14-15.

36 Dirce de Paula S. Mendes. "Bonde ou Luz? Eis a questão." In: *Memória*. São Paulo: Departamento de Patrimônio Histórico da Eletropaulo, Out.-Març., 1991-1992, ano IV, nº 13, p. 59, aponta

segunda classe". O bonde ficou conhecido como "caradura", pois os que possuíam dinheiro para o pagamento integral passaram a tomá-lo com o objetivo de economizar. Havia, ainda, àqueles que mesmo sendo obrigados a pegar o caradura se envergonhavam por estar num bonde estritamente destinado aos pobres, como as irmãs de Zélia Gattai, "que feridas em sua vaidade, resmungavam sem parar, considerando uma vergonha viajar em tal veículo", numa ocasião em que voltavam de um passeio ao Jardim da Luz.[37]

Na outra esfera de negócios da empresa, na geração de energia elétrica, encontra-se outro caso que revela a forma de atuação da Light na cidade no que tange à ocupação e valorização do solo urbano. Como já apontado acima, a Light atuou rapidamente para a solucionar o problema da carência de energia elétrica gerada pela estiagem de 1924-1925, que assolou a cidade acarretando na redução do volume das águas da bacia hidrográfica do Tietê. Em decorrência da seca, paulatinamente a empresa tratou de ampliar sua capacidade geradora enquanto cuidava dos procedimentos para a construção da usina de Cubatão, com sua inauguração em 1926. No ano seguinte, sob o argumento de aumentar a vazão das águas destinadas à geração de energia em Cubatão, a empresa obteve outra concessão, desta vez envolvendo o rio Pinheiros, através do qual foi autorizada sua retificação e a inversão do curso de suas águas.

As sucessivas concessões que a empresa conseguiu junto aos órgãos públicos são extremamente reveladoras, pois permitem vislumbrar como a empresa se posicionava e conseguia manter seus negócios, deixando a cidade quase que sob seu gerenciamento. Segundo as propostas apresentadas aos órgãos competentes, estavam contempladas duas fontes de lucros. Num primeiro plano, a geração de energia elétrica, que seria ampliada na usina Cubatão; e, num segundo plano, a atuação imobiliária.[38]

De acordo com a Lei nº 2.249, de 1927, promulgada por Júlio Prestes, a Light estava autorizada a promover a elevação do nível do reservatório rio Grande (hoje chamada Billings); canalizar o rio Pinheiros, invertendo seu curso e explorar o sistema de transporte.

Nos meandros desta lei encontram-se os itens que tratam do uso da terra ao longo do rio Pinheiros. Segundo rezava o artigo 3º, "ficam declarados de utilidade pública os terrenos e outros bens, indispensáveis à construção de todas essas obras e de necessidade pública, as áreas *atualmente alagadiças*, ou sujeitas a inundações, saneadas ou beneficiadas em consequência

---

que o valor das passagens dos bondes perdurou por 36 anos, por isso, segundo a autora, houve um declínio do serviço ao longo dos anos.

37   Zélia Gattai. *Anarquistas graças a Deus*. 6. ed., Rio de Janeiro: Record, 1984, p. 71.

38   José Alfredo O. V. Pontes. "Pinheiros: do rio ao canal." In: *História & Energia*. São Paulo: Departamento de Patrimônio Histórico da Eletropaulo/ Eletropaulo, nº 5, 1995, p. 26 e segs. As informações sobre os termos da concessão são deste autor. Sobre os interesses envolvidos na obra ver especialmente Odette Carvalho de Lima Seabra. *Op. cit.*, 1987, p. 21 e segs.; Odette Carvalho de Lima Seabra. *Op. cit.*, p. 170 e segs.; Janes Jorge. *Op. cit.*, p. 63 e segs.

dos serviços de que trata esta lei." Enquanto o artigo 4º complementava-o: "A The São Paulo Tramway, Light & Power Company Limited gozará do direito de desapropriação dos bens e terrenos a que se refere o artigo anterior, mas para exercê-lo deverá submeter à prévia aprovação do poder Executivo as plantas das obras e executar, suas modificações posteriores, fornecendo todos os esclarecimentos que lhe forem pedidos."[39]

Em resumo, a Light tinha conseguido aprovar a proposta de utilizar as águas excedentes do rio Tietê para a suplementação da carga necessária ao aumento da geração de energia elétrica na usina de Cubatão, as quais seriam desviadas à Serra do Mar obrigatoriamente pelo rio Pinheiros, que teria seu curso invertido e passaria por obras de canalização para melhor drenar e fluir a água em sentido contrário ao natural, além de sanear suas margens e áreas adjacentes, consideradas várzeas.

É fácil apreender como os interesses imobiliários da Light apareceram contemplados pela lei em questão. Se antes a empresa canadense já possuía a prerrogativa de declarar utilidade pública em terrenos de seu interesse, a partir de então este poder é reproduzido, porém, com mais ênfase. As obras tiveram início apenas na década seguinte, a cargo da própria Light, mesmo assim, merece consideração o fato de a empresa ter se utilizado, oportunamente, da grande enchente[40] que assolou São Paulo, em 1929, para delimitar as áreas de seu interesse e impor aos poderes públicos a prerrogativa de desapropriação destas áreas.

O episódio que deu origem à incorporação das terras pela Light aconteceu em decorrência das fortes chuvas que assolaram a região no verão de 1928-1929. A grande enchente ocorreu em 18 de fevereiro de 1929. Os índices pluviométricos registrados nos dias 6,7 e 8 de fevereiro foram altos, cerca de 142 milímetros (mm), na Luz, provocando inundações em determinadas regiões, mas sem gravidades; nos dias 9, 10 e 11 choveu menos, mas retomando a força nos dias 12 e 13, quando o índice pluviométrico chegou em torno de 91,4 mm na região da Luz. Já no dia 14 a chuva diminuiu e do dia 15 ao 20 seguiu-se uma fase de estiagem. Curiosamente, a maior inundação registrada nos rios Tietê e Pinheiros, durante estes dias, ocorreu no quarto dia seco, passados cinco dias após as últimas chuvas intensas, nas cabeceiras dos dois rios. Outro episódio curioso foi o fato "comprovado" de que a Light abriu as comportas dos reservatórios Billings e Guarapiranga desde o dia 14, enquanto a barragem à jusante da usina de Paranaíba provavelmente tinha sido fechada, motivando, assim, a inundação.[41]

---

39   *Apud* José Alfredo O. V. Pontes. *Op. cit.*, 1995, p. 26; Odette Carvalho de Lima Seabra. *Op. cit.*, 1987, especialmente o Capítulo 5 – A Retificação do rio Pinheiros e o esbulho da Light.

40   É bom lembrar que as *cheias* remetem à fenômenos geofísicos, naturais, ao passo que as *inundações* e enchentes etc. encontram correlação com as ações do homem.

41   Odette C. L. Seabra. *Op. cit.*, 1987, p. 176 e segs. Opinião diferente apresenta o engenheiro Reynaldo Maffei, que trabalhou na Light de 1952 a 1990, que argumenta que a empresa não fora a responsável pela "potencialização" das enchentes naqueles dias de verão. Segundo ele, naquele momento

O fato inquestionável, contudo, foram os efeitos das enchentes naqueles dias, largamente noticiadas pelos jornais. O jornal O Estado de São Paulo, por exemplo, traz noticiários quase diários sobre os problemas gerados na cidade:

> Os rios Tieté, Tamanduatehy e Pinheiros estão inundando vastas áreas, várzeas e ruas inteiras dos bairros que atravessam agravando cada vez mais a situação dos habitantes da zona baixa da cidade.
>
> No Ipiranga, o rio Tamanduatehy cresceu assustadoramente, inundando varias ruas e grandes extensões. As ruas marginaes estão cobertas pelas aguas e as communicações entre Villa Prudente e Ipiranga interrompidas.[42]

Já no dia 16 de fevereiro, em matéria intitulada *Consequencias calamitosas das intemperies na capital e no interior*, a matéria destaca que mesmo diante da trégua dada pelas chuvas, os níveis dos rios continuavam a subir. Em determinados locais da cidade, como na região do Triângulo, por exemplo, o sol fazia esquecer que a cidade estava atravessando um dos momentos mais "comoventes" de sua história. Contudo, o jornal lamentava que o mesmo ar de calmaria e esquecimento não havia chegado até as regiões baixas da cidade, nem nas "zonas marginaes dos rios e ribeirões" que banhavam a cidade. Nestas áreas ainda permanecia a mesma desolação das inundações. E as águas do Tietê, registra o jornal, con-

---

as obras de retificação não tinham sido iniciadas, além disso, como a barragem do rio Grande se encontrava em construção, estando, por isso, aquém de sua estrutura, ao mesmo tempo em que também recebia as águas do reservatório Billings (que estava sob risco de transbordamento) se fez necessário abrir as comportas instaladas nas futuras unidades de bombeamento, assim como do reservatório de Guarapiranga, que se encontrava cheio, que segundo ele, foi uma opção técnica. Segundo ele, vários fatores contribuíram para se responsabilizar a Light, entre eles a existência de grupos interessados nas várzeas, com fins imobiliários, os quais argumentavam que as enchentes eram eventuais e ocasionadas pela existência da barragem da usina Parnaíba ou de sua inadequação. "Essa afirmação evitava a desvalorização daquelas terras e influía para que não se criasse uma legislação regulamentadora da sua utilização; setores públicos, que se isentavam de responsabilidade por legislação ou obras de contenção de cheias". Em segundo lugar, existiam "profissionais, segmentos sociais e políticos que, por falta de uma análise aprofundada ou por serem contrários ao 'sistema de reversão da Light" consideravam o sistema de Parnaíba como responsável pela enchente. E, em terceiro lugar, "a falta de transparência da Light para apresentação e discussão ampla com a comunidade de suas regras, procedimentos operativos e informações sobre suas instalações." Reynaldo Maffei. "A Light e o controle das enchentes." In: *História & Energia*. São Paulo: Departamento de Patrimônio Histórico da Eletropaulo/ Eletropaulo, nº 5, 1995, p. 83-84.

42 AESP – Jornal O Estado de São Paulo. 15 de fevereiro de 1929, p. 9.

tinuavam a subir desde o dia anterior, 15 de fevereiro, chegando a atingir uma das "maiores alturas a que já subiram as aguas do Tietê."[43]

As enchentes eram recorrentes há anos na cidade, o grande diferencial do fenômeno de 1929, potencializado pela Light, foi que as águas atingiram regiões que nunca tinham sido vítimas de intempéries desta natureza. Se antes vilas e bairros baixos eram frequentemente atingidos pelas enchentes, neste ano propriedades consideradas nobres também foram, como a região pertencente à Cia. City às margens do Pinheiros, na Cidade Jardim.[44]

Neste quadro, a Light conseguiu impor a desapropriação das terras que foram atingidas pela grande enchente de 1929, utilizando os mecanismos dados pela lei de concessão de 1927 – que autorizava a companhia a se apropriar das áreas *atualmente alagadiças*.

O processo de desapropriação não passou ileso aos olhos da sociedade e dos atingidos pelas inundações com o processo se estendendo por vários anos, tendo como foco a discussão se a Light tinha ou não responsabilidade pelas "cheias" e "enchentes", ainda mais quando as áreas desapropriadas coincidiram com as alagadas. Em 1934, com a promulgação do primeiro Código de Águas, a prerrogativa conferida à Light foi consubstanciada em parte por uma norma que determinava como limite para as desapropriações em processo de intervenção no curso dos rios a *linha média de enchentes*.

Por esta razão, chegou-se a cogitar em manter a linha média das zonas alagadiças para efeito das desapropriações, mesmo assim, prevaleceu o que rezava a lei de 1927, sobre o total das áreas alagadiças e não pelo que rezava o Código de Águas de 1934. O sucesso da empreitada residiu no grande poder de *lobby* da empresa ante aos organismos públicos, que em função do "uso do critério da linha da máxima enchente, contrariando a legislação federal, foi uma duplicação do engodo".[45]

Do ponto de vista dos então proprietários das terras atingidos pelas enchentes de 1929, os efeitos foram diferentes segundo sua condição econômica. À Cia. City, por exemplo, que possuía largas extensões de terras na região, coube contestar o critério da linha máxima, pois atingira seus terrenos. Logo, foi firmado um acordo entre as duas empresas na qual coube à Light ressarci-la empreendendo uma linha de bondes no bairro do Pacaembu, contemplando o loteamento da City com um importante serviço público que agregaria valor aos imóveis ali comercializados.

Aos pequenos proprietários, contudo, o procedimento fora diverso. Segundo a legislação que tratou do tema, cabia à Light oferecer em hasta pública os terrenos saneados após a

---

43   AESP – Jornal O Estado de São Paulo. 16 de fevereiro de 1929, p. 6.

44   Raquel Rolnik. *A cidade e a lei: legislação, política urbana e territórios na cidade de São Paulo*. 3. ed., São Paulo: Studio Nobel/ Fapesp, 2003, p. 162 e segs.

45   José Alfredo O. V. Pontes. *Op. cit.*, 1995, p. 27.

canalização do rio, porém, dando a devida prioridade de compra aos antigos proprietários. A empresa canadense, contudo, tratou de fazer acordos de desapropriação com vários deles individualmente impondo-lhes cláusulas nos quais eles abriam mão do direito.

Assim, é possível apreender que ao conseguir impor tais prerrogativas e efetivamente assumir a propriedade das áreas contíguas ao rio Pinheiros, a Light incorporou ao seu patrimônio um total de 20.779.443 de metros quadrados (m^2), dos quais 4.015.360 m^2 foram utilizados para a concretização do projeto, incluindo o canal, as linhas de transmissão, estrada de ferro e avenidas. Do restante, cerca de 16.764.083 m^2, apenas 10% retornaram aos antigos proprietários. Atualmente, a Cidade Universitária, o Jóquei Clube, o bairro do Jaguaré estão alocados sobre as áreas que antes abrigavam as curvas e as várzeas do rio Pinheiros, que se estendiam por aproximadamente 20 km até Santo Amaro, com largura média em torno de 1 a 1,5 km.[46] Foram aproximadamente 25 milhões de m^2 de terras disponibilizadas ao mercado imobiliário com a retificação do rio Pinheiros.[47]

No tocante às controvérsias, elas se seguiram por vários anos e foram muitos os debates e os inquéritos, com comissões parlamentares, entidades de sociedade civil, secretarias do estado, jornais etc., se envolvendo na questão, mas a contenda se manteve ao nível do debate. "Mais de uma vez foi [a Light] chamada a juízo para apresentar seus argumentos, sendo, pelo menos duas vezes, condenada a ressarcir os prejuízos. Mas como o problema das inundações recrudescera terrivelmente nos anos 60 (...), muitas dessas discussões e embates se mantiveram num nível de generalidades que não ajudavam a esclarecer os problemas."[48]

A retificação do rio Pinheiros em si, só teve início por volta de 1937, tocado pela própria Light, que a concluiu em 1957. Porém, no nível do planejamento inicial logo após a conclusão da usina de Cubatão, já fica evidente a forma privada com que a empresa atuou e impôs seus interesses na incorporação do tecido urbano, a partir de sua capacidade técnica, econômica e política.

Mesmo se limitando aos projetos e aos procedimentos iniciais no tocante às obras de canalização e retificação dos rios Pinheiros e Tietê, que na sua essência foram implementados de maneiras diversas, o primeiro levado à cabo por uma empresa privada e o segundo pela administração pública, cabe salientar que ambos os empreendimentos tiveram papel preponderante no processo de capitalização do solo urbano, na medida em que eram incorporadas, já saneadas, ao conjunto da cidade. E, mais uma vez, as águas foram sacrificadas pela ação do homem.

---

46   Aziz Nacib Ab'Sáber. *Op. cit.*, 1958, p. 210 e segs.

47   Laura Machado de Mello Bueno. *O saneamento na urbanização de São Paulo*. São Paulo: Dissertação de Mestrado, FAU, USP, 1994, p. 90 e segs.

48   Odette Carvalho de Lima Seabra. *Op. cit.*, 1987, p. 22-23.

Capítulo 8   A consolidação do setor imobiliário

Empresas e empreendimentos imobiliários

Se ao final do século XIX o processo de ocupação do espaço da cidade já demonstrava vitalidade, no decorrer das décadas de 1910 e 1920 o número de loteamentos lançados exemplifica como o processo de ocupação foi se tornando cada vez mais um grande negócio, ainda mais quando associado aos inúmeros melhoramentos e intervenções realizados sobre o tecido urbano, o que demonstra de maneira inequívoca o processo de capitalização do solo, consolidando-o efetivamente em mercadoria.

Era todo um setor se organizando, que incluía desde grandes empresas que passavam a parcelar parte de suas terras e chácaras até o pequeno produtor de materiais de construção que ocupava as brechas das oportunidades que se abriam no mercado imobiliário. Era o resultado de uma expansão, como uma "implicação do novo quadro ideológico, econômico e legal. Se o loteador surge e pode partilhar, desmembrar em larga escala uma gleba sua de porte, deve considerar as aspirações ou as necessidades do futuro loteiro e, provavelmente, as suas necessidades mínimas, mais sérias ou incontornáveis, para atendê-las no maior número de casos possível e, assim, alcançar o mais intenso desmembramento e o mais rendimento de seu empreendimento imobiliário."[1]

A partir do final da década de 1910 o mercado imobiliário na cidade de São Paulo se apresentava aberto e em expansão, incentivado pelas perspectivas promissoras que o grande adensamento populacional em curso em São Paulo ajudava a promover. As construções suntuosas, Aquelas ligadas aos fazendeiros, representaram o embrião de um mercado imobiliário. Em seguida, quando efetivamente se consolidou o mercado de trabalho e o mercado interno,

---

1   Murillo Marx. *Cidade no Brasil terra de quem?* São Paulo: Nobel/ Edusp, 1991, p. 109-112.

foi que a atividade da construção colocou ao trabalhador sua dupla face: como produtor e como consumidor de casa. Nessa economia, se insere a lógica do uso da propriedade imobiliária que "se distingue do de ganho, criando uma cidade totalmente demarcada pela valorização imobiliária. Por meio dessa valorização que privilegiou, em um momento, a construção de obras suntuosas e caras e, em outro, a comercialização de casas com aluguéis onerados, o mercado imobiliário se tornou restritivo ao trabalhador. Este ficou limitado ao segmento inferior do mercado, adquirindo lotes distantes ou morando em cubículos de aluguel."[2]

Por outro lado, não há como negar que este fenômeno acabou por incentivar a abertura cada vez mais frequente de novos loteamentos na cidade, pois estava associado a demanda por moradia e espaço na cidade com a grande oferta de espaço a ser ocupado. Este movimento nada mais era do que a flexibilidade de uma economia em expansão que abria diferentes oportunidades à acumulação e permitiria que esta mesma marcha se consolidasse ao longo dos anos, principalmente quando conjugado às inovações tecnológicas e ao adensamento populacional.

O tema da ocupação do solo era outra questão discutida há tempos na cidade. Inicialmente regulamentada por meio do Código de Posturas de 1886, que manteve as disposições firmadas pelo Código de 1875, nela foi incluída, pela primeira vez, a obrigatoriedade de aprovação de planos para a abertura de novas ruas pela Câmara, mesmo que prescrevendo apenas a largura da rua e regularidade do traçado, mantendo sob o domínio privado e seus interesses a elaboração dos planos.

Na cidade de São Paulo, o Código de Posturas de 1886 foi reforçado por um segundo conjunto de regras que tinha como objetivo normatizar a expansão da construção urbana, era o Padrão Municipal de 1886, o qual retomava e abrangia algumas normas do Código. Entre os diferenciais estava, pela primeira vez, a exigência de que os proprietários de terrenos aprovassem junto à Câmara as plantas de possíveis arruamentos, exigência que não era contemplada pelo Código de Posturas de 1886, afora as regras com alinhamento e o nivelamento para a abertura de novas ruas. Exceto por algumas leis isoladas, tanto o Código de Posturas quanto o Padrão Municipal, ambos de 1886, vigoraram até 1913.[3]

Entre as leis isoladas estavam duas, uma de 1905 e a segunda de 1909. O artigo 31 da Lei nº 862, de 16 de novembro de 1905, por exemplo, passou a exigir dos proprietários de loteamentos a entrega à municipalidade das ruas niveladas, com os aterros, pontes, bueiros necessários, para que a Câmara, posteriormente, executasse os melhoramentos municipais (calçamento, arborização etc.). Enquanto isso, a Lei nº 1.193 de 9 de março de 1909, tratava

2   Paulo Cesar Xavier Pereira. *São Paulo: a construção da cidade, 1872-1914*. São Carlos: Rima, 2004, p. 49.

3   Lucia Noemia Simoni. *O arruamento de terras e o processo de formação do espaço urbano no município de São Paulo, 1840-1930*. São Paulo: Tese de Doutoramento; FAU, USP, 2002, p. 108 e 145.

da obrigatoriedade de o proprietário do loteamento contribuir com metade do custo do primeiro calçamento, condição para a execução dos melhoramentos por parte da Câmara. Estas leis pressupunham que os loteadores que desejassem os melhoramentos municipais recolheriam sua parte do calçamento junto ao órgão público, pois já tinham interesse na concretização do arruamento. O problema, contudo, foi a ausência de penalidades na legislação de ruas de 1905 e 1909, e de fiscalização que acompanhasse a abertura de ruas pelos proprietários de terras.

Em março de 1913 foi aprovada a Lei nº 1.666, de 14 de março, que foi regulamentada pelo Ato nº 769, de 14 de junho de 1915 e passou a tratar das ruas e da viação. Ao regulamentar a Lei nº 1.666 de 1913, também criou mecanismos para a efetiva aplicação das Leis nº 1.788 e nº 1.784, de 1914, integrando os temas da abertura de novas ruas com a viação pública e de acordo com as prerrogativas estipuladas para cada zona da cidade. Ela revogou as leis de 1905 e 1909, mas reiterava que as despesas com a abertura de ruas cabiam aos proprietários dos empreendimentos, dando à lei a característica fundamental de transferência de encargos e alterando a relação entre Câmara e proprietário de imóveis que, evidentemente, não os agradou.[4]

Esta regulamentação baseada na Lei nº 1.666 vigorou até a promulgação da Lei nº 2.611, de junho de 1923, que tratou da abertura de loteamentos, o que significava a associação da atividade de arruar com o uso e a ocupação do lote. Segundo dispunha a lei, as despesas com calçamentos deveriam ser rateadas entre o poder público e loteadores,[5] porém, como a medida não agradou os empreendedores as despesas acabaram sendo transferidas aos compradores dos terrenos, "a partir da edificação de 1/3 da extensão da rua".[6] Ao mesmo tempo, determinava aos interessados em abrir novos loteamentos apresentar um projeto de parcelamento baseado em diretrizes viárias à prefeitura. Junto com ela, o loteador apresentaria um projeto contendo curvas de nível de metro e metro, com definição de arruamento e espaços livres, nivelamento das vias e sistema de escoamento das águas pluviais; além da exigência de manutenção de áreas disponíveis para o poder público: 20% para as vias e 10% para espaços livres, nos casos de estarem situadas nas áreas urbana, suburbana ou rural.

O objetivo, dizia o vereador Luís de Anhaia Mello, autor da proposta, era frear o crescimento desmesurado da cidade, inibindo a abertura de ruas. Mas havia uma brecha

---

4   AHMSP – Áto nº 769, de 14 de junho de 1915. In: Leis e Átos do Mnicipio de São Paulo do ano de 1915. São Paulo: Imprensa Oficial, 1934; Lucia Noemia Simoni. *Op. cit.*, p. 200 e segs.

5   Ahmsp – Segundo o artigo 28º da Lei nº 2.611, de 20 de junho de 1923. In: Leis e Actos do Município de São Paulo, do ano de 1923. São Paulo: Imprensa Oficial do Estado, 1924.

6   Raquel Rolnik. *A cidade e a lei: legislação, política urbana e territórios na cidade de São Paulo*. 3. ed., São Paulo: Studio Nobel/ Fapesp, 2003, p. 49; Lucia Noemia Simoni. *Op. cit.*, p. 263.

nesta lei, por pressão dos loteadores, que possibilitava que o arruamento se multiplicasse sem atender a nenhuma dessas determinações: "a lei permitia que além das vias oficiais cujos leitos foram doados ao poder público e recebidos oficialmente, se abrissem ruas particulares, que permaneciam sob domínio e responsabilidade privados. Essas ruas deveriam ser mantidas limpas e em condições de tráfego, contudo não necessitavam seguir qualquer determinação urbanística."[7]

Com a Lei de 1923, os projetos de arruamento ou loteamento localizados na zona rural deveriam ser autorizados a partir de um requerimento encaminhado à prefeitura, que tomaria as devidas providências para a execução das obras cabíveis ao empreendimento num prazo de um ano. Ao final do período, o empreendedor deveria encaminhar outro requerimento solicitando a incorporação das vias públicas pela municipalidade. Na prática, era uma anistia a empreendimentos situados na zona rural, pois mesmo que a prefeitura não acatasse as vias, não havia penalidades se as mesmas continuassem abertas. "A nova legislação não dispunha sobre uma vistoria técnica após a execução do plano aprovado."[8]

O diferencial da lei de 1923, era a obrigatoriedade de aprovação de uma planta técnica que explicitasse o empreendimento, além da abertura das ruas passar a depender de autorização expressa do prefeito e não mais da Câmara. Paralela à autorização do prefeito, a repartição encarregada de analisar os pedidos adquiriu a prerrogativa de aceitá-la ou não, com a obrigatoriedade de um estudo topográfico do terreno, que já era obrigatório desde o Padrão de 1886, o qual deveria ser aprovado pela Câmara. O problema era o fato de não haver critérios para a aprovação das mesmas, por isso, "pode-se inferir", diz Simoni, que sua aplicação seguia os interesses dos proprietários de terras.[9]

A Lei nº 2.611, de 1923, vigorou até a implementação do Código de Obras de Arthur Saboya, aprovado por meio da Lei nº 3.427, de 19 de novembro de 1929. Esta nova lei foi uma compilação de antigas que resultaram em uma legislação sem unidade, que adicionou apenas um elemento novo: incorporava os zoneamentos parciais que havia sido criados, definindo regulamentações específicas para a ocupação de certas ruas e incorporando-as aos Padrões Municipais e Posturas já promulgados. Mesmo assim, repetiram-se as brechas que davam margem à existência de "formas extra-legais de ocupação do território", que não eram submetidas às responsabilidades do poder público, como as ruas particulares de loteamentos.[10]

Como resultado, também houve uma tendência de especialização e profissionalização do setor imobiliário, já em curso desde a fundação da Escola Politécnica de São Paulo (1894), da Escola de Engenharia Mackenzie (1896), do Grêmio Politécnico (1903) e do Instituto de

---

7   Raquel Rolnik. *Op. cit.*, 2003, p. 49.

8   Lucia Noemia Simoni. *Op. cit.*, p. 264.

9   *Ibidem*, p. 203-204.

10   Raquel Rolnik. *Op. cit.*, 2003, p. 163 e segs.

Engenharia (1916). Em outras palavras, as regulamentações – fossem elas oficias, com as leis, posturas, padrões etc. ou fossem profissionais – nada mais eram do que uma tentativa de controlar a dinâmica das mudanças em curso num setor extramente lucrativo, com direta relação com o cojunto da cidade e todos os seus problemas decorrentes.

Mesmo diante desta tendência, por longos anos ainda atuaram paralelamente no mercado os que se dedicavam esparsamente ao negócio imobiliário, como apêndices de outros ramos, além das empresas e profissionais especializados na área. E foi este mesmo filão de mercado que acabou gerando a disputa por ele.

O problema era uma preocupação do Instituto de Engenharia e a discussão sobre ele foi levada adiante principalmente quando Alexandre de Albuquerque[11] assumiu a presidência da instituição, entre 1922 e 1924. Entre as metas de sua gestão estava a campanha pela regulamentação da atividade de engenheiro, arquiteto e agrimensor, o que efetivamente foi aprovado pelo Congresso Legislativo em 1924.[12]

Em 1925, quando foi eleito vereador na cidade de São Paulo, Alexandre também atuou no sentido de regulamentar as profissões da área de construção civil, o que conseguiu através da Lei nº 2.986, de 7 de julho de 1926, que regulamentou as profissões de "constructor, eletricista e encanador e dá outras providencias",[13] seguindo as mesmas disposições da Lei nº 2.332, de 9 de novembro de 1920, o Padrão Municipal, para as construções particulares no município.[14] De acordo com a lei municipal de 1920, obrigatoriamente os "constructores" deveriam ter seus dados registrados na Diretoria de Obras do Município, assim como seus diplomas e, no caso de empresa, todos os engenheiros responsáveis pelos projetos também deveriam ser devidamente registrados.

Mesmo diante das diversas tentaivas de regular o setor, as brechas na legislação possibilitaram a continuidade do parcelamento do solo urbano de forma intensa. Neste quadro,

---

11   Alexandre Albuquerque era engenheiro formado pela Politécnica em 1905, onde também se tornou catedrático em 1919, e foi eleito vereador em São Paulo em 1925 pelo Partido Republicano Paulista.

12   Segundo a Lei Estadual nº 2.022, de 27 de dezembro de 1924, a profissão somente poderia ser exercida por aqueles formados em escolas oficiais de engenharia; pelos diplomados no exterior, com reconhecimento do diploma; os que comprovassem cinco anos de prática na área; e os já efetivados como funcionários públicos. Nas obras públicas somente poderiam atuar os profissionais que tivessem estas atribuições. Candido Malta Campos. *Os rumos da cidade. Urbanismo e modernização em São Paulo*. São Paulo: Senac, 2002, p. 343-344.

13   AHMSP – Directoria de Obras e Viação. Livro de Registro – Constructores nº 1; *Leis e Actos do Municipio de S. Paulo do anno de 1926*. São Paulo: Casa Vanorden, 1927, p. 93 e segs.; Raquel Rolnik. *Op. cit.*, 2003, p. 48.

14   AHMSP – *Leis e Atos do Municipio de S. Paulo do ano de 1920*. São Paulo: Imprensa Oficial do Estado, 1934, p. 145 e segs.

com exceções dos bairros destinados às elites, os parcelamentos do solo urbano estiveram na dianteira de um processo de ocupação e expansão da cidade em que a sua comercialização precedia um possível processo de infraestruturação da área, ou no limite, se conjugavam, dependendo do bairro. Os elementos mediadores entre o loteador e o comprador, portanto, que ora valorizava ora desvalorizava o loteamento, eram os serviços básicos de infraestruturação, como água, esgotos, energia elétrica, transporte urbano etc., tratados como mercadoria e não como parte integrante do conjunto que compõe o equipamento urbano da cidade, do qual a moradia é parte.

Não foi a toa que os primeiros loteamentos representativos lançados no período tomaram a face oeste da avenida Paulista, em direção ao rio Pinheiros, pois estavam essencialmente nos terrenos da Cia. City. A planta a seguir demonstra a localização aproximada dos loteamentos dispostos sobre a planta da cidade de São Paulo, os quais estão dispostos segundo a data aproximada de lançamento ao mercado, com exceção daqueles não localizados.

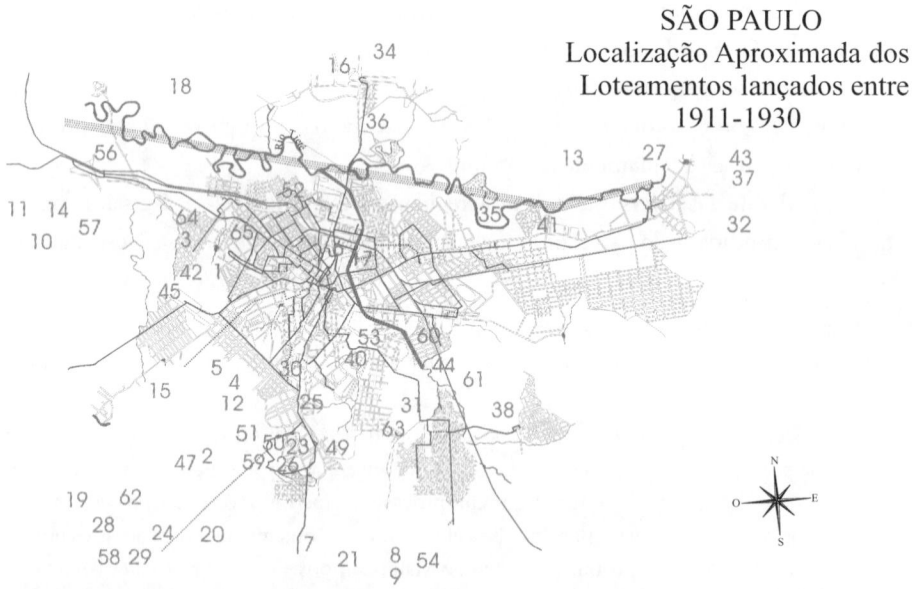

SÃO PAULO
Localização Aproximada dos
Loteamentos lançados entre
1911-1930

Fonte: Jornal O Estado de São Paulo, 1911-1930; Planta Geral da Cidade de São Paulo com indicações diversas, 1914; Revista Ligação - Saneamento, Meio Ambiente e Desenvolvimento Sustentável, Sabesp, Set/Out. 2000.
Desenho: Marcia C. Zabotto, 2005.
Organização: Fábio A. dos Santos, 2005.

	Provável lançamento*	Nome do loteamento
Legenda - Localização aproximada dos loteamentos lançados na cidade de São Paulo, 1911-1930		
	Provável lançamento*	Nome do loteamento
1	1913 (Janeiro)/ 1925**	Pacaembu
2	1913 (Julho)	Indianápolis
3	1914 (Abril)	Villa Pompeia
4	1914 (Março)	Villa Nova Tupy
5	1915**	Jardim América
6	1917**	Anhangabahú
7	1921 (Fevereiro)	Bosque da Saude
8	1921 (Novembro)	Americanopolis
9	1921 (Novembro)	Paraisopolis
10	1921**	Alto da Lapa
11	1921**	Bella Alliança (Alto da Lapa)
12	1922 (Abril)	Jardim Europa
13	1922 (Agosto)	Jardim Japão
14	1922 (Fevereiro)	Alto da Lapa
15	1922 (Janeiro)	Jardim Paulista
16	1922 (Julho)	Villa Paulicea
17	1922 (Junho)	Varzea do Carmo (Parque D. Pedro II)
18	1922 (Novembro)	Villa Pereira Barretto (Pirituba)
19	1922 (Novembro)	Villa S. Pedro
20	1923 (Agosto)	Jardim das Acácias
21	1923 (Agosto)	Villa Mascotte (Bairro Jabaquara)
22	1923 (Fevereiro)	Villa Constanza
23	1923 (Julho)	Mirandópolis
24	1923 (Junho)	Villa Uberabinha
25	1924 (Junho)	Morro Vérmelo
26	1924 (Novembro)	Villa Helena (Bairro Indianopolis)
27	1924 (Novembro)	Villa S. Raphael
28	1924 (Outubro)	Villa Friburgo (Represa de Santo Amaro)
29	1924 (Setembro)	Jardim Petrópolis
30	1924 (Setembro)	Villa das Jaboticabeiras
31	1924 (Setembro)	Villa Monumento (Ipiranga)
32	1925 (Agosto)	Villa Jahú
33	1925 (Agosto)	Villa Princeza Isabel
34	1925 (Dezembro)	Villa Queiroz
35	1925 (Janeiro)	Nova Manchester
36	1925 (Junho)	Alto de Sant'Anna
37	1925 (Junho)	Jardim Matarazzo
38	1925 (Junho)	Villa Alpina
39	1925 (Maio)	Villa Sacadura Cabral

40	1925 (Março)	Morro da Aclimação
41	1925 (Março)	Villa Moreira
42	1925 (Novembro)	Sumaré (Pacaembu de cima)
43	1925 (Novembro)	Villa Vampré
44	1925 (Setembro)	Av. D. Pedro I (Ipiranga)
45	1925**	Alto dos Pinheiros
46	1926 (Maio)	Villa Conceição
47	1927 (Outubro)	Cidade Jardim
48	1928 (Abril)	Estação Gopoúva
49	1928 (Abril)	Jardim Villa Marianna
50	1928 (Abril)	Villa Helena
51	1928 (Agosto)	Bosque dos Eucaliptos
52	1928 (Janeiro)	Bom Retiro
53	1928 (Janeiro)	Villa Deodoro
54	1928 (Janeiro)	Villa Paulista
55	1928 (Maio)	Parque Suzano
56	1928 (Março)	Villa Anastacio
57	1928 (Março)/ 1948**	Villa Romana
58	1928 (Outubro)	Alto da Boa Vista
59	1928 (Outubro)	Planalto Paulista
60	1928 (Julho)	Parque da Mooca
61	-	Avenida D. Pedro II
62	1924 (Setembro)	Brooklyn Paulista
63	-	Ipiranga
64	-	Lapa
65	-	Perdizes

Fonte: AESP - Propagandas publicadas no Jornal *O Estado de S. Paulo* entre janeiro de 1911 e dezembro de 1930. * Foi tomado como base o primeiro anúncio encontrado no Jornal *O Estado de S. Paulo*, no qual consta o lançamento e sua respectiva oferta ao mercado. ** Dados de Maria Claudia Pereira de Souza. *Op. cit.*, p. 69. No caso da Villa Romana encontramos anúncios no Jornal *O Estado de S. Paulo* já em 1928.

A valorização do espaço devido à intensa especulação também marcou o processo de urbanização da cidade de Buenos Aires, que foi largamente acirrada pela chegada de imigrantes à procura de habitação, contribuindo sobremaneira para a especulação imobiliária, transformando-a num atrativo e rentável negócio, que por sua vez atraiu grandes capitais que poderiam, antes, serem invertidos no setor produtivo.[15]

No caso portenho, o Estado foi um incentivador da especulação ao privilegiar áreas ricas e abastadas em detrimento de outras, pobres e consideradas *habitat* de trabalha-

---

15   Norberto O. Ferreras. *No país da cocanha: aspectos do modo de vida dos trabalhadores de Buenos Aires (1880-1920)*. Campinas: Tese de Doutoramento, IFCH, Unicamp, 2001, p. 49 e segs.

dores, com a especulação direcionada ao encarecimento das moradias populares. No caso de São Paulo, se de um lado, determinados bairros eram loteados com toda gama de infraestrutura, por outro, grande parcela da população permanecia à margem das condições mínimas de vida, vivendo em moradias precárias, cortiços, habitações coletivas etc., sem infraestrutura higiênica. E o resultado deste processo foi uma valorização e uma especulação imobiliária fundada na oferta ou não de bens públicos necessários à salubridade. É por este viés que os trabalhadores paulistas não ficaram isentos do processo de especulação; ao contrário, sofriam as consequências da falta de serviços públicos, ao passo que estes eram empreendidos ao longo dos loteamentos destinados a quem pudesse pagá-los, como em Campos Elíseos, Higienópolis, Paulista, ou seja, bairros que concentravam os abastados moradores da cidade, os únicos que possuíam bondes à porta, água nas torneiras, calçamento e luz nas ruas.[16]

A grande questão a ressaltar é o grande surto de parcelamento do solo ocorrido na cidade de São Paulo, que abriu uma infinidade de oportunidades ao capital imobiliário paralela à ineficiência dos poderes públicos que não davam conta do aumento populacional que atingia a cidade. Isto posto, a ausência de planejamento urbano dos poderes públicos, e/ou sua omissão, associada aos interesses imobiliários gerou uma urbanização de caráter privado, na qual a maioria da população ficou à margem.

A Lei nº 1.666, de 1913, por exemplo nada dispunha sobre os locais da cidade de São Paulo que deveriam ou poderiam ser arruadas, abrindo brechas, assim, para o loteamento em qualquer parte do município, desde que tivessem acesso por uma rua, caminho ou estrada principal; já que era proibida a abertura de ruas particulares e, obrigatoriamente, a rua aberta deveria atingir outra. Por isso, não interditou áreas vazias deixadas ao acaso da valorização há anos, nem interditou a abertura de novas áreas deixando outras regiões por valorizar.

Nesta linha se compreende a atuação das várias empresas e das mais diferentes áreas atuando no setor imobiliário, independente de terem ou não como objeto de negócio registrado na Junta Comercial do Estado de São Paulo, a atividade com terras urbanas. Foi o caso de algumas indústrias representativas instaladas na capital paulista, que em algum momento atuou, ainda que pouco ou indiretamente, nos negócios imobiliários, entre elas a Sociedade Anonyma Fabrica Votorantin, a Cia. Mechanica Importadora de São Paulo e a Industrias Reunidas Francisco Matarazzzo, independente das várias vilas operárias construídas por alguns industriais.

As Indústrias Reunidas Francisco Matarazzzo S.A. surge como a empreendedora do Jardim Matarazzo em 1925, na atual zona leste da capital, localizada "a 15 minutos" do centro e em breve "com os futuros trens de suburbio, a preços modicos, mais rápidos e confortáveis

---

16   Raquel Rolnik. "De como São Paulo virou a capital do capital." In: L. Valladares do (org.). *Repensando a habitação no Brasil*. Rio de Janeiro: Zahar, 1983, p. 28.

que bondes", diz o anúncio. O loteamento era dirigido para industriais, residências e, curiosamente, para chácaras, num momento de fracionamento das chácaras localizadas nas cercanias da cidade.[17] Em 14 de novembro de 1925, em anúncio de uma página e meia, a área aparecia destacada "á margem da estrada de rodagem Rio-São Paulo. Com a estação 'Comendador Ermelino Matarazzo'"; e, mais adiante dizia o anúncio: "segundo as MODERNAS prescrições da Prefeitura de São Paulo, 20% de área total para ruas e 10% para praças."[18]

Francisco Matarazzo imigrou ao Brasil em 1881 com esposa e dois filhos, originário da Castellabate, província de Salermo, na Itália Meridional. Seu objetivo era comercializar toucinho, mas acabou perdendo o que trazia quando o mesmo era desembarcado. Sua história econômica pode ser resumida pelas seguintes fases: de 1881 a 1890, marcado pela atuação individual; de 1890 a 1891, em sociedade com os irmãos José e Luís Matarazzo; de 1891 a 1911, em associação com apenas com o irmão André; de 1911 a 1924, em que a Cia. se transformou em Sociedade Anônima e absorveu a segunda geração do grupo em cargos diretivos; e, de 1924 em diante, quando o capital de Francisco e descendentes tornou-se praticamente exclusivo aos Matarazzos.[19]

Em 1911, Matarazzo transformou sua empresa em Sociedade Anônima, sendo registrada na Junta Comercial do Estado de São Paulo com o objetivo de se dedicar às atividades de "moagem de trigo, engenho de arroz, fabricação de banha, óleo, sabão, fiação, tecelagem, malharia e tinturaria".[20] Curiosamente, o empreendimento imobiliário anunciado através do jornal traz como responsável pelo loteamento a *Empresa de Terrenos "Jardim Matarazzo"*, mas a emissora das escrituras de propriedade seriam as Indústrias Reunidas Francisco Matarazzo. Em nenhum momento, contudo, nem futuramente, foi encontrado algum registro da Empresa de Terrenos Jardim Matarazzo na Junta Comercial do Estado de São Paulo. Resta indagar, portanto, se o loteamento

---

17   AESP – Jornal O Estado de São Paulo. 16 de junho de 1925, p. 1.

18   AESP – Jornal O Estado de São Paulo. 14 de novembro de 1925, p. 1 e 2. Grifo no original. Nesta edição a empresa apresenta uma listagem nominal dos compradores de lotes até a data. Maria Ruth Amaral de Sampaio. "O papel da iniciativa privada na formação da periferia paulistana". In: *Espaço e Debates*. São Paulo: Núcleo de Estudos Regionais e Urbanos, Ano XVII, nº 37, 1994, p. 28, aponta que as Indústrias Matarazzo também lançaram loteamentos na região de Osasco: a Vila São Francisco e o Parque dos Príncipes.

19   Sobre os negócios e o papel da Indústria Matarazzo ver José de Souza Martins. *Conde Matarazzo, o empresário e a empresa: estudo de sociologia do desenvolvimento*. 3. ed., São Paulo: Hucitec, 1973, p. 16 e segs. e 43.

20   Jucesp – Registro de Sociedade Anônima na Junta Comercial do Estado de São Paulo. No registro da companhia aparece como Presidente o Comendador Francisco Matarazzo; Ermelino Matarazzo, como diretor-geral; e André Matarazzo, como diretor-secretário. Em 1929, a empresa passa a designar S.A. Indústrias Reunidas F. Matarazzo.

encontra ou não fundamento enquanto uma atividade fortuita em meio à atratividade do mercado imobiliário ou como uma tentativa de se inserir neste setor. Independente do motivo, o que parece certo é que o empreendimento encontrava mercado que o justificasse e o perfil de Matarazzo respondia a esta demanda, pois era um homem voltado ao "progresso econômico pela exploração racional das oportunidades, único recurso socialmente reconhecido" para sua legitimação exterior de posição social de valor.[21]

A Sociedade Anonyma Votorantin também assina dois loteamentos, um primeiro de terrenos localizados no Brooklyn Paulista, em 1924, e o de Vila Alpina, lançado em 1925. O Brooklyn Paulista era localizado pelo "5º desvio do bonde de Santo Amaro"; enquanto o segundo loteamento estava situado próximo ao Ipiranga, área majoritariamente tomada por instalações industriais.[22]

A Cia. Mechanica e Importadora de S. Paulo é outra empresa que aparece como responsável por um loteamento, no Alto de Sant'Anna, em junho de 1925, localizado ao norte da cidade de São Paulo.[23] Quase como uma regra, os discursos que caracterizam os anúncios do gênero, destacam o perfil salubre do futuro bairro, e em muitos deles seguem dando ênfase à elevada altitude, circulação de ar, arborização etc.

As atividades da Cia. Mechanica se iniciaram no início da década de 1890, sob a direção de Francisco Assis Pacheco Jr., e ao longo dos anos a empresa passou por sucessivas mudanças em sua diretoria e em seu estatuto. Em 1895, compunham a diretoria Augusto Souza Queiroz, Alexandre Siciliano, Carlos Paes de Barros e Francisco Assis Pacheco Jr.

Em 1918 após duas reformas parciais nos estatutos da empresa foi aprovado um novo estatuto e o acréscimo de 10 mil contos de réis ao capital social da empresa, com a manutenção do "objéto", isto é, a que se dedicaria a empresa, proposto por ocasião do registro na Junta Comercial: "mecanismos em geral". Nesta alteração, foi eleito como presidente Alexandre Siciliano; como vice, Alexandre Siciliano Jr.; e José M. Carneiro da Cunha Jr., Jayme Luiz Smith de Vasconcelos e Paulo Siciliano, como diretores. Em 1925 uma nova alteração estatutária foi realizada e um novo aumento no capital social da empresa registrado, acrescentando 20 mil contos de réis. A partir de então passaram a responder pela diretoria da empresa Alexandre Siciliano Jr., como presidente; Paulo Siciliano, como vice; e Jayme L. Smith de Vasconcelos, como diretor.[24]

---

21   José de Souza Martins. *Op. cit.*, 1973, p. 60.

22.   AESP – Jornal O Estado de São Paulo. 28 de setembro de 1924, p. 1; Jornal O Estado de São Paulo. 11 de junho de 1925, p. 1.

23   AESP – Jornal O Estado de São Paulo. 14 de junho de 1925, p. 1.

24   Jucesp – Registro de Sociedade Anônima na Junta Comercial do Estado de São Paulo.

Desde a fundação da companhia até o momento de lançamento do empreendimento imobiliário passaram pela diretoria homens que se dedicaram a várias atividades, o que demonstra o caráter diversificado dos capitais envolvidos na empresa, que por um breve momento também esteve atuando no mercado imobiliário. Augusto de Souza Queiroz, por exemplo, foi político e deputado provincial na última legislatura do Império;[25] e Carlos Paes de Barros, era engenheiro civil pela Universidade de Cornell, Estados Unidos, fazendeiro de café em Santa Rita do Passa Quatro e estava casado com sua prima Alice de Souza Queiroz. Carlos era filho de Francisco Xavier Paes de Barros, irmão do 1º barão de Piracicaba e, portanto, primo do 2º barão de Piracicaba, o que o remonta à tradicional família de fazendeiros originária de Itu, do clã Paes de Barros.

Os Sicilianos têm sua origem com Alessandro Vincenzo Siciliano, o 1º conde Siciliano, nascido em Cosenza, em 1860, e falecido no Rio de Janeiro em 1923. Imigrou para o Brasil pobre, com nove anos, e prosperou se dedicando ao comércio e à indústria, o que lhe conferiu a comenda de grande oficial da ordem da coroa da Itália e, no ano seguinte, em 1916, o título de conde romano (conde papalino), dada por Bento XV e confirmada por Pio XI, em 1924. Alessandro casou-se com Laura de Melo Coelho, natural de Campinas e descendente dos Paes Leme, com quem teve dois filhos: Alexandre Siciliano Jr., o 2º conde Siciliano, nascido em 1886, que se tornou industrial e possuía fazenda no Rio de Janeiro; e Ana Teresa Siciliano, nascida em 1887, que se casou com Jayme Luiz Smith de Vasconcellos, era médico, banqueiro e 3º barão de Vasconcellos.[26]

Da imbricação familiar, portanto, é possível entender o processo de ocupação dos principais cargos diretivos da empresa, que em 1925, encontrava-se sob o total controle da família Siciliano, já que Jayme Smith era casado com Ana Teresa Siciliano. Deste caso, merece consideração o fato de que em setembro de 1957 a empresa alienou um imóvel considerado "desnecessário as suas atividades industriais", o que parece realmente ter sido apenas uma racionalização nos negócios sem correspondência com o setor imobiliário efetivamente. Alguns anos depois, porém, em 1974, após inúmeras alterações e reformulações nos estatutos da empresa, foi ampliado o "objeto" da companhia, e incluso dentre as novas

---

25 Aureliano Leite. *Subsídios para a História da Civilização da Paulista*. Edição monumental comemorativa do IV centenário da cidade de São Paulo. São Paulo: Edição Saraiva, 1954, p. 224.

26 O 2º barão de Vasconcellos, pai de Jayme, era Rodolfo Smith de Vasconcellos, nascido em Fortaleza, em 1846, agraciado pelo título português de barão, casado com Eugênia Virgínia Ferreira Felício, filha do conde S. Mamede. O avô de Alessandro e pai de Rodolfo, José Smith de Vasconcellos, nasceu em Lisboa em 1817 e faleceu no Rio de Janeiro em 1903, era o 1º barão de Vasconcellos (título português). José Smith era filho do conselheiro José Inácio Pais Pinto de Vasconcellos e de sua segunda mulher, Mary Martha Tustin Smith. Carlos Eduardo Barata; et. all. *Os herdeiros do poder*. 2. ed., Rio de Janeiro: Revan, 1995, p. 197 e segs.

atribuições "a administração geral de imóveis ou de terceiros, à base de comissão e venda por conta própria de imóveis, inclusive a prestações".[27]

Isso não a impediu, contudo, de se dedicar a outras atividades ligadas ao setor urbano, como foi o caso da concorrência para o asfaltamento da grande extensão de vias públicas em São Paulo, que venceu em 1929. Segundo o contrato, deveriam ser empregados paralelepípedos acompanhados de asfalto, concreto e soluções mistas. Foi um contrato milionário, afirma Candido Campos.[28]

Curiosamente, outro membro da família Siciliano estava ligado ao setor da construção civil na cidade. Era Heribaldo Siciliano, primo de Alexandre Siciliano Jr. e Paulo Siciliano, que assumiram a direção da Cia. Mechanica. Heribaldo era arquiteto formado pela Politécnica de São Paulo, em 1903, um dos sócios fundadores do Instituto de Engenharia, em 1916, foi vereador por 9 anos em São Paulo, e chegou a constituir a firma de projetos e construções, a Siciliano & Silva,[29] uma das inovadoras na utilização do concreto armado que possibilitou obras de verticalização na cidade, construindo prédios mais altos que os predominantes sobrados.[30]

Entre os industriais que se dedicaram em algum momento à atividade imobiliária, lançando empreendimentos imobiliários, também estiveram os Álvares Penteados, que eram proprietários da antiga Vila Normanda, hoje avenida Ipiranga, da área de Heliópolis e da antiga sesmaria nas proximidades de Barueri, atualmente o Tamboré; os Abdallas, que lotearam a Vila Mirante; os Mofarrej, que empreenderam loteamentos nas proximidades do Ceasa; os Lutfalla dentre outros.[31]

Outras importantes empresas marcaram presença nesse mercado de capitalização de terras, e por mais que não tenham auferido lucros ou deixado influências como a Cia. City, elas contribuíram sobremaneira para a configuração de um mercado imobiliário bastante fluído.

No caso da City, foi logo após o término do conflito mundial que sua influência e contribuição ao mercado imobiliário foi expandida, com o surgimento de outros bairros-jardins empreendidos por outras companhias imobiliárias. Sua contribuição maior ao setor

27   Jucesp – Registro de Sociedade Anônima na Junta Comercial do Estado de São Paulo, conforme ata nº 533.062, de 26 de março de 1974.

28   Candido Malta Campos. *Op. cit.*, p. 250.

29   AHMSP – Directoria de Obras e Viação. Livro de Registro – Constructores nº 2, folha 65, no qual aparece o registro de profissional da área da construção civil de Heribaldo Siciliano e Antonio Alves Villares da Silva, ambos formados pela Politécnica de São Paulo, os quais respondem pela firma Siciliano & Silva.

30   Sobre o tema da verticalização em relação à legislação ver Nadia Somekh. "São Paulo anos 30: verticalização e legislação urbanística." In: *Espaço e Debates*. São Paulo: Núcleo de Estudos Regionais e Urbanos, Ano XVII, nº 40, 1997.

31   Maria Ruth Amaral de Sampaio. *Op. cit.*, p. 28

imobiliário, portanto, não residiu na sua capacidade econômica de valorização ou especulação com terras, como indicam alguns estudos, pois tais procedimentos eram recorrentes e foram realizados por outras empresas do setor. Seu maior legado, isto sim, foi a capacidade de planejar e implantar soluções e padrões urbanísticos fundados na discussão do urbanismo científico – e adaptá-los a seus interesses – contando com a participação de importantes urbanistas neste processo, como Victor da Silva Freire, primordialmente.[32]

Outro ponto igualmente importante foi a capacidade de articulação política com vistas a atingir seus objetivos, assim como fazia a Light, se utilizando de relações pessoais e favores políticos na intermediação de seus negócios com os órgãos públicos e mesmo outros agentes privados.

De qualquer maneira, a City implementou padrões racionais de atuação que representavam a modernização no setor, como o financiamento destinado ao pagamento dos terrenos que comercializava ou, ainda, o financiamento completo de toda a obra de construção do imóvel. Além, é claro, da introdução dos bairros-jardins, que serviu de modelo para outros empreendimentos imobiliários realizados na cidade, entre eles o Jardim Europa, também direcionado às elites paulistanas.

O local onde foi edificado o Jardim Europa é um exemplo de como o setor, na virada ao século XX, já atraía grandes investimentos. Sua origem remonta à outra parte da chácara Bella Veneza (vizinha à área onde se formou o Jardim América), e que tinha sido vendida em partes iguais, em 1900, a Manoel Garcia da Silva e Augusto Schimidt. No ano seguinte (1901), Manoel Garcia da Silva adquiriu a outra parte das terras de seu sócio Augusto Schimidt, totalizando sob seu poder 760 mil m², onde criaria a chácara Japão. Sob esta área, em 1922, seria empreendido o loteamento denominado Jardim Europa, lançado em parceria com o engenheiro Hipólito Pujol Junior, o qual compreendia as atuais ruas Groenlândia, Áustria, Itália, Praça do Vaticano e Rússia.

O nome de Manoel Garcia da Silva, provavelmente português, aparece nos diversos anúncios de venda dos loteamentos ligado à empresa Garcia da Silva & Cia., da qual era um dos proprietários, além da Loja do Japão, também de sua propriedade. Ao que parece a origem do capital empregado no negócio imobiliário da Garcia da Silva & Cia. remonta à Loja do Japão, fundada em 1874, que com o tempo passou a se dedicar à importação. Na década de 1890, Manoel Garcia da Silva figurou entre os homens que atuaram na especulação

---

32   Para Wolff a ocupação e o loteamento das terras que deram origem ao Jardim América foram realizados sem nenhum planejamento, "ao sabor dos interesses particulares. Quer os imediatos dos proprietários de terras, quer dos empreendedores que adquiriram a concessão de serviços públicos, como transporte e infra-estrutura de água e luz e que, com a participação conivente, ou pelo menos omissa, das administrações manipulavam a valorização das terras." Silvia Ferreira Santos Wolff. *Jardim América. O primeiro bairro-jardim de São Paulo e sua arquitetura.* São Paulo: Tese de Doutoramento, FAU, USP, 1998, p. 48.

criada pelo Encilhamento, estando associado, como negociante e proprietário de ações de várias empresas que surgiram naqueles anos.[33] Em 1922, além da loja localizada na rua São Bento, cujo prédio era próprio, a Garcia da Silva & Cia. também era correspondente do Banco Minho, de Portugal, e cultivava plantas frutíferas em sua chácara (instalada no local em que se tornaria o Jardim Europa).

Na década de 1920, a Garcia da Silva & Cia. lançou, além do Jardim Europa (1922), os loteamentos Jardim Japão (1922), Nova Manchester (1925) e o Parque Suzano (1928). Este último localizado na Vila de Suzano, pouco antes de se chegar a Mogi das Cruzes.

O loteamento Nova Manchester, localizado nas proximidades do rio Tietê, na atual zona leste da cidade foi um empreendimento direcionado essencialmente a industriais, os quais também poderiam ali construir suas vilas operárias. Segundo o anúncio publicado em 11 de janeiro de 1925, no Jornal O Estado de São Paulo, os industriais ganhariam ao vender suas terras e propriedades localizadas na região central da cidade e se transferir ao novo bairro, pois com o rendimento da venda dos imóveis no centro poderiam adquirir novas terras, a preços inferiores, e ainda investir em tecnologia e equipamentos destinados ao aumento da produção. Por outro lado, tal mudança também beneficiaria o industrial de possíveis agitações trabalhista, já que isolaria os trabalhadores nos arrabaldes da cidade, impedindo as reuniões e agitações.

> Operosos industriaes
> É a vós que nos dirigimos particularmente. Como comprehendeis, a base de sucesso de todas as industrias é o augmento constante da producção. (...) assim applicareis a diferença enorme do valor dos terrenos em acquisição de aperfeiçoamentos machinismos, que vos proporcionarão augmente consideravel da renda e producção. E além de tudo, supprimireis com vossa criteriosa resolução, innumeras circumstancias imprevistas para o sucesso das industrias: gréve, má vontade dos operários, revoluções, motins, incêndios, etc.
> A 'Nova Manchester', a grande cidade do trabalho, com terrenos apropriadissimos para industrias, sita no prospero bairro do Bellenzinho, o maior centro operario desta rica capital, vos garantirá todos meios precisos para o sucesso de vossas industrias porque ali tereis terrenos magnificos para as vossas ins-

33   Reinério A. Lérias. *O encilhamento e a cidade de São Paulo, 1890-1891*. São Paulo: Dissertação de Mestrado, FFLCH, USP, 1988, p. 347.

tallações e villas operárias, por preço 20 vezes menor e ainda com prazo de cinco annos, sem juros.[34]

Estabelecida a dez minutos do centro da cidade, enfatiza o anúncio, a localidade era dotada de infraestrutura, incluindo água, bonde, telefone, luz, trem suburbano de hora em hora, exceto esgotos, não citado pela propaganda. O custo de um terreno de 560 m² ou 14 por 40 metros, poderia ser pago em 60 prestações mensais de 40$ a 70$, sem juros, dependendo da localização.[35]

O Jardim Japão foi estabelecido na porção nordeste da cidade – além-Tietê – e tinha como público alvo os trabalhadores, até devido a sua localização. Os empreendedores do loteamento destacam no anúncio a privilegiada situação da altitude da área, que proporcionava um "projecto admiravel e 'chic'". "O assombro da engenharia com lindos parques e praças. Ruas curvas e circulares. Um bairro com linhas de bondes em construcção, prestes a inaugurar-se", destaca o anúncio.[36]

O Jardim Europa, por seu turno, se localizava na parte oeste da cidade, vizinha às terras da Cia. City, do Jardim América. Eram "terrenos arborizados, altos e secos", destaca o anúncio de primeira página no Jornal O Estado de São Paulo, os quais estavam dotados dos "melhoramentos indispensaveis a um bairro confortavel e hygienico" localizado a dez minutos de bondes da avenida Paulista e a oito de carro – "bonde 45 da rua Augusta"[37] –, o bonde cuja extensão foi objeto de negociações privadas entre a Companhia de Immoveis e Construcções e a Light. O bairro, fundado na concepção dos bairros-jardins, se valorizou com o resultado do processo de saneamento da várzea do rio Pinheiros. O valor do metro quadrado no Jardim Europa variava entre 12$000 e 20$000, valor bem diferente daquele cobrado na Nova Manchester.[38]

Na mesma linha dos bairros-jardins, surgiu o Jardim Paulista, em 1922, empreendido pela Companhia de Immoveis e Construcções, que também lançou a

---

34   AESP – Jornal O Estado de São Paulo. 11 de janeiro de 1925, p. 24.

35   O loteamento Nova Manchester foi projetado por Jorge Macedo de Vieira, formado pela Politécnica de São Paulo em 1919, e que tinha realizado estágio na Cia. City. Como bairro industrial estava disposto sobre uma área de 1.292.355 m², às margens do Aricanduva, na zona leste, próximo ao rio Tietê. O empreendimento contudo, apresentou problemas de acordo com a legislação de 1923, chegando a ser negada a incorporação de suas vias públicas pela prefeitura. Outro arruamento do mesmo projetista a dar problemas foi a vila Formosa. Lucia Noemia Simoni. Op. cit., p. 270-271.

36   AESP – Jornal O Estado de São Paulo. 20 de agosto de 1922, p. 1.

37   Segundo a empresa o nome Jardim Europa "obedeceu á idéa de prestar homenagem ao velho continente que tão ligado está ao continente americano e principalmente ao Brasil", revela um dos anúncios publicados no Jornal O Estado de Estado de São Paulo. 29 de abril de 1922, p. 1.

38   AESP – Jornal O Estado de São Paulo. 7 de setembro de 1922, p. ?.

Villa Paulista (1928), a Villa Deodoro – Ypiranga e Cambucy (1928) e parte de um loteamento situado no Bom Retiro (1928). O bairro Jardim Paulista foi empreendido entre o Jardim América e a avenida Brigadeiro Luiz Antonio, e entre a avenida Paulista seguindo em direção ao rio Pinheiros.

Em 1928, a Companhia de Immoveis e Construcções era presidida por Prof. Dr. Vicente Ráo e sua diretoria era composta pelos diretores Dr. Giambattista Gregorini e Antonio Venturi, pelos fiscais Dr. Antonio Mercado, Luigi Pieri, Gerardo Quaglioti, Dr. Luiz Aulicino, Elia Belli e Ernesto Giuliano. Infelizmente não foram encontradas informações sobre os sócios desta empresa.[39]

Outro lançamento, cujo anúncio toma toda a primeira página do Jornal O Estado de São Paulo de 15 de junho de 1924, é do Morro Vermelho, localizado exatamente entre as atuais ruas Apeninos, Pires da Motta, Paraíso e Nilo. No total eram 55 lotes de 300 m² prontos para edificação e, segundo o anúncio, "dotados de água, gaz, esgotos e calçamento, arruados segundo o systema GARDEN CITY".[40] Pelo anúncio também fica evidente o público desejável ao empreendimento e à ocupação da região:

> Todas as construcções recuadas do alinhamento, mínimo 4 metros.
> Não são permitidos armazens ou casas de negocio nessas ruas, destinadas exclusivamente a um bairro de residencias modernas, como na Inglaterra, Alemanha, etc.

O responsável pelo empreendimento foi o Dr. Leven Vampré, bacharel em Direito pela Faculdade de Direito do Largo de São Francisco, onde se formou em 1912, também era escritor, jornalista e corretor de imóveis. Anos mais tarde foi nomeado pelo então governador do Estado, Armando de Salles Oliveira, como tabelião titular junto ao 14º Tabelionato de Notas de São Paulo, instalado em agosto de 1937.

Leven Vampré ainda lançou no mercado outros loteamentos, como a Villa das Jaboticabeiras (em 1924), o Morro da Acclimação e a Villa Vampré (ambos em 1925). A primeira vila se localizava na esquina da rua Domingos de Moraes com a avenida Rodrigues Alves, cujos melhoramentos estavam em fase de execução na data do anúncio. Como não poderia fugir à regra, seus lotes estavam dispostos em "lindos terrenos arborisados, promptos para edificação", enfatiza a propaganda.[41] O Morro da Acclimação, por sua vez, estava situado

---

39   AESP – Jornal O Estado de São Paulo. 31 de janeiro de 1928, p. 9.

40   AESP – Jornal O Estado de São Paulo. 15 de junho de 1924, p. 1. Destaque do original.

41   AESP – Jornal O Estado de São Paulo. 28 de setembro de 1924, p. 1. Segundo o anúncio era a antiga Villa Kostka.

a 50 metros do portão do Jardim da Aclimação, especificamente entre o bairro e o jardim. Os valores dos terrenos neste loteamento variavam entre 25$000 e 30$000 o m², porém, as vendas eram realizadas somente à vista ou metade na entrada e a outra metade em um ano. O anúncio do loteamento é ainda mais revelador, pois demonstra qual o perfil de atuação da empresa, além de mostrar que era especializada em negociar com terras urbanas:

> Todo S. Paulo conhece o nosso systema de negociar. Consiste em comprar em bruto, retalhar em lotes e vender barato, para vender depressa e cuidarmos de outro negocio; em beneficiar terrenos sempre dentro da cidade; em fazer serviços bem feitos.[42]

A Villa Vampré estava localizada na Estação Engenheiro Goulard, próximo à E. F. Central do Brasil, a quatro quilômetros da Penha, entre este bairro e o Jardim Matarazzo, portanto, na zona leste da cidade. "É um suburbio excellente, perto, barato, de valorisação certa", diz o anúncio. O valor do m² mais barato era 4$500, subindo conforme a localização, o que podia resultar em terrenos entre 1:350$000 a 4:500$000, os quais podiam ser pagos em prestações que variavam entre 22$000 e 70$000 mensais, pagos em 60 prestações (5 anos) sem juros e após entrada de 10% do valor do imóvel.[43]

Leven Vampré ainda aparece, em 1922, como diretor da Companhia Immobiliária Paulista, curiosamente ladeado por Horácio Sabino (um dos fundadores da City), Alfredo Braga e Alarico Caiuby. Enquanto isso, o conselho fiscal da companhia era composto por Alfredo Pujol, bacharel em Direito, que foi Secretário do Interior de São Paulo e deputado federal também por São Paulo; Julio de Mesquita, político, foi vereador em Campinas, deputado estadual, federal e senador por São Paulo e diretor-presidente do Jornal Estado de São Paulo e idealizador da Revista do Brasil; e Numa de Oliveira.

Desta companhia surgiu o loteamento também chamado de Alto da Lapa, em 1922, cujos terrenos "foram arruados inteiramente como os da Companhia City, obedecendo ao Plano de melhoramentos organisado para ambas as companhias pelo architecto Barry Parker", diz o anúncio de meia página no Jornal O Estado de São Paulo.

> Servida por bondes da Light e por duas estradas de ferro, a Lapa está destinada a ser o bairro dos 'cottages' e dos 'bungalow', para delicia da gente de bom gosto e para o descanso dos que vivem no trabalho insano dos centros populosos.

---

42   AESP – Jornal O Estado de São Paulo. 1 de março de 1925, p. 9.

43   AESP – Jornal O Estado de São Paulo. 11 de novembro de 1925, p. 1.

O texto do anúncio prossegue tentando "vender" as qualidades da região, como um lugar alto e arborizado, características de um bairro-jardim; mas, contraditoriamente, ao apontar que a região é sinônimo de valorização se utiliza do caso das indústrias que ali investiram para se instalarem, como a Companhia Armour, "com os seus gigantescos frigoríficos", o que contradiz o perfil de bairro estritamente residencial e de descanso. Por outro ponto de vista, no entanto, a indicação de possíveis misturas de funções na área parece significar que seu público desejável não se circunscrevia estritamente às elites econômicas. De qualquer forma, a ênfase recai sob o tema do investimento:

> Das grandes fortunas do mundo 70% proveem das compras de terras. Em S. Paulo, devido á iniciativa e capacidade de seus filhos, á riqueza commercial, a sua salubridade, aos attractativos que offerece aos estrangeiros, ao notavel aumegnto de sua população, que dobra de dez em dez anos, ninguem jamais perdeu applicando seus capitaes ou suas economias em terrenos, porque a valorisação destes tem sido vertiginosa e incessante, superando todas as taxas de lucros auferidos na lavoura, na industria e no commercio.[44]

O diferencial dos imóveis comercializados por esta Companhia era a possibilidade de adquirir a residência já construída, o que poderia variar segundo o modelo escolhido: casas térreas, 44:000$000; casas geminadas, a térrea também por 44:000$000 e o sobrado por 53:000$000; e a casa como sobrado não geminada, por 63:000$000, infelizmente o anúncio não esclarece a metragem destas casas.[45] Enquanto isso, em 1921, a Cia. City vendia seus lotes neste mesmo bairro, a um custo de 8$000 a 15$000 o metro quadrado, sem construção alguma.

O anúncio da City para este mesmo bairro é revelador dos acordos envolvendo as diferentes companhias interessadas na ocupação do solo urbano, confirmando o caráter privado da urbanização paulistana. Nele, a Cia. City é explicita:

> ...a Companhia não limitou seus esforços e capitaes unicamente na abertura e nivelamento das ruas – obras que, por mais perfeitas que sejam, não constituem senão uma parcella da empresa de formação de um bairro: confiante no futuro dessa parte da cidade, a Companhia contribuiu financeiramente para a installação da linha de bondes, hontem inaugurada, e contratou installações

---

44   AESP – Jornal O Estado de São Paulo. 5 de fevereiro de 1922, p. 3; Jornal O Estado de São Paulo. 23 de novembro de 1924, p. 1.

45   AESP – Jornal O Estado de São Paulo. 23 de novembro de 1924, p. 1.

> de águas, esgotos e illuminação electrica, estando parte destes importantes melhoramentos já em execução, e partes em vias de ser iniciada, sempre na maior intensidade possível, de accôrdo com as necessidades do momento.[46]

Na mesma linha dos acordos privados pode-se incluir o processo de loteamento, valorização e ocupação do Bosque da Saúde, disponibilizado ao mercado em 1925. Já utilizado como espaço de lazer há anos na cidade, o local foi objeto de desapropriação quando os proprietários preparavam a área para loteá-la, em 1920. A desapropriação, contudo, não chegou a ser concretizada devido ao alto valor da indenização, cerca de 2.500 contos, que a prefeitura não disponibilizava.[47]

Mesmo tendo sido colocado à venda em 1925, o anúncio oficial do parcelamento da região foi publicado em 19 de fevereiro de 1921, oportunamente após a prefeitura abrir mão da área, cujo objetivo era transformá-la oficialmente em área de lazer do município. No anúncio, de página inteira no Jornal O Estado de São Paulo, havia a planta do parcelamento, numa área total de 1 milhão de m², totalizando 42 alqueires, e ainda uma área de mata que totalizava 440.800 m².

A mata era o argumento ideal que contemplava as preocupações com salubridade, com a circulação do ar e proximidade da natureza, mesmo já sendo conhecida da população, pois era uma das poucas áreas verdes da cidade que era utilizada como parque. Mesmo assim, era preciso conjugar os atributos naturais com a comodidade da cidade.

> Além das innumeras vantagens naturaes, taes como a floresta, a altitude, a belleza do terreno, a magnifica vista que offerece, abundancia de agua, ainda ha as grandes benfeitorias já existentes: arruamento primoroso e a linha de bonde n. 30 ('bonde da Saude') – a qual atravessa todo o terreno – bem como o fornecimento de luz e energia electricas, de accordo com o contrato da Light.[48]

Em 9 de novembro de 1925, outro anúncio do empreendimento tomava conta da primeira página do Jornal O Estado de São Paulo, e em grandes letras anunciava a inauguração da linha de bondes nº 30, juntamente com a publicação do recibo emitido pela Light na quantia de 160 contos de réis referente ao

---

46   AESP – Jornal O Estado de São Paulo. 4 de outubro de 1921, p. 1.

47   Candido Malta Campos. *Op. cit.*, p. 309.

48   AESP – Jornal O Estado de São Paulo. 10 de fevereiro de 1924, p. 1.

pagamento das primeiras prestações do prolongamento de linhas de bonde e canalização de fornecimento de energia electri-
ca conforme clausulas IV e XI do contracto de 21 de dezembro
de 1923 lavrado nas notas do oitavo Tabellião desta Capital.[49]

O valor do m² no Bosque da Saúde, em 1925, variava entre 3$000 e 20$000, e era vendido à vista ou em prestações com juros de 6% ao ano. Considerando que o terreno havia
sido comprado alguns anos antes por Mário Otoni de Resende por 400 contos, como afirma Candido Campos, e que no total eram 559.200 m² de áreas à venda, e tomando como
preço mínimo 3$000 o m² do terreno, a firma Rezende & Cia., que parcelou a área, deve ter
lucrado pela comercialização dos lotes, em valores brutos, algo em torno de 1.677:600$000,
que subtraídos dos 400 contos (400:000$000) investidos inicialmente, representaria um
ganho bruto de 1.277:600$000. Respondiam pela empresa Rezende & Cia. Amália Rezende,
Eugenio Barbosa de Rezende, Nelson Antonio de Rezende e Mario Antonio de Rezende.

Em outro loteamento, lançado no Parque da Mooca, em 1928, alguns fatos ilustram
inequivocamente como o negócio de terras era bastante fluido e lucrativo. O fato se deu
em uma grande área localizada na Mooca, bairro em que foi houve grande parcelamento
de terrenos sob a responsabilidade da Companhia Parque da Mooca, situado entre a estação Ipiranga e a Vila Prudente, em frente à linha de bondes de Vila Prudente. A empresa
foi criada em 1912 com o objetivo de "arruar o Sítio das Pedrinhas", que totalizava 166
alqueires, sendo que os primeiros lotes residenciais, que variaram entre 240 e 250 m², e se
situavam ao lado do loteamento industrial, foram vendidos entre 1925 e 1926; outra parte
entre 1932 e 1934; e os últimos lotes apenas em 1977.[50]

Os fundadores da companhia foram Annibal Paes de Barros, como presidente;
Mario Paes de Barros, como vice-presidente; e Olavo Paes de Barros como gerente e secretário, tendo sido registrada sob o nome de *Companhia Chacara da Mooca*, alterada
em seguida para *Companhia Parque da Mooca* e logo após para *Companhia Imobiliária
Parque da Mooca*, a qual tinha como "objeto" de negócio, segundo o registro na Junta
Comercial do Estado de São Paulo, unicamente a "exploração da 'Chacara da Mooca'",[51]
incorporando-a ao conjunto da cidade, por meio do mercado imobiliário. Em 1928,
porém, quando aparece a oferta no Jornal O Estado de São Paulo da área em questão,
a Companhia Parque da Mooca estava sob o comando de Anesio A. do Amaral, como

---

49   AESP – Jornal O Estado de São Paulo. 9 de novembro de 1925, p. 1.

50   AESP – Jornal O Estado de São Paulo. 8 de julho de 1928, p. 17; Maria Ruth Amaral de Sampaio.
       Op. cit., p. 22.

51   Jucesp – Registro de Sociedade Anônima na Junta Comercial do Estado de São Paulo –
       Companhia Parque da Mooca.

presidente; Tacito Toledo Lara, como vice-presidente e diretor-técnico; e Frederico de Barros Brotero, como gerente e secretário.

Anésio do Amaral era fazendeiro, grande acionista do Banco do Comércio e Indústria de São Paulo, onde também ocupava o cargo de vice-presidente da instituição. Sob sua administração a Cia. Parque da Mooca em acordo com a São Paulo Railway, instalou um ramal ferroviário na área loteada destinada ao uso industrial. Em 1925, a empresa vendeu, à vista, duas áreas à Ford e à Esso do Brasil, na região da hoje avenida Presidente Wilson. Em seguida, outras indústrias e armazéns se instalaram na região, em lotes que em média possuíam 4 mil m², e todos com direito ao uso do ramal férreo, como Moinho São Bento, Irmãos Jafet, Cia. Brasileira de Fumo em Folha, The Caloric Company, os armazéns Brasileira, Auxiliar, Santa Cruz, Aliança, Riachuelo e Prado &Chaves. Nessa região surgiram os bairros Alto da Mooca, Parque da Mooca e parte da Vila Prudente.[52]

Em 1929, exatamente a mesma área comercializada pela Cia. Parque da Mooca em 1928, só que ampliada, aparece anunciada por outra empresa, a Empreza Brazileira de Terrenos Ltda., que aparentemente não possuía nenhum tipo de ligação com a primeira. De acordo com o anúncio da Empreza Brasileira de Terrenos, a área disponibilizada para a venda se localizava entre a avenida Paes de Barros e a rua Capitão Pacheco e Chaves, cujos terrenos eram dotados de bondes, água, luz, telefone, arborização e servido por amplas avenidas.[53]

A Empreza Brasileira de Terrenos Ltda. foi crida em 1928 com o "objeto" de "compra e venda de terrenos. Compra e venda de materiais para construção", tendo como sócios-proprietários os portugueses Antonio Pinto da Fonseca, Adolpho Pinto Amarante Filho, Alcino Martins e Maria Amelia Fonseca, e capital social inicial de 100:000$000. Entre seus sócios, a única exceção entre os portugueses era Alcino Martins, que era brasileiro.[54]

Ambas as empresas tiveram vida longa a partir de suas fundações, mesmo considerando as várias alterações sociais, de capital ou de direção ocorridas em ambas. O fato relevante na relação entre as duas empresas, que se encontraram diante do mesmo empreendimento, e que revela a especialização em curso no setor imobiliário, é o fato de que a

---

52   Maria Ruth Amaral de Sampaio. *Op. cit.*, p. 22. Em 1930, segundo a autora, a empresa vendeu parte da área vizinha ao ramal ferroviário ao Instituto do Café, que não a ocupou. A área foi invadida em 1950, e deu origem à favela da Vila Prudente, "um dos maiores e mais antigos bolsões de pobreza da cidade".

53   A planta publicada pela Cia. Parque da Mooca e a planta publicada pela Empreza Brasileira de Terrenos, ambas no Jornal O Estado de São Paulo indicam claramente se tratar da mesma região, exceto pela maior área de loteamento ofertado pela segunda empresa, em 1929.

54   Jucesp – Registro de Sociedade Anônima na Junta Comercial do Estado de São Paulo – Empreza Brasileira de Terrenos Ltda. Curiosamente, a Empreza Brasileira de Terrenos Ltda. aparece num anúncio da Companhia Várzea do Carmo datado de dezembro de 1927.

Empreza de Terrenos parece ter se responsabilizado pela comercialização das respectivas áreas, cuja proprietária era a Cia. Parque da Mooca.

Outro fato de extrema relevância envolvendo este loteamento, foi o anúncio da Cia. Parque da Mooca, publicado em 8 de julho de 1928, na qual explicita a preocupação em deixar claro ao mercado que os títulos de propriedade desta área se encontravam em ordem, pois "seus terrenos nada têm com os envolvidos na questão do Banco Evolucionista".[55]

Enquanto isso, situação contrária se passou com o empreendimento lançando em 1925, a Villa Moreira, na qual os empreendedores faziam questão de destacar o aval do Banco Evolucionista como garantia de negócio idôneo, por ocasião do lançamento, "foram todas ratificadas e compostas pelo Bando Evolucionista".[56]

A localização da Vila Moreira às margens do rio Tietê, segundo o anúncio publicado no Jornal O Estado de São Paulo, vislumbrava a possibilidade de ali se criar hortaliças, outro tipo de cultura vegetal ou, ainda, transformá-la em área de lazer se aproveitando do "caudaloso" rio. Na sua vizinhança estavam a Vila Gomes Cardim, a leste, enquanto ao norte se encontrava a Nova Manchester e a Vila Maria.

A Vila Maria, por sua vez, surgiu do parcelamento do Sítio Bela Vista, em 1917, localizada na porção leste da cidade, *além-Tietê*, numa região de várzea do rio Tietê considerada insalubre. A partir de 1922 esta vila faria divisa com o Jardim Japão, loteado pela Garcia da Silva & Cia. O empreendimento Vila Maria foi realizado pela Companhia Paulista de Terrenos S.A., que entre os acionistas estavam Manoel Dias da Silva, Alberto Byington, Eduardo Fonseca Cotching, Guilherme Cotching, Paulo Cotching, Rafael de Abreu Sampaio Vidal, Dr. Antonio Leme Fonseca.[57]

Na imbricação dos loteamentos Vila Moreira e mais tarde da Mooca, em que ambas se utilizam – de forma contrária – da garantia e do nome do Banco Evolucionista,[58] estava a

---

55   AESP – Jornal O Estado de São Paulo. 8 de julho de 1928, p. 17.

56   AESP – Jornal O Estado de São Paulo. 28 de março de 1925, p. 11. Infelizmente o anúncio não trazia o nome do proprietário da área em que foi empreendido o loteamento.

57   Janes Jorge. *O rio que a cidade perdeu. O Tietê e os moradores de São Paulo, 1890-1940*. São Paulo: Tese de Doutoramento, FFLCH, USP, 2005, p. 36 e segs, indica como várias áreas de várzea ao longo do rio Tietê e de outros rios foram incorporadas de forma irregular. Há ainda informações de que a Companhia Paulista de Terrenos foi constituída em 1907, com o objetivo de urbanizar a antiga fazenda Bela Vista, porém, as primeiras aprovações de ruas datam de 1923. Seus proprietários eram Manoel Dias da Silva, Antonio Leme da Fonseca, Huascar Pereira, Eduardo de Fonseca Cotching, José Eduardo Prates (conde Prates) e Rafael A. Sampaio Vidal. Sobre estas informações ver Lucia Noemia Simoni. *Op. cit.*, p. 256.

58   O Banco Evolucionista esteve envolvido em apropriações ilegais de terras no final do século XIX, quando obteve a concessão de terras do governo federal para a criação burgos agrícolas e não cumpriu o contrato, apropriando-as ilegalmente, em cuja área surgiu mais tarde a Vila Gomes Cardim.

Vila Maria. O embate envolvendo o banco, e ora colocando-o na situação de agente financeiro idôneo ora não, surgiu em agosto de 1917, quando foi anunciada a comercialização de terrenos na Vila Maria.

Em janeiro de 1918, o Banco Evolucionista entrou na justiça ingressando com "autos de protesto", no qual reclamava as terras loteadas pela Companhia Paulistana de Terrenos (ou Companhia Paulista de Terrenos) como sua propriedade, argumentando ser proprietário de 50 mil hectares de "terras públicas" numa faixa de 13.200 metros de cada lado do Tietê, "uma légua acima da Ponte Grande". Na justiça, o banco acusou a empresa loteadora de "grave atentado ao legítimo proprietário".

Entre os documentos apresentados pelo advogados do banco estavam aqueles em que se admitia que a posse era fruto de privilégios recebidos do Estado, por meio do governo provisório que cedeu as terras ao banco, por força do Decreto 528, de junho de 1890. "Em papel almaço, a direção do Evolucionista apontou a ação de 'intrusos criminosos que vendem as terras do suplicante (...) venda indevida de lotes que têm provocado perdas e dannos avultadíssimos'. Requereu-se a publicação do 'presente protesto para sciência de incautos, os quaes por esta forma não poderão allegar mais tarde ignorância de taes factos nem bôa fé.'"[59]

Independente da ação e da razão de cada um dos envolvidos, a disputa estava pública e disponível ao mercado, conferindo algum valor ao fato e, por isso, dependendo do ponto de vista, ora era tomada como garantia de idoneidade ora não. Por outro lado, o fato parece reforçar a tese de que a ocupação do solo estava sob o domínio do capital privado e seus interesses. De qualquer forma, talvez seja em razão deste conflito que o loteamento da Vila Maria não tenha sido divulgado nas páginas do Jornal O Estado de São Paulo, como ocorreu com os demais loteamentos aqui expostos.

Dezenas de outros empreendimentos foram lançados na cidade durante o período em questão e muitos foram os que se dedicaram a eles, fossem empresas que temporariamente dirigiam seus negócios ao setor imobiliário, antigos proprietários de chácaras ou sítios que parcelavam suas terras ou empresas especializadas atuando no mercado. Por este motivo, dada a ampla gama de empreendimentos lançados no período, muitas foram as dificuldades de identificação em sua totalidade, de modo a abarcar seus loteadores, suas áreas ou informações que possibilitassem a apreensão de quem eram no mercado e na sociedade paulistana. Mesmo assim, estes loteamentos podem ser localizados sobre a planta da cidade; da mesma forma que podem ser visualizados na tabela a seguir, que os apresenta com seus respectivos empreendedores, localização e ano de lançamento.

---

59   A notícia e os detalhes do processo foram publicados pelo Jornal O Estado de São Paulo. 12 de agosto de 2001, em matéria intitulada "Um tesouro salvo das cinzas."

Tabela 9 – Total de loteamentos lançados na cidade de São Paulo, 1911-1930

Loteamento	Localização	Empreededor	Lançamento*
Alto da Boa Vista	Sul	Eng. Mariano Neves	1928 (Outubro)
Alto da Lapa	Oeste	Cia. City	1921**
Alto da Lapa	Oeste	Companhia Imobiliaria Paulista	1922 (Fevereiro)
Alto de Sant'Anna	Norte	Cia. Mechanica Importadora de S. Paulo	1925 (Junho)
Alto dos Pinheiros	Oeste	Cia. City	1925**
Americanopolis	Sul	Dr. Affonso de Oliveira Santos	1921 (Novembro)
Anhangabahú	Sul	Cia. City	1917**
Av. D. Pedro I (Ipiranga)	Sul	Sociedade Comercial e Constructora Ltd.	1925 (Setembro)
Avenida D. Pedro II	Sul	Empreza Brasileira de Terrenos Ltda.	-
Bella Alliança (Alto da Lapa)	Oeste	Cia. City	1921**
Bom Retiro	Centro	Companhia Imoveis e Construcções S.A.	1928 (Janeiro)
Bosque da Saude	Sul	Resende & Cia.	1921 (Fevereiro)
Bosque dos Eucaliptos	Sul	Companhia Parque da Varzea do Carmo	1928 (Agosto)
Brooklyn Paulista	Oeste	Sociedade Anonyma Fabrica Votorantim	1924 (Setembro)
Cidade Jardim	Oeste	Companhia Cidade Jardim	1927 (Outubro)
Estação Gopoúva		Melhoramentos Gopoúva Ltda..	1928 (Abril)
Indianopolis	Sul	Companhia Territorial Paulista	1913 (Julho)
Ipiranga	Sul	-	-
Jardim América	Oeste	Cia. City	1915**
Jardim das Acácias		Dr. Affonso de Oliveira Santos	1923 (Agosto)
Jardim Europa	Oeste	Garcia da Silva & Cia./ Manoel Garcia da Silva	1922 (Abril)
Jardim Japão	Leste	Garcia da Silva & Cia./ Manoel Garcia da Silva	1922 (Agosto)
Jardim Matarazzo	Leste	Industrias Reunidas F. Matarazzo	1925 (Junho)
Jardim Paulista	Oeste	Companhia Imoveis e Construcções S.A.	1922 (Janeiro)
Jardim Petrópolis	Sul	Oscar Peter & Cia.	1924 (Setembro)

Jardim Villa Marianna	Sul	Sociedade Civil Altos da Villa Marianna	1928 (Abril)
Lapa	Oeste	Cia. City	-
Mirandópolis	Sul	Companhia Predial	1923 (Julho)
Morro da Aclimação	Sul	Leven Vampré	1925 (Março)
Morro Vermelho	Sul	Leven Vampré	1924 (Junho)
Nova Manchester	Leste	Garcia da Silva & Cia./ Manoel Garcia da Silva	1925 (Janeiro)
Pacaembu	Centro	Cia. City	1913** (Janeiro)/ 1925
Paraisopolis	Sul	Dr. Affonso de Oliveira Santos	1921 (Novembro)
Parque da Mooca	Leste	Companhia Parque da Mooca/ Empreza Brasileira de Terrenos Ltda.	1928 (Julho)
Parque Suzano		Garcia da Silva & Cia./ Manoel Garcia da Silva	1928 (Maio)
Perdizes	Oeste	Cia. City	-
Planalto Paulista	Sul	-	1928 (Outubro)
Sumaré (Pacaembu de cima)	Oeste	Sociedade Paulista de Terrenos e Construcções Sumare Ltda.	1925 (Novembro)
Varzea do Carmo (Parque D. Pedro II)	Centro	Companhia Parque da Varzea do Carmo	1922 (Junho)
Villa Alpina	Leste	Sociedade Anonyma Fabrica Votorantim	1925 (Junho)
Villa Anastacio	Oeste	Companhia Suburbana Industrial	1928 (Março)
Villa Conceição		-	1926 (Maio)
Villa Constança		Adolph Laef	1923 (Fevereiro)
Villa das Jaboticabeiras	Sul	Leven Vampré	1924 (Setembro)
Villa Deodoro	Sul	Companhia Imoveis e Construcções S.A.	1928 (Janeiro)
Villa Friburgo (Represa de Santo Amaro)	Sul	H. Mayer & Cia.	1924 (Outubro)
Villa Helena	Sul	Companhia Parque da Varzea do Carmo	1928 (Abril)
Villa Helena (Bairro Indianopolis)	Sul	Raphael Vemero	1924 (Novembro)
Villa Jahú		Moraes & Alves	1925 (Agosto)

Villa Mascotte (Bairro Jabaquara)	Sul	Sociedade Ltd. Villa Mascotte	1923 (Agosto)
Villa Monumento (Ipiranga)	Sul	Guinle & Irmãos	1924 (Setembro)
Villa Moreira	Leste	-	1925 (Março)
Villa Nova Tupy	Oeste	Cia. City (vendida pela City sem a realização de melhorias)	1914 (Março)
Villa Paulicea	Norte	Territorial Sant'Anna	1922 (Julho)
Villa Paulista	Sul	Companhia Imoveis e Construcções S.A.	1928 (Janeiro)
Villa Pereira Barretto (Pirituba)	Norte	Luiz Pereira Barretto e Jose Pereira Barretto	1922 (Novembro)
Villa Pompeia	Oeste	Companhia Urbana Predial	1914 (Abril)
Villa Princeza Isabel		-	1925 (Agosto)
Villa Queiroz	Norte	Luiz de Queiroz & Cia. Ltda.	1925 (Dezembro)
Villa Romana	Oeste	Cia. City	1928 (Março)/ 1948**
Villa S. Pedro	Sul	Dr. Affonso de Oliveira Santos	1922 (Novembro)
Villa S. Raphael	Leste	Drs. Mario Passos e Lazaro de Camargo Almeida	1924 (Novembro)
Villa Sacadura Cabral	Santo André	Alvaro Justiniano dos Santos	1925 (Maio)
Villa Uberabinha	Sul	Irmãos Barbosa & Barros	1923 (Junho)
Villa Vampré	Leste	Leven Vampré	1925 (Novembro)

Fonte: Propagandas publicadas no Jornal *O Estado de S. Paulo* entre janeiro de 1911 e dezembro de 1930. * Data do primeiro anúncio encontrado, tomado como provável lançamento. ** Dados de Maria Claudia Pereira de Souza. *Op. cit.*, p. 69. No caso da Villa Romana encontramos anúncio no Jornal *O Estado de S. Paulo* já em 1928.

Alguns destes loteamentos acima indicados apresentam informações parciais que possibilitam e merecem futuros estudos e aprofundamentos. Um deles foi empreendido no início da década de 1910, pela Companhia Territorial Paulista que loteou uma grande área na parte sul da cidade sob o nome de Indianópolis, cujos terrenos foram vendidos por 1$200 o m². Na ocasião, dizia o anúncio do empreendimento, a região era dotada de bondes que serviam a área.[60]

Outro empreendedor que surge nas páginas do jornal analisado é Dr. Affonso de Oliveira Santos, proprietário da Tipografia, e que empreende quatro loteamentos de grande porte na cidade: Americanópolis, lançado em 1921, na região sul da cidade, com 4 mil lotes à venda; Paraisópolis, também em 1921, nas proximidades do primeiro; Villa São

---

60   AESP – Jornal O Estado de São Paulo. 13 de julho de 1913, p. ?.

Pedro, na parte sul da cidade, na direção da linha do bonde Santo Amaro; e o Jardim das Acácias, em 1923, também na região sul, também nas proximidades da linha de Santo Amaro. Os terrenos loteados por Affonso de Oliveira Santos, para lotes de 500 m² variavam de 600$000 a 1:900$000 segundo o bairro, sendo os mais caros, segundo o anúncio, localizados no bairro de São Pedro, próximos a linha de bondes.[61]

Ao norte da cidade, em 1922, era colocada a venda os lotes do Jardim Pauliceia, na altura da Estação Cantareira. O empreendimento foi realizado pela Territorial Sant'Anna, cujos proprietários eram Cássio Muniz de Souza e J.J. Pereira Braga. O anúncio também traz uma listagem nominal dos compradores até aquela data.[62] No mesmo ano e na mesma região também foi empreendida Villa Pereira Barretto (Pirituba), resultado do parcelamento de uma área que compreendia 1 milhão e meio de m².

Os proprietários do negócio eram os Drs. Luiz Pereira Barretto e José Pereira Barretto. Luiz Pereira Barretto, muito provavelmente, era o homem influente das altas rodas paulistanas, que participou da criação e direção da Revista do Brasil, foi fazendeiro, político, e participou da criação da Sociedade de Medicina e Cirurgia de São Paulo e foi o primeiro diretor do Serviço Sanitário de São Paulo. A comercialização estava a cargo da Agencia Predial Meirelles e o custo do m² avaliado em 2$000.[63]

Ao Sul era colocado à venda a Villa Mascotte, no bairro do Jabaquara, pela Sociedade Ltda. Villa Mascotte, em 1923, cujos proprietários eram Dr. Junqueira de Aquino e Dr. Vicente Melillo, com a comercialização realizada por M. Abramovich & Cia. Mais uma vez, a salubridade proporcionada pela altitude era destaque na propaganda.[64] O mesmo argumento foi utilizado pelo empreendimento chamado Mirandópolis, de propriedade da Cia. Predial, de Antonio Cantarella: "805 metros de altitude, a 100 metros sobre o nivel do Tietê, num extenso planalto, livre de enchentes, a 20 minutos do Largo da Sé, servido por duas linhas de bondes".[65]

Também situado na região sul da cidade, na área que compreende a Vila Mariana, diversos loteamentos foram lançados, entre eles o Villa Uberabinha, de propriedade de

61   AESP – Jornal O Estado de São Paulo. 16 de novembro de 1922, p. 2; Jornal O Estado de São Paulo. 15 de agosto de 1923, p. ?; AESP - Jornal O Estado de São Paulo. 15 de novembro de 1924, p. 1. Maria Ruth Amaral de Sampaio. *Op. cit.*, p. 28. Segundo a pesquisadora, os lotes situados na parte externa do loteamento de Americanópolis tinham 500 m², mas os situados na parte interna variavam entre 138 e 170 m².

62   AESP – Jornal O Estado de São Paulo. 23 de julho de 1922, p. 13.

63   Aureliano Leite. *Op. cit.*, p. 196, 213, 219, 235 e segs., 283 e segs.; o nome Luiz Pereira Barreto também figura entre àqueles que atuaram nas várias empresas que surgiram ao longo do período marcado pelo Encilhamento. Reinéro A. Lérias. *Op. cit.*, p. 345

64   AESP – Jornal O Estado de São Paulo. 12 de agosto de 1923, p. 12.

65   AESP – Jornal O Estado de São Paulo. 21 de julho de 1923, p. 8.

Irmãos Barbosa & Barros, em 1923.[66] Anos mais tarde, outro empreendimento foi lançamento na região da atual Vila Mariana, o Jardim Villa Marianna, realizado pela Sociedade Civil Altos da Villa Marianna, cujo m^2 de terreno, em abril de 1928, estava avaliado entre 16$000 e 30$000, os quais poderiam ser pagos mensalmente.[67]

Na mesma região, foi lançado em 1924 o Villa Helena, mais especificamente no bairro de Indianópolis, com terrenos destinados exclusivamente à construção de residências. Segundo reza o anúncio do empreendimento, os arquitetos responsáveis eram Walter Brune e Dacio A. de Moraes e o proprietário Raphael Vomero.[68]

Ainda em 1924 foi lançado na zona leste da cidade o loteamento Villa São Raphael, situada entre a Penha e a Vila Augusta, próxima ao Campo de Aviação Edu Chaves. A propriedade era de Mario Passos e Lazaro de Camargo Almeida e valor do terreno estava avaliado a partir de 3$000 o m^2.[69]

Enquanto isso, ao sul da cidade, na região da represa de Santo Amaro, era comercializado o Villa Friburgo, pela H. Mayer & Cia., de Henrique Mayer, cujo diferencial era a tentativa de se criar um condomínio de residências de veraneio nos arredores da represa. Os valores dos terrenos variavam entre 1 e 2,5 contos.[70] Ainda em 1924, na mesma região, porém mais próxima da cidade, no percurso da linha de bondes de Santo Amaro, era lançado o Jardim Petrópolis, de propriedade de Oscar Peter & Cia. que, de acordo com o anúncio, era dotado de luz, telefone, modernas residências e ruas e praças arborizadas.[71]

A 150 metros do Monumento da Independência, na região Ipiranga, também em 1924, a empresa Guinle & Irmãos loteou uma área que segundo o anúncio possuía uma "situação esplendida, saluberrima, margeando a bellissima Avenida Independencia, a 15 minutos do centro da cidade".[72] Infelizmente não há mais informações que remetam a este empreendimento e do motivo do loteamento. No ano seguinte, em 1925, nas proximidades da avenida D. Pedro I, também em Ipiranga, a empresa denominada Sociedade Commercial e Constructora Ltda. colocava à disposição do mercado um total de 148 lotes, os quais, segunda a empresa, possuíam água, luz, esgotos, calçamentos e bondes.[73]

---

66   AESP – Jornal O Estado de São Paulo. 23 de junho de 1923, p. 1.

67   AESP – Jornal O Estado de São Paulo. 1 de abril de 1928, p. 4.

68   AESP – Jornal O Estado de São Paulo. 9 de novembro de 1924, p. 14.

69   AESP – Jornal O Estado de São Paulo. 23 de novembro de 1924, p. ?.

70   AESP – Jornal O Estado de São Paulo. 25 de outubro de 1924, p. 6.

71   AESP – Jornal O Estado de São Paulo. 21 de setembro de 1924, p. 22.

72   AESP – Jornal O Estado de São Paulo. 14 de setembro de 1924, p. 1.

73   AESP – Jornal O Estado de São Paulo. 18 de setembro de 1925, p. 1.

Também em 1925, é lançado na zona leste da cidade o loteamento Villa Jahú, pela empresa Moraes & Alves, cujos proprietários eram Affonso Alves de Almeida e José Correa de Moraes. Segundo a empreendedora, o valor do terreno na região havia atingido o patamar de 5$000 o m², porém, os valores de seus terrenos eram comercializados abaixo desta cotação.[74] O loteamento, contudo, foi empreendido pela empresa Predial de Lucca, que a denominou de Jardim Jahú. Ao final da década de 1930 a companhia lançaria ainda a Vila Clara.[75]

Enquanto isso, na zona oeste da cidade a Sociedade Paulista de Terrenos e Construcções Sumaré Ltda. loteava uma área que faz parte atualmente do bairro de Sumaré, cujos terrenos se situavam entre a avenida Municipal e a rua Cardoso de Almeida, "no Alto das Perdizes". Segundo o anúncio, o arruamento da região tinha aprovação oficial e suas ruas um "esmerado" serviço de preparo do leito para receber esgotos, águas pluviais, guias e sarjetas, arborização, além de estar servido por serviços de bondes, que atravessavam o loteamento a seguiam a Perdizes, Pinheiros e Araçá.[76] O valor do m² neste loteamento variava entre 16$000 e 40$000, se pagos à vista, mas se o cliente preferisse o pagamento em parcelas o valor variava entre 20$000 e 50$000 o m², para a mesma unidade. Infelizmente, não foi possível encontrar os proprietários deste empreendimento.

Nos limites da zona sul, numa região de planalto entre o Parque Jabaquara, a vila de São Bernardo e a "baixada onde a Light está construindo suas novas represas da Serra do Mar" era empreendido, em 1925, a Villa Conceição. Era uma área que totalizava 3 milhões m², destinadas tanto a loteamentos residenciais quanto agrícolas. Segundo o anúncio, a área destinada à urbanização era cercada de verde e com condições de arruamento, com praças, e demais serviços típicos de uma cidade; enquanto a área destinada às atividades agrícolas poderia se beneficiar das nascentes de água em prol de suas culturas. A empresa era dirigida por Arthur de Sampaio Moreira, Paulo G. Ferraz e Marcellino Penteado, os quais não se pode afirmar se eram os proprietários destas terras. As destinadas à urbanização tinham seus terrenos vendidos entre 3$000 e 4$000 o m².[77]

Em 1927, após alguns anos de estruturação da área, inclusive com contratos de obras firmados com empresas concessionárias de serviços públicos para dotar a área de infraestrutura, foi lançado oficialmente ao mercado o loteamento chamado Cidade Jardim, *além-Pinheiros*, pela Companhia Cidade Jardim. Em 30 de novembro de 1927, em anúncio publicado no Jornal O Estado de São Paulo, a empresa informava o resu-

---

74   AESP – Jornal O Estado de São Paulo. 13 de agosto de 1925, p. 3.

75   Maria Ruth Amaral de Sampaio. *Op. cit.*, p. 22.

76   AESP – Jornal O Estado de São Paulo. 12 de novembro de 1925, p. 3.

77   AESP – Jornal O Estado de São Paulo. 18 de maio de 1926, p. 14.

mo da vendas afirmando que havia sido comercializado em 23 dias, um total de 168 lotes, totalizando 2.415:289$000 em vendas:

> Na quinzena anterior á inauguração do bonde...................225:603$000
> Na semana que lhe succedeu...1.693:148$000
> Escripturas publicadas no 'Estado' de 27 de novembro
> corrente... 1.918:751$000
> Em um só dia: domingo ultimo...496:538$000
> 2.415:289$000[78]

Entre os vários anúncios da empresa, alguns publicam nominalmente os compradores e suas respectivas aquisições, inclusive com os valores pagos pelos terrenos, como forma de valorizar a área. No ano seguinte, a Cia. Cidade Jardim volta a frisar os elementos que valorizam seu empreendimento:

> Veloz e comodo, na obsessão das duas parallelas de aço, o bonde chega até a Cidade-Jardim, facilitando o transporte, barateando as communicações com a cidade e pondo uma nota de movimento na tranquilidade da paisagem. Onde vae o bonde, lá chega o progresso, o desenvolvimento, e a terra que alli vale cem amanhan valerá mil, depois dez mil, na progressão fantastica a que obedece a valorisação dos terrenos de S. Paulo.[79]

Meios e entremeios de valorizar um empreendimento, o bonde era um dos elementos centrais nas propagandas e anúncios dos lançamentos imobiliários naqueles anos, tanto que fez parte de acordos e contratos privados para sua concretização em determinadas áreas da cidade a serem loteadas. Entretanto, representando a dinâmica da urbanização da cidade de São Paulo, gradativamente o bonde foi cedendo lugar a outro elemento valorizador, os carros e ônibus.

Um novo momento se descortinava e as autoestradas e as grandes avenidas ganhavam cada vez mais consideração no debate sobre o que se queria e se pretendia para a cidade. Nas discussões urbanísticas, por exemplo, há anos já se cogitava a abertura de ruas e avenidas largas capazes de receber veículos e ônibus. Ao mesmo tempo, as empresas imobiliárias também passaram a se utilizar deste novo elemento como meio de chamar a atenção e valorizar seus imóveis. Era preciso incorporar este novo símbolo de riqueza que se expandia na sociedade.

---

78   AESP – Jornal O Estado de São Paulo. 30 de novembro de 1927, p. 1.

79   AESP – Jornal O Estado de São Paulo. 26 de agosto de 1928, p. 1.

O loteamento Planalto Paulista foi um deles. Localizado entre a avenida Jabaquara e o bairro Indianópolis, ele foi disponibilizado ao mercado em 1928, e em seu anúncio há mais destaque para o fato de estar próximo à autoestrada que liga São Paulo a Santo Amaro do que ao loteamento em si. O anúncio não exclui a linha de bondes, mas a autoestrada de concreto é o diferencial do futuro bairro, que seria dotado de rapidez na comunicação. O anúncio não traz os proprietários dos terrenos, os valores dos imóveis e nem mesmo a metragem da área.[80]

No dia seguinte, outro loteamento, o Alto da Boa Vista, é anunciado apresentando o mesmo teor, as autoestradas, porém, com maior destaque ao loteamento. De propriedade do engenheiro Mariano Neves, o loteamento se situava no sexto desvio da linha de bondes de Santo Amaro e "a poucos quarteirões da nova AUTO ESTRADA DE CONCRETO".[81]

Estes loteamentos completam o quadro de fatores que conferiam, em seu conjunto, os elementos condicionantes da ocupação do solo urbano atrelados à busca da salubridade, em suas dimensões físicas e morais, que as diferentes intervenções impunham às áreas da cidade. Por esta razão, o caráter privado da urbanização paulistana adquire especial relevância, principalmente quando associado aos serviços públicos oferecidos ou não a dadas regiões, bairros ou loteamentos.

Valorização do espaço e salubridade

Os empreendimentos imobiliários acima retratados em conjunção com as demais intervenções realizadas na cidade permitem refletir sobre como suas inter-relações acarretaram na valorização do solo urbano na cidade de São Paulo. Um dos pontos a considerar remete aos valores do metro quadrado apresentados por alguns dos loteamentos acima citados, os quais podem demonstrar como a marcha do parcelamento da terra – o que não significa necessariamente sua ocupação – se valorizou ao longo dos anos à medida que a urbanização se consolidava e em relação à região e à zona em que se encontrava na cidade, assim como em relação aos serviços públicos que possuíam.

---

80   AESP – Jornal O Estado de São Paulo. 20 de outubro de 1928, p. 1.

81   AESP – Jornal O Estado de São Paulo. 21 de outubro 1928, p. 3. Grifo no original. A propaganda localizada acima do anúncio do Alto da Boa Vista é de um veículo da General Motors of Brazil S.A., o Pontiac Six.

Tabela 10 – Valor do metro quadrado de alguns loteamentos, 1911-1930				
Nome	Legenda*	Localização/ zona	Valor do m²	Lançamento**
Villa S. Raphael	27	Leste/ rural	3$000	1924 (Nov.)
Villa Jahú	32	Leste/ rural	5$000	1925 (Ago.)
Nova Manchester	35	Leste/ suburbana	4$285	1925 (Jan.)
Villa Vampré	43	Leste/ rural	4$500	1925 (Nov.)
Villa Pereira Barretto (Pirituba)	18	Norte/ rural	2$000	1922 (Nov.)
Alto da Lapa	10	Oeste/ suburbana	8$000 a 15$000**	1921****
Jardim Europa	12	Oeste/ suburbana	12$000 a 20$000	1922 (Abr.)
Sumaré (Pacaembu de cima)	42	Oeste/ suburbana	16$000 a 50$000****	1925 (Nov.)
Alto dos Pinheiros	45	Oeste/ suburbana	25$000	1925****
Villa Pompeia	3	Oeste/ suburbana	4$000	1914 (Abr.)
Indianopolis	2	Sul/ suburbana	1$200	1913 (Jul.)
Bosque da Saude	7	Sul/ rural	3$000 a 20$000***	1921 (Fev.)
Paraisopolis	9	Sul/ rural	1$200 a 3$800***	1921 (Nov.)
Americanopolis	8	Sul/ rural	1$200 a 3$800***	1921 (Nov.)
Villa S. Pedro	19	Sul/ rural	1$200 a 3$800***	1922 (Nov.)
Jardim das Acacias	20	Sul/ rural	1$200 a 3$800***	1923 (Ago.)
Morro da Aclimação	40	Sul/ urbana	25$000 a 30$000***	1925 (Mar.)
Villa Conceição	46	Sul/ não localizada	3$000 a 4$000*****	1926 (Mai.)
Jardim Villa Marianna	49	Sul/ urbana	16$000 a 30$000***	1928 (Abr.)

Fonte: Jornal O Estado de S. Paulo entre janeiro de 1911 e dezembro de 1930. * Referente à localização do loteamento nas plantas Zoneamento municipal em 1924 e Localização aproximada dos loteamentos, 1911-1930.
** Tomando como base o primeiro anúncio ao mercado. *** Variação segundo a localização. **** 16$000 a 40$000 se pagos à vista e de 20$000 a 50$000 se o pagamento fosse parcelado. ***** Localização não identificada.

A tabela encontra-se classificada por localização dos empreendimentos na cidade, de modo a tentar demonstrar como as diferentes regiões da cidade, cada qual com seus respectivos serviços e funções, proximidades ao centro e com infraestrutura urbana ou não, tiveram seus terrenos valorizados quando postos à venda, tendo em vista estes fatores. Os respectivos loteamentos também podem ser visualizados na planta adiante com sua localização segundo o zoneamento da cidade.

Os lançamentos Indianópolis e Vila Pompeia, por exemplo, ambos lançados no início da década de 1910 apresentam uma diferença em relação ao valor do m² na ordem de 233,33%, mesmo com ambas as regiões servidas, por volta de 1913-1914 por linhas de bondes em suas proximidades. O diferencial, contudo, parece ter residido nas proximidades de cada um dos loteamentos em relação ao centro da cidade e, também, pela proximidade das canalizações dos serviços de água seguida pela dos esgotos em cada uma das áreas, como pode ser comparado nas respectivas plantas destes serviços com a planta que traz a localização aproximada dos loteamentos.

Entre os demais exemplos, apesar de terem sido lançados em diferentes datas, predominam ao longo da década de 1920, o que permite uma relativa comparação de seus valores por m² em relação à região. O caso da região sul é emblemático, pois ao mesmo tempo em que concentrou uma grande quantidade de loteamentos também os valorizou de formas diferentes, claro que dado à amplitude da área a ocupar, como são os casos do Morro da Aclimação e do Jardim Vila Mariana que possuíam valores por m² superiores aos demais loteamentos ali localizados. Há que considerar nesta região os valores do Bosque da Saúde, que partindo de 3$000 chegava a 20$000 o m² do terreno, conforme a localização; já no caso da Vila Conceição é impossível determinar as condicionantes do valor de seu m² em função de não ter sido localizada na região.

O diferencial entre estes loteamentos novamente parece ter sido, num primeiro momento a proximidade às linhas de bondes, por mais que ao longo da década esse serviço tenha começado a perder sua capacidade de agregar valor ao território por onde atravessava em função das construções das autoestradas e da proliferação dos veículos, incluindo os ônibus.[82] E, num segundo momento, aos serviços de saneamento básico (água e esgotos) que, com exceção dos loteamentos Morro da Aclimação e Jardim Vila Mariana, que estavam situadas na chamada segunda zona, a urbana, por isso mais próximas de receberem a infraestrutura para estes serviços, caso não os tivessem, os demais se situavam mais distantes da possível infraestruturação por estes serviços.

Com relação aos loteamentos situados na região leste da cidade, os mesmos apresentavam um valor por m² um pouco superior àqueles loteamentos sem infraestrutura localizados na região sul. Vale destacar que entre os situados na região leste, apresentados na tabela acima, apenas Nova Manchester estava localizado na zona suburbana enquanto os demais se situavam na zona rural. Quanto aos preços por m² destes loteamentos, considerando o valor mais baixo do terreno, a média de preços ficou em torno de 2$658, valor bem abaixo dos valores registrados nos loteamentos lançados na região oeste da cidade, onde existiam linhas de bondes e a infraestrutura sanitária como objeto a agregar valor aos imóveis. Cabe lembrar mais uma vez, que muitos destes serviços foram negociados junto aos poderes públicos e às concessionárias privadas de serviços

---

82   Após a Revolução de 1924 e da crise de energia elétrica (devido à seca do mesmo ano) houve racionamento de energia elétrica na cidade, com isso os bondes elétricos começaram a perder espaço para os ônibus. Eram caminonetes Ford e Chevrolet que os motoristas adaptaram bancos transversais com capacidade de para 18 passageiros. "O molejo era duro, os motores ferviam, o barulho era intenso, mas ia-se para casa, a 500 réis por passageiro nas linhas curtas, e a 10 tostões nas extensas", como conta Jorge Americano. *São Paulo nesse tempo (1915-1935)*. São Paulo: Melhoramentos, 1962, p. 84-85.

desta natureza diretamente pelos incorporadores, como a City, a Cia. de Immoveis e Construcções ou a Cia. Cidade Jardim.

Outro meio de se captar os fatores de valorização dos imóveis encontra-se no processo de zoneamento, inicialmente regulamentado pela prefeitura em 1915 e, mais tarde, mantido pelo Padrão Municipal de 1920. Por meio do zoneamento, foram estipuladas as funções, os nivelamentos e alinhamentos das construções, as regras de construção etc. para cada região da cidade, os quais acabaram contribuindo para valorização de dadas áreas em detrimento de outras.

Segundo a lei de 1915, os serviços que deveriam ser oferecidos no perímetro urbano e que poderiam repercutir diretamente sobre a valorização da imóvel incluíam calçamento de todas as ruas, construção de galerias de águas pluviais e oferecimento de iluminação, água e esgotos, enquanto proibia a instalação de cortiços. Já ao suburbano, deveriam existir galerias de águas pluviais, iluminação, água potável e esgotos, enquanto suas ruas não precisariam ser calçadas, mesmo assim deveriam ser dotadas de guias com o objetivo de os proprietários de prédios e terrenos construírem os passeios, assim como era obrigatório nos perímetros urbano e central. Os capinzais até poderiam existir no suburbano, inclusive em terrenos alagadiços, desde que drenados. Já no perímetro rural, os serviços e melhoramentos previstos pela legislação se resumiam à estruturação viária, como a conservação e a construção de estradas, de pontes ou pontilhões, com o único objetivo e ligar aos outros perímetros e núcleos da cidade.

Com a revisão destas áreas promulgadas pela lei de 1920, houve uma pequena ampliação nas áreas correspondentes a cada uma delas, enquanto também foi redefinida sua denominação para "zona" e restabelecidas as áreas para central, urbana, suburbana e rural. Nestas zonas, os serviços públicos eram tratados pelo viés de que todas estavam ou deveriam estar servidas pelos serviços de água, esgotos, iluminação etc. O problema, contudo, era que estes equipamentos e seus respectivos serviços não estavam disponíveis conforme previa a legislação, por esta razão sua disponibilização repercutia no sentido de valorizar a área em questão.

Segundo a planta a seguir, que demonstra os zoneamentos da cidade de acordo com a legislação de 1920, é possível perceber como cada loteamento acima referenciado aparece em relação ao zoneamento, e assim visualizar como em determinadas zonas há um maior oferecimento de serviços, mesmo diante de a legislação tentar abarcar a cidade em suas diferentes zonas no que se refere aos serviços de água e esgotos. Desta forma, é possível interpretar que tais serviços não chegavam tão facilmente à totalidade dos loteamentos, especialmente àqueles localizados nas regiões mais distantes do centro, destinados a populações de baixa renda.

Não é coincidência, portanto, as observações de Jorge Americano sobre como as águas residuais eram descartadas nos bairros mais novos da cidade, que reflete a ineficiência no oferecimento de tais serviços e demonstra como tais obras podiam ser fator de valorização do solo urbano: "grande parte dos bairros novos servia-se de fossas, sem condições higiênicas elementares, e comunicando-se, às vezes, por infiltrações subterrâneas, com as cisternas de água de beber (...) a rêde de esgotos despejava-se tôda, sem nenhum tratamento asséptico, no Rio Tietê."[83] Ou ainda, as observações de Afonso Schmidt, que conta que por volta de 1924, por exemplo, os anúncios de móveis para aluguel traziam a expressão "com água na torneira", para que a mesma fosse locada rapidamente, mas na realidade o imóvel não recebia nenhuma gota d'água. "Isso não passava de uma piedosa mentira, pois todos sabiam que as torneiras, tendo esquecido a primitiva função de verter água, tinham sido transformadas em cabides, ou mesmo em enfeites das cozinhas."[84]

Neste quadro, vale destacar que em ordem decrescente os loteamentos acima indicados com os respectivos valores do m^2 mais caros estavam na zona urbana e na zona suburbana, sendo que os situados na zona rural apareciam com os menores valores. Outra observação é o fato que no sul da cidade, os loteamentos situados na zona urbana adquirem especial valorização frente àqueles da mesma região localizados na zona rural, como podem ser visualizados na planta a seguir que traz os loteamentos sob as linhas de zoneamento determinadas pelo Padrão Municipal de 1920.

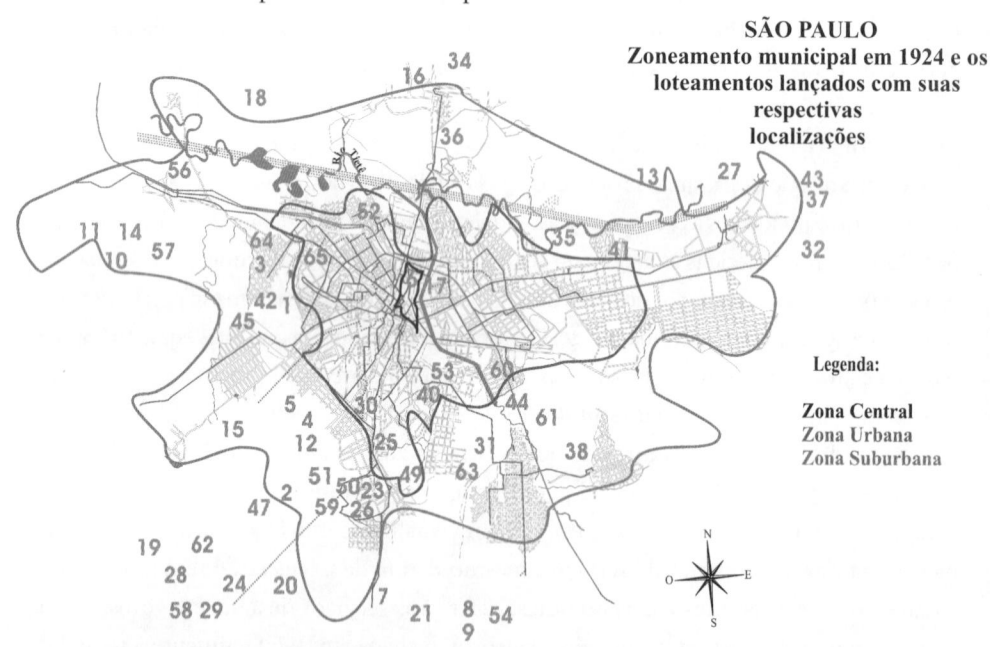

SÃO PAULO
Zoneamento municipal em 1924 e os loteamentos lançados com suas respectivas localizações

Legenda:

Zona Central
Zona Urbana
Zona Suburbana

Fontes: Planta da Cidade de São Paulo mostrando todos os arruamentos e terrenos arruados - 1924; Jornal O Estado de São Paulo, 1911-1930; Planta Geral da Cidade de São Paulo com indicações diversas, 1914; Revista Ligação - Saneamento, Meio Ambiente e Desenvolvimento Sustentável, Sabesp, Set/ Out. 2000.
Desenho: Marcia C. Zabotto, 2005.
Organização: Fábio A. dos Santos, 2005.

83   Jorge Americano. *Op. cit.*, 1962, p. 63.

84   Afonso Schmidt . *São Paulo de meus amores*. São Paulo: Paz e Terra, 2003, p. 131.

Segundo a planta acima indica, a maioria dos loteamentos situados na zona suburbana, principalmente os localizados na região oeste, estavam entre aqueles com o maior preço por metro quadrado, enquanto na região sul os dois loteamentos mais valorizados estão situados na zona urbana, o Morro da Aclimação e o Jardim Villa Aclimação. Em seguida aparecem os loteamentos localizados na zona rural, independente da região cardeal. De qualquer forma, cabe realçar das amostras disponíveis que o loteamento que apresenta o maior valor por metro quadrado se situava, nos anos 1920, na zona suburbana, porém, na região oeste da cidade.

Em 1925, em Relatório à Câmara Municipal, o prefeito apresentou uma comparação dos valores venais dos terrenos da cidade entre 1916 e 1924. A comparação permite vislumbrar a valorização registrada em todas as zonas da cidade, mas, sintomaticamente, é a área chamada de rural que apresenta o maior índice de valorização.

Tabela 11 – Valor médio venal do terreno na cidade de São Paulo , 1916 e 1924

Zonas	1916*	1924*			Profundidade ****	Valor linear*****	Valorização *****
		Com melhorias **	Sem melhorias ***	Média final			
Triângulo	1:000$000	3:000$000	-	3:000$000	35	105:000$000	3
Zona Central	165$000	600$000	300$000	450$000	40	18:000$000	3
Urbana	23$500	100$000	30$000	65$000	45	2:925$000	3
Suburbana	3$000	15$000	5$000	10$000	45	450$000	3
Rural	$100	1$000	$100	$550	45	24$750	5

Fonte: Alesp - Annexos ao Relatorio de 1924 apresentado á Camara Municipal de São Paulo pelo prefeito Dr.Firmiano de Moraes Pinto. São Paulo: Casas Vanorden, 1925, p. 180. * Valores médios do metro quadrado, com cálculos aproximados. ** Dotada de todos os melhoramentos urbanos (média). *** Parte não dotada de melhorias urbanas (média). **** Média dos lotes, em metros que, multiplicadas pelo valor da média final resultam no valor linear do terreno segundo a profundidade. ***** Coeficiente de valorização em 1924 ante 1916.

A valorização da área rural estava ligada a um processo já em andamento em fins do século XIX, quando começaram a ser incorporadas à malha urbana por meio dos arrabaldes num "febril" processo de valorização e de especulação que, inicialmente, tinham seus preços muito reduzidos no mercado imobiliário. Foi o caso de surgimento de bairros como Santa Cecília, Campos Elíseos, Liberdade, Barra Funda, Paraíso, além de outros surgidos ao longo das linhas férreas e que se tornaram bairros operários.[85]

Estes dados também remetem ao papel da legislação que tratou a área considerada rural de forma diferente das outras. As áreas não localizadas no Triângulo, primordialmente, não estiveram à mercê de formas específicas de uso e ocupação, com isso os subúrbios considerados populares logo se tornaram atrativos no ponto de vista das oportunidades de investimentos, que abarcavam a possibilidade da mistura de funções, cuja origem remonta às ferrovias.[86] Em seguida, com zoneamento implementado em 1915, as construções do perímetro rural poderiam acontecer sem a aprovação de plantas, o que significou a abertura de loteamentos à margem da administração pública, fato que é alterado somente com a Lei nº 2.611, de 1923, que estabelece condições para novos loteamentos.

Por outro lado, também houve neste intercurso pouca atenção à área rural, exceto a partir da gestão de Washington Luís quando este passou a incentivar sua ocupação como meio de gerar pequenos núcleos produtivos com o intuito de incentivar a agricultura na região, de modo a amenizar o problema com o abastecimento de gêneros de primeira necessidade afetado pela Grande Guerra, em 1914.

Outro fator a considerar neste processo de valorização são as consequências da Lei Torrens, de 1890, que se fazia refletir sobre a apropriação de terras nestes anos. De acordo com a lei foi possível aos interessados requererem o direito da "liberdade" de transferência de terras, que era muito simples, aliado ao fato de que o Estado se tornava responsável frente ao aparecimento de supostos outros proprietários da mesma terra; da mesma forma que havia dispensa de levantamento documental para se verificar se a terra tinha sido objeto de sucessivas transações comerciais, o que facilitava possíveis fraudes. A lei ainda dava margem para que grupos formassem companhias para se apossar de largas extensões de terras nos arrabaldes da cidade sem nenhum ônus, e a pressão maior recaiu sobre a área considerada rural, que teve seus terrenos valorizados.[87]

Em 1916, por exemplo, o Belenzinho pertencia ao perímetro suburbano e compunha o limite de uma área em contínua urbanização. A partir dele, a ocupação era rarefeita, mas não desértica. Era um bairro de fronteira e de "grande demanda gerada pela expansão fabril do Brás", por isso mesmo, "um empreendimento nessa zona, além de garantir um alto e imediato

---

85   José Geraldo Simões Júnior. *O setor de obras públicas e as origens do urbanismo na cidade de São Paulo*. São Paulo: Dissertação de Mestrado, EAESP, FGV, 1990, p. 53.

86   Raquel Rolnik. *Op. cit.*, 2003, p. 116.

87   Maria do Carmo Bicudo Barbosa. *Tudo como dantes no quartel de Abrantes. As práticas da produção do espaço da cidade de São Paulo (1890-1930)*. São Paulo: Tese de Doutoramento, FAU, USP, 1987, p. 266 e segs.

retorno do investimento, beneficiar-se-ia da valorização futura do bairro, quando a fronteira se deslocasse para mais adiante e o bairro contasse com as infraestruturas que outros pontos da cidade já possuíam àquela data: calçamento das vias, arborização das ruas, iluminação pública e eletricidade domiciliar, rede de água encanada e esgotos, rede de gás. Em 1928, o Belenzinho foi coberto pelas redes de água e esgoto e algumas de suas vias foram calçadas. O loteamento, que começou como um posto avançado de fronteira, servido apenas por uma linha férrea e uma linha de bonde, sem praticamente nenhum tipo de serviço, ganhou uma valorização fabulosa após a instalação da infraestrutura." Mesmo assim, para explicar a valorização desta zona, foi preciso intensidade na ocupação com densidade construtiva associada à implementação da infraestruturação urbana.[88] E tais fatores eram reforçados pela demanda por moradia numa cidade com crescente aumento demográfico, o que responde a valorização das terras localizadas nos arrabaldes da cidade, mesmo que não acompanhadas dos devidos serviços de infraestruturação, num primeiro momento.

Vale considerar ainda o processo de verticalização da cidade, regulamentado pelo Padrão Municipal de 1920, o qual estipulou além das zonas da cidade, também as formas de construção dos prédios. Ao regulamentá-la, a legislação refletiu uma situação de mudança já em curso nas construções da cidade. Vale lembrar que o projeto foi apresentado por Heribaldo Siciliano, que era um dos proprietários da Siciliano & Silva, empresa dedicada à construção civil que se destacava naquele momento com a construção de prédios com a introdução do concreto. Em termos legais, a verticalização foi autorizada e estimulada na zona central, enquanto na zona urbana somente sob condições, mas proibida nas zonas suburbana e rural.

Ao consentir com a possibilidade de verticalização somente na zona central, essencialmente, foi atribuída a esta zona uma nova forma de potencializar os investimentos imobiliários, que garantiram uma grande elevação dos preços dos terrenos e imóveis ali localizados durante os anos 1920, com a construção de edifícios mais altos e a maximização do espaço urbano. O loteamento lançado no entorno do Parque D. Pedro II, inaugurado parcialmente em 1922, foi um dos empreendimentos que tiveram grande lucratividade e aparentemente se beneficiou deste fato, da mesma forma que os lotes colocados à venda pela Cia. City, na região do Anhangabaú, em 1929.

Isto posto, as elites instaladas nos postos chaves dos poderes públicos, em situações de privilégio na sociedade paulistana e que em alguns casos também estavam associadas às empresas imobiliárias e ao processo decorrente de negociação com o solo urbano, podem ter se beneficiado de várias formas do processo de expansão urbana heterogêneo, fragmentado e privado instaurado na cidade. Capitalizavam a renda fundiária e acumulavam capital sob um duplo caminho: quando expulsavam os contingentes de indesejáveis do centro

---

88   Raquel Rolnik. Op cit., 2003, p. 121-122.

para os arrabaldes da cidade e valorizavam o solo, promovendo inclusive a verticalização; e enquanto se promovia a densidade da ocupação nos arrabaldes, capaz de valorizar a terra e expandir as fronteiras de ocupação.

Num segundo plano, pelo lado dos compradores, na qual a maioria era composta por trabalhadores, a aquisição de tais imóveis (mesmo que sem infraestrutura ou localizados distantes do centro), respondia muitas vezes à conquista do imóvel próprio, o qual poderia ser construído segundo os critérios e desejos de cada um deles. Estariam, ainda, pagando por um bem próprio, o que lhe conferia a sensação de pertencimento ao capitalismo com o devido aumento da autoestima pela conquista, por mais que o pagamento do bem levasse décadas. Não em vão que os lotes localizados na área de zoneamento considerada rural eram as que mais valorizavam segundo avaliação da prefeitura realizada em 1924.

Ao discorrer sobre os preços dos imóveis na cidade, Jorge Americano conta que uma construção empreendida em 1909 foi custeada à base de 150 mil réis o m^2, em terreno localizado à alameda Ribeiro da Silva, cujo terreno foi comprado por 10 mil réis o m^2. Num segundo exemplo, em 1920, outra construção localizada em Perdizes ficou a um custo de 200 mil réis o m^2, sobre um terreno que havia custado 20 mil réis o m^2. Já em dezembro de 1935, em uma casa localizada na rua Ceará, em terreno adquirido da Cia. City, o custo do terreno foi de 100 mil réis o m^2, enquanto o custo da construção ficou em 500 mil réis por m^2.[89] Estes exemplos demonstram inequivocamente como os valores do solo urbano e das construções em si, localizadas nas áreas centrais da cidade possuíam altos índices de valorização, igualando a vizinhança desejada.

Há ainda outro item marcante neste processo, o fato de estas especulações acabarem por sanear um dos problemas mais almejados pelas elites: a expulsão de largas parcelas da população consideradas indesejadas para fora dos limites centrais da cidade, pois não se enquadravam aos parâmetros da modernização pretendida, mesmo sendo imprescindíveis enquanto mão-de-obra, o que também explica o aparecimento de variados loteamentos populares e vilas operárias e volta das fábricas e indústrias localizadas nas regiões distantes do centro. Não se pretende afirmar aqui, contudo, que esse processo tenha sido elaborado de antemão e posto em prática de modo estanque, mas é inegável que um dos resultados foi a resposta dada aos anseios das elites que procuravam sanear os cortiços, a rua, os hábitos, as práticas urbanas, o trabalhador, colocando-os distantes do centro civilizado.

Da mesma forma, neste processo de expansão do tecido urbano com sua respectiva valorização e ocupação, as águas dos rios e várzeas também foram cada vez mais distanciadas das áreas que por ventura pudessem obstruir o crescimento urbano, por meio das retificações, canalizações etc., ou simplesmente despejadas para longe, pois mesmo sendo imprescindíveis ao homem, elas cada vez se tornavam empecilhos aos interesses predominantes na cidade.

---

89   Jorge Americano. *Op. cit.*, 1962, p. 307.

Assim, as intervenções postas em prática foram decorrentes de obras de melhoramentos urbanos, mas também por meio de um conjunto de instrumentos tributários e reguladores do uso e das formas de ocupação do solo urbano. Além disso, muitos dos serviços públicos requisitados e indispensáveis ao conjunto da cidade podiam ser direcionados a partir de pressões e influências econômicas e políticas sobre o Estado, que podia ou não direcionar e investir nestes serviços. Basta considerar a inexistência ou a deficiência dos serviços de água e esgotos, por exemplo, em relação às regiões que foram loteadas no período, para se perceber a falta de conexão e equilíbrio entre o oferecimento deste serviço público e os respectivos loteamentos.

EPÍLOGO

Ser Tebas é, em São Paulo, na Pauliceia, desde há 150 anos, sinônimo de empreendedor, hábil, inteligente, capaz de tudo fazer com acerto e perfeição.
Essencialmente paulistana é a origem dessa expressão ainda hoje em voga entre os raros representantes das passadas gerações genuinamente paulistas.

Affonso A. de Freitas. *Tradições e reminiscências paulistanas.* 2. ed., São Paulo: Livraria Martins Editora S.A., 1955, p. 59

CONSIDERAÇÕES FINAIS

Ao adentrar o último quartel do século XIX, a cidade de São Paulo passou a vivenciar um ritmo de vida econômico e sociocultural que, conjugados aos fatores e valores do capitalismo em consolidação nos países centrais do sistema, permitiram às elites cada vez mais endinheiradas imprimir nova dinâmica à sua vida econômica, consolidando importantes inversões na *urbe*, incrementando sua urbanização e o adensamento populacional dela decorrente.

Era um momento ímpar, como bem designou Eurípedes Simões de Paula, a segunda fundação da cidade de São Paulo, pois emergia também a necessidade de as elites imporem a modernização e a civilização nas cidades, que englobava a noção de limpeza, física e moral, em contraposição à sujeira.

Entrava em jogo, gradativamente, a tentativa de incrustar na sociedade a prática da civilidade, que ao longo do século XIX vinha se impondo como forma de melhoria nas condições de vida associado às inovações resultantes da Revolução Industrial e aos modelos urbanos originários da França, Inglaterra e Alemanha. Por esta razão, no Brasil, ela foi largamente utilizada como forma de se contrapor ao modo de vida rural, que fundada na monocultura e no escravismo, representava o que se desejava superar e explica a investida em instituições tipicamente urbanas nas principais cidades, ao final do século. Era a tentativa de, nos interstícios do processo, dotar as cidades de instituições capazes de representar justamente o que se considerava como *civilizado*.

No Brasil, a tentativa de inserir as principais cidades entre aquelas que pudessem representar estas dimensões foram patentes. Na capital brasileira, Rio de Janeiro, por exemplo, na virada do século XIX ao XX foram marcados por esta ambição, resultado de importantes mudanças econômicas que permitiu a ela o *status* de centro cosmopolita, e de onde se irradiavam padrões e valores originários de países europeus. Para tanto era preciso mudar as condições sanitárias das moradias do centro, porque próximas ao principal porto de importação e exportação, além de acabar com o título do Rio de Janeiro de "túmulo do estrangeiro", em função das muitas epidemias e da falta de infraestrutura que assolavam a cidade. Foi desta problemática que emergiram as reformas urbanas na cidade do Rio de Janeiro; também foi deste contexto que culminou a Revolta da Vacina, em 1904.

Como se procurou demonstrar, a capital paulista, símbolo da riqueza gerada pelo complexo econômico cafeeiro também atravessou um intenso processo de transformações propostas como intervenções modernizadoras. O impacto foi análogo, já que também transitou de fundamentos majoritariamente dominados pela religião católica, pelo sistema escravista e pelo mundo rural, com espaços de sociabilidade circunscritos basicamente às igrejas para uma fase de inauguração de monumentos laicos, com surgimento de jornais, instituições, novos grupos sociais e a materialização de uma série de construções e obras urbanas. Mesmo assim, o processo de urbanização de São Paulo foi assinalado por especificidades próprias que o diferenciaram do caso do Rio de Janeiro.

O primeiro elemento a contribuir para a formação destas especificidades foi a articulação entre a riqueza gerada pelo café e seus fatores decorrentes com a modernização urbana que se pretendeu a ela impor, evidentemente que apoiado pelas transformações resultantes da Segunda Revolução Industrial. Assim, se por um lado, a riqueza gerada pelo complexo cafeeiro incentivava a sua reprodução em nível provincial (e depois estadual), por outro, também alterou as relações de sociabilidade nas principais cidades que cresciam sob os liames destas mesmas mudanças. A partir de então, novas formas de aplicação de capitais se abriam no cenário econômico alterando gradativamente os fundamentos do que se considerava como riqueza.

A construção das ferrovias paulistas foi um dos principais elementos destas mudanças na aplicação de capitais e refletiu dois movimentos. O primeiro a atratividade que a Província exercia ao capital estrangeiro; e, em segundo, a capacidade financeira dos então cafeicultores paulistas em procurar soluções para os problemas que os afligiam. A primeira ferrovia construída em São Paulo, a São Paulo Railway, ligando Santos a São Paulo em 1866, e no ano seguinte chegando a Jundiaí, demonstra como o capital inglês se interessava pelos lucros que a cafeicultura auferia. A Cia. Paulista, por seu turno, que prolongou o ramal de Jundiaí a Campinas em 1872, por exemplo, reflete a capacidade financeira dos fazendeiros em dotar a região de tamanho melhoramento infraestrutural, da mesma forma que outras companhias ferroviárias que foram fundadas na Província daí por diante.

Os reflexos da instalação ferroviária e sua convergência na capital paulista foram marcantes, pois colocavam a cidade em contato direto com o porto exportador, Santos, e fazia a intermediação do porto com o interior e, ainda, com a capital brasileira. Uma nova fase se abria à capital paulista, portanto, incrementando a atração exercida ao capital estrangeiro; atraindo fazendeiros do interior, que para a cidade se mudavam; gerando cada vez mais demanda por novos serviços, funções e infraestrutura; criando condições para a diversificação do capital; incentivando o surgimento das primeiras indústrias; atraindo trabalhadores.

Com a República instaurava-se outro fator de relevância no conjunto das especificidades de São Paulo. Junto com ela adotou-se o Federalismo e os recursos originários dos impostos de exportação foram redirecionados para os cofres estaduais, juntamente com uma relativa autonomia que possibilitava a cada Estado legislar segundo seus interesses. E, no caso de São Paulo, com os recursos oriundos da exportação do café, os cofres estaduais foram largamente beneficiados.

Neste quadro, São Paulo passou a se diferenciar ainda mais ante ao conjunto nacional, pois os homens responsáveis pelos poderes públicos também eram aqueles ligados à cafeicultura, por esta razão implementaram políticas públicas que contemplavam seus próprios interesses, como a política imigratória (que deu origem à imigração em massa), o Serviço Sanitário (gerando os serviços de saúde), a encampação dos serviços de água e esgoto da capital etc. A cidade passou a crescer num ritmo até então desconhecido, mas junto com ela, também cresceram os problemas inerentes desta ocupação urbana.

Por isso, a virada do século XIX para o XX foi um momento especialmente marcante para a cidade de São Paulo, pois se conjugava no espaço citadino a emergência da riqueza com a pobreza que resultaram em consequências diversas para ambas as populações, separadas pela fronteira econômica e social. Era mister solucionar os problemas que marcavam negativamente o perfil da cidade, principalmente considerando a riqueza que para ela afluía.

Assim, entre as intervenções postas em prática visando inserir a cidade no contexto da modernidade em meio ao crescimento dos problemas urbanos, buscou-se dar cabo da sujeira natural e da produzida pelo homem, fosse ela material ou àquela tratada como sinônimo de maus hábitos e vícios. Neste quadro, portanto, a questão da salubridade da cidade foi uma das principais questões a se enfrentada pelos administradores urbanos. O problema era que ela não mais correspondia a uma pequena e pacata cidade de estudantes, mas sim dotada de um ritmo de urbanização ascendente e contínuo, motivada pelo complexo cafeeiro, pela imigração em massa e pela instalação das primeiras indústrias.

Para sanar os problemas que nela apareciam, portanto, foi preciso nela intervir, devido ao inchaço populacional em curso que gerava sujeiras de toda espécie. Na Inglaterra de meados do século XIX, por exemplo, o tema foi tratado a partir da noção de selvageria, a partir da qual se abordou como forçoso dotar a população pobre dos meios capazes de transformar o *conforto selvagem* em *conforto civilizado*. A discussão, presente nos *Relatórios da sociedade para melhoria das condições e aumento do conforto dos pobres*, publicado em 1844, indica que as condutas da população pobre era um reflexo do "seu entorno imediato", resultante do conforto e do desconforto em que viviam.[1] E por estar sob condições insalubres deveriam passar por intervenções capazes de enquadrá-los nos moldes da limpeza, fosse ela física ou moral.

O problema residia primordialmente no calor do encortiçamento e do confinamento, nas drogas, no álcool, na vadiagem, na promiscuidade, no anonimato das pensões, na preguiça etc. que "elegiam" a sujeira mais que o esforço. Era preciso instaurar o conforto civilizado a estas populações, portanto. Esta proposta, contudo, foi tratada como método de intervenção com o objetivo de aumentar a responsabilidade dos moradores enquanto locatários e amenizar os efeitos da doença e da preguiça.[2]

Em São Paulo, as práticas utilizadas procuraram intervir nos espaços físicos da cidade recaindo sobre os aspectos que tangenciavam a vida dos trabalhadores, porque pobres e perigosos: eram as moradias mal-iluminadas, os cortiços, as habitações coletivas. Ao se aglomeraram em bares, prostíbulos e demais locais insalubres, estes homens poderiam gerar vício e degenerescência. As intervenções, contudo, também se estenderam para regiões estratégicas da cidade que, depois de saneadas, poderiam abrigar formas e funções "limpas" de utilização, como as várzeas, os charcos, os rios e suas águas etc.

A instauração do serviço de iluminação elétrica nas vias públicas é um exemplo deste fenômeno, e também fundamenta a ideia de limpeza, de saneamento. Se num primeiro momento os odores e a fumaça gerada pela iluminação a gás eram eliminadas, tornando o serviço limpo e inodoro, em seguida, com a energia elétrica, além de torná-lo mais eficiente no tocante à iluminação em si, também estendia esta eficiência ao meio urbano, contribuindo para a higiene da cidade, por meio do saneamento da impureza representada pelos espaços escuros, por isso perigosos. Os locais propícios para a reprodução de periculosidade seriam eliminados: fisicamente e moralmente, tanto como locais favoráveis ao crime quanto como espaços privilegiados para a manifestação de vícios, vadiagens, prostituição etc.[3]

É neste sentido, pois, que se pretendeu demonstrar como a sujeira, as impurezas, as degenerescências foram combatidas, através das diferentes formas de intervenção, fossem

---

1   Primeiro Relatório dos comissários que investigaram a situação de grandes cidades e distritos populares, Londres, 1844, *Apud* François Beguin. "As maquinarias inglesas do conforto." In: *Espaço & Debates*. Trad., São Paulo: Núcleo de Estudos Regionais e Urbanos, nº 34, 1991., p. 47-49. O conforto ao qual o autor se refere diz respeito à habitação, desde que dotada de uma série de equipamentos que a integraria ao conjunto da cidade: sistema de abastecimento de água, esgotos, aquecimento, limpeza pública, coleta de resíduos, drenagem de águas etc.

2   *Ibidem*, p. 48-49.

3   A ideia da luz como meio de limpeza parte das argumentações de Sérgio Bairon. "Higiene pública." In: *Memória*. São Paulo: Departamento de Patrimônio Histórico da Eletropaulo, jul.-dez. de 1993, ano V, nº 19, p. 57.

elas sobre o tecido citadino, fosse por meio da legislação ou das construções civis, tendo como elemento norteador as águas da cidade.

As águas e suas funcionalidades compõem um importante vetor das transformações que se processaram na cidade. Elas foram imprescindíveis para a formação no núcleo humano, em termos alimentícios e de defesa; em seguida, também contemplaram a possibilidade de interiorização do território; motivaram o aparecimento de outros povoados, vilas e cidades ao longo dos cursos d'água; possibilitaram a abertura de caminhos. As águas também foram largamente utilizadas pela população na esfera do trabalho, como as lavadeiras, os pescadores, barqueiros etc. Proporcionalmente, porém, suas funções também abarcaram o despejo crescente de resíduos domésticos e "industriais", o que contribuiu sobremaneira para sua deterioração, ao passo que a demanda destinada ao consumo humano crescia, assim como para a geração de energia elétrica, com o passar dos anos. Desta forma, as águas estiveram diretamente focadas nas diversas formas de intervenção realizadas na cidade, e na maioria das vezes em estreita relação com o processo de ocupação e valorização do solo urbano.

No tocante às intervenções, várias foram as formas empregadas. Em termos legais, as Posturas Municipais já revelavam elementos reguladores da cidade que se desejada, mas suas disposições e regulamentações foram recrudescidas com as sucessivas leis municipais que tratavam de regular a ocupação do espaço, suas funções e construções, e todas elas em estreita relação com o processo de valorização do solo urbano. Em outro escopo de ações e intervenções, a criação dos Serviços Sanitários no Estado de São Paulo e a posterior estruturação dos serviços de saúde no estado também compõem o rol das intervenções que foram utilizadas na configuração da sociedade desejada. Da mesma forma que a encampação da Cia. Cantareira, encarregada dos serviços de água e esgoto, por parte do estado; e dos serviços de limpeza pública, por parte do município. É importante frisar que estes marcos legais e institucionais, na maioria das vezes, marcavam a conjunção do discurso científico da época (fundado na teoria miasmática), com a política urbana e as oportunidades de ocupação e valorização da terra urbana.

Desta conjunção de interesses, também ocorreram diversas intervenções públicas através de obras de melhoramentos direcionadas essencialmente ao centro da cidade, mas que também atingiam os moradores dos bairros periféricos e afastados. Dentre as obras, as águas da cidade e seus cursos naturais se tornaram um dos principais alvos, pois paulatinamente se transformavam em problemas, carregando negativamente duas características básicas: num primeiro plano, como *obstáculos ao "progresso" e à ocupação do espaço*, impedindo a incorporação de extensas áreas ao conjunto da cidade. E, num segundo plano, como *problema de salubridade*, pois fundado na concepção miasmática, as várzeas e charcos próximos aos rios eram tratados como locais nocivos à saúde; devido ao crescente despejo de águas residuais nos cursos d'água como forma de afastá-las, sem tratamento algum; devido ao fato de o serviço de abastecimento de água não conseguir dar conta da demanda e nem da qualidade do bem, quando oferecido. E, ainda, sem contar com o fato de as enchentes agonizar frequentemente a vida dos moradores instalados nas áreas mais baixas da cidade, próximas aos cursos d'água.

Sob este escopo de fatores, ainda em meados do século XIX uma primeira intervenção suprimiu o trecho do Tamanduateí conhecido como Sete Voltas, na tentativa de contribuir para a maior fluência do rio, evitando enchentes. Mas foi sob as balizas republicanas que o rio Tamanduateí passou pela sua maior intervenção, sendo ainda mais afastada no sopé da colina histórica, cuja obra foi concluída em 1914, após 18 anos de obras, também visando o "controle" de suas águas, as quais impactaram diretamente sobre a valorização das áreas adjacentes e a vida da população.

O processo de desmonte dos chafarizes da cidade foi outra intervenção que acabou centrado na água, pois com a criação da Cia. Cantareira, em 1877, a empresa passou a obrigar a população à infraestruturar seus imóveis para o recebimento do bem natural. Com isso, a água gradativamente adquiria caráter de bem comercializável, incentivando, inclusive, a profissão de vendedor de água. Por outro lado, muitos imóveis localizados próximos aos chafarizes se revalorizaram, já que não mais haveria em sua proximidade a congregação de pessoas consideradas indesejadas ou de animais. Após a encampação dos serviços da Cia. Cantareira pelo governo do Estado, devido ao não cumprimento do contrato de concessão e à ineficiência dos serviços, a oferta da água aumentou, mesmo assim não o suficiente para responder à demanda crescente; e muitas vezes sua qualidade era tão ruim que contribuía para o agravamento das péssimas condições de saúde vivida pela população.

É neste sentido que as águas da cidade gradativamente passaram a ser vistas como elemento sujo, destrutivo e impeditivo do crescimento urbano – que deveria ser controlado e saneado – fundamentando as diversas formas de intervenções que as agrediam, por meio das transposições, das canalizações, de inversões de cursos etc., ou ainda por meio dos despejos residuais. O argumento: em nome do controle de enchentes, da saúde, da modernização, dos interesses imobiliários etc. Se num primeiro momento as águas eram o elemento facilitador da ocupação, da vida, do lazer e do trabalho, gradativamente sua presença foi se transformando juntamente com as mudanças urbanas em curso. Por esta razão era preciso dominá-las, transpô-las, afastá-las, canalizá-las, retificá-las.

Neste quadro, a cidade de São Paulo foi sorvida por um processo de urbanização que materializava benefícios tecnológicos, econômicos, culturais e sociais numa escala até então desconhecida. Contudo, proporcionalmente também se materializavam os problemas urbanos, devido ao crescente adensamento populacional que cada vez mais recrudescia as contradições e as mazelas inerentes deste mesmo processo. E é justamente nos meandros desta cidade dual e contraditória que as intervenções postas em prática permitem visualizar a *cidade pretendida* – fundada nos valores permeados pela modernização originária dos países centrais do sistema capitalista – da *cidade construída* – baseada nas disparidades e diferenças econômicas e sociais, marcada pela contradição deste mesmo processo. O problema foi justamente o fato de que a modernização pretendida não conseguiu dar conta de promover a modernização de forma completa, inclusive englobando a totalidade da população sob os elementos da modernidade.

No tocante às obras de melhoramentos realizadas pelos sucessivos governos municipais, como a construção do Teatro Municipal, as obras do Anhangabaú, a construção do Parque D. Pedro II, os prédios públicos etc., que pretendiam modernizar a cidade, cabe ressaltar que eles também impactaram diretamente sobre a população e a valorização de determinadas áreas, à medida que incorporavam novas funções e populações sobre as regiões atingidas. O resultado destas intervenções foi a automática expulsão, exclusão e recolocação de parcelas da população para outras áreas da cidade, em busca de moradia, trabalho ou lazer. O que se institucionalizava, portanto, era uma dinâmica que redesenhava a todo instante o lugar de cada um na cidade, fomentando, inclusive o mercado imobiliário, com a criação de bairros populares nas regiões periféricas.

Desta relação do embelezamento, do melhoramento urbano com a valorização do espaço da *urbe* acabou fomentando cada vez os interesses do capital privado quando postas à luz das oportunidades que se abriam diante da própria expansão urbana. Os maiores exemplos desta relação encontram-se na atuação da empresa canadense Light e nas diversas empresas imobiliárias que atuaram no período em questão.

À primeira cabe destacar os atributos técnicos, políticos e econômicos utilizados ao longo de sua atuação na cidade que, utilizando-se de serviços primordiais ao desenvolvimento urbano (transporte e energia elétrica), atuou de forma clara na valorização de áreas de seu interesse imediato, e através de contratos privados para o oferecimento destes serviços em determinadas regiões da cidade, como o caso dos vários contratos firmados com as diferentes empresas imobiliárias visando a instalação do serviço de bonde em loteamentos recém-abertos e dirigidos às elites. E, mais relevante ainda, o caso da construção da Usina de Cubatão e a subsequente autorização para a inversão do curso do rio Pinheiros, com objetivo de utilizar as águas excedentes do rio Tietê, que resultou no processo de desapropriação da área localizada às margens do rio Pinheiros, após as enchentes de 1929.

O outro caso remete às dezenas de empresas imobiliárias que atuaram sobre o solo urbano durante o período em análise. Como se procurou demonstrar, o negócio imobiliário era um setor rentável desde o século XIX, porém, nos anos subsequentes ele foi se tornando cada vez mais atraente para inversões, fossem residenciais ou industriais. O resultado foi a especialização pela qual o setor passou, resultado de um mercado amplo, fluido e com perspectivas promissoras, que aliava a crescente demanda por moradia numa cidade em constante crescimento urbano, industrial e populacional. Em decorrência desta demanda, dezenas de loteamentos, em todas as regiões da cidade, foram lançados no período, o que representa a vitalidade do setor em direta relação com a demanda por moradia.

No quadro maior dos loteamentos lançados na capital paulista, mais uma vez as águas foram essenciais na redefinição de quais populações seriam destinadas a cada região, principalmente ao se contabilizar que junto à maioria dos loteamentos e arruamentos a falta de infraestruturação urbana, como os serviços de água e esgotos, era patente. De qualquer forma, se num dado bairro, loteamento ou arruamento estes serviços eram oferecidos em detrimento de outros, todos acabaram sujeitos e submetidos à lógica da urbanização privada, pois o Estado não conseguia dar conta da demanda por salubridade. Por esta razão, os serviços públicos foram largamente utilizados como meio de valorização e especulação imobiliária, a partir do momento em que passaram a ser incorporados à estrutura urbana não como parte integrante e planejada do conjunto da cidade, mas, essencialmente, como mercadorias disponíveis àqueles que pudessem pagá-los.

Nesta cidade em ebulição, portanto, à luz da atuação das elites em prol da modernidade e da civilidade, os poderes públicos e os interesses privados empreenderam ações visando o domínio das águas até onde elas se interpunham aos seus interesses. Este processo revela, assim, como as intervenções sobre as águas chegavam até onde se convergiam a necessidade de salubridade, a incoporação e valorização da terra urbana e a utilização das águas para fins de geração de energia elétrica. Em contrapartida, as águas das enchentes, para o consumo da população, dos despejos residuais continuaram à mercê do domínio.

Destas prerrogativas, o processo de urbanização da cidade de São Paulo, mesmo tendo apresentado resultados similares aos da capital federal, o Rio de Janeiro, por exemplo, apresentou uma dinâmica própria, na qual era fundada em uma riqueza manifesta que, ao mesmo tempo em que possibilitava a promoção de serviços sanitários, a encampação dos serviços de saneamento básico, as obras de canalização ou retificações de rios, a construção de parques etc. também transformou largas parcelas da população em excluídos deste processo, os quais foram remetidos para as áreas periféricas da cidade, que crescera ao sabor dos interesses privados.

Enquanto isso as elites instaladas no poder procuravam transpor para a cidade a representação do poder econômico que São Paulo parecia estar predestinada a conquistar, era a demonstração da riqueza conquistada que simbolizava uma nova era. Eram prédios públicos, instituições, *boulevares*, teatros, associações de caráter científico etc. a demonstrar o quão civilizado era a capital. Recobrou-se e valorizou-se a figura do bandeirante, marcado pela astúcia, pela valentia e pela bravura.

Por estas razões a exaltação *ser Tebas*,[4] de Affonso Freitas, que era membro do Instituto Histórico e Geográfico de São Paulo, parece representar a visão das elites para o processo de urbanização pela qual a cidade de São Paulo atravessou, especialmente a partir do último quartel do século XIX, como que destinada a ser grande e por isso capaz de transpor os obstáculos, o que resultaria numa metrópole. Porém, Freitas deixou de mencionar o que incorreu a falta do "acerto" e da "perfeição" na urbanização da capital, que foi majoritariamente privada, centrífuga, desigual e heterogênea, que não a contemplou como um todo e no qual as suas águas sofreram grandes agressões e, por extensão, sua população.

---

4 Tebas também significa "homem que tudo faz", segundo Antonio Egydio Martins. *São Paulo antigo, 1554-1910*. São Paulo: Paz e Terra, 2003, p. 421.

BIBLIOGRAFIA

Fontes manuscritas

Documentos municipais

Fundo CMSP/ INTDM/ PMSP – Série Assuntos Diversos – 1598-1955

Directoria de Expediente e Assentamentos de empregados. Termos de contractos – de 5 dezembro de 1924 a 30 de março de 1927.

Directoria de Obras e Viação Livro de Registro – Constructores nº 1

Directoria de Obras e Viação. Livro de Registro – Constructores nº 2, folha 65.

Fontes impressas

Leis, atos e relatórios municipais

Relatórios dos intendentes e prefeitos apresentados à Câmara Municipal de São Paulo, 1911-1930.

Leis e Actos do Municipio de S. Paulo, 1900-1930.

Melhoramentos do rio Tieté em São Paulo. Relatorio apresentado ao sr. Dr. Firmiano Ponto, Prefeito de São Paulo, por F. Saturnino Rodrigues de Brito, Eng. Civil, Consultor. São Paulo: Secção de Obras d'O Estado de S. Paulo, 1926.

Relatorio da Commissão de Obras do Saneamento da Capital apresentado ao Dr. Gabriel Ribeiro dos Santos, Secretario da Agricultura, Commercio e Obras Publicas pelo Dr. Teodoro A. Ramos, Engenheiro Chefe da Comissão. São Paulo: Typ. Brazil de Rothschild & Co., 1927.

Relatorio apresentado pelos engenheiros João Baptista de Almeida Prado e Antenor de Azevedo Soares, relativo aos exercicios de 1928 e 1929, sobre a locação geral do novo canal do rio Tieté e avenidas marginaes; terrenos adquiridos; e acquisições entaboladas, ao Prefeito Pires do Rio. São Paulo: Prefeitura Municipal de São Paulo, 1930.

Relatório da *Comissão de Melhoramentos do rio Tietê. Relatório apresentado pelo Engenheiro Lysandro da Silva, chefe da Comissão de Melhoramentos dos rios Tietê e Tamanduateí, ao Secretário de Obras da Prefeitura de São Paulo, compreendendo os estudos e os trabalhos realizados até 1 de janeiro de 1950.* São Paulo: Prefeitura do Município de São Paulo, 1950.

Relatórios de Presidência de Província

Relatório apresentando pelo inspector de jardins, Antonio Bernardo, ao Ilmo. Sr. Presidente da Província Conselheiro José Alfredo Correia d'Oliveira, em 5 de fevereiro de 1886.

Relatórios de Secretaria Estadual da Agricultura

Repartição de Aguas e Esgotos de S. Paulo. Relatorio de 1907 e 1908 apresentado ao Exmo. Sr. Dr. Antonio Candido Rodrigues, M.D. Secretario da Agricultura, pelo Director Arthur Motta. São Paulo: Typ. Brazil, 1909.

Repartição de Aguas e Esgotos de S. Paulo. Relatorio de 1909 apresentado ao Exmo. Sr. Dr. A de Paula Salles, M.D. Secretario da Agricultura, Commercio e Obras Publicas, pelo Director Arthur Motta. São Paulo: Casa Garraux, 1910.

Relatorio apresentado ao Dr. M. J. de Albuquerque Lins, Presidente do Estado pelo Dr. Antonio de Paula Salles, Secretario da Agricultura – 1910-1911. São Paulo: Typ. Brasil de Rothschild & Cia., 1912.

Relatorio apresentado ao Dr. Altino Arantes, Presidente do Estado pelo Dr. Candido Nazianzeno Nogueira da Motta, Secretario da Agricultura, Commercio e Obras Publicas – 1918. São Paulo: Typ. Brasil de Rothschild & Cia., s/d..

Documentos privados

Annual Report. The São Paulo Tramway, Light & Power Company, Limited. – 1903-1930.

Relatorio do Presidente e Diretores submetido a exame na segunda Reunião Anual dos Acionistas The São Paulo Tramway, Light & Power Limited, Toronto, 1902.

Registro de Sociedade Anônima na Junta Comercial do Estado de São Paulo (Jucesp):

- Companhia Administradora e Territorial Urbana Paulista.

- Companhia Imobiliária Parque da Mooca.

- Companhia Mechanica e Importadora de São Paulo.

- Companhia Parque da Várzea do Carmo.

- Companhia Prado Chaves Exportadora.

- Companhia Urbana Predial.

- Empreza Brasileira de Terrenos Ltda.

- S. A. Indústrias Reunidas F. Matarazzo.

Fundo Afonso D'Esgranolle Taunay

Cadernos pessoais de recortes de jornais de Affonso d'Escragnolle Taunay – 1916 a 1930.

Cadernos de memórias e recortes de matérias de jornais do arquivo pessoal de Affonso d'Escragnolle Taunay, de 1927.

Jornais

Jornal *A Obra* – 1920.

Jornal *A Patuleia* – 1920.

Jornal *A Plebe*. 1917, 1919, 1920.

Jornal *A Vanguarda* – 1921.

Jornal *O Combate* – 1915.

Jornal *O Estado de S. Paulo* – 1911-1930.

Viajantes e memorialistas

AMERICANO, Jorge. *São Paulo naquele tempo (1895-1915)*. São Paulo: Carrenho Editorial/ Narrativa Um/ Carbono 14, 2004.

AMERICANO, Jorge. *São Paulo nesse tempo (1915-1935)*. São Paulo: Melhoramentos, 1962.

BANANÉRE, Juó. *As cartas d' Abax'o Pigues*. São Paulo: Edunesp, 1998, com organização e estudo de Benedito Antunes.

BANANÉRE, Juó. *La divina increnca*. São Paulo: Editora 34, 2001, edição fac-similar.

BARROS, Maria Paes de. *No tempo de Dantes*. 2. ed., São Paulo: Paz e Terra, 1998.

CASTRE, François. "Deux métropoles du Brésil: Rio de Janeiro et São Paulo." In: *Nouvelle Serie. Le tour du monde (Paris, 1860)*. 14e année, n° 31, Tomo XIV, Août, 1908.

DAVATZ, Thomaz. *Memórias de um colono no Brasil*. Trad., Belo Horizonte/ São Paulo: Itatiaia/ Edusp, 1980.

FLOREAL, Sylvio. *Ronda meia-noite. Vícios, misérias e esplendores da cidade de São Paulo*. São Paulo: Paz e Terra, 2003.

FREITAS, Affonso A. de. *Tradições e reminiscências paulistanas*. 2. ed., São Paulo: Livraria Martins Editora S.A., 1955.

GASTINEL, A. *Les égouts de Paris. Étude d'hygiène urbaine*. Paris: Henri Jouve, 1894.

GATTAI, Zélia. *Anarquistas graças a Deus*. 6. ed., Rio de Janeiro: Record, 1984.

JESUS, Carolina Maria de. *Meu estranho diário*. São Paulo: Xamã, 1996.

LEITE, Serafim (S.J.). "Revelações sobre a fundação de São Paulo." In: *Revista do Arquivo Municipal de São Paulo*. São Paulo: Publicação da Directoria do Protocolo e Arquivo da Prefeitura. Ano I, Vol. II, 1934.

MACHADO, Antonio de Alcântara. *Brás, Bexiga e Barra Funda/ Laranja da China*. São Paulo: Martin Claret, 2002.

MARTINS, Antonio Egydio. *São Paulo antigo, 1554-1900*. São Paulo: Paz e Terra, 2003.

NÓBREGA, Mello. *História de um rio (o Tietê)*. São Paulo: Livraria Martins Editora, 1948.

PENTEADO, Jacob. *Belenzinho, 1910 (retrato de uma época)*. 2. ed., São Paulo: Carrenho Editorial/ Narrativa Um, 2003.

SAINT-HILAIRE, Auguste de. *Viagem à Província de São Paulo*. Trad., Belo Horizonte/ São Paulo: Itatiaia/ Edusp, 1976.

SANT'ANNA, Nuto. *Metrópole*. São Paulo: Departamento de Cultura de São Paulo, 1952, 3 vols.

SANT'ANNA, Nuto. *São Paulo histórico. Aspectos, lendas e costumes*. São Paulo: Departamento de Cultura, 1939, 3 vols.

SCHMIDT, Afonso. *São Paulo de meus amores*. São Paulo: Paz e Terra, 2003.

TSCHUDI, J. J. Von. *Viagem às províncias do Rio de Janeiro e São Paulo*. Trad., Belo Horizonte/ São Paulo: Itatiaia/ Edusp, 1980.

VON WEECH, J. Friedrich. *A agricultura e o comércio no sistema colonial*. Trad., São Paulo: Martins Fontes, 1992.

Outras fontes

MAIA, Francisco Prestes. *Os melhoramentos e São Paulo. Palestra proferida pelo Prefeito Municipal de São Paulo*. São Paulo: Prefeitura Municipal de São Paulo, 1945.

PENNA, Belisario. *O saneamento no Brasil. Sanear o Brasil é povoal-o; é enriquecel-o; é moralisal-o*. 2. ed., Rio de Janeiro: Jacintho Ribeiro dos Santos, 1923.

SAMPAIO, Theodoro. "São Paulo no século XIX." In: *Revista do Instituto Historico e Geographico de São Paulo*. São Paulo: Typ. do Diario Official, vol. VI, 1900-1901, 1902.

SOUZA, Geraldo H. de Paula. "O Estado de São Paulo e alguns dos seus serviços de saude publica." In: *Annaes Paulistas de Medicina e Cirurgia*. São Paulo: Anno XI, nº 12, dezembro, 1923.

TAPAJÓZ, Torquato. *Saneamento de São Paulo*. São Paulo: Typ. da Companhia Industrial de S. Paulo, 1894.

TAUNAY, Affonso de Escragnolle. *História da cidade de São Paulo*. Brasília: Senado Federal, Conselho Editorial, 2004.

VALLADÃO, Alfredo. *Direito das águas*. São Paulo: Empreza Graphica da Revista dos Tribunais, 1931.

Teses e dissertações

ALMICO, Rita de Cássia da Silva. *Fortunas em movimento: um estudo sobre as transformações na riqueza pessoal em Juiz de Fora, 1870-1914*. Campinas: Dissertação e Mestrado, IE, Unicamp, 2001.

ALVES, Florentina. *A mortalidade infantil e as práticas sanitárias na cidade de São Paulo (1892-1920)*. São Paulo: Dissertação de Mestrado, FFLCH, USP, 2001.

ANDRADE, Margarida Maria de. *Bairros além-Tamanduateí: o imigrante e a fábrica no Brás. Mooca e Belenzinho*. São Paulo: Tese de Doutoramento, FFLCH, USP, 1991.

BACELLI, Ronei. *A presença da Companhia City em São Paulo e a implantação do primeiro bairro-jardim*. São Paulo: Dissertação de Mestrado, FFLCH, USP, 1982.

BARBOSA, Maria do Carmo Bicudo. *Tudo como dantes no quartel de Abrantes. As práticas da produção do espaço da cidade de São Paulo (1890-1930)*. São Paulo: Tese de Doutoramento, FAU, USP, 1987.

BOVO, José Murari. *Desenvolvimento econômico e urbanização. Influência do capital inglês na estrutura urbana de São Paulo*. São Paulo: Tese de Mestrado, FFLCH, USP, 1974.

BRESCIANI, Maria Stella. *Liberalismo: ideologia e controle social. Um estudo sobre São Paulo de 1850 a 1910*. São Paulo: Tese de Doutoramento, FFLCH, USP, 1976.

BUENO, Laura Machado de Mello. *O saneamento na urbanização de São Paulo*. São Paulo: Dissertação de Mestrado, FAU, USP, 1994.

CÉLIA, Maria Isabel Basilisco. *O comércio de abastecimento em Campinas: o processo de formação da economia interna e a atuação de proprietários de terras/ tropeiros na construção da cidade (1767-1830)*. Campinas: Dissertação de Mestrado, I.E., Unicamp, 2000.

CERASOLLI, Josianne Francia. *Modernização no plural: obras públicas, tensões sociais e cidadania na passagem do século XIX para o XX*. Campinas: Tese de Doutoramento, IFCH, Unicamp, 2004.

COSTA, Wilma Peres. *Ferrovias e trabalho assalariado em São Paulo*. Campinas: Dissertação de Mestrado, Unicamp, IFCH, 1976.

DECCA, Maria Auxiliadora G. de. *A vida fora das fábricas: cotidiano operário em São Paulo (1927-1934)*. Campinas: Dissertação de Mestrado, IFCH, Unicamp, 1983.

FERREIRA, Antonio Celso. *A epopeia paulista: imaginação literária e invenção histórica (1870-1940)*. Assis: Tese de Livre-docência, FCL, Unesp, 1998.

FERRERAS, Norberto O. *No país da cocanha: aspectos do modo de vida dos trabalhadores de Buenos Aires (1880-1920)*. Campinas: Tese de Doutoramento, IFCH, Unicamp, 2001.

HALL, Michael M. *The origins of mass immigration in Brazil, 1871-1914.* Tese PhD, Columbia University, 1969.

JORGE, Janes. *O rio que a cidade perdeu. O Tietê e os moradores de São Paulo, 1890-1940.* São Paulo: Tese de Doutoramento, FFLCH, USP, 2005.

KUGELMAS, Eduardo. *Difícil Hegemonia. Um estudo sobre São Paulo na Primeira República.* São Paulo: Tese de Doutoramento, FFLCH, USP, 1986.

LANNA, Ana Lucia Duarte. *Ferrovias, cidades e trabalhadores, 1870-1920.* São Paulo: Tese de Livre-docência, FAU, USP, 2002.

LÉRIAS, Reinéro A. *O encilhamento e a cidade de São Paulo, 1890-1891.* São Paulo: Dissertação de Mestrado, FFLCH, USP, 1988.

LIMA, Marcos Alberto Horta. *Legislação e trabalho em controvérsias historiográficas:o projeto político dos industriais brasileiros (1919-1930).* Campinas: Tese de Doutoramento, IFCH, Unicamp, 2005.

MARTINS, Ana Luiza. *Gabinetes de Leitura da Província de São Paulo: a pluralidade de um espaço esquecido (1847-1890).* São Paulo: Dissertação de Mestrado, FFLCH, USP, 1990.

MATTOON, Robert H. *The companhia Paulista de Estradas de Ferro, 1868-1900 a local railway enterprise in São Paulo.* Tese de Doutoramento, Yale University, 1971.

OLIVEIRA, Carlos Alonso Barbosa de Oliveira. *O processo de industrialização – do capitalismo originário ao atrasado.* Campinas: Tese de doutoramento, IE, Unicamp, 1985.

PASQUA, Suzana P. *Mortalidade e população no processo de urbanização da cidade de São Paulo (1890-1920) – o caso do Brás.* São Paulo: Dissertação de Mestrado, FFLCH, 1998.

PAZIANI, Rodrigo Ribeiro. *Construindo a Petit Paris: Joaquim Macedo Bittencourt e a Belle Époque em Ribeirão Preto (1911-1920).* Franca: Tese de Doutoramento, FHDSS, Unesp, 2004.

PEREIRA, Robson M. *O prefeito do progresso: modernização da cidade de São Paulo na administração de Washington Luís (1914-1919).* Franca: Tese de Doutoramento, FHDSS, Unesp, 2005.

SANTOS, L. A. Castro. *Power, ideology and public health in Brazil (1889-1930).* Ph.D. Thesis, Harvard University, 1987.

SEABRA, Odette Carvalho de Lima. *Os meandros dos rios nos meandros do poder. Tietê e Pinheiros: valorização das várzeas na cidade de São Paulo.* São Paulo: Tese de Doutoramento, FFLCH, USP, 1987.

Silva, Elmo Rodrigues da. *O curso da água na história: simbologia, moralidade e a gestão de recursos hídricos*. Rio de Janeiro: Tese de Doutoramento, Escola Nacional de Saúde Pública, Fundação Oswaldo Cruz, 1998.

Simões Jr., José Geraldo. *O setor de obras públicas e as origens do urbanismo na cidade de São Paulo*. São Paulo: Dissertação de Mestrado, EAESP, FGV, 1990.

Simoni, Lucia Noemia. *O arruamento de terras e o processo de formação do espaço urbano no município de São Paulo, 1840-1930*. São Paulo: Tese de Doutoramento; FAU, USP, 2002.

Souza, Maria Claudia Pereira de. *O capital imobiliário e a produção do espaço urbano. O caso da Cia. City*. São Paulo: Dissertação de Mestrado, FGV, EAESP, 1988.

Tannuri, Luiz Antonio. *O Encilhamento*. Campinas: Dissertação de Mestrado, Unicamp, 1977.

Wolff, Silvia Ferreira Santos. *Jardim América. O primeiro bairro-jardim de São Paulo e sua arquitetura*. São Paulo: Tese de Doutoramento, FAU, USP, 1998.

Artigos e revistas

Aguirra, João B. C. "A vida orçamentária de São Paulo durante um século". In: *Revista do Arquivo Municipal de São Paulo*. São Paulo: Publicação da Directoria do Protocolo e Arquivo da Prefeitura. Ano I, Vol. II, 1934.

Bairon, Sérgio. "Higiene pública." In: *Memória*. São Paulo: Departamento de Patrimônio Histórico da Eletropaulo, ano V, nº 19, jul.-dez. de 1993.

Beguin, François. "As maquinarias inglesas do conforto." In: *Espaço & Debates*. Trad., São Paulo: Núcleo de Estudos Regionais e Urbanos, nº 34, 1991.

Beiguelman, Giselle; Faria, Nivia. "A empresa política". In: *História & Energia*. São Paulo: Departamento de Patrimônio Histórico da Eletropaulo/ Eletropaulo, Maio de 1986.

Bonduki, Nabil George. "Origens do problema da habitação popular em São Paulo: primeiros estudos." In: *Espaço e Debates*. São Paulo: Núcleo de Estudos Regionais e Urbanos, vol. 2, nº. 5, 1982.

Branco, Catullo; Beiguelman, Paula. "Enchentes em São Paulo." In: *História & Energia*. São Paulo: Departamento de Patrimônio Histórico da Eletropaulo/ Eletropaulo, 1995, nº 5.

BRESCIANI, Maria Stella. "Imagens de São Paulo: estética e cidadania." In: FERREIRA, Antonio Celso; LUCA, Tania Regina de; IOKOI, Zilda Grícoli (orgs.). *Encontros com a História: percursos historiográficos e historiadores de São Paulo*. São Paulo: Textos apresentados no XIII Encontro Regional da Associação Nacional de História (Anpuh) 1996, Anpuh/ Unesp/ Fapesp, 1999.

CARVALHO, Maria Cristina Wolff de. "A arquitetura de Paula Ramos de Azevedo". In: *Cidade*. São Paulo: Revista do Departamento do Patrimônio Histórico/ Secretaria Municipal de Cultura de São Paulo: n° 5, ano 5, Janeiro de 1998.

COSTA, Wilma Peres. "A questão fiscal na transformação republicana – continuidade e descontinuidade." In: *Economia e Sociedade*. Campinas: n° 10, jun. de 1998.

COSTA, Wilma Peres. *Do escravismo ao trabalho livre - um panorama das oportunidades de trabalho livre no Brasil de 1870 a partir dos Relatórios Consulares Ingleses*. Trabalho apresentado no III Congresso Brasileiro de História Econômica, mimeo, 1999.

COSTA, Wilma Peres. "Economia primário-exportadora e padrões de construção do Estado na Argentina e no Brasil." In: *Economia e Sociedade*. Campinas: n° 14, jun. de 2000.

CRUZ, Heloisa de Faria. *São Paulo em papel e tinta: periodismo e vida urbana – 1890-1915*. São Paulo: Educ/ Fapesp/ Arquivo do Estado de São Paulo/ Imprensa Oficial de São Paulo, 2000.

DINIZ, Renato; FERRARI, Sueli M. "Usina de Rasgão." In: *Memória*. São Paulo: Departamento de Patrimônio Histórico da Eletropaulo, jul.-dez. de 1993, ano V, n° 19.

FARIA, Antonio Augusto da Costa. "Abastecimento de água na cidade de São Paulo (1554-1960)". In: *Revista do Arquivo Municipal*. São Paulo: Departamento do Patrimônio Histórico, vol. 203, 2004.

FERREIRA, Antonio Celso; LUCA, Tania Regina de; IOKOI, Zilda Grícoli (orgs.). *Encontros com a História: percursos historiográficos e historiadores de São Paulo*. São Paulo: Textos apresentados no XIII Encontro Regional da Associação Nacional de História (Anpuh) 1996, Anpuh/ Unesp/ Fapesp, 1999.

FERREIRA, João Sette Whitaker. "A cidade para poucos: breve história da propriedade urbana no Brasil." Texto inédito a ser publicado pela Comissão Brasileira de Justiça e Paz, da Confederação Nacional dos Bispos do Brasil (CNBB).

JATOBÁ, Roniwalter. "A trajetória do bonde elétrico em São Paulo, da chegada, em 1900, à completa extinção nos anos 60". In: *Memória*. São Paulo: Departamento de Patrimônio Histórico da Eletropaulo, Jul.-Ago. de 1992, ano IV, n° 15.

JORGE, Janes. "Rio e várzeas na urbanização de São Paulo." In: *Revista Histórica*. São Paulo: Arquivo do Estado de São Paulo/ Imprensa Oficial do Estado, n° 11, jun.-ago., 2003.

KAREPOVS, Dainis. "Papéis avulsos. A Constituição Santista." In: *Acervo Histórico*. São Paulo: Divisão do Acervo Histórico da Assembleia Legislativa do Estado de São Paulo, n° 2, 2° semestre de 2004.

KOGURUMA, Paulo. "A saracura: ritmos sociais e temporalidades da metrópole do café (1890-1920)." In: *Revista Brasileira de História*. São Paulo: vol. 19, n° 38, 1999.

KOWARICK, Lucio; ANT, Clara. "Cortiço: cem anos de promiscuidade."In: *Novos Estudos Cebrap*. São Paulo: vol.1, n° 2, 1982.

KÜHL, Júlio César Assis. "Oficinas gerais da Light no Cambuci, 1895-1953". In: *Memória Energia*. São Paulo: Fundação Patrimônio Histórico da Energia de São Paulo, n° 25, abril/dezembro de 1998.

LAMARÃO, Sergio. "Capital privado, poder público e espaço urbano: a disputa pela implantação dos serviços de energia elétrica na cidade do Rio de Janeiro (1905-1915)." In: *Estudos Históricos*. Rio de Janeiro: n° 29, 2001.

LEME, Maria Cristina da Silva. "A formação do pensamento urbanístico, em São Paulo, no início do século XX." In: *Espaço e Debates*. São Paulo: Núcleo de Estudos Regionais e Urbanos, n° 34, 1991.

LEME, Maria Cristina da Silva. "A formação do pensamento urbanístico no Brasil, 1895-1965." In: *Anais do Seminário de História da Cidade e do Urbanismo*. Campinas: PUC, Campinas, n° 5, 1998.

LIMA, N. T.; BRITTO, N. A. "Salud y nación: propueta para el saneamento rural. Um estúdio de la Revista de Saúde (1918-1919)." In: GUETO, M. *Salud, cultura e sociedad em América Latina: Nuevas perspectivas históricas*. Lima: IEP-OPS, 1996.

MAFFEI, Reynaldo. "A Light e o controle das enchentes." In: *História & Energia*. São Paulo: Departamento de Patrimônio Histórico da Eletropaulo/ Eletropaulo, n° 5, 1995.

Memória Urbana. A grande São Paulo até 1940. São Paulo: Arquivo do Estado de São Paulo/ Imprensa Oficial, 2001, 3 vols.

MENDES, Dirce de Paula S. "Bonde ou Luz? Eis a questão." In: *Memória*. São Paulo: Departamento de Patrimônio Histórico da Eletropaulo, Out.-Març., 1991-1992, ano IV, n° 13.

MENEZES, Ulpiano Toledo Bezerra de. "Cidade capital, hoje?". In: SALGUEIRO, Heliana Angotti (org.). *Cidades capitais do século XIX: racionalidade, cosmopolitismo e transferência de modelos*. São Paulo: Edusp, 2001

Mota, Carlos Guilherme. "São Paulo: exercício de memória." In: *Estudos Avançados*. São Paulo: nº 48, vol. 17, Maio/ Agosto, 2003.

Oliveira, Cecilia Helena de S. *Museu Paulista: espaço celebrativo e memória da Independência*. Mimeo, 2005.

Oliveira, Maria C. F. A. *Mercantilização e urbanização em São Paulo*. Campinas: Nepo, Unicamp, Texto preparado para o Seminário interno do Nepo, 1987.

Orrego, A L. C.. "Los circuitos del agua y la higiene urbana en la ciudad de Cartagena a comienzos del siglo xx". In: *História, Ciências, Saúde — Manguinhos*. Vol. VII (2), 347-75, jul.-out. 2000.

Paoli, Maria Célia. "São Paulo operária e suas imagens (1900-1940)." In: *Espaço e Debates*. São Paulo: Núcleo de Estudos Regionais e Urbanos, nº 33, 1991.

Paschkes, Maria Luisa N. de Almeida. "Bondes, terrenos e especulação." In: *História & Energia*. São Paulo: Departamento de Patrimônio Histórico da Eletropaulo/ Eletropaulo, Maio de 1986.

Paula, Eurípedes Simões de. "A segunda fundação de São Paulo: da pequena cidade à metrópole de hoje." In: *Revista de História*. São Paulo: nº 17, 1954.

Pereira, Margareh da Silva. "As palavras da cidade: o vocabulário da segregação em São Paulo (1890-1930)". In: *Espaço e Debates*. São Paulo: Núcleo de Estudos Regionais e Urbanos, nº 42, 2001.

Pontes, José Alfredo O. V. "O Brasil na visão da Light." In: *Memória*. São Paulo: Departamento de Patrimônio Histórico da Eletropaulo, Out.-dez. de 1992, ano IV, nº 16.

Pontes, José Alfredo O. V. "Pinheiros: do rio ao canal." In: *História & Energia*. São Paulo: Departamento de Patrimônio Histórico da Eletropaulo/ Eletropaulo, nº 5, 1995.

Prado Jr., Caio. "O fator geográfico na formação e no desenvolvimento da cidade de São Paulo." In: *Revista do Arquivo Municipal*. São Paulo: Departamento do Patrimônio Histórico, vol. 202, 2004.

Revista Ligação. Saneamento, Meio Ambiente e Desenvolvimento Sustentável. São Paulo: Sabesp/Governo do Estado de São Paulo, Set./ Out. de 2000.

Rolnik, Raquel. "São Paulo na virada do século: territórios e poder". In: *Cadernos de História de São Paulo*. São Paulo: Museu Paulista/ USP, nº 1, jan./dez. de 1992.

Saes, Alexandre M. "Light versus Docas de Santos: conflitos em torno do Porto de Santos e da sacaria de juta na economia paulista (1892-1915)." In: *Anais do II Encontro de Pós-graduandos em História Econômica*. Niterói: Associação Brasileira de Pesquisadores em História Econômica (ABPHE), 2004.

SAES, Flávio A. M. "Café, indústria e eletricidade em São Paulo." In: *História & Energia*. São Paulo: Departamento de Patrimônio Histórico da Eletropaulo/ Eletropaulo, Maio de 1986.

SAMPAIO, Maria Ruth Amaral de. "O papel da iniciativa privada na formação da periferia paulistana". In: *Espaço e Debates*. São Paulo: Núcleo de Estudos Regionais e Urbanos, Ano XVII, nº 37, 1994.

SANT'ANNA, Denise Bernuzzi de. "Vida e morte dos chafarizes na cidade de São Paulo." In: *Revista do Arquivo Municipal*. São Paulo: Departamento do Patrimônio Histórico, vol. 203, 2004.

SANTOS, Carlos José Ferreira dos. "Várzea do Carmo. Lavadeiras, caipiras e 'pretos véios'." In: *Memória Energia*. São Paulo: Fundação Patrimônio Histórico da Energia Elétrica de São Paulo, nº 28, 2001.

SANTOS, Fábio Alexandre dos. "As epidemias no rastro das linhas férreas." In: *Arquivo*. Rio Claro: Arquivo Histórico do Município de Rio Claro "Oscar de Arruda Penteado", 2002.

SANTOS, Fábio Alexandre dos. "Saneando a cidade, fomentando disparidades. Trabalhadores, intervenções urbanas e salubridade em São Paulo, 1911-1930". In: *Anais do VI Congresso Brasileiro de História Econômica e 7ª Conferência Internacional de História de Empresas*. Conservatória: Associação Brasileira de História Econômica (ABPHE), 2005.

SANTOS, Fábio Alexandre dos. "Urbanização da cidade de São Paulo: trabalhadores imigrantes, ocupação do espaço e salubridade, 1911-1930". Texto apresentado durante o *XXV Encontro da Associação Portuguesa de História Económica e Social* (APHES). Évora/ Portugal, 2005.

SANTOS, Fábio Alexandre dos. "Rio Claro e a greve dos trabalhadores da Cia. Paulista de Estradas de Ferro em 1906." In: *Revista de Investigación. América Latina en la Historia Económica*. México: Instituto Mora, nº 25, enero/ junio 2006.

SANTOS, L. A. Castro. "A reforma sanitária 'pelo alto': o pioneirismo paulista no início do século XX." In: *Dados-Revista de Ciências Sociais*. Vol. 36, nº 2, 1985.

SANTOS, L. A. Castro. "Estado e saúde pública no Brasil (1889-1930)". In: *Dados-Revista de Ciências Sociais*. Vol. 23, nº 2, 1980.

SANTOS, L. A. Castro. "O pensamento sanitarista na Primeira República: uma ideologia de construção da nacionalidade." In: *Dados-Revista de Ciências Sociais*. Vol. 28, nº 2, 1985.

SEABRA, Odette Carvalho de Lima. "Enchentes em São Paulo. Culpa da Light?" In: *Memória*. São Paulo: Departamento de Patrimônio Histórico da Eletropaulo, ano 1, nº 1.

SEGATTO, José Antonio. "A República e a Light". In: *Memória*. São Paulo: Departamento de Patrimônio Histórico da Eletropaulo, Jan.-Mar. de 1989, ano II, nº 2.

SEGATTO, José Antonio. "Guarapiranga." In: *História & Energia*. São Paulo: Departamento de Patrimônio Histórico da Eletropaulo/ Eletropaulo, 1995, nº 5.

SOMEKH, Nadia. "São Paulo anos 30: verticalização e legislação urbanística." In: *Espaço e Debates*. São Paulo: Núcleo de Estudos Regionais e Urbanos, nº 40, 1997.

STOLCKE, Verena; HALL, Michael M. "A introdução do trabalhador livre nas fazendas de café de São Paulo." In: *Revista Brasileira de História*. 6, São Paulo, set. 1983.

TEIXEIRA, Luiz Antônio de. "Da transmissão hídrica a culicidiana: a febre amarela na sociedade de medicina e cirurgia de São Paulo." In: *Revista Brasileira de História*. São Paulo: vol. 21, nº. 41, 2001.

Livros

AB'SÁBER, Aziz Nacib. "O sítio urbano de São Paulo." In: AZEVEDO, Aroldo de. *A ci-dade de São Paulo. Estudos de geografia urbana*. São Paulo: Companhia Editora Nacional, 1958.

AB'SÁBER, Aziz Nacib. "O solo de Piratininga." In: BUENO, Eduardo (org.). *Os nascimentos de São Paulo*. Rio de Janeiro: Ediouro, 2004.

ALBUQUERQUE, M.; et.all. *A ciência vai à roça. Imagens das expedições do Instituto Oswaldo Cruz (1911-1913)*. Rio de Janeiro: Casa de Oswaldo Cruz/Fiocruz, 1991.

ALVIM, Zuleika M. F. *Brava gente! Os italianos em São Paulo, 1870-1920*. São Paulo: Brasiliense, 1986.

ARENDT, Hannah. *A condição humana*. Trad., 9.ed, Rio de Janeiro: Forense Universitária, 1999.

AZEVEDO, Aluísio. *O cortiço*. São Paulo: Martin Claret, 2002.

BARATA, Carlos Eduardo; et. all. *Os herdeiros do poder*. 2. ed, Rio de Janeiro: Revan, 1995.

BENCHIMOL Jaime. *Pereira Passos, um Haussmann tropical: a renovação urbana da cidade do Rio de Janeiro, no início do século xx*. Rio de Janeiro: Secretaria Municipal de Cultura, 1990.

BENCHIMOL, Jaime; Teixeira, Luiz Antonio. *Cobras, lagartos & outros bichos. Uma história comparada dos institutos Oswaldo Cruz e Butatan*. Rio de Janeiro: Editora UFRJ, 1993.

BENEVOLO, Leonardo. *História da cidade*. Trad., São Paulo: Perspectiva, 1983.

BERMAN, Marshall. *Tudo o que é sólido desmancha no ar. A aventura da modernidade*. Trad., São Paulo: Companhia das Letras, 1986.

BERTOLLI FILHO, Cláudio. *A gripe espanhola em São Paulo, 1918: epidemia e sociedade*. São Paulo: Paz e Terra, 2003.

BERTUCCI, Liane M. *Saúde: arma revolucionária. São Paulo – 1891-1925*. Campinas: CMU, Unicamp, 1997.

BERTUCCI, Liane M. *Influenza, a medicina enferma: ciência e práticas de cura na época da gripe espanhola em São Paulo*. Campinas: Edunicamp, 2004.

BLAY, Eva Alterman. *Eu não tenho onde morar. Vilas operárias na cidade de São Paulo*. São Paulo: Nobel, 1985.

BOSI, Ecléa. *Memória e sociedade. Lembranças de velhos*. 10.ed., São Paulo: Companhia das Letras, 1994.

BRESCIANI, Maria Stella. *Londres e Paris no século XIX. O espetáculo da pobreza*. São Paulo: Brasiliense, 1982.

BRITTO, N. A. *Oswaldo Cruz: a construção de um mito na ciência brasileira*. Rio de Janeiro: Editora Fiocruz, 1995.

BRUNO, Ernani Silva. *História e tradições da cidade de São Paulo*. São Paulo: Hucitec, 1991, 3 vols.

CALVINO, Italo. *Cidades Invisíveis*. Trad., São Paulo: Companhia das Letras, 1990.

CAMARGOS, Marcia. *Villa Kyrial. Crônica da Belle Époque paulistana*. 2. ed., São Paulo: Senac, 2001.

CAMPOS, Candido Malta. *Os rumos da cidade. Urbanismo e modernização em São Paulo*. São Paulo: Senac, 2002.

CAMPOS, Cristina de. *São Paulo pela lente da higiene. As propostas de Geraldo Horácio de Paula Souza (1925-1945)*. São Carlos/ São Paulo: Rima/ Fapesp, 2002.

CANO, Wilson. *Raízes da concentração industrial em São Paulo*. 4. ed., Campinas: I.E.,Unicamp, 1998.

CARVALHO, José Murilo de. *Os bestializados: o Rio de Janeiro e a República que não foi*. 2. ed., São Paulo: Companhia das Letras, 1987

CASTRO, Ana Célia Castro. *As empresas estrangeiras no Brasil: 1860-1913*. Rio de Janeiro: Zahar, 1979.

CHALHOUB, Sidney. *Cidade febril. Cortiços e epidemias na Corte Imperial*. São Paulo: Companhia das Letras, 1996.

CHOAY, Françoise. *O urbanismo. Utopias e realidades. Uma antologia*. Trad., São Paulo: Perspectiva, 1979.

CONDE, Roberto Cortés; HUNT, Shane J. (orgs.). *The Latin American economies: growth and the export sector 1880-1930*. New York/ London: Homes & Meier, 1985.

COSTA, Luiz Augusto M. *O ideário urbano paulista na virada do século – o engenheiro Theodoro Sampaio e as questões territoriais e urbanas modernas (1886-1903)*. São Carlos/ São Paulo: Rima/ Fapesp, 2003.

COSTA, Nilson do Rosário Costa. *Lutas urbanas e controle sanitário: origens das políticas de saúde no Brasil*. 2. ed., Petrópolis: Vozes, 1986.

COSTA, Wilma Peres. "Afonso d'Escragnolle Taunay. História geral das bandeiras paulistas." In: MOTA, Lourenço Dantas (org.). *Introdução ao Brasil. Um banquete no trópico*. São Paulo: Senac, 2001, vol. 2.

CRUZ, Heloisa de Faria. *São Paulo em papel e tinta: periodismo e vida urbana – 1890-1915*. São Paulo: Educ/ Fapesp/ Arquivo do Estado de São Paulo/ Imprensa Oficial de São Paulo, 2000.

D'AVILA, Luiz Felipe. *Dona Veridiana. A trajetória de uma dinastia paulista*. São Paulo: A Girafa, 2004.

DAECTO, Marisa Midori. *Comércio e vida urbana na cidade de São Paulo (1899-1930)*. São Paulo: Senac, 2002.

DE LORENZO, Helena Carvalho. "Eletricidade e modernização em São Paulo na década de 1920." In: DE LORENZO, Helena Carvalho; COSTA, Wilma Peres (orgs.). *A década de 1920 e as origens do Brasil moderno*. São Paulo: Edunesp, 1997.

DEAN, Warren. *A industrialização de São Paulo (1880-1945)*. Trad., 2. ed., São Paulo: Difel, 1971.

DEAN, Warren. *Rio Claro: um sistema brasileiro de grande lavoura, 1820-1920*. Trad., Rio de Janeiro: Paz e Terra, 1977.

DEBES, Célio. *A caminho do oeste: subsídios para a história da Companhia de Estradas de Ferro e das ferrovias de São Paulo*. São Paulo: Bentivegna, 1968.

DECCA, Maria Auxiliadora G. de. *Cotidiano de trabalhadores na República. São Paulo (1889-1940)*. São Paulo: Brasiliense, 1990.

DIAS, Márcia Lúcia R. R. *Desenvolvimento urbano e habitação popular em São Paulo (1870-1914)*. São Paulo: Nobel, 1989.

DIAS, Maria Odila L. da S. *Quotidiano e poder em São Paulo no século XIX*. São Paulo: Brasiliense, 1984.

DOUGLAS, Mary. *Pureza e perigo. Ensaio sobre as noções de poluição e tabu*. Trad., Lisboa: Edições 70, s/d.

D'ÁVILA, Luiz Felipe. *Dona Veridiana. A trajetória de uma dinastia paulistana*. São Paulo: A Girafa, 2004.

ELIAS, Norbert. *O processo civilizador. Uma história dos costumes*. Trad., Rio de Janeiro: Zahar, 1994, vol. I.

ÉRNICA, Maurício. "Uma metrópole multicultural na terra paulista." In: SETÚBAL, Maria Alice (Coord.). *A formação do Estado de São Paulo, seus habitantes e os usos da terra*. São Paulo: Cenpec/ Imprensa Oficial do Estado de São Paulo, 2004.

FABRIS, Annateresa (org.). *Monumento a Ramos de Azevedo: do concurso ao exílio*. Campinas/ São Paulo: Mercado de Letras/ Fapesp, 1997.

FAUSTO, Boris. *Trabalho urbano e conflito social (1890-1920)*. São Paulo/ Rio de Janeiro: Difel, 1976.

FAUSTO, Boris. "Imigração: cortes e continuidades." In: NOVAIS, Fernando A. (Dir.). *História da vida privada no Brasil. Contrastes da intimidade contemporânea*. São Paulo: Companhia das Letras, 1998, vol. 4.

FAUSTO, Boris. *História concisa do Brasil*. São Paulo: Edusp, 2002.

FERNANDES, Florestan. *A Revolução Burguesa no Brasil. Ensaio de interpretação sociológica*. Rio de Janeiro: Zahar, 1975.

FOUCAULT, Michel. *Microfísica do poder*. Trad., 2. ed., Rio de Janeiro: Graal, 1981.

FREHSE, Fraya. *O tempo das ruas na São Paulo de fins do Império*. São Paulo: Edusp, 2005.

FREYRE, Gilberto. *Casa-grande & senzala: formação da família brasileira sob o regime da economia patriarcal*. 34. ed., Rio de Janeiro: Record, 1998.

FREYRE, Gilberto. *Sobrados e Mucambos. Decadência do patriarcado rural e desenvolvimento urbano*. 9.ed., Rio de Janeiro: Record, 1996.

GERSCHENKRON, Alexander. *El atraso económico em su perspectiva histórico*. Trad., Barcelona: Ariel, 1968.

GINZBURG, Carlo. *O queijo e os vermes. O cotidiano e as ideias de um moleiro perseguido pela Inquisição.* Trad., São Paulo: Companhia das Letras, 1987.

GITAHY, Maria Lucia C. *Ventos do Mar: trabalhadores do porto, movimento operário e cultura urbana em Santos, 1889-1914.* São Paulo: Edunesp, 1994.

HOBSBAWM, Eric. *A Era das Revoluções: Europa, 1789-1848.* Trad., 19.ed., Rio de Janeiro: Paz e Terra, 2005.

HOBSBAWM, Eric. *A era do capital, 1848-1875.* Trad., 10.ed., Rio de Janeiro: Paz e Terra, 2004.

HOBSBAWM, Eric. *A era dos impérios, 1875-1914.* Trad., 5. ed., Rio de Janeiro: Paz e Terra, 1998.

HOBSBAWM, Eric. *Da Revolução Industrial inglesa ao Imperialismo.* Trad., Rio de janeiro: Forense-Universitária, 1986.

HOBSBAWM, Eric. *Era dos extremos: o breve século XX, 1914-1991.* Trad., 2ed., São Paulo: Companhia das Letras, 1996.

HOCHMAN, Gilberto. *A era do saneamento. As bases da política de Saúde Pública no Brasil.* São Paulo: Hucitec/ Anpocs, 1998.

HOLANDA, Sérgio Buarque de. "Prefácio do tradutor." In: DAVATZ, Thomaz. *Memórias de um colono no Brasil.* Trad., Belo Horizonte/ São Paulo: Itatiaia/ Edusp, 1980.

HOLANDA, Sérgio Buarque de. *Raízes do Brasil.* 26. ed., São Paulo: Companhia das Letras, 1995.

HOLLOWAY, Thomas H. *Imigrantes para o café. Café e sociedade em São Paulo, 1886-1934.* Trad., Rio de Janeiro: Paz e Terra, 1984.

HOMEM, Maria Cecília N. *O palacete paulistano e outras formas de urbanas de morar da elite cafeeira.* São Paulo: Martins Fontes, 1996.

HUTTER, Lucy Maffei. "Flashes de São Paulo nas primeiras décadas do século XX: a cidade e o imigrante italiano." In: BATISTA, Marta Rossetti; GRAF, Márcia Elisa de Campos (orgs.). *Cidades Brasileiras II. Políticas urbanas e dimensão cultural.* São Paulo: IEB, USP, 1999.

IYDA, Massako. *Cem anos de saúde pública: a cidadania negada.* São Paulo: Edunesp, 1994.

KLEIN, Herbert S. "Migração internacional na História das Américas." In: FAUSTO, Boris (org.). *Fazer a América. A imigração em massa para a América Latina.* São Paulo: Edusp, 1999.

LABRA, M. E. *O movimento sanitarista nos anos 20: da conexão sanitária internacional à especialidade em saúde pública no Brasil*. São Paulo: Dissertação de Mestrado, EBAP, FGV, 1985.

LACASSAGNE, Claude-Laurence; DAVIE, Neil. "Luxo, algazarra e mau cheiro." In: CHARLOT, Mônica; MARX, Roland (orgs.). *Londres, 1851-1901. A era vitoriana ou o triunfo das desigualdades*. Trad., Rio de Janeiro: Jorge Zahar, 1993.

LANDES, David S. *Prometeu desacorrentado. Transformação tecnológica e desenvolvimento industrial na Europa ocidental, desde 1750 até nossa época*. Trad., Rio de Janeiro: Nova Fronteira, 1994.

LANNA, Ana Lucia Duarte. *Santos. Uma cidade na transição, 1870-1913*. São Paulo/ Santos: Hucitec/ Pref. Mun. de Santos, 1996.

LEAL, Victor Nunes. *Coronelismo, enxada e voto. O município e o regime representativo no Brasil*. 5. ed., São Paulo: Alfa-Omega, 1986.

LEITE, Aureliano. *Subsídios para a História da Civilização da Paulista*. Edição monumental comemorativa do IV centenário da cidade de São Paulo. São Paulo: Edição Saraiva, 1954.

LIMA, N. T.; BRITTO, N. A. "Salud y nación: propueta para el saneamento rural. Um estúdio de la Revista de Saúde (1918-1919)." In: GUETO, M. *Salud, cultura e sociedad em América Latina: Nuevas perspectivas históricas*. Lima: IEP-OPS, 1996.

LOVE, Joseph. *A locomotiva. São Paulo na Federação, 1889-1937*. Trad., Rio de Janeiro: Paz e Terra, 1982.

LUCA, Tania Regina de. *A Revista do Brasil. Um diagnóstico para a (N) ação*. São Paulo: Fundunesp, 1999.

MARINS, Paulo César Garcez. "Habitação e vizinhança: limites da privacidade no surgimento das metrópoles brasileiras." In: SEVCENKO, Nicolau (org.). *História da vida privada no Brasil. República: da Belle Époque à era do rádio*. São Paulo: Companhia das Letras, 1998, vol. 3.

MARTINS, José de Souza. *Conde Matarazzo, o empresário e a empresa: estudo de sociologia do desenvolvimento*. 3. ed., São Paulo: Hucitec, 1973.

MARTINS, José de Souza. *O cativeiro da terra*. 2. ed., São Paulo: LECH, 1981.

MARX, Murillo. *Cidade no Brasil terra de quem?* São Paulo: Nobel/ Edusp, 1991.

MATTOS, Odilon Nogueira. *Café e ferrovia: a evolução ferroviária de São Paulo e o desenvolvimento da cultura cafeeira*. 2. ed., São Paulo: Alfa-Omega/ Sociologia e Política, 1974.

MELLO, João Manuel C. de Mello. *Capitalismo Tardio. Contribuição à revisão crítica da formação e do desenvolvimento da economia brasileira.* 10.ed, Campinas: IE/ Unicamp, 1998.

MELLO, Zélia Maria Cardoso de. *Metamorfoses da riqueza. São Paulo, 1845-1895. Contribuição ao estudo da passagem da economia mercantil-escravista à economia exportadora capitalista.* São Paulo: Pref. Mun. de São Paulo/ Hucitec, 1985.

Memória Urbana. A grande São Paulo até 1940. São Paulo: Arquivo do Estado de São Paulo/ Imprensa Oficial, 2001, 3 vols.

MERHY, Emerson Elias. *O capitalismo e a saúde pública: a emergência das práticas sanitárias no Estado de São Paulo.* 2. ed., Campinas: Papirus, 1987.

MILLIET, Sérgio. *Roteiro do café e outros ensaios: contribuição para o estudo da história econômica e social do Brasil.* 4. ed., São Paulo/ Brasília: Hucitec/ INL, 1982.

MONBEIG, Pierre. *Pioneiros e fazendeiros de São Paulo.* 2. ed., Trad., São Paulo: Hucitec/ Polis, 1998.

MONTEIRO, John M. *Negros da terra: índios e bandeirantes nas origens de São Paulo.* São Paulo: Companhia das Letras, 1994.

MORSE, Richard. *Formação histórica de São Paulo. Da comunidade à metrópole.* Trad., São Paulo: Difel, 1970.

MOTT, Luiz. "Cotidiano e vivência religiosa: entre a capela e o calundu." In: NOVAIS, Fernando A. (dir.). *História da vida privada do Brasil.* São Paulo: Companhia das Letras, 1997, vol. 1.

MUNFORT, Lewis. *A cidade na História.* Trad., 4. ed., São Paulo: Martins Fontes, 1998.

NEEDELL, Jeffrey D. *Belle époque tropical: sociedade e cultura de elite no Rio de Janeiro na virada do século.* Trad., São Paulo, Companhia das Letras, 1993.

NOVAIS, Fernando A. *Portugal e Brasil na crise do antigo sistema colonial (1777-1808).* 6. ed. São Paulo: Hucitec, 1995.

NOZOE, Nelson Hideki. *São Paulo: economia cafeeira e urbanização. Estudo da estrutura tributária e das atividades econômicas na capital paulista (1889-1933).* São Paulo: IPE/ USP, 1984.

OLIVEIRA, Cecilia Helena de S.; MATTOS, Claudia Valladão de (orgs.). *O Brado do Ipiranga.* São Paulo: Edusp, Museu Paulista/ USP, 1999.

PEREIRA, Paulo Cesar Xavier. *São Paulo: a construção da cidade, 1872-1914.* São Carlos: Rima, 2004.

PERROT, Michele. *Os excluídos da história: operários, mulheres e prisioneiros.* Trad., Rio de Janeiro, Paz e Terra, 1988.

PETRONE, Maria Thereza S. "Imigração". In: HOLANDA, Sergio Buarque de. *História geral da civilização brasileira: O Brasil Republicano.* São Paulo: Difel, 1985, tomo III, vol. 2.

PETRONE, Maria Thereza S. *A lavoura canavieira em São Paulo. Expansão e declínio (1765-1851).* São Paulo: Difel, 1968.

PETRONE, Pasquale. "São Paulo no século XX". In: AZEVEDO, Aroldo de (Dir.). *A cidade de São Paulo. Estudos de geografia urbana.* São Paulo: Companhia Editora Nacional, Brasiliana, 1958, vol. II.

PINHEIRO, Paulo Sérgio de M. S. *Política e trabalho no Brasil (dos anos vinte a 1930).* Rio de Janeiro: Paz e Terra, 1975.

PINTO, Adolfo Augusto. *História da viação pública de São Paulo.* São Paulo: Vanorden, 1903.

PLATT, Desmond C. M. *Business imperialism, 1840-1930: an inquiry based on British experience in Latin America.* Oxford: Clarendon, 1977.

POLANY, Karl. *A grande transformação. As origens da nossa época.* Trad., 3. ed., Rio de Janeiro: Campus, 1980.

PRADO Jr., Caio. *A cidade de São Paulo: geografia e história.* 2. ed., São Paulo: Brasiliense, 1998.

PRADO Jr., Caio. *Formação do Brasil Contemporâneo.* Rio de Janeiro: Brasiliense, 1963.

PRADO Jr., Caio. *História Econômica do Brasil.* 22. ed., São Paulo: Brasiliense, 1979.

RAGO, Margareth. *Do cabaré ao lar: a utopia da cidade disciplinar: Brasil, 1890-1930.* Rio de Janeiro: Paz e Terra, 1985.

RAMA, Angel. *A cidade das letras.* Trad., São Paulo: Brasiliense, 1985.

RECLUS, Élisée; BAEDEKER, Karl. "Estações, fiacres, termas e esgotos." In: CHARLOT, Mônica; MARX, Roland (orgs.). *Londres, 1851-1901. A era vitoriana ou o triunfo das desigualdades.* Trad., Rio de Janeiro: Zahar, 1993.

REZENDE, Sonaly Cristina; HELLER, Léo. *O saneamento no Brasil: políticas e interfaces.* Belo Horizonte: Editora UFMG, 2002.

RIBEIRO, Maria Alice R. *História sem fim... Inventário da saúde pública. São Paulo – 1880-1930.* São Paulo: Edunesp, 1993.

ROCHA, Heloísa Helena P. *A higienização dos costumes. Educação escolar e saúde no projeto do Instituto de Higiene de São Paulo (1918-1925).* Campinas/ São Paulo: Mercado de Letras/ Fapesp, 2003.

Rolnik, Raquel. "De como São Paulo virou a capital do capital." In: Valladares, L. do (org.). *Repensando a habitação no Brasil*. Rio de Janeiro: Zahar, 1983.

Rolnik, Raquel. *A cidade e a lei: legislação, política urbana e territórios na cidade de São Paulo*. 3. ed., São Paulo: Studio Nobel/ Fapesp, 2003.

Rosen, George. *Uma história da saúde pública*. Trad., São Paulo/ Rio de Janeiro: Hucitec/ Edunesp/ Associação Brasileira de Pós-graduação em Saúde Coletiva, 1994.

Saes, Flávio A. M. *A grande empresa de serviços públicos na economia cafeeira, 1850-1930*. São Paulo: Hucitec, 1986.

Saes, Flávio A. M. *As ferrovias de São Paulo, 1870-1940*. São Paulo/ Brasília: Hucitec, 1981.

Saes, Flávio A. M.; Szmrecsányi, Tamás. "El papel de los bancos extrangeiros en la industrialización inicial de São Paulo." In: Marichal, Carlos (Coord.). *Las inversiones extranjeras em América Latina, 1850-1930. Nuevos debates y problemas em historia económica comparada*. México: Fondo de Cultura Económica, 1995.

Salles, Maria do Rosário R. *Médicos italianos em São Paulo (1890-1930)*. São Paulo: Sumaré/ Fapesp, 1997, vol. 7.

Santos, Carlos José Ferreira dos. *Nem tudo era italiano. São Paulo e pobreza (1890-1915)*. São Paulo: Annablume/ Fapesp, 1998.

Santos, Fábio Alexandre dos. *Análise Setorial. Abastecimento de água.*. São Paulo: Panorama Setorial, Gazeta Mercantil, 2001, 4 vols.

Santos, Fábio Alexandre dos. *Análise Setorial. Coleta e tratamento de esgotos*. São Paulo: Panorama Setorial, Gazeta Mercantil, 2001, 4 vols.

Santos, Fábio Alexandre dos. *Rio Claro: uma cidade em transformação, 1850-1906*. São Paulo: Annablume/ Fapesp, 2002.

Schulz, John. *A Crise financeira da abolição (1875-1901)*. Trad., São Paulo: Edusp/ Instituto Fernand Braudel, 1996.

Schwarcz, Lilia Moritz. *O espetáculo das raças. Cientistas, instituições e questão racial no Brasil, 1870-1930*. São Paulo: Companhia das Letras, 1993.

Sevcenko, Nicolau. *A Revolta da Vacina. Mentes insanas em corpos rebeldes*. São Paulo: Brasiliense, 1984.

Sevcenko, Nicolau. *Literatura como missão: tensões sociais e criação cultural na Primeira República*. 3. ed., São Paulo: Brasiliense, 1989.

Sevcenko, Nicolau. *Orfeu extático na metrópole. São Paulo: sociedade e cultura nos frementes anos 20*. São Paulo: Companhia das Letras, 1992.

SEVCENKO, Nicolau. "Introdução: O prelúdio republicano, astúcias da ordem e ilusões do progresso." In: SEVCENKO, Nicolau (org.). *História da vida privada no Brasil. República: da Belle Époque à Era do Rádio*. São Paulo: Companhia das Letras, 1998.

SILVA, Eduardo. *As queixas do povo*. Rio de Janeiro: Paz e Terra, 1988.

SILVA, Ligia Osorio. *Terras devolutas e latifúndio: efeitos da lei de 1850*. Campinas: Edunicamp, 1996.

SILVA, Sergio. *Expansão cafeeira e origens da indústria no Brasil*. São Paulo: Alfa-Omega, 1976.

SIMÕES Jr., José Geraldo. *Anhangabaú: história e urbanismo*. São Paulo: Senac/ Imprensa Oficial do Estado de São Paulo, 2004.

SINGER, Paul. *Desenvolvimento econômico e evolução urbana: análise da evolução econômica de São Paulo, Blumenau, Porto alegre, Belo Horizonte e Recife*. 2. ed., São Paulo: Ed. Nacional, 1977.

SUZIGAN, Wilson. *Indústria brasileira. Origem e desenvolvimento*. São Paulo: Brasiliense, 1986.

TELAROLLI Jr., Rodolpho. *Poder e saúde: as epidemias e a formação dos serviços de saúde em São Paulo*. São Paulo: Edunesp, 1996.

TOLEDO, Benedito Lima de. *Anhangabaú*. São Paulo: Fiesp, 1989.

TOLEDO, Benedito Lima de. *Prestes Maia e as origens do urbanismo moderno em São Paulo*. São Paulo: Empresa das Artes, 1996.

TOLEDO, Benedito Lima de. *São Paulo: três cidades em um século*. 2. ed., São Paulo: Duas Cidades, 1983.

TOLEDO, Roberto Pompeu de. *A capital da solidão. Uma história de São Paulo das origens a 1900*. Rio de Janeiro: Objetiva, 2003.

TRENTO, Angelo. *Do outro lado do Atlântico. Um século de imigração italiana no Brasil*. Trad., São Paulo: Nobel/ Istituto Italiano di Cultura di San Paolo/ Instituto Cultural Ítalo-brasileiro, 1988.

TRUZZI, Oswaldo. "Sírios e libaneses em São Paulo: a anatomia da auto-representação." In: FAUSTO, Boris; et.all. *Imigração e política em São Paulo*. São Paulo: Sumaré/ Fapesp, 1995, vol. 6.

VELHO, Otávio G. (org.). *O fenômeno urbano*. 2. ed., Rio de Janeiro: Zahar, 1973.

ZEQUINI, Anicleide. "A fundação de São Paulo e os primeiros paulistas: indígenas, europeus e mamelucos." In: SETÚBAL, Maria Alice (Coord.). *A formação do Estado de São Paulo, seus habitantes e os usos da terra*. São Paulo: Cenpec/ Imprensa Oficial do Estado de São Paulo, 2004.

AGRADECIMENTOS

Ao apresentar este percurso sobre as águas que atravessam a cidade de São Paulo cabe agradecer e lembrar a uma série de pessoas e instituições o quão fundamentais elas foram para se chegar ao "porto", que ora esta obra representa.

À minha família, Penteado, Sônia, Viviane e Adriano, que mais uma vez acompanharam uma viagem acadêmica, às vezes sobre águas revoltas.

À Lisandra Soriano Castro, pelo carinho, companheirismo, cumplicidade e incentivo em todos os momentos, e cuja força permite compreender que o navegar pelas águas da vida é mais fácil quando bem acompanhado.

Aos imprescindíveis amigos de todos os lugares que prefiro não nomeá-los para não incorrer em possíveis injustiças, mas que acompanharam a pesquisa e sua finalização, em especial a Cláudia Tessari e Joana Tessari Érnica, que "chegou" dias antes da conclusão deste trabalho.

À Wilma Peres Costa, orientadora e amiga, pela paciência, competência, responsabilidade e comprometimento na condução da pesquisa, consolidada ao longo dos anos de trabalho acadêmico conjunto.

Aos muitos e muitos funcionários dos inúmeros arquivos, museus e instituições que abrigam as fontes que dão vida à pesquisa histórica e que serviram para o embasamento deste trabalho.

À Fundação de Amparo à Pesquisa do Estado de São Paulo (Fapesp), a quem agradeço pelo financiamento desta pesquisa, e também pelos apoios e financiamentos a mim concedidos desde a graduação, inclusive o apoio para a publicação desta obra.

Com todos compartilho as contribuições que este estudo possa dar para a compreensão de uma pequena parte da história paulista. Exceto as lacunas e os possíveis problemas que possam surgir ao longo do texto, os quais cabem unicamente a mim.

Esta obra foi impressa em Santa Catarina no outono de 2011 pela Nova Letra Gráfica & Editora. No texto foi utilizada a fonte Minion, em corpo 10 e entrelinha de 14,5 pontos.